普通高等教育"十一五"国家级规划教材

房地产法学

金　俭　主编

科 学 出 版 社

北　京

内 容 简 介

房地产法学是一门新兴学科，也是一门实践性极强的应用法学。本书顺应我国快速发展的房地产法学理论与实践的需要而编著，为普通高等教育“十一五”国家级规划教材。

全书共分 14 章。根据房地产法理论与物权法理论，结合房地产案例，对我国房地产法律进行了全面系统的论述与评析。具体内容为：房地产法与房地产法律体系；房地产物权与房地产物权体系；房地产登记；国有土地使用权出让、划拨与转让；房地产开发法律制度；房地产征收与补偿；房地产买卖；商品房预售与包销；房地产抵押与按揭；房地产租赁；物业管理与服务；房地产税费法律制度；涉外房地产法；房地产纠纷的解决。

本书既可作为各高等院校法律专业、房地产管理专业本科生、研究生教材或教学参考书，也可供相关法律、房地产管理领域的研究人员、政府决策与司法部门、房地产企业经营与管理人员等参考使用。

图书在版编目(CIP)数据

房地产法学/金俭主编. —北京：科学出版社，2008

（普通高等教育“十一五”国家级规划教材）

ISBN 978-7-03-021088-3

Ⅰ. 房…　Ⅱ. 金…　Ⅲ. 房地产-法学-中国-高等学校-教材
Ⅳ. D922.181.1

中国版本图书馆 CIP 数据核字（2008）第 019427 号

责任编辑：徐　蕊　王国华/责任校对：钟　洋
责任印制：徐晓晨/封面设计：无极书装设计工作室

科学出版社出版
北京东黄城根北街 16 号
邮政编码：100717
http://www.sciencep.com

北京九州迅驰传媒文化有限公司 印刷

科学出版社发行　各地新华书店经销

*

2008 年 3 月第　一　版　　开本：B5（720×1000）
2020 年 7 月第十次印刷　　印张：26 1/4
字数：509 000

定价：65.00 元

（如有印装质量问题，我社负责调换）

前　言

房地产业在我国的发展仅有 20 多年的历史，但发展速度之快令世人瞩目。房地产业已成为支撑我国国民经济的支柱产业。伴随着房地产业的发展，房地产立法也经历了一个从无到有、从不完善到逐步走向完善的过程。房地产法在维护房地产市场秩序、保护房地产权利当事人的权益方面起着重要的作用。

房地产法学作为一个重要的法学研究领域，一直备受法学界的关注与重视。自 1992 年首次在高等院校法律专业开设房地产法课程至今，全国各高等院校法律专业大都开设了房地产法课程。房地产法学教育呈现出一片繁荣的景象。为适应普通高等院校法学专业、房地产经济管理、工程管理专业及其他相关专业的房地产法学教学的需要，根据长期从事房地产法教学研究与房地产法司法实践的经验，我们编写了这部教材，本教材被确定为教育部普通高等教育“十一五”国家级规划教材。

在编写此教材的过程中，正值我国《物权法》出台与实施。我们结合《物权法》中对房地产等不动产的相关规定与理论，对房地产法体系与内容进行了调整与梳理。《物权法》出台前，房地产法对房地产权利人权利的调整与对房地产开发、房地产市场的经营与管理的规定是合而为一的。房地产法在一定程度上起到了保护房地产权利人权利以及规范房地产市场交易秩序的作用。《物权法》的颁布与实施，把 20 多年来一直由《民法通则》、《担保法》以及《房地产管理法》、《土地管理法》所调整的那部分不动产物权内容（如土地所有权、房屋所有权、建筑物区分所有权、土地使用权、宅基地使用权、承包经营权、房地产抵押权以及房地产权利登记等所有权归属与利用的内容）独立出来，并由《物权法》统一加以规定与调整。应该说，《物权法》的出台，进一步充实与完善了房地产法，弥补并改变了房地产法对房地产物权保护不足与不力的状况，使我国房地产法体系更加完备。但是，《物权法》不是也不能替代房地产法。《物权法》调整的是人对物的支配关系，即调整因物的归属和利用而产生的民事法律关系；而房地产法调整的是房地产权利人（不动产权利人）之间，房地产权利人与非权利人之间在房地产开发、经营、房地产交易、房地产权属以及房地产管理过程中产生的各种法律关系。房地产法既调整不动产权利的归属与利用的民事关系，也调整包括房地产开发、经营与管理的经济与行政关系；《物权法》对作为不动产的房地产的开发、经营与管理的部分不加涉及。房地产法在我国法律体系中具有融民法、经济法与行政法三者合而为一的功能与作用，在调整与规范房地产或不动产这一重要而特殊对象方面具有重要的不可替代的作用。

《房地产法学》是一部将房地产法理论与实际案例相结合的实用性教材。该教材以科学理性的态度对我国房地产法律问题做了全面而具有特色的阐述。

全书共分 14 章：第一章房地产法与房地产法律体系（奚庆）；第二章房地产物权与房地产物权体系（楚道文）；第三章房地产登记（骆小春）；第四章国有土地使用权出让、划拨与转让（金俭）；第五章房地产开发法律制度（田春苗）；第六章房地产征收与补偿（金俭、田春苗、骆小春）；第七章房地产买卖（金俭）；第八章商品房预售与包销（金俭）；第九章房地产抵押与按揭（孟咸美）；第十章房地产租赁（包振宇）；第十一章物业管理与服务（楚道文）；第十二章房地产税费法律制度（田春苗）；第十三章涉外房地产法（孟咸美）；第十四章房地产纠纷的解决（包振宇）。本教材附电子课件供教学使用。

本书的出版，获得了科学出版社的大力支持，编辑徐蕊女士以及王京苏先生为本书的出版辛勤工作，在此一并感谢！

全书由本人统一策划，确定提纲，进行分工。初稿完成后，又对全书进行了多次统稿、补充、修改与完善。尽管如此，错误在所难免，恳请读者给予指正并谅解。

金　俭
于南京大学法学院
2007 年 12 月 15 日

目　　录

第一章　房地产法与房地产法律体系

内容提要

通过本章的学习，了解房地产的内涵，了解房地产与不动产、房地产与房屋、房地产与物业等概念的联系和区别，了解我国房地产立法进展与现状。

本章学习重点和难点：

房地产的内涵与特征；房地产法的概念与调整对象；房地产法与物权法的关系。

第一节　房地产与房地产业

一　房地产的内涵

房地产（real estate）原为经济学上的概念，在经济学领域被广泛使用。法学领域，尤其是物权法或财产法体系下，一般使用不动产（immovable property）概念，以此与动产（movable property）相区分。在我国，人们已经普遍接受了房地产这个概念，房地产已成为一个约定俗成的法律术语，为理论界和立法所肯定。房地产是房产和地产的通称，是房产和地产的有机结合。从法律层面而言，房地产包含以下几层含义：

（一）房地产包括房产和地产

房产，既包括房屋，也包括房屋权利。地产，既是指土地及其上下一定的空间，也是指土地的权利。房地产既可能是自然财富如土地，也可能是人力创造之财富如建筑物等。房地产既包含可见的有体物——房屋与土地，也包含寓于房地产实体中的各种权利。房地产在法律上是指房地产权利。

（二）房产和地产密不可分

在理论上，房屋和土地可以构成两个独立的所有权，可以相互独立和分离，可以单独利用。但在实物形态上，房屋不可能离开土地而独立存在。“空中楼阁”在目前的技术和科学认识下是不存在的。因此，房与地不可分离。土地虽然可以独立存在，但土地上一旦建有房屋，那么房屋占据范围内土地的利用即与该房屋密不可分。因此，房屋和土地具有密不可分的基本属性。

（三）地产是房地产的核心

在实物形态上，土地可以独立且永久存在，但房屋却不能凭空存在，必须以土地为基础。因此，房地产是以土地为核心的，可以存在独立的地产，但不存在与土地相分离的房产，土地是房地产存在的基础。从法律关系上说，取得的土地合法，取得的房地产权利可能合法；取得的土地不合法，取得的房地产权利必然不合法。

（四）房地产不仅具有财产属性，也具有商品属性

房产和地产具有财产属性，为民法不动产制度所调整。同时，在市场经济下条件下，房地产更具有商品的属性。从事房地产开发、房地产建设、房地产交易、房地产抵押等经营活动，可以为房地产所有者、开发者、经营者等带来更大的经济利益。房地产财产属性是商品性的前提，但房地产具有的商品属性使房地产财产获得更大的增值。

二 房地产与相近概念

（一）房地产与不动产

房地产包括土地、房屋及固着于土地、房屋上不可分离的部分。不动产是指土地以及房屋、林木等地上定着物、建筑物的固定附属设备。房地产与不动产二

者的关系，在学术界争论多年。有学者认为房地产就是不动产，是同一语义的两种表述：房地产的表述倾向于表明这种财产是以房屋和土地作为物质载体，而不动产的表述侧重于表明这种财产具有不可移动这一独特属性，两者所指向的是同一对象。也有学者认为房地产与不动产并非同义："房地产"是经济法和行政法及商事实务中常用的称谓；"不动产"是民法常用的术语。不动产是相对于动产而言的，指性质上不可移动或一经移动即会改变其性质或者丧失其极大价值或使用价值的物，如土地、房屋等建筑物以及附着于土地、建筑物上的不可分离的部分。动产则是性质上可以移动且移动不会改变其性质或者丧失或减损其价值的物。民法将物分为"动产"和"不动产"两类，正是从物的自然属性是否可以自由移动来进行区分。各国法律对不动产的界定不尽相同，有广义与狭义之分。狭义的不动产主要是指房地产，而广义的不动产不仅包括了房地产，还包括了其他不可移动或者一经移动即会丧失其极大价值的财产，如水和矿藏等自然资源。

事实上，房地产与不动产具有共同的属性，即不可移动性。只是房地产和不动产概念在不同的领域与语境中使用，使用时往往具有不同的倾向和侧重。房地产概念产生较晚，更倾向于表明这一财产是以房屋和土地为载体，以经营为手段的一种稀有资产或资源；不动产概念产生较早，在罗马法时代就已产生，其更侧重于表明财产不可移动这一特性，它是民法中惯用的术语。但两者往往指向的是同一对象——房屋、土地以及地上定着物等。

（二）房地产与房屋

房屋是人们日常生活中经常使用的词语，在许多语境和场合中，人们所使用房屋的含义与房地产是相同的。房屋是人们生活、生产的基本场所，是人类发展与进步的基础。但二者具有不同的含义。房屋的概念在人类生活的早期即已存在，指的是建筑物的自然形态。在经济学和法学中，房屋不能等同于房地产，也不能等同于房产，它无法表述建筑物的社会形态，至多是房地产中的一个方面的内容而已。而房地产概念是现代经济生活的产物，是商品经济和社会分工发展到一定阶段的产物。在法律上，房地产包括了房产和地产。房产的含义既包括了实体意义上的具有明确的权属关系的房屋，也包括了寓含在房屋上的权利，它是建筑物在社会经济视野下的反映。可见，房地产与房屋、房产与房屋是各不相同的概念，虽然它们有时可能指向同一个对象。

（三）房地产与物业

"物业"这一术语在我国香港地区使用较广泛，是房地产领域中"单元性"

的房地产概念的别称。在我国内地，“物业”一词主要是与物业管理联系在一起的，是指房屋及配套的设施设备和相关场地。房地产概念与物业概念在某些方面可通用，从财产的角度说，二者都是不动产。但二者的含义与范围是不同的：物业一般仅仅是指建设用地范围内的房地产，更多地强调“单元性”与“空间环境性”。物业的单元性是指人们可根据经济上或管理上的需要，将有特定四至范围的建设用地和房屋及其固定附着物确定为一宗独立（单独、个别化）财产，以便确权、交易、使用或管理。“空间环境性”主要是指特定四至范围的建设用地和房屋及其固定附着物范围可构成特定的空间环境，人们在其中从事生活、生产等活动，是物业业主权益维系的重要对象与场所。因此，物业是指一定建设用地范围内具有特定四至界限的各类房屋等建筑物及相配套的固定附属设备、公用设施、公共场地和其他定着物，以及该房屋土地范围构成的空间环境。房地产概念更多的是指宏观层面的房产和地产。因此，房地产概念的外延要大于物业概念。房地产概念不仅包括静态的房产、地产以及房地产权利，而且还可以涵盖房地产的投资开发、建造、销售、售后服务以及交易、使用、出租、抵押等动态过程和行为。两者既有宏观与微观之别，又有外延范围上的差异。

三　房地产的特征

（一）位置的固定性

房地产是最主要的不动产，具有不可移动的属性，这是房地产与其他动产最显著的区别。房地产权利人无法改变土地的区位及建筑物的坐落位置。在房地产交易中，流转的只能是相关的房地产权利，而不是具有自然属性的房屋和土地本身。房屋和土地无论经过多少次交易，其位置及形态都不会发生任何变化，只是房屋和土地的权属在当事人之间发生了转移。此外，房地产的不可移动性决定了在某一区位上的房地产具有唯一性和排他性，无法像其他商品一样被复制。当然，不可移动性在某种意义上即意味着安全。房地产是“最安全的财产”，这也是房地产成为最常用的担保工具的原因所在。

（二）特定性

房地产具有不可移动的属性，具有区位上的唯一性、排他性，加上环境、设计、材料、年代等因素，因而任何一宗房地产都是特定物，具有各自不同的特点，如同人们的指纹各不相同一样，世界上没有完全相同的房地产。

（三）稀缺性

人类的任何生活和生产都离不开房地产，但是与人口数量和人类需求的增长相矛盾的是，土地是不可再生的有限资源。在目前的自然环境和科技水平下，可利用的土地面积已经无法再扩大或者说是难以再扩大，从而导致在任何国家，特定时间、特定地点和特定用途的土地都存在着有限和稀缺的问题。这使得土地成为现代社会中名副其实的“财富之母”和稀缺资源，也因此导致了房屋供给的有限性和稀缺性。房地产的稀缺性必然导致房地产价格昂贵，从长远来看，这种趋势和倾向还将越来越强烈。

（四）永久性或耐久性

房地产区别于其他财产的主要特征是其在合理使用条件下能够持久存在。自然灾害或者是人为损害可以破坏土地的特定用途，给权利人造成损失；但是，一般情况下，土地仍然可以被修复作原用途使用或者另做他用，并且从某些情形和意义上来说，其价值可能因此而增加。土地作为房地产权利的标的，是永远不会消灭的，甚至可以说，其权利可以无限地存在和使用下去。更为重要的是，土地不会因为人们对它的使用而消耗或贬值；相反，土地的价值随着经济的发展在不断增长。而建筑于土地之上的房屋等建筑物，其寿命要远远长于其他一般财产，轻易不会被损坏，使用期限长达数十年甚至数百年。

（五）保值增值性

房地产的保值性是指投入房地产的资金的增值速度能够抵消货币的贬值速度。任何房地产项目都具有投资大、成本高、期限长、风险多等特点。但长远来看，一方面，客观上房地产具有在特定区位的唯一性、房地产财产的有限性、安全性、永久性等特征；另一方面，在社会生产力发展作用下，人口的增加、人们生活生产水平提高等现实因素使得资源的有限性和人们需求的无限性之间的矛盾越来越尖锐。所以，房地产的价格总体上会持续上升，能够抵消货币的贬值速度，具有保值增值的作用和功能。房地产投资不仅能够像其他投资那样带来收益，而且因其具有价值相对稳定的特性而使得投资风险较小，房地产已成为现代社会中最具吸引力的投资对象和理财工具之一。

四 房地产业与房地产市场

（一）房地产业

房地产业在国民经济中具有支柱产业的地位，是国民经济的重要组成部分。房地产业是指从事房地产开发、经营、管理和服务的产业，包括房地产开发经营业，与房地产开发经营相关的提供咨询、评估、经纪服务的中介服务业、物业管理业以及其他房地产服务业，如房地产金融业、房地产保险业等。

房地产业与建筑业关系密切，房地产业大都是在建筑业的基础上发展起来的，在现代经济中两者相互渗透和交叉，并且它们的经营对象都是房地产。但建筑业与房地产业无论是在活动范围、产业归属、投入内容，还是在提供方式上都存在很大区别：建筑业是直接从事房屋生产和其他建筑物的建造、改造、装修、安装等的一个物质生产部门，属于第二产业；建筑业往往服务于房地产业，并不向市场提供房地产产品。房地产业则是从事房地产投资、开发、经营、管理和服务，主要在生产生活服务领域里活动的产业部门，属于第三产业。房地产业与建筑业是两个不同的独立的产业部门。

（二）房地产市场

房地产市场，简单来说就是指土地、房屋交换和流通的场所和领域。在我国现阶段，房地产市场主要包括国有土地使用权的出让、转让、出租、抵押和城市房产的转让、抵押、租赁等交易活动。房地产市场分为一级市场、二级市场和三级市场。房地产一级市场又称为土地一级市场，是指土地使用权出让的市场。国家通过其指定的政府部门将城镇国有土地使用权或将农村集体土地征收为国有土地后出让给土地使用者的市场。房地产一级市场是国家垄断的市场。房地产二级市场是指土地使用者经过开发建设，将新建成的房地产进行出售和出租的市场，也是商品房首次进入流通领域进行交易而形成的市场。房地产二级市场也包括土地二级市场，即土地使用者将符合条件可以转让的土地，进入流通领域进行交易的市场。房地产三级市场是指购买房地产的单位或个人，再次将房地产转让或租赁而形成的市场。

房地产市场是房产市场和地产市场的结合。除外，房地产市场还包括房地产分支市场，即房地产投资开发市场、房地产营销市场、物业管理市场等；房地产综合服务市场，即房地产金融市场、房地产劳务市场、房地产技术信息市场等。房地产市场与商品市场、金融市场、劳务市场、技术市场、信息市场、企业产权转让市场、期货市场一起，将形成统一的、开放的市场体系。

第二节　房地产立法与房地产法律体系

一　国外立法概况

纵观世界各国立法，20世纪以前西方各国调整房地产法律关系的规范主要规定在民法典中；20世纪以来，尤其是第二次世界大战之后，房地产业的发展和社会生产力发展水平的突飞猛进使得原有的民法规范已经不能解决房地产运行过程中所产生的诸多问题。为了适应客观情况的变化，保持经济的持续稳定发展，各国普遍加强了对房地产的行政干预和政府调节，用“有形之手”来调整房地产关系。为此，各国颁布了一系列带有国家干预性质的房地产法律法规，并逐步形成了相对完整的房地产法律体系。

（一）英美法系代表国家的房地产立法

1. 英国的房地产立法

英国是英美法系的代表性国家，在其法律体系中，判例法占有重要地位。但为顺应现代行政国家的实际需要，英国在房地产立法方面颁布了大量的成文法规。其中有代表性的主要有《住宅法》、《房屋租赁法》、《城乡规划条例》、《土地补偿法》、《土地获得法》、《土地登记法》、《建筑限制法》、《建房补贴法》、《新城镇法》等相关法律法规，较好地解决了第二次世界大战以后房地产开发、住房等一系列重大社会问题。

2. 美国的房地产立法

第二次世界大战以后，美国在立法中出现了行政权力扩张的趋势，国家对经济生活的主动干预大大增强。具体到房地产法律调整领域，则表现为制定了大量的房地产法律法规，如《美国统一商法典》、《美国1976联邦土地政策和管理法》、《公平住宅法》、《美国统一管理法》。同时成立了房屋与城市发展部、住宅局等行政机构，在经济管理生活中体现了较强的国家干预性，对房地产市场进行了有效的管理和调节。

（二）大陆法系代表国家的房地产立法

1. 德国的房地产立法

德国在第二次世界大战中及战后，陆续制定了大量房地产法律法规，主要有《住宅建筑法》、《征集土地法》、《城市建设促进法》、《土地征收补偿条例》、《土地及林田保护及集体使用土地的安全规定》、《住房责任法》、《住房公益法》、《联邦房租法》、《住房现代化促进法》、《住宅所有权及长期居住权法》等法律法规。同时，为了使上述法律法规能够得到较好地执行，德国还成立了区域规划、建筑和城市建设部，住宅管理局等行政机构作为房地产业的管理机关，在土地合理规划、土地开发和使用、房地产买卖和租赁等方面均产生了积极的影响，很好地弥补了《德国民法典》调整范围的不足。

2. 日本的房地产立法

第二次世界大战后，为发展本国房地产业，日本先后颁布了《都市规划法》、《土地征用法》、《建筑标准法》、《国土法》、《公营住宅法》、《住宅金融公库法》、《日本住宅公团法》、《住宅区改造法》、《宅基地规划法》、《宅基地与建筑物交易法》、《地价公示法》、《住宅建设计划法》等法律法规，同时还成立了具体的房地产业管理机构，如建设省，其下设立各种局负责房地产方面的具体事务，其中的住宅局，就是专门负责全国住宅建设与住宅管理事务的机构。战后日本房地产业的持续稳定发展和国内住房紧缺问题的解决，与这一系列法规的颁行和相应行政管理机构的努力是密不可分的。

3. 其他国家的房地产立法

其他国家在第二次世界大战以后，也都纷纷加强了对房地产市场的管理和调整，颁布和施行了不少房地产单行法规及相关法规，如《新西兰 1955 住宅法》、《瑞典开发合作法》、《阿根廷房屋租赁法》、《加拿大国家住宅法》、《加拿大抵押和住房公司法》等法律法规纷纷出台。同时，这些国家也都成立了各自的房地产管理机构。

综上所述，在世界范围内，各国政府都十分重视房地产领域的立法，纷纷加大了对房地产领域的调控力度。不仅在国家基本法如宪法、民法典、经济法中对房地产领域加以规定，而且颁布了大量的单行房地产法律法规。实践证明，这样的法律调整在房地产市场的发展与成熟、公民居住用房需求的满足及土地资源的合理使用等方面起到了巨大的推动和保障作用，直接保证了国家经济的发展和社会秩序的稳定。他山之石可以攻玉，在建设社会主义市场经济的过程中，我们应当有选择地借鉴西方国家的成功经验，更好地推动我国房地产法制的建设。

二　我国房地产立法概况

（一）第一阶段：1949～1978 年的房地产法的立法状况

此阶段房地产立法根据国家政治工作的重点和特点还可以具体划分为以下三个阶段。

1. 1949～1956 年：接管、没收、征收、征用敌对势力的房地产

从新中国成立到 1956 年期间，我国房地产方面的工作重点在于对属于地主、官僚资本家、反革命分子、战犯、汉奸及国民党政府的房地产分别采取了接管、没收、征收、征用的政策；而对一般个人的私有房地产则采取保护的政策。为此，国家分别于 1949 年颁布了《公房公产统一管理的决定》；1950 年颁布了《中华人民共和国土地改革法》、《土地改革中对华侨土地财产的处理办法》、《城市郊区土地改革条例》、《关于填发土地房产所有证的指导》和《内务部土地政策司对目前城市房产问题的意见》；1951 年颁布了《城市房地产税暂行条例》、《关于没收战犯、汉奸、官僚资本家及反革命分子财产的指示》；1953 年颁布了《国家建设征用土地办法》；1955 年颁布了《农业合作化示范章程》以及其他相关的法律法规。

2. 1956～1966 年：私有房地产的社会主义改造

1956 年，中共中央批准并且颁布了《关于目前城市私有房产基本情况及进行社会主义改造的意见》，我国开始了私有房地产的社会主义改造运动。通过付给房主租金、赎买产权的方式对城市私房进行改造；通过国家赎买私营企业所占用的土地的形式将土地收归国有，使城市房屋逐渐转变为以公有制为主体，城市土地全部公有化，从而从根本上确立了城市房地产的社会主义公有制。此后相当长一段时期里，虽然在我国城乡仍存在着私有房屋，但其范围和权利行使均受到极大的限制。在农村，房屋虽然一直为农民个人所有，但法律不仅对宅基地有明确的特别规范，同时限制农村房屋的流转；在城市，单纯意义上的私房仅限于上述社会改造后遗留下来的私人房屋以及因城市扩张而由原农村私房转变而来的城市私房。

对私房社会主义改造的政策性文件还有 1961 年的《关于加速城市私人出租

房屋社会主义改造工作的联合通知》，1963年的《关于对华侨出租房屋进行社会主义改造问题的报告》，1964年的《关于私有出租房屋社会主义改造问题的报告》、《关于对港澳同胞出租房屋进行社会主义改造问题的报告》及1965年的《关于私房改造中处理典当房屋问题的意见》等。这些意见、报告、通知等无疑对私房的社会主义改造起了政策性的指导、调整作用。

3. 1966～1978年："文化大革命"时期

从1966年开始到1978年党的十一届三中全会为止的"文化大革命"期间，由于在思想意识形态领域中受极左思潮的影响，整个国家的法制建设遭到极大破坏，基本上处于停滞的状态，房地产领域也不能例外。尽管国家也曾经颁布了个别规定、政策以调整私人房产关系，但是，从总体来说，这个时期不仅没有建立起新的房地产管理制度或对原有制度进行完善，而且原有的房地产制度也遭到很大的破坏，房地产立法工作长期停顿不前。房地产管理基本上处于瘫痪状态，非法挤占没收私人房产情况十分严重，根本谈不上国家对房地产的管理和调控。

（二）第二阶段：1978年至今的房地产法的立法状况

这一阶段又可分为复兴时期（1978～1988年）、发展时期（1988～1995年）以及完善时期（1995年至今）。在此阶段，房地产法的立法地位大幅度提高，立法工作卓有成效；房地产法律体系不断地得到健全和完善；房地产法律法规的调整对象和范围不断扩大；房地产管理的手段已经从计划、政策和直接的行政命令转变为用法律手段加以调整；房地产领域的法制已经形成并且为我国国民经济的高速发展和人民生活水平的显著提高奠定了坚实的基础。

1. 1978～1988年：复兴时期

党的十一届三中全会以后，国家的工作重心转移到经济建设上并且开始恢复法制建设，走依法治国的道路。长期沉寂的房地产业开始复苏，房地产立法逐步走上正轨。为使房地产领域的各个环节有法可依，国家加强了对房地产领域的立法工作，颁布了大量的法律法规，主要有《国家建设征用土地条例》、《村镇建房用地管理条例》、《城市私有房屋管理条例》、《建筑税征收暂行办法》、《城镇个人建造住宅管理办法》、《城市规划条例》、《关于外国人私有房屋管理的若干规定》、《村镇建设管理暂行规定》、《房产税暂行条例》、《城市维护建设税暂行条例》、《关于加强城市建设综合开发公司资质管理工作的通知》、《中华人民共和国土地管理法》等。

为了解决文革期间非法挤占、没收私人房屋的问题以及1958年开始的私房社会主义改造中错改的问题，国家颁布了大量的落实房产政策。主要有1980年的《中央办公厅转发北京市委关于处理机关部队挤占私房，进一步落实私房政策的通知》、1982年的《关于转发〈进一步抓好落实私房政策工作的意见〉的通知》、1983年的《关于对国民党军政人员出走弃留的代管房产处理意见的通知》、1984年的《关于加快落实华侨私房政策的意见》、1985年的《关于城市私有出租房屋社会主义改造遗留问题的处理意见》、1986年的《关于进一步落实〈中央落实政策小组扩大会议纪要〉的补充意见》、1987年的《关于落实华侨私房政策的补充意见》和《关于进一步处理好城镇私房遗留问题的通知》、1991年的《关于处理去台人员房产问题的通知》等。

2. 1988～1995年：发展时期

这一阶段以1988年《中华人民共和国宪法》的修正为开端。1988年全国人民代表大会（以下简称全国人大）通过宪法修正案，规定土地的使用权可以依照法律规定转让，土地的有偿、有期限使用制度得以建立。土地使用权成为独立的可流转的财产标志着我国房地产立法和房地产业进入了新的历史阶段。同年，全国人大修改了《中华人民共和国土地管理法》；1989年颁布了《中华人民共和国城市规划法》；1994年颁布了《中华人民共和国城市房地产管理法》。在此期间，国务院和国务院各有关部、委、办等部门根据宪法和房地产领域基本法的精神、原则和规定，先后制定和颁布了《城市危险房屋管理规定》、《城市毗邻房屋管理规定》、《城市房屋产权产籍管理暂行办法》、《中华人民共和国城镇国有土地使用权出让和转让暂行条例》、《外商投资开发经营成片土地暂行管理办法》、《城市房屋拆迁单位管理规定》、《城市房屋修缮管理规定》、《商品住宅价格管理暂行办法》、《城市新建住宅小区管理办法》、《城市房屋租赁管理办法》、《城市住宅小区物业管理服务收费暂行办法》、《城市房地产开发经营管理条例》、《建设项目环境保护管理条例》、《建设工程质量管理条例》、《房地产开发企业资质管理规定》、《商品房销售管理办法》、《关于修改〈住房公积金管理条例〉的决定》等大量的行政法规、规章等规范性文件。可见，在宪法确立了房地产领域的基本原则和制度后，我国的房地产立法在数量和质量上都得到了大幅度的提高，这是之前任何阶段都无法比拟的。这些法律法规基本上构成了我国完整的房地产法律体系。其中，1995年1月1日起《中华人民共和国城市房地产管理法》的正式实施是我国房地产领域法制进程中的又一里程碑。该法的出台标志着我国房地产立法又跨上了一个新的台阶，标志着我国房地产法制建设的成熟与完善。

3. 1995年至今：完善阶段

经过20世纪80年代房地产市场的整顿，我国的房地产市场逐渐走上了法制化的道路。但随着市场经济的发展，我国许多房地产法律、法规已跟不上时代发展的要求。为此，全国人大、国务院、各部委以及地方各级人大相继颁布、施行了一系列新的房地产法律法规，如 1997 年颁布的《中华人民共和国建筑法》，1999 年1 月施行的《土地管理法》，1999 年施行的《土地管理法实施条例》、《基本农田保护条例》，2001 年 11 月施行的《城市房屋拆迁管理条例》（至 2007 年 10 月 1 日止），2003 年 9 月 1 日施行的《物业管理条例》，2003 年 3 月 1 日施行的《中华人民共和国土地承包法》，2000 年 1 月施行的《建设工程质量管理条例》，2004 年 3 月施行的《城市房屋拆迁行政裁决工作规程》，2004 年 1 月 1 日施行的《物业管理收费管理办法》以及 2007 年颁布的《中华人民共和国城乡规划法》等房地产领域的基本法。这些新的法律、法规对规范我国当前的房地产市场起了重要的作用。

随着房地产业的发展，住房商品化与住宅制度的改革，房地产已经成为公民私有财产中最为重要也最具保值价值的不动产，国家对私有财产的保护非常重视，全国人大十届二次会议将“保护私有财产”正式写入宪法充分说明了这点。《中华人民共和国物权法》（以下简称《物权法》）的起草工作始于 1993 年，2005 年 7 月《物权法》向社会全文公布，2007 年 3 月 16 日《物权法》经全国人大第十届会议第五次代表大会审议通过，2007 年 10 月 1 日正式施行。确认房地产（不动产）权利与对房地产权利保护成为是《物权法》的核心内容。《物权法》将原有房地产法中的相当内容吸收并加以系统化。

三 我国房地产法律体系

我国现行房地产法律体系包括了广义和狭义意义上的房地产法律体系。广义的房地产法律，包括了我国所有立法机构和各级政府制定和颁布的与房地产有关的法律规范。而狭义的房地产法律则仅指全国人民代表大会及其常务委员会制定和颁布的与房地产有关的法律规范。在广义的房地产法律体系中，按照各种房地产法律法规不同的效力层级和规范构建的制度结构，可以分为以下几个层次：

（一）宪法

1982 年《中华人民共和国宪法》（以下简称《宪法》）是我国的根本大法，该法分别于 1988 年、1993 年、1999 年和 2004 年进行过四次修订。宪法在我国法律体系中具有最高效力。《宪法》中与房地产领域相关条文的规定，确立了房地产领域的基本制度，是我国房地产法律、法规的立法依据和效力来源。

《宪法》第 10 条规定："城市的土地属于国家所有。农村和城市郊区的土地，除由法律规定属于国家所有的以外，属于集体所有；宅基地和自留地、自留山，也属于集体所有。国家为其公共利益的需要，可以依照法律规定对土地实行征收或者征用并给予补偿。任何组织或者个人不得侵占、买卖或者以其他形式非法转让土地。土地使用权可以依照法律规定转让。一切使用土地的组织和个人必须合理地利用土地。"第 9 条规定："矿藏、水流、森林、山岭、草原、荒地、滩涂等自然资源，都属于国家所有，即全民所有；由法律规定属于集体所有的森林和山岭、草原、荒地、滩涂除外。"第 8 条规定："农村集体经济组织实行家庭承包经营为基础、统分结合的双层经营体制。农村中的生产、供销、信用、消费等各种形式的合作经济，是社会主义劳动群众集体所有制经济。参加农村集体经济组织的劳动者，有权在法律规定的范围内经营自留地、自留山、家庭副业和饲养自留畜。"这是《宪法》中对土地所有权与使用权最直接的规定。据此，我国制定了其他一系列的土地法律、法规。此外，《宪法》第 13 条规定："公民的合法的私有财产不受侵犯。国家依照法律规定保护公民的私有财产权和继承权。国家为了公共利益的需要，可以依照法律规定对公民的私有财产实行征收或者征用并给予补偿。"《宪法》第 39 条规定："中华人民共和国公民的住宅不受侵犯。禁止非法搜查或非法侵入公民的住宅。"

（二）物权法

2007 年 10 月 1 日正式施行的《物权法》对不动产物权作了全面的规范与保护，确立了不动产物权保护的原则。从不动产物权的设立、不动产物权登记到不动产物权体系的确立，从建筑物区分所有权的规定到土地承包经营权、建设用地使用权、宅基地使用权、地役权、抵押权，从所有权到用益物权、担保物权均作了较为系统的规定。《物权法》成为处理确认房地产物权归属与处理房地产民事法律关系的主要依据。

（三）房地产法律

房地产法律是全国人大及其常委会颁布实施的规范房地产领域各种行为的具体法律，是对《宪法》和《物权法》规定的基本制度、原则的具体实施，是国家对房地产市场和行为进行调控的法律手段。现行房地产法律主要包括：

1.《中华人民共和国城乡规划法》

《中华人民共和城乡规划法》（以下简称《城乡规划法》）于 2007 年 10 月 28

日中华人民共和国第十届全国人民代表大会常务委员会第三十次会议通过，自2008年1月1日起施行。《中华人民共和国城市规划法》同时废止。《城乡规划法》所称城乡规划，包括了城镇体系规划、城市规划、镇规划、乡规划和村庄规划；其调整范围和相关制度的适用扩展到了城市和农村所有的土地利用和建设。该法的实施必将有力地推动我国城乡一体快速发展，有利于经济发展过程中资源的科学配置和有效利用，为可持续性发展奠定坚实的基础。

2.《中华人民共和国土地管理法》

《中华人民共和国土地管理法》（以下简称《土地管理法》）于1986年6月25日由第六届全国人民代表大会常务委员会第十六次会议通过，其后经1988年、1998年、2004年三次修正。该法对土地的所有权和使用权、土地利用总体规划、耕地保护、建设用地、监督检查以及法律责任等做了详细的规定，是我们当前处理土地及与土地相关问题的主要法律依据。

3.《中华人民共和国城市房地产管理法》

1994年7月5日第八届全国人民代表大会常务委员会第八次会议通过《中华人民共和国城市房地产管理法》（以下简称《房地产管理法》）。2007年8月30日第十届全国人民代表大会常务委员会第二十九次会议《关于修改〈中华人民共和国城市房地产管理法〉的决定》对其进行了修正。该法对在中华人民共和国城市规划区国有土地范围内取得土地使用权，从事房地产开发、进行房地产交易，实施房地产管理等行为进行调整，构建了我国城市房地产领域的基本法律制度。

4.《中华人民共和国建筑法》

1997年11月1日第八届全国人民代表大会常务委员会通过《中华人民共和国建筑法》（以下简称《建筑法》）。该法虽然是规范建筑行业的基本法，但是，建筑与房地产开发及房屋质量密切关联，法律的强制性规定，成为规范房地产开发与建设的前提要求。因而，也成为我们调整房地产关系的重要法律。该法从以下几个方面来规范建筑市场的各种法律行为：①建筑许可。包括建筑工程施工许可和从业资格许可。②关于建筑工程的发包和承包的规定。《建筑法》第15～30条对工程的分包和承包行为加以规范。③建筑工程监理规定。《建筑法》第30条规定国家推行建筑工程监理制度。④建筑安全生产管理和工程质量管理的规定。⑤法律责任的规定。

（四）房地产行政法规、部门规章和各级地方性法规、地方政府规章

国务院制定和颁布了一系列与房地产有关行政法规，其中，不仅包括对法律进行补充、解释和具体化的规范，如《土地管理法实施条例》、《基本农田保护条例》，这些规范有利于法律的适用和功能的发挥；而且，国务院还通过制定和颁布其他方面的行政法规，如《城镇国有土地使用权出让与转让暂行条例》、《外商投资开发经营成片土地管理办法》、《城市房屋拆迁管理条例》、《物业管理条例》、《建设工程质量管理条例》等，这些行政法规对我国房地产业的发展其到了举足轻重的作用。

房地产部门规章的效力要低于国务院制定和颁布的行政法规，它主要是指建设部、国土资源部等房地产相关国家部委所制定和颁布的规章，如建设部制定和颁布的《城市房屋产权产籍管理办法》、《危险房屋管理规定》、《住宅小区管理办法》、《城市房地产转让管理规定》、《房地产开发经营管理条例》、《城市商品房预售管理办法》、《商品房销售管理办法》、《城市房屋拆迁行政裁决工作规程》、《物业管理收费管理办法》等。

地方性法规主要指地方各级人大通过的与房地产有关法律规范，如《辽宁省城镇房产管理暂行条例》、《黑龙江省城镇公有房产管理条例》、《江苏省土地管理法实施条例》、《江苏省城市房屋拆迁管理条例》、《沈阳市建设动迁安置条例》等。

地方政府规章主要指各有权地方人民政府制定和发布的与房地产有关的规章，如《沈阳市房产交易管理暂行办法》、《南京市城市房屋拆迁管理办法》等。

（五）司法解释

最高人民法院针对司法实践中的房地产纠纷颁布了大量的司法解释，如1995年12月27日颁布的最高人民法院《关于审理房地产管理法施行前房地产开发经营案件若干问题的解答》、2000年6月19日颁布的《最高人民法院关于审理破坏土地资源刑事案件具体应用法律若干问题的解释》、2003年3月24日颁布的《最高人民法院关于审理商品房买卖合同纠纷案件使用法律若干问题的解释》等。这些司法解释成为人民法院在审理与房地产相关案件时的重要依据，具有涉及面广、针对性强、内容具体、适用及时的特点。

（六）判例和其他规范性文件

1. 司法判例

司法判例目前在我国尚不具有法律约束的效力，即使是最高人民法院颁布的典型案例，也不具备对司法活动的刚性约束力，只对司法活动起到参照性的作用。然而，对于以瞬息万变的经济领域为调整范畴的房地产法来说，成文立法不可避免地具有滞后性、不周延性等固有缺陷，直接影响立法目的的实现。因此，借鉴典型案例在司法实践中的运用有利于化解法律与现实之间的矛盾，也有利于实现司法统一，实现同样行为受到法律的同样对待的基本公平。

2. 其他规范性文件

其他规范性文件指的是各级行政机关所颁布的行政法规、规章以外的规范性文件，既包括对外公布的政策，也包括只约束行政机关内部行为的不公开的文件。这些规范性文件不属于严格意义上的法。但是，其在实践中却对主管机关的管理行为、执法工作起到直接、具体的指导和规范作用，成为其具体行政行为的依据，进而对整个房地产市场和权利主体产生重大的影响。在我国目前的社会现状之下，这些规范性文件对房地产法的适用有着重要的作用。甚至从某种意义上来说，这些规范性文件的规定对房地产权利人权益的实现关系甚大。因此，对于房地产法律体系而言，不能忽视其存在，而应当正视这些规范性文件的地位和作用，将这些规范性文件的制定和颁行纳入其体系之中进行规范和保障，否则，良好的房地产秩序和房地产法制的建立将无法真正实现。

第三节　房地产法调整对象与房地产法地位

一　房地产法的概念与调整对象

（一）房地产法的概念

房地产法，顾名思义，就是调整房地产关系的所有法律规范的总称。即房地产法是调整房地产所有权人之间、房地产所有权人与非所有权人（包括房地产使用人、修建人、管理人等）之间以及非所有权人之间在房地产开发经营、房地产交易（包括房地产转让、房地产抵押和房地产租赁等）、房地产权属、房地产管理等过程中发生的各种权利义务关系的法律规范的总称。

房地产法有广义与狭义之分。广义的房地产法是指对房地产关系进行调整的所有的法律、行政法规、部门规章、地方性法规、规章，甚至是政策文件等规范性文件的总称。它包括了从宪法到基本法，从基本法到行政法规、部门规章等各种效力层次的法律规范，在众多的法律中包括了从民法、经济法等相关综合性法律中有关调整房地产的条款到《土地管理法》、《城乡规划法》、《城市房地产管理法》等专门房地产法律规范。狭义的房地产法是指国家立法机关即全国人民代表大会及其常务委员会制定的对城市房地产关系作统一调整的基本法律即《中华人民共和国城市房地产管理法》。

（二）房地产法的调整对象

房地产法的调整对象简单来说就是房地产法律关系，即人们在房地产权属、房地产开发经营、房地产转让、房地产抵押、房地产租赁、房地产管理等活动中所产生的权利义务关系。

我们可以把房地产法的调整对象分为平等主体之间的横向协作关系（或者说是民事法律关系）和不平等主体之间的纵向管理关系（或者说是经济法律关系）。前者应当是房地产法所调整的基础。没有房地产协作关系的存在，也就不可能产生房地产管理关系。具体而言，房地产法调整的房地产法律关系的具体内容如下：

1. 房地产协作关系

房地产协作关系以主体之间的平等性为特征，是平等的法人、其他合法组织和自然人之间在房地产运行过程中所产生的权利义务关系。在房地产协作关系中，遵循着平等、自愿、等价、有偿、诚实信用等基本原则。

具体可以包括：

（1）土地财产关系，即土地所有关系和土地利用关系。其中，土地利用关系包括了土地使用权出让关系，国家土地出租关系，土地使用权转让关系，土地使用权租赁关系，土地使用权交换、赠与、继承关系等。

（2）房屋财产关系，即房屋买卖关系、房屋交换关系、房屋租赁关系、房屋继承关系、房屋抵押关系、房屋典当关系、房屋相邻关系、房屋共有关系、物业管理关系、房屋拆迁中拆迁人与被拆迁人之间的关系等。

（3）其他协作关系，如房地产开发经营过程中所产生的建设工程关系、原材料采购关系等。

2. 房地产管理关系

房地产管理关系直接体现了主体之间的不平等性，是房地产主管机关依法对房地产经济运行中各参与者及其行为进行管理所产生的关系，是国家意志在房地产运行过程中的体现。正是由于房地产资源的有限性及其对国民经济、政治生活、各类经济主体乃至自然人个人具有重大和深远的影响，故而各个国家都通过直接或间接的方式或多或少地对不动产领域进行管理和调控。因此，房地产法所调整的不动产领域的社会关系具有国家干预性的特征。国家对房地产关系进行管理和调控，体现了现代国家的经济职能，反映了国家对社会经济秩序和国民经济发展的要求以及对社会长远利益的追求和努力。

房地产管理关系具体可以包括土地利用管理关系、土地利用规划关系、集体土地征收关系、房屋产权产籍管理关系、房屋拆迁管理关系、房地产建设项目管理关系、房屋交易管理关系、房地产评估与鉴定管理关系、物业管理行业管理关系等。

二 房地产法的地位

一般而言，在宪法这一根本大法之下，主要有六大法律部门：行政法、民法、经济法、社会法、刑法和诉讼仲裁法。不同的法律部门具有不同的职能。当然，在某些方面、某些情况下法律部门的职能间也会发生相互交叉的现象，这是社会关系的多元化和法律调整社会关系的内部结构和谐一致的表现。

房地产法作为我国社会主义法律体系的一个组成部分，既是具有民事性质的规范，又是体现了公权力干预的规范，其调整对象和特征决定了房地产法律规范的综合性。前者包括了土地，房屋的所有权、使用权及买卖、租赁、抵押等市场行为的规定；后者包括了登记、审批、管理、监督等行政行为的规定。前者属于私法领域，后者属于公法领域并且体现出公权力向私法领域渗透的情形。后者的登记、审批、管理、监督等行为正是对前者的规范和调整。房地产的本质属性、房地产的功能作用都决定了现代国家无法放任房地产市场的纯粹私法自治。土地和房产交易活动运行的全过程不仅仅是民法主体之间的“私事”，也是国家不得不以公权力加以干预的“公事”。国家通过房地产法律对房地产经济关系加以干预，体现了国家的意志和价值趋向，体现了社会利益与个人利益的平衡，是社会经济秩序和长远发展的必然。

房地产法既不是民法，也不是行政法，而应属于经济法范畴。民法是以个人权利为本位的，强调社会个体的意志、权利和自由的实现。行政法是以国家权力、政府权力为本位，实现国家利益和规范公共行政管理行为的法。作为经济法的房地产法既不以国家利益为本位，也不以个人或者个体利益为本位，而是以社会公共利益为本位，它以维护社会整体利益为根本使命。土地法、房地产法、建筑法、规划法、矿业法、水资源法等法律从社会公共利益出发，对不动产财产权从主体到内容及客体，从不动产财产的取得到财产所有权的内容及不动产财产所有权的行使方式进行全方位的调整，其目的是为了调和个人利益和社会利益的冲突，维护社会整体利益。在经济法眼中，公权力的行使只有有利于社会整体利益，才是必要的、可行的；私权利的行使，只有不违背社会公共利益，才是自由的。在一般情况下，房地产法并不直接对公民私有不动产财产权利进行调节，而主要是通过建立与维持房地产市场秩序加以作用。主要表现为：通过市场主体法如公司法、企业法等法律规范房地产市场准入行为和房地产企业的组织行为，建立一个既活跃又符合规则的市场主体体系，为房地产市场的有序运作提供前提，也为公民房地产投资与获利提供一种可能性；通过房地产市场管理法（如反不正当竞争法、消费者保护法、产品质量法等法律）规范房地产市场运行、建立和维持市场秩序，为公民投资创造一个公平良好的投资环境，为投资获利提供一个相应的预期；通过规范国家宏观经济调控行为，如制定土地管理法、房地产管理法、森林法、草原法、水法、渔业法、矿产资源法，为公民投资创造良好的宏观经济环境；通过建立与完善社会保障体系如制定社会保障法、经济适用房条例、廉租房条例，为公民福利的增进提供制度上的保证。房地产法对私有不动产财产权的调节，更多的是通过达成经济法的公共目标进而实现对私有财产的保护。当然，在一定情况下，也不排除房地产法对私有财产的直接调控，如物业税、房地产税收等，直接实现对不动产私有财产权的调节。

三　房地产法与物权法的关系

房地产与不动产这两个概念之间具有等同或包含的关系。《物权法》颁布与实施后，房地产法与物权法究竟为何种关系值得探讨。正如本书前言中所言，《物权法》出台前，房地产法对房地产权利人权利的调整与对房地产开发、房地产市场的经营与管理的规定是合而为一的。房地产法在一定程度上起到了保护房地产权利人权利以及规范房地产市场交易秩序的作用。《物权法》的颁布与实施，把 20 多年来一直由《民法通则》、《担保法》以及《房地产管理法》、《土地管理法》所调整的那部分不动产物权内容如土地所有权、房屋所有权、建筑物区分所有权、土地使用权、宅基地使用权、承包经营权、房地产抵押权以及房地产权利登记等所有权归属与利用等内容独立出来，并由《物权法》统一加以规定与调整。应该说，《物权法》的出台，进一步充实与完善了房地产法，弥补并改变了房地产法对房地产物权保护不足与不力的状况，使我国房地产法体系更加完备。但是，《物权法》不能替代房地产法。《物权法》调整的是人对物的支配关系，即调整因物的归属和利用而产生的民事法律关系；而房地产法调整的是房地产权利人（不动产权利人）之间，房地产权利人与非权利人之间在房地产开发、经营、房地产交易、房地产权属以及房地产管理过程中产生的各种法律关系。房地产法既调整不动产权利的归属与利用的民事关系，也调整包括房地产开发、经营与管理的经济与行政关系。《物权法》对作为不动产的房地产的开发、经营与管理的部分不加涉及。房地产法在我国法律体系中具有融民法、经济法与行政法三者合而为一的功能与作用，在调整与规范房地产或不动产这一特殊对象方面具有重要的不可替代的作用。

房地产法与物权法具有明显的区别的，两者之间的关系首先就体现了经济法部门与民法部门的区别，同时也包括了房地产法与物权法的特殊区别：

1. 立法本位不同

物权法强调的是法律主体的自由和权利，体现的是个人本位；房地产法虽然也保护相关主体的自由和权利，但更强调和侧重的是对社会整体利益和社会长远发展的保护，体现的是社会本位。在个人利益与社会利益发生冲突的时候，房地产法的经济法属性决定了其将义无反顾地选择社会利益，对个人的房地产行为给予法律上的限制。

2. 调整对象和范围不同

物权法调整平等主体之间的横向财产关系；房地产法不仅调整平等主体之间的横向协作关系，也调整不平等主体之间的纵向管理关系。对平等主体、财产关系的调整，两者也不同。物权法所调整的财产既包括动产，也包括不动产，还包括法律规定的某些特定权利；房地产法调整的财产关系特指不动产财产关系。

3. 调整方法不同

民法采取平等、等价、自愿、有偿、诚实信用的原则调整财产关系，适用民事手段调整相关权利义务，物权法也不例外。经济法所采用的是纵向与横向相结合的调整方法，某些情况下则实行不平等、不自愿的原则。从总的情况来看，它是对“意思自治”的一种限制。由于具有公私交融的特征，所以房地产法既可以采用民事手段，也可以采用行政手段、刑事手段调整相关关系。

4. 法律责任不同

物权法上的法律责任主要是民事责任；房地产法上的法律责任不仅包括了民事责任，也包括了行政责任和刑事责任。

本章小结

房地产是房产和地产的统称，是房产和地产的有机结合，具有位置固定性、特定性、稀缺性、永久性和保值增值性等特征。房地产是最重要的不动产，或者可以说房地产等同于不动产。房地产法是调整房地产关系的所有法律规范的总称，调整人们在房地产权属、房地产开发经营、房地产转让、房地产抵押、房地产租赁、房地产管理等活动中所产生的横向协作关系和纵向管理关系。房地产法属于经济法的范畴。与世界各主要国家相比，我国已经建立起了相对完善的以宪法、物权法为基础，以单行的房地产法律法规和其他综合性的房地产法律法规相结合的房地产法律体系，有效地构建和维护了房地产秩序，推动了房地产业的发展和经济增长。

思考题

1. 什么是房地产？房地产的特征有哪些？
2. 我国主要有哪些房地产法律？
3. 什么是房地产法？房地产法的调整对象有哪些？
4. 如何理解房地产法和物权法的关系？

参考文献

1. 金俭：《房地产法研究》，科学出版社，2004年版。
2. 於向平、邱艳：《房地产法律制度研究》，北京大学出版社，2004年版。
3. 高富平、黄武双：《房地产法学》，高等教育出版社，2003年版。
4. 符启林：《房地产法》（第3版），法律出版社，2004年版。
5. 林建伟：《房地产法基本问题》，法律出版社，2006年版。
6. 李延荣：《房地产法研究》，中国人民大学出版社，2007年版。
7. 高富平、黄武双：《房地产法新论》，中国法制出版社，2000年版。
8. 赵红梅：《房地产法论》，中国政法大学出版社，1996年版。
9. 谭启平、赵勇山：《房地产法精要与依据指引》，人民出版社，2005年版。
10. 黄松有：《房地产司法解释实例释解》，人民法院出版社，2006年版。
11. 高波等：《现代房地产经济学导论》，南京大学出版社，2007年版。
12. 王全民：《房地产经济学》，东北财经大学出版社，2002年版。
13. 简德三、王洪卫：《房地产经济学》，上海财经大学出版社，2003年版。

第二章　房地产物权与房地产物权体系

内容提要

通过本章的学习，了解我国房地产物权及其体系，包括房地产所有权、房地产用益物权和房地产担保物权等内容。

本章学习重点与难点：

房地产物权的概念、特性和体系；房地产物权优先效力的表现及其例外；房地产所有权与权能分离的意义；我国房屋所有权与土地使用权的关系；房地产用益物权的特征与内容；相邻关系的概念与内容；房地产抵押物权的特征与效力。

第一节　房地产物权与体系

一　物权的词源

早在罗马法上，即已确认所有权等诸多具体的物权形式，并已形成物权与债权相区分的理念。但是，具有抽象概括性的物权及他物权的名词，罗马法中并未出现，它们是中世纪注释法学派在研究、诠释罗马法时创造的。

1811 年《奥地利民法典》首次对物权的概念作出了规定。该法第 307 条规定："物权，是属于个人的财产上的权利，可以对抗任何人。"1896 年颁布的《德国民法典》中，首次将"物权"作为民法典分则的独立一编，对物权制度作了系统、完整的规定。其后，物权概念为多数国家的立法所接受，物权法也成为了现今各国民法的重要组成部分。我国《物权法》第 2 条第 3 款规定："本法所称物权，是指权利人依法对特定的物享有直接支配和排他的权利，包括所有权、房地产用益物权和房地产担保物权。”英美法系国家法律中没有物权的概念，与之相近的词汇是“财产”或“财产权”（property）。但应注意的是，英美法中的这一用语与大陆法中的“物权”实际上并非对等的概念。

二 房地产物权及其体系

我国《物权法》上的物，包括不动产和动产。根据标的物的种类的不同，物权可以分为不动产物权、动产物权等。在我国，不动产物权主要是指房地产物权。所谓房地产物权就是将“房地产”这一不动产作为客体。房地产权利人依照国家法律对其所有的房地产享有直接管理支配并享受其利益以及排除他人干涉的权利。房地产物权概念，不仅能准确地概括房地产所有权和由所有权派生出来的其他房地产物权的现象，而且能科学地反映房地产各种权利间的相互关系及其本质。因此，建立与完善法律形式上的房地产物权制度，尤其是房地产他物权制度也就具有了十分重要的意义。

我国房地产物权体系随着《物权法》的颁布而系统化。《物权法》根据我国现实经济关系的实际需要以我国现有的民事法律规范（主要是《民法通则》）为依据，建立了房地产物权体系：房地产物权包括房地产所有权和房地产他物权。房地产他物权又可分为房地产用益物权与房地产担保物权。房地产所有权、房地产用益物权与房地产担保物权构成了房地产物权体系。如图 2.1 所示。

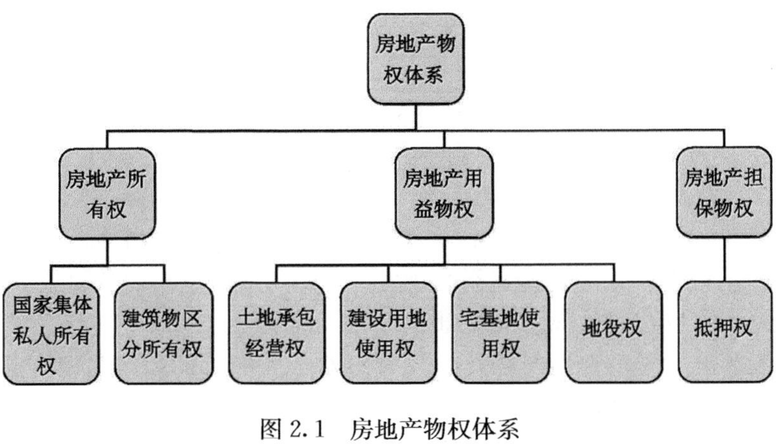

图 2.1 房地产物权体系

房地产所有权是指权利主体对自己所有的房地产依法享有的物权，它包括占有、使用、收益、处分诸权能，属于自物权范畴。房地产所有权具有对房地产的一切支配权，在房地产物权中具有最重要的地位，凡房地产所需要的一切权能它都具备。正因为如此，房地产所有权是一种最完全的房地产物权。

房地产他物权是指权利主体对他人所有的房地产依法享有的权利。由于他物权是在他人房地产所有权上行使的，他人房地产是这一权利的客体，故称为房地产他物权。房地产他物权与房地产所有权虽然都是房地产物权，可以对抗任何第三人，但房地产他物权是所有权派生的，并受设定时的特定目的所限制，如房地产抵押权的行使，只有在债务人到期不履行债务时，抵押权人才能将抵押房地产折价或者变卖以优先受偿。房地产抵押权人只有对抵押房地产的依约处分权，而无占有权、使用权和收益权。因而房地产他物权是一种限定物权。依据房地产他物权对房地产支配的内容不同，可以分为房地产用益物权与房地产担保物权。前者包括土地承包经营权、建设用地使用权、宅基地使用权和地役权等；后者主要是指房地产抵押权。

三　房地产物权的效力

我国《物权法》规定：房地产物权的设立、变更、转让和消灭必须进行登记才发生效力；未经登记不发生效力，但法律另有规定的除外。《物权法》的这一规定，明确了房地产物权效力产生的时间。

房地产物权的效力在内容上可以概括为对房地产的支配效力、房地产物权的排他效力、对债权的优先效力和对妨害的排除效力四个方面。支配效力乃房地产物权于“对物关系”中的效力，其余三项效力所体现的均是房地产物权在“对人关系”中的效力。

（一）房地产物权的支配效力

房地产物权的支配效力，是指房地产物权所具有的保障房地产物权人对房地产直接为一定行为，并享受其利益的效力。这是房地产物权的首要或最基本的效力，也是房地产物权其他效力的基础。

不同性质与种类的房地产物权，其对房地产支配力的程度与范围是不同的：所有权是完全房地产物权，有完全的支配力；其他房地产物权（包括房地产用益物权和房地产担保物权）是不完全房地产物权，有不完全的支配力。不同的房地产物权其支配力的内容也有差别：房地产所有权是对于房地产之使用价值与交换价值的全面支配；房地产用益物权是对于房地产使用价值部分的支配；房地产担保物权则是对交换价值全部或一部分的支配。

（二）房地产物权的排他效力

房地产物权的排他效力，是指在同一房地产上不能同时并存两个以上内容及性质相同的房地产物权。换言之，在同一房地产上已存在的房地产物权具有排除在该房地产上再成立与其内容及性质相同的房地产物权的效力。房地产物权的排他效力是房地产物权的支配性效力的表现，无排他性则房地产物权的支配力无法实现。

一方面，同一房地产上，不能有两个以上同一内容或性质的房地产物权同时存在，先存在之房地产物权，具有排除相同的房地产物权再行成立之效力。不同的房地产物权之间，其排他效力有强弱之分，其中所有权的排他效力最强，以占有房地产为内容之其他房地产物权次之，而非以占有房地产为内容之其他房地产物权的排他效力最弱。另一方面，房地产物权的排他效力也包括相容房地产物权之间于实现上的排他效力。以“时间在先，权利在先”为其原则。

（三）房地产物权的优先效力

房地产物权优先于债权的效力是房地产物权优先效力的主要表现。房地产物权的优先效力是指在同一房地产之上既存在物权，也存在债权时，房地产物权有优先于债权实现的效力。

房地产物权优先于债权是基本规则，但法律也常设有例外规定，使特别规定的某些债权居于优先实现的地位，这就是所谓的“债权物权化”现象。例如，房地产租赁权与房地产用益物权之间的关系而言，基于“买卖不破租赁”规则，租赁权具有了一定的房地产物权效力，可以对抗第三人。因此，在租赁权与房地产用益物权之间，它们的权利顺位可以按照设定先后而定。

➢ 案例 2.1

王某拥有私房一套，因外出工作，欲出售于他人。2005 年 6 月 1 号，经朋友介绍认识了江某，经双方协商，王某以 15 万元的价格将房屋卖给江某，双方签订了书面买卖合同，约定江某先交 6 万元预付款，王某将房屋交给江某使用。因为王某外出比较急，所以约定等王某回来后再办理房屋产权过户登记，到时江某再付另外的 9 万元。同年 8 月 6 号王某从外地回来，发现房价已涨，要求江某再加付 2 万元，江某不同意。8 月 8 号王某背着江某将该房屋以 17 万元的价格卖给张某，并立即办理了房屋产权过户登记。8 月 10 号，王某将 5 万元预付款（扣除 1 万元作为房屋使用费）交还江某，并要求江某搬出其房屋，遭到江某拒绝，双方争执不下，诉至人民法院。

➢ **法理评析**

这个案例是典型的“一房二卖”。本案的处理体现物权的优先效力和排他效力。

依据《中华人民共和国合同法》（以下简称《合同法》）的规定，王某和江某、王某和张某的买卖合同都是有效的，王某和江某的买卖合同虽然已经履行，但是并没有办理房屋产权过户登记，尚未发生所有权转移的效力，不能对抗第三人，所以江某并没有取得该房屋的所有权。而张某到房地产部门办理了登记过户手续，房屋所有权发生转移，张某取得房屋的所有权。虽然江某没有取得房屋所有权，但他和王某之间的买卖合同却是真实有效的。江某基于合同享有债权，只不过因为张某已经取得了房屋的所有权，王某和江某之间的合同发生了履行不能，王某必须承担履行合同不能的违约责任。但江某不能以其享有的债权对抗张某的所有权（物权），因为物权具有优先于债权的效力。张某因为享有所有权，也得以要求其他人不得侵害房屋，包括要求江某搬出房屋，这是物权的排他效力。在这种“一房二卖”的违约行为中，出卖方必须承担较重的违约赔偿责任。依据《最高人民法院关于审理商品房买卖合同纠纷案件适用法律若干问题的解释》的规定，出卖人在买卖合同订立后，又将该房屋出卖给第三人，导致合同目的不能实现的，无法取得房屋的买受人可以请求解除合同、返还已付购房款及利息、赔偿损失，并可以请求出卖人承担不超过已付购房款一倍的赔偿责任。

（四）房地产物权的物权请求权效力

房地产物权请求权效力，又称为“物权请求权”、“排除妨害请求权”。房地产物权请求权，是指房地产物权的圆满状态受到妨害或有被妨害之虞时，房地产物权人得请求妨害人除去妨害或防患于未然，以回复其房地产物权的圆满状态的权利。

房地产物权请求权分为房地产返还请求权、妨害排除请求权、妨害预防请求权三类。对应于《中华人民共和国民法通则》（以下简称《民法通则》）中承担民事责任方式的规定，返还原物请求权，即为房地产返还请求权；停止侵害、排除妨碍以及恢复原状请求权，一般认为可归为妨害排除请求权；消除危险请求权，则属妨害预防请求权。

房地产物权请求权是保护房地产物权实现的效力。房地产物权是对房地产的一种直接支配权，为绝对权，具有排他性，任何人都负有不得侵害权利人权利的义务。为保障房地产物权人对房地产的支配，排除他人的非法干涉或侵害，确保房地产物权的圆满状态，法律自应赋予房地产物权以妨害排除效力。

房地产物权请求权不仅可以基于所有权而发生，而且也可基于房地产用益物权、房地产担保物权而发生，只是基于不同房地产物权而发生的房地产物权请求权，其具体内容略有不同而已。

第二节 房地产所有权、建筑物区分所有权

一 房地产所有权的概念

《物权法》第 39 条规定："所有权人对自己的不动产或者动产，依法享有占有、使用、收益和处分的权利。"因此，房地产所有权是指所有人在法律规定的范围内，对自己的房地产享有以占有、使用、收益、处分等方式进行全面支配，并排除他人干涉的权利。"所有权乃万权之源"。房地产所有权不仅是对房地产财产归属关系的法律确认，也是其他房地产物权产生的基础。《物权法》第 40 条规定："所有权人有权在自己的不动产或者动产上设立用益物权和担保物权。"

房地产所有权的本质在于体现和保护特定的所有制关系，是房地产所有制在法律上的反映。房地产所有权制度，是调整有关房地产归属与支配关系的法律制度，也是支撑一个国家基本经济体制的基石。

二 房地产所有权的内容

房地产所有权的内容又称为房地产所有权的权能。《民法通则》第 71 条规定："财产所有权是指所有人依法对自己的财产享有占有、使用、收益和处分的权利。"《物权法》第 39 条规定："所有权人对自己的不动产或者动产，依法享有占有、使用、收益和处分的权利。"房地产所有权权能分为积极权能与消极权能。同时，房地产所有权的行使并不是绝对的，具有法定的限制。

（一）房地产所有权的积极权能

房地产所有权的积极权能包括占有、使用、收益和处分四项。这些权能既可以由房地产所有权人自己行使，也可以由他人行使，但非所有权人对房地产行使支配权时，须有合法的依据。房地产所有权中的一项、两项乃至数项具体权能，均可能在一定条件下与房地产所有权人分离。例如：房地产所有权人有权在自己

的房地产上设立房地产用益物权和房地产担保物权，房地产所有权人的权利不会因这些权能的分离而消灭；相反，权能的分离与回复，通常恰是房地产所有权人行使和实现其房地产所有权的表现（受法律强制分离的情况除外）。

（二）房地产所有权的消极权能

房地产所有权的消极权能，理论上又称为排除他人干涉的权能，实际上也就是物权请求权制度的内容。此项权能，须于受他人不法之干扰、妨害或侵害时始能表现，否则仅隐而不彰，故称为消极权能。

（三）房地产所有权的限制

房地产所有权为所有人对房地产享有自主支配权，其享有与行使受到法律的保护。但与其他权利一样，房地产所有权也不是绝对无限制的。房地产所有权的行使须符合法律的规定或在法律允许的范围内进行，否则即构成权利滥用，不仅不能受到保护，还要依法承担相应的责任。法律之所以对房地产所有权予以一定的限制，目的在于保护社会公益和他人的正当权益。

法律对房地产所有权的限制，既有私法上的限制，也有公法上的限制；既有明文的限制性规定，也有公序良俗的隐性限制；既有要求房地产所有权人负担容忍义务和不作为义务的消极限制，也有对房地产所有权人课以作为义务的积极限制。

首先，对特定房地产所有权主体的限制特别。例如，在我国，土地所有权属于国家或集体，任何个人不能取得土地所有权。

其次，为了公共利益的需要，依照法律规定的权限和程序可以征收集体所有的土地和单位、个人的房屋及其他房地产。当然，征收集体和个人的房地产应当依法进行补偿和安置。

再次，虽然集体享有集体土地的所有权，但是，国家对耕地实行特殊保护，严格限制农用地转为建设用地。所以，集体土地所有权在用途上是受到法律限制的。

最后，因抢险、救灾等紧急需要，依照法律规定的权限和程序可以征用单位、个人的房地产。当然，被征用的房地产使用后，应当返还被征用人；单位、个人的房地产被征用或者征用后毁损、灭失的，也应当给予补偿。

三 土地所有权

土地是人类生存之本，是人类社会最为重要的物质财富，是一切生产和一切存在的源泉，是“财富之母”。在我国土地属国家和劳动群众集体所有。

我国《物权法》第 46 条规定：“矿藏、水流、海域属于国家所有。”第 47 条规定：“城市的土地，属于国家所有。法律规定属于国家所有的农村和城市郊区的土地，属于国家所有。”第 48 条规定：“森林、山岭、草原、荒地、滩涂等自然资源，属于国家所有，但法律规定属于集体所有的除外。”因此，国有土地所有权的范围包括：城市的土地和法律规定属于国家所有的农村和城市郊区的土地；矿藏、水流、海域；森林、山岭、草原、荒地、滩涂等自然资源。土地所有权的国家所有就是全民所有，由国务院代表国家行使所有权。国有土地所有权受到严格的保护。《物权法》第 41 条规定：“法律规定专属于国家所有的不动产和动产，任何单位和个人不能取得所有权。”第 56 条规定：“国家所有的财产受法律保护，禁止任何单位和个人侵占、哄抢、私分、截留、破坏。”

集体土地所有权的范围，按照《土地管理法》与《物权法》，除国家法律规定属于国家以外的农村和城市郊区的土地则属于集体所有，包括法律规定属于集体所有的土地和森林、山岭、草原、荒地、滩涂。集体的土地受国家法律保护。《物权法》第 63 条规定：“集体所有的财产受法律保护，禁止任何单位和个人侵占、哄抢、私分、破坏。”

四　房屋所有权与建筑物区分所有权

（一）房屋所有权

房屋所有权是以房屋为标的物，由所有人独占性地支配其所有的房屋的权利。根据房屋所处位置的不同，我国房屋所有权可分为城填房屋所有权和农村房屋所有权；根据房屋所有权主体不同，我国房屋所有权还可分为国有房屋所有权、集体房屋所有权、个人房屋所有权以及中外合资的房屋所有权。近年来，随着市场经济发展与房屋商品化改革，公民个人房屋（尤其是住房）所有权占主要部分。

房屋所有权不可能脱离土地权利而独立地存在，它必须以一定的土地权利作为存在的基础。《物权法》确立了房屋所有权和土地权利不可分割的相互关系：一方面，虽然土地使用权与房屋所有权是两种不同性质的权利（或财产），但“国家对不动产实行统一登记制度”，房屋所有权和土地权利登记部门应逐步走向统一；另一方面，法律上实行房屋所有权与土地使用权“权利人一致原则”和“共同流转原则”、“同时抵押原则”，即人们通常所谓的“房随地走”、“地随房走”。这种立法模式符合我国目前国情，有利于保护房屋和土地不同方面、不同层次的权利和利益，既有利于物的利用效益，又有利于房地产物权的流通。

➢ **案例 2.2**

甲于 2001 年取得了一块土地的使用权，原本打算拆掉该土地上原有房屋，再建一栋房屋出售，后由于种种原因，此计划不能实现。故而在 2002 年 5 月 23 日甲与乙签订土地使用权转让合同，以 20 万的价格将该土地使用权转让给乙。合同签订后，双方都按照合同约定履行了义务。但 2002 年 12 月，甲又以 5 万元的价格将该土地上原来的房屋转让给丙，2003 年 2 月，乙以甲侵权为由将甲告上法庭。

➢ **法理评析**

本案涉及的是转让土地使用权时，在该幅土地范围内的房屋是否一同转让的法律问题，即房屋所有权和土地使用权的关系问题。

转让土地使用权时，如果在该土地范围内已经建有房屋，转让土地使用权时，房屋随同转让。因为如果只转让土地使用权而不转让房屋所有权，受让人就无法真正使用这片土地。如果土地使用权和该土地上的房屋所有权属于不同的人的所有，则受让人若想要使用土地，还必须征求房屋所有权人的同意，这对该受让人是不公平的，他获得的是不完整的权利。因此，为了避免土地使用权转让而房屋所有权不转让所产生的法律问题，我国的《物权法》、《城市房地产管理法》等法律都作了规定：土地使用权转让时，该土地范围内的房屋所有权必须同时转让；同样，房地产转让时，房屋所有权和该房屋所占用范围内的土地使用权必须同时转让。

本案中乙在取得土地使用权的同时，依法也取得了该幅土地范围内房屋的所有权。由于按照土地使用权转让合同的规定甲乙双方已经履约完毕，根据“房地一致”原则，乙同时取得了土地使用权和房屋所有权。2003 年 2 月，甲又将该土地上的房屋卖于丙，则为无权处分行为，即甲无权处分该房屋的所有权。此时，甲侵犯了乙对该房屋的所有权，应当承担侵权责任，而乙完全可以基于自己对房屋的所有权来排除甲的侵害。

（二）建筑物区分所有权

1. 建筑物区分所有权的概念与特征

建筑物区分所有权作为当代民法一项重要的所有权形式，自 19 世纪初叶至 20 世纪 60 年代，为英美法系与大陆法系各国民事立法所普遍确立。但是，对“建筑物区分所有权”一词的表述，各国立法例上不尽相同。日本称之为“建筑物区分所有权”，德国和奥地利、英国、新西兰称之为“住宅所有权”，法国称之为“住宅分层所有权”，瑞士称之为“楼层所有权”，美国一般称之为“公寓所有权”。这些表述尽管名称有异，但实质内容相同。我国《物权法》采纳“建筑物区分所有权”之名称。

建筑物区分所有权，是指多个区分房地产所有权人共同拥有一栋区分所有建筑物时，各区分房地产所有权人对建筑物内的住宅、经营性用房等专有部分享有所有权，对专有部分以外的共有部分享有共有和共同管理的权利的总称。这一定义可称之为建筑物区分所有权的“三元论说”，为德国著名法学家贝尔曼先生所倡导。

建筑物区分所有权是各国立法上的新型房地产权利，对传统的所有权理论有很大的突破。因为传统的所有权理论认为所有权的客体必须为独立的物体，建筑物的一部分是不能成为所有权的客体的。但是随着人口增长，城镇化加快，用地短缺，大批人口涌到城市，现代社会面临“住宅危机”，各国纷纷以建造高层建筑物作为解决住房危机的对策，这就使得在法律上创设建筑物区分所有权成为必要。建筑物区分所有权与传统的房屋所有权相比具有自己的特点：

第一，权利的复合性。建筑物区分所有权是由专有所有权、共有所有权及成员权三要素构成的特别所有权；一般房地产所有权，权利是单一的，仅系权利主体对房地产享有占有、使用、收益及处分的权利。建筑物区分所有权人具有专有所有权、共有权、成员权三重权利；而一般房地产所有权的主体不可能兼具所有权人和共有权人双重身份。

第二，权利的一体性。即构成建筑物区分所有权的三要素专有所有权、共有所有权及成员权结成一体，不可分割。在转让、抵押、继承时，应将三者一并转让、抵押、继承。他人在受让区分所有权时，也同时取得此三项权利。

第三，权利的限制性。建筑物区分所有权人共同生活在同一建筑物内，生活息息相关，起居紧密相连，因此个人之区分所有权行使时受到很多限制。例如，区分所有权人就法定事项以外情形应缔结管理规约，成立区分所有权人会议、管理委员会、选定服务管理人对全体区分所有人进行约束和管理。当区分所有权人对其专有部分的利用妨碍建筑物正常使用或违反区分所有人共同利益或对共有部分使用不当时，其行为将被禁止。

2. 专有部分的专有所有权

专有所有权是建筑物区分所有权人对建筑物的专有部分享有的自由使用、收益和处分的权利。建筑物的专有部分指在构造上能够明确区分，具有排他性且可以独立使用的建筑物的构成部分，它由一定平面的长度与一定立体的厚度所构成，与其他专有部分以墙壁、天花板、地板相间隔，如一栋公寓楼的一套单元住宅。一般认为构成专有部分需要具备两个要件：

第一，构造上具有独立性，是指某一专有部分须与建筑物的其他部分在建筑物上能够区分其范围，比如一套三室一厅的住房。

第二，利用上具有独立性，是指专有部分须具有能满足一般生活目的的独立机能，能够单独使用并具有独立的经济效用。比如室内卫生间就属于区分建筑物所有权人的专有部分，它符合利用上的独立性要件，但是楼道中垃圾通道就不属于专有部分，因为它并不归某个所有权人单独使用。

建筑物区专有部分，因为具有以上两个要件才具有排他支配的可能性，这样就可以通过立法技术上的操作，借登记簿上所登记的笔数、位置、面积等完成房地产的公示，表现出其独立的所有权性质。

区分所有权人可以自由处分他的专有所有权，在法律规定的范围内可以自由处分，如自己为居住、经营目的而占有使用，或者出租，或者设定抵押，或者将专有部分卖与他人。但是，专有所有权由于其物理上的特性，受到法律和业主规约的很多限制，这些限制主要有：区分所有权人对专有部分的利用，不得有妨碍建筑物的正常使用及违反区分所有权人共同利益的行为，比如装修自己的房屋时不得在和他人共有的墙壁上凿洞；其他区分所有权人或管理委员会因维护修缮、设置楼内管线等情形进入专有部分时，区分所有权人无正当理由不得拒绝，比如物业公司为修理通水管道，需要进入区分所有权人的住宅查看，区分所有权人不得无理拒绝；在业主公约有特殊约定时，区分所有权人应按约定使用专有部分，不得擅自变更，比如约定专有部分用途限于住宅，则区分所有权人不得作为经营场所利用。

3. 共有部分的共有所有权

建筑物区分所有中的共有所有权，也称共有部分持份权，是指建筑物区分所有人依照法律或管理规约的规定，对区分所有建筑物之共有部分所享有的占用、使用及收益的权利。

建筑物的共有部分，是指建筑物及其附属物中除专有部分之外的由全体或部分区分所有人共有的部分。其中，全体区分所有人的共用部分主要有电梯、楼梯、走廊、庭院、管道、屋顶、外墙等；部分区分所有人的共用部分主要有：各单元内的楼梯，各楼层之间的楼板，两套住宅之间的隔墙等等。

建筑物区分所有权中共有部分的范围，向来有较大的争议。除了上述范围外，根据《物权法》的规定：建筑区划内的道路，属于业主共有，但属于城镇公共道路的除外；建筑区划内的绿地，属于业主共有，但属于城镇公共绿地或者明示属于个人的除外。建筑区划内的其他公共场所、公用设施和物业服务用房，属于业主共有。建筑区划内的车位、车库是否属于共有的范围，需区分不同情况。按照《物权法》的规定：占用业主共有的道路或者其他场地用于停放汽车的车位，属于业主共有；而其他的规划用于停放汽车的车位、车库并不能当然认定为共有，其归属应当由当事人通过出售、附赠或者出租等方式约定。不过，建筑区划内的车位、车库应当首先满足业主的需要。

区分所有权人作为共有人，享有以下权利：

(1) 共用部分的使用权。这是共有人的基本权利，各共有所有权人在兼顾其他区分所有人权益的前提下，有权对共用部分按照其用途予以使用，包括共同使用和轮流使用。

(2) 共用部分的收益分享权。因共用部分为营利性使用所生的利益，比如出租共用的庭院、墙壁的收益，区分所有人有权分享。

区分所有权人在享有权利的同时必须履行相应的义务，主要义务有：

(1) 应当依共用部分的本来用途使用共用部分。如住宅的区分所有权人不得在共用的庭院里堆放自家杂物、不得在楼道内晾晒自己的衣服妨碍他人的通行。

(2) 分担共同的费用和负担。包括日常维修及更新建筑物的共同部分和公共设备的费用、管理事务的费用等。我国《物权法》第72条规定："业主对建筑物专有部分以外的共有部分，享有权利，承担义务；不得以放弃权利不履行义务。"因此，共有人不得以放弃权利为由而不履行义务，例如以不乘电梯为由拒不支付电梯维护费等。

(3) 不得擅自对共用部分进行修缮或拆除等。对共用部分的修缮、管理、改良或拆除等重大处分行为须经由区分所有权人会议（业主大会）或管理委员会决定，个人无权擅自进行。

4. 成员权

成员权又称社员权，指建筑物区分所有权人基于一栋建筑物在构造、权利归属及使用上的不可分离的共同关系而产生的，作为建筑物的一个团体组织的成员而享有的权利与承担的义务。成员权以区分所有权为前提，并附随于区分所有权。也就是说，只有具有区分所有权才有成员权。建筑物区分所有人可以设立业主大会，选举业主委员会，从而实现共同管理的权利。

所有权人转让建筑物专有部分的所有权，其对共有部分享有的共有和共同管理的权利一并转让。

➢案例 2.3

甲在某市某区购买一套三室一厅的商品房。2006年5月6号，甲雇某装修公司装修其房屋，装修公司按照甲的要求在甲和乙共用的墙壁上掏了一个高2米、宽1.5米的壁橱，乙并不知情。7月10号，乙在挪动家具时不小心碰到共用墙壁，导致墙壁坍塌，并被砸伤。经查，乙发现由于甲掏壁橱过深，导致墙壁仅剩很薄的一层，只要有轻微的碰撞就可以使墙壁坍塌。于是，乙要求甲将墙壁恢复原状，并赔偿其损失。甲认为墙壁是他房子的一部分，他已经出钱买了房子，就有权掏壁橱，而且是乙自己的碰撞导致墙壁坍塌的，所以不仅拒绝赔偿乙的损失，而且要求乙将墙壁修复完好，双方争执不下，乙诉至人民法院。

➢ **法理评析**

本案涉及建筑物区分所有权人对其房屋的专有所有权和共有所有权的使行。

本案争议的焦点是甲乙房屋共有的墙壁到底归谁所有和谁有权使用。根据《物权法》的规定，甲和乙的房屋毗连，共用一墙壁，此墙壁应该属于部分区分所有人的共用部分，双方对墙壁都享有权利，同时也都必须履行一定的义务，即在行使自己权利的同时，不得损害他人的合法权益。

甲在使用共用墙壁时，没有顾及乙的合法权利，对墙壁过度使用，造成对墙壁的损害，应该承担恢复墙壁完整的责任。甲对乙造成的损害应该承担责任，首先，甲滥用自己权利，不合理地使用共用墙壁，造成墙壁变薄，在主观上存在过错；其次，乙在没有任何过错的情况下挪动家具，致使墙壁坍塌而被砸伤，有一定的损害结果发生；最后，甲的过错导致乙受到损害。按照正常情况考虑，在乙轻微的碰撞下，是不会发生墙壁坍塌的，恰恰是因为甲掏壁橱过深所导致。甲违反对共有权行使的义务，应当承担修复墙壁和赔偿乙的损害的责任。

五 房地产相邻关系与相邻权

（一）房地产相邻关系与相邻权的概念与特征

房地产相邻关系，简称相邻关系，是指相互毗连或邻近的房地产所有人或使用人之间在行使房地产所有权或使用权时，因相互间依法应当给予方便或接受限制而发生的权利义务关系。相邻关系的实质是相邻房地产的所有人或使用人行使其权利的扩张或限制，这种扩张或限制既不损害所有人或使用人的合法权益，又给予了相邻他方必要的方便，有利于增进物的利用效益和社会的安定团结。

相邻关系，从权利角度来讲又称为相邻权，它是为调节在行使房地产所有权中的权益冲突而产生的一种权利。根据法律的规定，房地产所有人和使用人行使权利，应给予相邻的房地产所有人和使用人以行使权利的必要的便利。这样，对于一方来说，因提供给对方必要的便利，就使自己的权利受到了限制；对于另一方来说，因为依法取得了必要的便利，则使自己的权利得到了延伸。在法律上，相邻关系具有以下特点：

（1）相邻关系的主体必须是两个或两个以上的人。相邻关系可以在公民之间，也可以在法人之间，或在公民与法人之间发生。

（2）相邻关系是因为主体所有或使用的房地产相互毗邻而发生的。例如，因为房屋相邻产生了通风采光的相邻关系。在许多情况下，相邻关系的发生也与自然环境有关。例如，甲、乙两个村处于一条河流的上下两个相连的地段，就自然构成了甲、乙生产队互相利用水流灌溉和水力资源的相邻关系问题。

（3）相邻关系在内容上表现为一方有权要求他方提供必要的便利，但应尽量避免和减少给对方造成损失，不得滥用其权利。

（4）设立相邻关系的目的既是为了实现自己的合法利益，同时也要为邻人提供方便，使个人利益与他人合法利益间达到平衡，实现社会与邻里的和谐与团结。

（二）相邻关系的种类与相邻权利义务

房地产相邻关系产生的原因很多，种类复杂。依据《物权法》第 86～92 条的规定及其他相关法律的规定，相邻关系主要有以下几方面：

（1）因土地、山岭、森林、草原等自然资源的使用或所有而产生的相邻关系。相邻各方对其享有使用权或所有权的土地、山岭、森林、草原、荒地、滩涂、水面等自然资源，都必须合理利用，认真保护和管理，不得滥用其所有权或使用权，损害相邻他方的利益。

（2）因宅基地的使用而产生的相邻关系。相邻各方对于宅基地的地界发生争议时，四至明确的，应以四至为准；四至不清，或土地证上所载的面积与实际丈量的面积不符的，应当首先查明在四至上的院墙、墙桩、界石、树木等历史遗留下来的标记，以此作为确定宅基地的根据。无法查实的，应参照历史形成的使用情况，本着有利于生产和生活的原则，合理地确定界线。

（3）因用水、排水产生的相邻关系。房地产权利人应当为相邻权利人用水、排水提供必要的便利。多方共临一水源时，各方均可以自由使用水源，但不得因此影响邻地的用水。土地使用人不得滥钻井眼、挖掘地下水，使邻人的生活水源减少，甚至使近邻的井泉干涸。对自然流水的利用，应当在房地产相邻权利人之间合理分配；对自然流水的排放，应当尊重自然流向。相邻一方必须利用另一方的土地排水时，他方应当允许；但使用的一方应采取必要的保护措施，造成损失的，应由受益人合理补偿。

（4）因修建施工、防险发生的相邻关系。相邻一方因建造、修缮建筑物以及铺设电线、电缆、水管、暖气和燃气管线等必须利用相邻土地、建筑物的，该土地、建筑物的权利人应当提供必要的便利。但是施工应选择对他人损失最小的方案，并按照双方约定的范围、用途和期限使用，房地产权利人挖掘土地、建造建筑物、铺设管线以及安装设备等，不得危及相邻房地产的安全。施工完毕后应及时清理现场，恢复原状。因此而给他人造成损失的，施工一方应当给予适当补偿。相邻一方在自己的土地上挖水沟、水池、地窖、水井和地基等时，应注意对方房屋、地基以及其他建筑物的安全。

(5) 因排污产生的相邻关系。相邻一方在修建厕所、粪池、污水池或堆放腐朽物、有毒物、恶臭物、垃圾等物品的时候，应当与邻人生活居住的建筑物保持一定的距离，或采取相应的防范措施，防止空气污染。房地产权利人不得违反国家规定弃置固体废物，排放大气污染物、水污染物、噪声、光、电磁波辐射等有害物质，妨碍邻人的生产和生活。

(6) 因通风、采光和日照而产生的相邻关系。相邻各方修建房屋和其他建筑物，必须与邻居保持适当距离，不得违反国家有关工程建设标准，妨碍相邻建筑物的通风、采光和日照。相邻一方违反有关规定修建建筑物，影响他人通风采光的，受害人有权要求停止侵害、恢复原状或赔偿损失。

(7) 因通行产生的相邻关系。房地产权利人对相邻人因通行等行为必须利用其土地的，应当提供必要的便利。但相邻人应当尽量避免对房地产权利人造成损害；造成损害的，应当给予赔偿。

(三) 相邻关系的处理原则

相邻关系常常具有普遍性和复杂多样性。公民和法人在生产和生活中无不涉及这种关系。相邻关系处理得不好，容易发生纠纷，影响人们的生产和生活，甚至会造成人身伤亡和财产的重大损害，影响社会秩序的稳定。所以，正确处理好相邻关系，保护相邻人的合法权益，对于巩固国家、集体和个人之间的和谐关系，减少不必要的损失和浪费，保护环境，稳定社会经济秩序，都具有重要的意义。根据《民法通则》第 83 条、《物权法》第 84 条、85 条和有关司法解释的规定，在处理相邻关系时应当坚持的原则是：有利生产、方便生活；团结互助、公平合理。此外，还应注意尊重历史和当地习惯。

➢案例 2.4

甲和乙住在同一栋楼同一单元上下层。为了防盗，乙在其阳台及窗户部分安装了外置式防盗网。甲见后便要求乙拆除，但乙以在自家房子上装防盗网为由予以拒绝。某一天，小偷沿着乙所安装的防盗网，爬入甲家行窃，造成甲经济损失 1 万多元。甲要求乙承担损害赔偿责任。

➢ **法理评析**

原则上，区分所有权人可以按照自己的需要对专有部分进行利用、改良，包括进行加固或安设防护设施。因此，乙有权为了自家的安全需要而安装防盗网。但是，相邻居住的业主之间存在相邻安全防范义务。本案中，乙安装外置式防盗网客观上给二楼邻居带来了不安全隐患，有违相邻防险义务。虽然乙的防盗装置并不是导致甲失窃的直接原因，但是，鉴于甲家被盗与乙安装防盗网的行为存在一定的因果关系，法院据此判决乙承担一定的赔偿责任。

第三节　房地产用益物权

一　房地产用益物权概述

（一）房地产用益物权的概念和特征

房地产用益物权，是指用益物权人对他人所有的房地产，依法享有占有、使用和收益的权利。房地产用益物权具有以下的主要法律特征：

（1）房地产用益物权是一种他物权。物权分为自物权与他物权。自物权是对自己所有的物享有的权利。房地产所有权为自物权，除所有权以外的其他物权为他物权。所谓他物权是指对他人所有的物享有的权利。房地产用益物权针对的是他人的房地产权利，而非用益物权人自己所有的房地产。因此，房地产用益物权为他物权。

（2）房地产用益物权是一种限定物权。房地产所有权是一种完全物权，具有占有、使用、收益和处分四项权能，是物权的圆满状态。房地产用益物权是基于房地产所有权而产生的，是将所有权的某一或某些权能分离出来的结果。所以，房地产用益物权人不可能享有房地产所有权的全部权能，在一定条件下要受到所有权的限制。

（3）房地产用益物权具有独立性。房地产用益物权虽然是建立在他人房地产所有权基础之上的，但它是从所有权中分离出来的由法律直接规定的独立权利。用益物权并不从属于任何其他权利。我国《物权法》第 120 条第 2 款明确规定：“所有权人不得干涉用益物权人行使权利。”第 121 条又规定：“因不动产或动产被征收、征用致使用益物权消灭或者影响用益物权行使的用益物权人有权获得相应补偿。”用益物权人有权处分用益物权。我国《物权法》第 133 条规定：“通过招标、拍卖、公开协商等方式承包荒地等农村土地，依照农村土地承包法等法律和国务院规定，其土地承包经营权可以转让、入股、抵押或者以其他方式流转。”房地产用益物权具有独立性。

(4) 房地产用益物权具有期限性。物权分有期限的物权与无期限的物权。所有权为无期限的物权。他物权是有期限的，这一期限既可由法律规定，也可由当事人设定。用益物权的期限是由法律直接规定的。我国《物权法》第 126 条规定，耕地的承包期为 30 年；草地的承包期为 30～50 年；林地的承包期为 30～70 年等，地役权期限虽是由当事人约定，但《物权法》第 161 条也规定：“地役权的期限由当事人约定，但最长不得超过土地承包经营权建设用地使用权等用益物权的剩余期限。”

(5) 房地产用益物权的设立目的是对房地产进行使用和收益。使用和收益可简称为用益性。用益性是房地产用益物权的基本属性，是房地产用益物权与房地产担保物权相区别的基本标志。房地产用益物权侧重于房地产的使用价值，房地产担保物权侧重于房地产的价值或曰交换价值。正因为如此，房地产用益物权又称为房地产使用价值权，而房地产担保物权又称为房地产价值权。

现代物权法在强调传统的以所有权为核心的静态归属的同时，正不断地向动态利用方面发展，表现为他物权体系的建立与完善。在资源有限的现代社会，一物一权主义原则，限制了人们取得所有权以及对所有权的利用的需要。用益物权制度的设立，较好地解决了这一难题。房地产用益物权制度是一种既兼顾所有人利益又兼顾利用人利益的法律制度，在社会生活中的重要作用与地位日益突出。在我国，实行的是生产资料的社会主义公有制，土地为国家所有或集体所有，房地产用益物权制度的设立与完善是我国土地使用制度改革的成果与要求，完善房地产用益物权制度具有重要的现实意义。

(二) 房地产用益物权的种类

用益物权制度是一项古老的法律制度。各国对于房地产用益物权的种类规定主要有地上权、地役权、永佃权、使用权、居住权、土地负担等。在我国古代法中，房地产用益物权包括地上权、地役权、地基权、永佃权、典权。

房地产用益物权的种类取决于人们对财产的控制和利用程度。随着科学技术的广泛采用，人们对财产的控制能力大大增强，对财产的利用程度日益加深，这就要求法律确认新的用益物权。在《物权法》实施以前，我国法律、法规及司法解释中就已经确立了城镇国有土地使用权，农村土地承包经营权等多种房地产用益物权形式。《物权法》对我国房地产用益物权制度进行了梳理，规定了土地承包经营权、建设用地使用权、宅基地使用权、地役权等多种房地产用益物权形式。

二　土地承包经营权

（一）土地承包经营权概述

1978年，安徽省凤阳县小岗村的农民率先实行了“包干到户”，从此在全国实行了家庭联产承包责任制，重新确立了家庭经营的主体地位。这是一场从“身份到契约”的变革，它使农民及农户不再仅仅是集体的一名成员，而成为具有自主经营权的独立的经济主体。农民的土地承包经营权在我国的《民法通则》中就得到了确认。但是，土地承包经营权并没有像物权那样受到法律的严格保护。对其性质曾有过债权与物权之争。《物权法》最终将这一权利物权化。

《物权法》第124条第2款规定：“农民集体所有和国家所有由农民集体使用的耕地、林地、草地以及其他用于农业的土地，依法实行土地承包经营制度。”第125条规定：“土地承包经营权人依法对其承包经营的耕地、林地、草地等享有占有、使用和收益的权利，有权从事种植业、林业、畜牧业等农业生产。”

土地承包经营权具有如下法律特征：

（1）土地承包经营权的主体是一切农业生产者，并且一般都是农地所属的村集体经济组织的成员。

（2）土地承包经营权的标的物是集体所有或国家所有由农民集体使用的农业土地。

（3）土地承包经营权的设立目的是从事种植、养殖或畜牧等农业活动。

（4）土地承包经营权都有期限的限制：耕地的承包期为30年，草地的承包期为30～50年，林地的承包期为30～70年，特殊林木的林地承包期，经国务院林业行政主管部门批准可以延长。上述承包期届满，由土地承包经营权人按照国家有关规定继续承包。

（二）土地承包经营权的取得

土地承包经营权主要通过双方当事人订立合同而创设。土地承包分为家庭承包和其他方式的承包两种，以采用农村集体经济组织内部的家庭承包方式为主。其他方式主要指不宜采取家庭承包方式的荒山、荒沟、荒丘、荒滩等农村土地，可以通过招标、拍卖、公开协商等方式承包。土地承包经营权自土地承包经营权合同生效时设立，由县级以上地方人民政府向土地承包经营权人发放土地承包经营权证、林权证、草原使用权证，并登记造册，确认土地承包经营权。

土地承包经营权作为房地产用益物权之一种，应允许其流转。但从我国土地公有制、农业生产的稳定发展和农用土地的管理制度角度看，对农地承包权的流转也应作出必要的限制。根据《农村土地承包法》第 32 条的规定，通过家庭承包取得的土地承包经营权可以依法采取转包、出租、互换、转让或者其他方式流转；第 49 条规定，通过招标、拍卖、公开协商等方式承包农村土地，承包经营权可以依法采取转让、出租、入股、抵押或者其他方式流转。《物权法》确认了《农村土地承包法》关于土地承包经营权流转的规定，同时进一步规定：土地承包经营权流转的期限不得超过承包期的剩余期限，同时规定，未经依法批准，不得将承包地用于非农建设；土地承包经营权人将土地承包经营权互换、转让，当事人要求登记的，应当向县级以上地方人民政府申请土地承包经营权变更登记；未经登记，不得对抗善意第三人。

（三）土地承包经营权当事人的权利与义务

1. 发包方的权利和义务

发包方的主要权利包括：

（1）监督承包方依照承包合同约定的用途合理利用和保护土地；

（2）制止承包方损害承包地和农业资源的行为；

（3）合同约定和法律、法规规定的其他权利，如依法收取公益提留、承包费，在符合法定条件和程序的情况下调整承包地等。

发包方的主要义务包括：

（1）维护承包方的土地承包经营权，不得非法变更、解除承包合同；

（2）尊重承包方的生产经营自主权，不得干涉承包方依法进行正常的生产经营活动；

（3）依照承包合同的约定为承包方提供生产、技术、信息等服务；

（4）执行县、乡（镇）土地利用总体规划，组织本集体经济组织内的农业基础设施建设；

（5）合同约定和法律、法规规定的其他义务。

《物权法》对发包方的义务也作了规定：承包期内发包人不得调整承包地；因自然灾害严重毁损承包地等特殊情形，需要适当调整承包的耕地和草地的，应当依照农村土地承包法等法律规定办理。承包期内发包人也不得收回承包地。如果因为公共利益的需要，享有土地承包经营权的承包地被征收的，土地承包经营权人有权按照法律的规定获得相应补偿。

2. 承包方的权利义务

承包方享有的主要权利包括：

（1）依法享有承包地使用、收益和土地承包经营权流转的权利；

（2）自主组织生产经营和处置产品的权利；

（3）在承包地被依法征用、占有时依法获得相应补偿的权利；

（4）合同约定和法律、法规规定的其他权利。

承包方的主要义务包括：

（1）维持土地的农业用途，不得用于非农建设；

（2）依法保护和合理利用土地，不得给土地造成永久性损害；

（3）合同约定和法律、法规规定的其他义务，如依法缴纳提留，依约定的方式、数额等缴纳承包费用等。

（四）土地承包经营权的消灭

土地承包经营权的消灭事由主要有如下几项：

（1）农地承包期限届满；

（2）承包方在承包期内交回承包地；

（3）发包方在承包期内依法收回土地；

（4）农地被依法征收、占用；

（5）承包方依法将土地承包经营权转让给第三人。

➢案例 2.5

原告：文昌市新桥镇昌美村委会牛岭经济社（以下简称牛岭经济社）

被告：周金英

1984 年，依文昌市人民政府关于农村第一轮土地承包工作的决定，在文昌市工作队的主持下，原告牛岭经济社将其 20 亩土地范围内 300 株橡胶以投标形式发包给该村村民，被告周金英中标。此后，双方签订了《联产承包责任制合同书》，但未签名盖章。同年 6 月 28 日，文昌市人民政府给周金英颁发了文府证字第 37186 号《文昌县土地使用证》，其中载明橡胶的承包期限自 1985 年 1 月起，但未写明截止时间。签约后，周金英依约履行了合同的全部义务，且没有改变土地用途，仅在该地上补种了 336 株橡胶。当时，牛岭经济社对周金英的上述行为并无异议。由于双方未约定橡胶承包截止时间，后双方发生争议，新桥镇人民政府于 1998 年 12 月 11 日做出《关于承包土地、橡胶合同纠纷的处理决定》，其内容为：其一，周金英承包牛岭经济社 20 亩坡地及该地范围内 300 株橡胶的期限于 1998 年 12 月 31 日终止；其二，20 亩坡地重新发包。年限 29 年（从 1999 年 1 月 1 日起至 2027 年 12 月 31 日止）；其三，土地承包金每年每亩 50 元，年承包金在当年 12 月份交完；原 300 株橡胶树每株折价 8 元为承包者所有，如承包者不接受，经济社可自行处理。土地上的附属物在一个月内自行处理；其四，在同等条件下，原承包户有优先权；其五，如对决定不服，可在 1 个月内提出异议。1999 年 5 月 27 日，新桥镇人民政府做出关于撤销原处理决定的通知。当年 8 月 12 日，新桥镇农村承包合同仲裁委员会以（1999）新裁字第 1 号对该承包合同做出裁定，其主要内容为：第一，双方已依约履行了合同的义务，依法确认该合同有效；第二，确认该合同为专业承包合同；第三，完善该合同；第四，确定土地、橡胶承包合同期限为 30 年，即 1985 年 1 月至 2014 年 12 月 31 日止；第五，承包金从每年每亩 2 元调整到 50 元，自完善合同之日起执行；第六，合同期满后，集体橡胶树由集体处理，附属物期满后一个月内自行处理，逾期不处理归集体所有。该裁定书于制作当天向双方公布，周金英当场接收，牛岭经济社拒收。其后，牛岭经济社向法院起诉。

一审法院审理后认为，原、被告签订的橡胶树承包合同合法有效，且被告已领取了原文昌县人民政府颁发的承包土地使用权证。原告请求确认合同无效及赔偿经济损失，理由不成立，不予支持。专业性承包的生产经营项目，承包期限应依生产周期或经营周期确定，承包金也应伴随着经济的不断发展及人民生活水平的提高而适当调整。据此，判决如下：第一，原、被告双方所签订之橡胶树承包合同为专业性承包合同，该合同合法有效；第二，原合同期限（含土地）延长至 30 年。即自 1998 年 1 月起至 2014 年 12 月 31 日止；第三，承包金从原来的每亩 2 元调整至每亩 50 元，自完善合同之日起交付。判决后，牛岭经济社不服上诉称：原合同非当事人的真实意思表示，且违反法律规定，原审认定合同合法有效，于法无据。周金英应对其在承包地上种植橡胶行为承担责任。故请求撤销原判，终止双方签订的土地承包合同。周金英答辩称：我是通过投标形式中标而合法取得承包经营权的，原审法院基于上述事实及本案橡胶承包的性质、特点所作出的判决正确，故请求驳回上诉，维持原判。

二审法院经审理认为，在第一轮土地承包中，被上诉人周金英经过上诉人牛岭经济社公开招标后而中标，承包了被上诉人 20 亩土地及其范围内的 300 株橡胶的经营权，文昌市人民政府颁发了文府字第 37186 号《文昌县土地使用权证》，确认了被上诉人拥有上述土地使用权。在第二轮土地承包过程中，政府尚未依法撤销周金英之土地使用权。原审法院根据土地的具体使用情况及从有利于发展生产的原则出发，判决该地由周金英继续承包使用是正确的。在确定土地承包经营权归周金英的前提下，由牛岭经济社与周金英签订土地承包合同，承包期限应依据《中华人民共和国土地管理法》第 14 条及第二轮土地承包的有关规定，承包期限应为 30 年（从 1999 年 6 月至 2029 年 6 月止）。承包金应随着社会经济的不断发展及人民生活水平的逐步提高，而从原每亩 2 元提高到 50 元。年承包金当年 12 月支付。上诉人以原合同无效为由上诉请求收回土地及赔偿损失，理由不当，不予支持。根据《中华人民共和国土地管理法》第 14 条第 1 款之规定，判决如下：牛岭经济社 20 亩土地及其橡胶由被上诉人周金英承包经营，期限从 1999 年 6 月起至 2029 年 6 月止，承包金为每亩 50 元，承包金于当年 12 月前支付（1999 年承包金于本判决生效后 10 日内支付）。双方以上述内容为主要条款订立合同，其他合同条款由双方协商完善。

➢ **法理评析**

农村土地承包经营权受法律保护。本案中，被告是通过竞标中标取得土地承包经营权，理应受到法律保护。虽合同未签字，但被告领取了原文昌县人民政府颁发的承包土地使用权证。承包土地使用权证是依法承包的法律凭证，被告周金英依约履行了合同的全部义务，且没有改变土地用途，原告擅自中止合同是违反承包经营合同与《土地管理法》的。故法院判决是正确的。

三　建设用地使用权

根据我国法律的规定，建设用地是指国家或集体所有的建造建筑物、构筑物的土地，包括城乡住宅和公用设施用地、工矿用地、交通水利设施用地、旅游用军事设施用地等。建设用地使用权，是指建设用地使用权人为在土地上建造并经营建筑物、构筑物及其他附属设施而依法对国家或集体所有的土地享有占有、使用和收益的权利。建设用地使用权可以在土地的地表、地上或者地下分别设立。但是，新设立的建设用地使用权，不得损害已设立的用益物权。

建设用地使用权的特征有四个方面：

（1）建设用地使用权的客体是城镇国有土地或集体土地；

（2）设立建设用地使用权的目的是为在土地上营造并拥有建筑物或其他工作物；

（3）建设用地使用权的取得方式特殊，主要出让、划拨、转让、租赁等；

（4）建设用地使用权具有商品性质，可以进入流通领域。

在我国现阶段，建设用地使用权主要是以城镇土地为客体的。城镇国有土地的所有权主体为国家。政府代表国家行使国有土地使用权的出让、划拨等权利。

四　宅基地使用权

（一）宅基地使用权的概念和特征

宅基地使用权是指农村居民在集体所有的土地上建筑房屋，供居住使用的权利。宅基地使用权具有以下法律特征：

(1) 宅基地使用权是一种保障性权利，村民人人都享有使用宅基地的权利。宅基地因自然灾害等原因灭失的，宅基地使用权才消灭。对失去宅基地的村民，应当重新分配宅基地。我国现行《土地管理法》中对农村村民宅基地使用权只作出“一户拥有一处宅基地”的原则性规定。《物权法》第152条规定：宅基地使用权是宅基地使用权人依法对集体所有的土地享有占有和使用的权利。

(2) 农村的宅基地与集体经济组织成员的权利和利益是联系在一起的。也就是说，农民申请宅基地很大程度上是因为农民是农村集体经济组织的成员，每一个成员都有权以个人或者农户的名义申请宅基地。土地的有限性决定了集体经济组织以外的人员一般不能申请宅基地。所以，宅基地通常是与成员权联系在一起的。农村的宅基地具有一定的福利性质，这种福利主要表现在农民能够廉价取得宅基地。这也是农民与城市居民相比享有的最低限度的福利。因为提供了宅基地，农民享有了基本的居住条件，从而维护了农村的稳定。由于宅基地具有福利的性质，集体经济组织的成员获得宅基地大多是无偿的或者只要支付较少的地款就可以获得，而不是按市价购买。

(3) 宅基地使用权是特定主体对于集体土地的用益物权。宅基地作为用益物权，首先表现在权利人可以对宅基地长期享有占有、使用的权利。权利人有权在宅基地上建设房屋和附属物，由于房屋可以继承，所以宅基地使用权实质上也可以继承，因此宅基地使用权是一种无期限限制的长期的权利。但是，宅基地使用权也不是一成不变的。如果国家为了公共利益，需要征收土地，或者村镇规划需要改变土地用途，或者农民个人宅基地实际过多，远远超过了当地规定的标准，也可以通过法定程序，进行合理的调剂或重新安排。应当指出的是，由于宅基地主要是作为生活资料提供的，所以权利人不能将宅基地作为生产资料使用，如将宅基地投资建厂或者改为鱼塘等。

(4) 集体经济组织的成员只能申请一处宅基地。因为土地资源的有限性，不可能给每个农民提供更多的宅基地，每户一处宅基地，即足以保证其家庭的基本生活需要。如果允许申请多处宅基地，将导致土地资源的浪费。《土地管理法》第62条明确规定一户只能拥有一处宅基地。当然现实中也可能存在一些例外情况，如子女分家、离家后又继承父母的房屋，又如子女成家盖房，申请了一块宅基地，与父母并未分户，这样一户就可能形成两块宅基地等情况。

(二) 宅基地使用权的流转

1. 宅基地使用权的转让

为了保证“居者有其屋”，我国法律对宅基地的转让予以极为严格的限制。

《土地管理法》第62条规定“农村村民出卖、出租住房后，再申请宅基地的，不予批准。”虽然法律并不禁止农村村民住房的转让，宅基地上的房屋所有权可以转让，但是根据“房地一致”原则，房屋所有权转让，宅基地使用权也随同转移。因此，村民只能将自己的住宅转让给同村的村民，以确保该村民有取得宅基地使用权的资格。宅基地使用权的转让必须符合以下条件：宅基地使用权的受让主体有一定的范围，宅基地使用权只能转让给本集体经济组织的成员，如果转让给村外人员，该受让人必须在本村落户并且符合申请宅基地的条件，且该成员必须符合宅基地使用权的条件，即一户一宅且面积符合规定。宅基地使用权的转让必须同房屋转让同时发生。转让人不得再申请宅基地使用权。宅基地使用权转让后，应当及时办理变更登记。

土地和住房历来是农民的生存基础，几千年来农民对土地有极大的依赖性，限制宅基地转让有利于保障农民的基本生存权，稳定农村的社会秩序，故宅基地使用权不得非法转让，宅基地使用权确需转让的应符合相关法律的规定，并履行相关的登记和审批手续，不可私下买卖，非法交易。

➢ 案例 2.6

甲因迁居到小城镇，遂将其宅基地上的房屋出卖给本村村民乙（乙在本村并无宅基地）。几年后甲觉得还是住在农村比较惬意，希望能申请到一新的宅基地使用权，以建新的住宅。但是土地管理部门驳回了甲的申请。甲是否有权重新申请新的宅基地使用权。

➢ 法理评析

本案涉及农村宅基地使用权的转让问题。

农村宅基地不允许买卖，但村民的房屋是可以买卖的，需办理《农村宅基地使用证》变更登记手续。甲和其邻居乙都是村集体组织成员，且买方并无其他宅基地，因此不违反一户一宅的规定。但是，根据《土地管理法》的规定，农村村民出卖、出租住房后，再申请宅基地的，不予批准。甲出卖了自己宅基地上的房屋，也因此失去了申请新的宅基地使用权的权利。因此，进城务工的村民需慎重出卖在农村中的房产，防止再回到农村时无房屋居住。

2. 宅基地使用权的出租

我国《土地管理法》禁止将集体土地使用权出让、转让或者出租用于非农业建设。农民并不是宅基地所有权人，而仅仅是享有宅基地的使用权，宅基地使用权在本质上仍然是一种集体土地使用权，因此，宅基地使用权的行使也应该满足法律对集体土地使用权规定的条件，不得出让、转让或者出租用于非农业建设。单位和个人依法取得农村集体土地使用权后，必须按照其申请建设用地时被有权限的人民政府批准的土地用途使用土地，这是土地使用者使用土地的法定义务。只有按照批准的用途使用土地，才是合法、合理地利用集体土地，才能保证乡（镇）村土地利用规划的实施。《土地管理法》第65条规定，不按照规定使用土地的，农村集体经济组织在经过法定程序后，可以收回土地使用权。不按照批准的用途使用土地，就是指单位或者个人取得集体土地使用权后，擅自改变依法批准的用途，将土地用于其他建设项目或者达到某种目的。因此，如果宅基地使用权人将宅基地使用权出租，未按规定的用途使用土地，有可能丧失宅基地使用权。

3. 宅基地使用权的抵押

宅基地的所有权属于农民集体，农民个人享有的仅是宅基地的使用权。宅基地使用权和村民的“身份”有一定的联系，具有一定的福利性质。如果允许农民将宅基地抵押，一旦债务人不能偿还债务，抵押权人就会实现其抵押权，此时，宅基地使用权的主体就会发生变更，新的主体有可能不符合取得宅基地的法律规定。因此，我国《物权法》和《担保法》都明确禁止将宅基地使用权用于抵押。农村的房屋属于农民个人的合法财产，可以设定抵押，因此，农民可以将房屋抵押，根据房地一致原则，抵押时，宅基地使用权一并抵押。但抵押权实现时不能改变土地性质与用途。

现行立法对宅基地使用权的转让和抵押采取禁止或限制的态度，主要是考虑到目前我国农村社会保障体系尚未全面建立，土地承包经营权和宅基地使用权是农民安身立命之本。因此，从全国范围看，放开土地承包经营权、宅基地使用权的转让和抵押的条件尚不成熟。然而，法律的这一规定，至少意味着宅基地的交换价值不能实现，对农民的财产权也是一种限制。所以，从发展农村经济出发，是否需要完全禁止宅基地使用权的流转值得探讨。

五 地役权

（一）地役权的概念与特征

地役权是一种古老的物权形式，不仅在大陆法系国家普遍存在，而且英美法系国家也予以确认。在我国《物权法》出台之前，我国民法中仅规定了相邻关系，而未规定地役权，且相邻关系的规定非常简单，难以适应现实的需要。《物权法》首次规定了地役权制度。《物权法》第156条规定：“地役权人有权按照合同约定，利用他人的不动产，以提高自己的不动产的效益。前款所称他人的不动产为供役地，自己的不动产为需役地。”

地役权，就是指土地的所有权人或使用权人为自己土地使用的便利而使用相邻他人土地的权利。这里称相邻他人土地为供役地，自己的土地为需役地。地役权制度对于合理、充分地利用土地及其他不动产，提高其土地的使用价值，具有其他制度无可替代的重要作用。地役权与房地产相邻权十分相似，都是设定在房地产上的权利，都是为尽可能发挥相邻房地产的利用价值和使用效益而设定的。但从法律性质上说，地役权与相邻关系是不同的：首先，相邻关系属于自物权的范畴，其创设的目的是对所有权行使效力及范围进行直接限制；而地役权属于他物权的范畴，其创设的目的在于利用他人土地以便于实现自己土地的利益。其次，相邻权是法定的，而地役权是双方意定的。另外，两者对房地产利用关系调节的程度、取得是否有偿、是否为独立的权利类型、设定是否需要登记及当事人之间的权利义务关系等方面的规定均有明显的差异，不可混为一谈。《物权法》借鉴大陆法系各国关于地役权的规定，在相邻关系制度之外建立了较为完善的地役权制度。

地役权的特征表现在以下几个方面：

(1) 地役权为他物权。地役权本质上说是对所有权的限制，是存在于他人房地产（不动产）之上的物权。其存在必须以供役地和需役地属于不同所有人（在我国主要为土地使用权人即地上权人）为要件；在自己的房地产上设立的地役权由于役权与所有权混同而消灭。

(2) 地役权是以他人房地产供自己房地产便宜之用的权利。这种便宜，不仅体现为经济上的利益，而且还包括某种精神上的满足。比如，甲在海边购买了一处海景公寓，该地旁边有乙商店，甲为了今后能够在家中眺望大海，就与商店签订了设立地役权的合同，约定若干年内该商店不得新建高层建筑。这个案例中，此便宜对于甲可以说就是一种精神上的满足。

(3) 地役权具有从属性，地役权具有从属于需役地的所有权或使用权的性质。需役地所有人或使用人不得自己保留土地所有权或使用权而将地役权单独转让；不得自己保留地役权而将土地所有权或使用权转让。也就是说，不得将土地所有权或使用权与地役权分别转让于不同的人。比如说，甲拥有一块土地的使用权，在旁边的乙土地上设立了地役权，在地役权有效存续期间内，甲将土地使用权转让给丙，那么其土地上的地役权也随之一起转让。

(4) 地役权容许当事人自由约定。当事人之间对于地役权的内容是可以自由设定的，只要不违反法律和公序良俗，就可以通过设定地役权来实现对他人土地的便宜利用，通过对地役权内容的约定，可以很好地满足当事人物权利用要求。地役权容许当事人自由约定是地役权制度与其他物权最大的不同，也是地役权的最大特色。

(5) 地役权具有不可分性。地役权的不可分性，指地役权存在于需役地和供役地的全部，即使供役地或需役地被分割，地役权仍存在于分割后的需役地和供役地上。

➢ 案例 2.7

甲为在 A 地取水方便，与乙在 B 地设定了一项取水地役权。后甲将 A 地一分为二，分别卖给了丙、丁，并办妥了登记；乙因欠债不还，他所有的 B 地被分割并分别拍卖给戊、己，并办妥登记。丙、丁到 B 地取水，遭到戊、己的阻拦，于是发生纠纷，丙、丁向法院起诉。问该案应如何处理呢？

➢ 法理评析

本案主要涉及的核心问题就在于：在需役地或供役地被分割后，原地役权是否依然有效存在。

需役地分割的，分割后的每份土地仍然享有完整的地役权。而同时，供役地分割的，分割后的每份土地仍是需役地的供役地。《物权法》第 166 条规定："需役地以及需役地上的土地承包经营权、建设用地使用权部分转让时，转让部分涉及地役权的，受让人同时享有地役权。"第 167 条规定："供役地以及供役地上的土地承包经营权、建设用地使用权部分转让时，转让部分涉及地役权的，地役权对受让人具有约束力。"《物权法》的规定正是体现了地役权的不可分割性特征。

依据《物权法》第 166 条、167 条的规定，转让部分享有地役权的前提是"涉及地役权"。原则上，分割后的每块土地均享有完整的地役权或仍是需役地的供役地，但是如果分割后的土地依其性质和地役权无关，则不享有完整的地役权或不是需役地的供役地。比如，某人在甲地设立通行地役权，并开设道路 C，后甲地划分为 A、B 两块土地，分别转让给丁、戊两人，而 C 道路只是通过 A 地，那么此时 B 地和该道路以及通行权则没有任何联系，所以地役权此时仅对于 A 地继续存续，B 地则不负担此役权。反之，不管是供役地还是需役地，其分割不影响地役权的存续。本案中，原需役地和原供役地分割后形成的四块土地均和地役权发生直接关系。因此，原需役地虽被分割为不同部分，但因地役权的不可分性，新的权利人丙、丁可以在 B 地上行使取水地役权；原供役地的新的权利人戊、己，也因地役权的不可分性而不得阻止丙、丁行使取水地役权。

（二）地役权的种类

各国法律上对地役权的种类规定有所不同。在罗马法上，根据需役地的性质和用途不同，将地役权分为田野地役权与城市地役权：前者系为土地耕作的便利而设定，故又称耕作地役权；后者系为房屋建筑和使用的便利而设定，故又称建筑地役权。在法国、意大利、西班牙等国民法中，地役权有强制地役权（又称法定地役权，实际上属于相邻关系的内容）和任意地役权（即约定地役权）之分。

各国民法理论上还根据地役权的客体、内容和行使等不同方面对地役权进行分类。如根据客体的不同，地役权可分为地表地役权与空间地役权；根据内容的不同，地役权可以分为通行地役权、引水地役权、排水地役权、眺望地役权、建筑地役权等；根据地役权行使方式的不同，地役权分为积极地役权与消极地役权、继续性地役权与非继续地役权、表见地役权与不表见地役权等。我国《物权法》上并未对地役权的种类作详细的划分。

（三）地役权的取得

地役权的取得方式分为两种：基于法律行为取得和基于法律行为以外的事实取得。

1. 基于法律行为取得地役权

通过法律行为对地役权进行设定的，有两种类型：一是基于契约行为的设定；二是基于单方面行为，例如遗嘱。我国法律上的地役权是以合同约定的方式而设定的。地役权合同应采用书面形式，包括以下内容：当事人的姓名、名称和住所；供役地和需役地的位置；利用目的和方法；利用期限；费用及其支付方式；解决争议的方法等。

地役权生效的时间，各国有登记对抗主义和登记生效主义两种不同的做法。我国采用登记对抗主义，即：地役权自地役权合同生效时设立。当事人要求登记的，可以向登记机构申请地役权登记；未经登记，不得对抗善意第三人。

地役权的期限由当事人约定，但不得超过土地承包经营权、建设用地使用权等用益物权的剩余期限。

在设定地役权时，应注意处理好地役权与宅基地使用权、土地承包经营权等用益物权等关系。一方面，土地所有权人享有地役权或者负担地役权的，设立土地承包经营权、宅基地使用权时，该土地承包经营权人、宅基地使用权人继续享有或者负担已设立的地役权；另一方面，土地上已设立土地承包经营权、建设用地使用权、宅基地使用权等权利的，未经用益物权人同意，土地所有权人不得设立地役权。

2. 基于法律行为以外的事实取得地役权

基于法律行为以外之原因取得地役权的，无非有两个原因：一是时效取得；二是继承。我国《物权法》没有规定时效取得制度，因此，基于法律行为以外的原因取得地役权的仅限于继承一种情况。需役地所有人或其他取得地役权的用益物权人死亡时，需役地的所有权或用益权即由继承人继承。

（四）地役权当事人的权利与义务

1. 地役权人的权利与义务

地役权人的权利主要包括：

（1）利用供役地为必要行为的权利。地役权人为了达到提高自己房地产效益的目的在其他房地产上设立地役权，必然要利用他人的土地，也就是供役地，从而在供役地上为一定的行为。地役权人对供役地使用的方法、范围及程度等，应该依当事人的约定而定，不能超出当事人约定的范围。如果没有约定，一般限于“必要行为”“必要”是指非此行为，地役权人行使地役权的基本要求就无法达到。

（2）为必要附属行为与设置的权利。在某些情况下，地役权人为了实现地役权设定的目的，有权行使必要的附属行为，如在供役地上修筑道路或者建造必要的设施，为了通过他人的土地而取水，就必须要在他人的土地下铺设管道。但是，这种附属行为和必要设施的行使和建立，比起利用供役地本身而为的必要行为要严格得多。同时地役权人在为必要附属行为和建设必要设施时，应该遵循最小损害原则，避免给供役地人造成损害。

（3）优先利用的权利。当地役权人的利用与供役地所有人的利用相冲突时，原则上应依双方当事人原约定的内容确定。如果不能确定的，应认为地役权人有优先使用的权利，这就是所谓的地役权人利用优先的原则。当然这种优先性也是有一定限度的，必须是在不明显损害供役地人行使所有权或用益物权的前提下。

（4）基于地役权的物权请求权。对于地役权而言，可以适用的物权请求权包括恢复原状、排除妨害、消除危险、停止侵害。

地役权人的义务主要包括：

（1）支付对价的义务。地役权的设定，可以是有偿的，也可以是无偿的。如果地役权的设定是有偿的，那么地役权人自然有支付价金的义务。支付的数额、时间以及方式则按照合同的约定。

（2）维持设施的义务。地役权人为必要附属行为、行使建造必要设施的权利的同时，有维持其设置的义务，维持的费用，如果双方没有特别约定，则由地役权人负担。

（3）为最小损害的义务。地役权人在行使地役权的过程中，可能为必要行为、必要附属行为、建造必要建筑物，这些积极行为的行使必然要和供役地人的所有权或其他用益物权发生冲突。那么，法律课以地役权人为最小损害的义务。

2. 供役地人的权利与义务

供役地人的权利主要包括：

（1）为合理目的变更使用场所及方法的请求权。地役权设置的目的是为了充分发挥需役地利用价值，为此对供役地设置某种负担。但设定地役权并不像设定用益物权那样全部夺去了所有人对房地产的使用。因此，供役地房地产权利人为了使用土地的需要，在不影响地役权设定目的的前提下，可以请求变更地役权人利用供役地的场所和方法，如果双方没有相反约定，地役权人不得拒绝。当然因此付出的费用，由供役地房地产权利人负担。

（2）可在同一房地产上设立多个地役权。两个以上内容不同的地役权（如用水地役与通行地役）或内容相同但互不排斥的地役权（如不作为地役），也可并存于一宗土地之上；在同一土地的上下，得成立不同范围的数个地上权，如建筑房屋的地上权和地下停车场的地上权。

（3）使用附属设施的权利。供役地房地产权利人在不影响地役权设定目的的前提下，可以对地役权人建筑在自己土地上的设施予以使用。比如，地役权人在供役地上建设一条道路方便通行，供役地房地产权利人在不影响地役权人通行的前提下，也可以使用。但是，如果供役地房地产权利人使用附属设施的，也就应该分担对附属设施维持和修缮的费用。当然，双方也可以约定排除供役地房地产权利人使用附属设施的权利。

（4）请求支付对价的权利。如果地役权的设定是有偿的，那么供役地房地产权利人自然有要求地役权人支付对价的权利。对价支付的数额、时间以及方式则按照合同的约定。

供役地人的义务主要包括：

（1）忍受供役地上负担的义务。地役权人在供役地上设立地役权，行使地役权，供役地房地产权利人就要容忍地役权人的作为或不作为的义务，总的来说就是承担一种负担。这些负担包括容忍他人对自己土地实施某种程度上的损害等。

（2）对工作物进行设置或修缮的义务。供役地房地产权利人一般只负有容忍或不作为的义务，原则上不负积极的作为义务。但是，双方当事人也可以约定，使供役地房地产权利人负有以其自己的费用设置地役权行使的必要的工作物或为其修缮的义务。

➢ 案例 2.8

甲和乙分别承包了 A、B 两块土地，其中 B 地邻近公路，而 A 地在 B 地的内侧，甲乙通过协商，设立地役权。双方约定：甲在 B 地开一条 C 路，乙允许甲从 C 路通行，甲为此一次性支付给乙 10 000 元，乙不得将 C 路改作他用。后乙在其土地下发现了地下温泉，盖了一座温泉宾馆，但由于温泉的位置原因，宾馆毗邻 C 路，为减少对宾馆旅客的噪声污扰，乙向甲请求将 C 路移至其他适于地役权人通行的位置，移路费用由乙承担。甲不容许，乙因此诉至法院，要求甲容许其改 C 路于其他适于地役权人的位置。

➢ **法理评析**

本案主要涉及两个问题：一是原告是否有权利将被告设置的道路改道；二是在何种情况下原告可以行使类似的请求权。

首先，原告具有为合理目的变更使用场所及方法的请求权。因为地役权设置目的是为了更好地利用需役地而对供役地设置一种负担，不像设定用益物权那样全部夺去了所有人对房地产的使用。因此，供役地房地产权利人为了使用土地的需要，在不影响地役权设定目的的前提下可以请求变更地役权人利用供役地的场所和方法。这一点虽然在《物权法》中没有明文规定，但是兼顾双方当事人利益，符合诚信原则，应该予以肯定。

其次，对原告的这种为合理目的变更使用场所及方法的请求权的行使应该进行严格的限制。第一，需要双方没有相反约定，也就是说如果当事人双方在地役权合同中明确规定了在任何情况下供役地房地产权利人不能变更使用场所及方法，那么原告就不能行使这一请求权。第二，变更使用场所及方法的前提是供役地房地产权利人的目的是合理而且必要的。本案中，乙开设温泉旅馆，为客人提供一个安静的休息环境显然符合合理与必要的要求。第三，须为地役权人提供对等的解决方案，合理地为其地役权的行使提供合同约定的同种条件。本案中，乙答应为甲在有利于其的地方再开辟一条道路，也符合这一条件。因此，本案中甲作为地役权人不得拒绝乙的请求，当然因此付出的费用，由供役地房地产权利人负担。

（五）地役权的消灭

1. 土地灭失

需役地是地役权存在之根本，如果需役地全部灭失，那么地役权当然也就随之消灭。但是如果只有一部分需役地灭失，地役权并不当然消灭，而要看残余的土地是否使地役权的行使不能进行。

2. 目的不能

目的不能和土地灭失同属于“事实上不能”的一种。在某些情况下，尽管需役地完好无损，但是设立地役权的目的已经无法实现，此时地役权也随之消灭。比如说，当事人订立引水地役权，水道通过需役地，但是后来水源枯竭了，那么此时尽管需役地完好无损，但事实上地役权已经无法实现了。

3. 国家征收

一般而言，如果国家因社会公共利益的需要而征收需役地或者供役地，致使地役权行使不必要或者不可能时，地役权消灭。但是征收以后，应当给予地役权人适当的补偿。

4. 期限届满

地役权存续的期限由当事人自主设立，如果设立的是永久地役权，那么自然没有期限届满的问题；如果设立的是有期地役权，那么当地役权期限届满时，地役权消灭。

5. 地役权抛弃

地役权是一种限制物权，当然也是一种权利，民事权利可以由权利人自由处分。对于地役权而言，当然可以因为地役权人的抛弃行为而消灭。但是，需要注意的是，如果地役权人的地役权是有偿的，那么地役权权人须支付对价之后，方可抛弃。

6. 混同

混同是《合同法》上合同权利义务关系消灭的原因之一，那么对于地役权人而言，如果地役权人和需役地人为一人时，地役权自然消灭。但是按照地役权的不可分性，如果需役地或供役地为共有时，共有人中的一个为混同，地役权并不为之消灭。

7. 解除地役权

《物权法》第 168 条规定了两种需役地人享有的法定解除权：一种是违反法律规定或者合同约定，滥用地役权的；另一种是有偿利用供役地，约定的付款期间届满后在合理期限内经两次催告未支付费用的。在这两种情况下，需役地权利人可以单方面解除合同，地役权就此失效。

第四节 房地产担保物权

一 房地产担保物权的概念

在各类担保物权中，能够适用于房地产的也只有抵押权，所以，房地产担保物权就是指房地产抵押权。房地产抵押权，是为担保债务的履行而于债务人或第三人的特定房地产上设定的不转移房地产的占有，在债务人不履行到期债务或者发生当事人约定的实现抵押权的情形，债权人有权就该房地产优先受偿的权利。房地产抵押权属于限定物权，其中，债务人或者第三人为抵押人，债权人为抵押权人，提供担保的财产为抵押房地产。

传统上，房地产抵押在各种担保形式中占据极为重要的地位，从而被称为“担保之王”。发达国家至今仍十分重视房地产抵押，主要原因在于：一方面，房地产的价值较高、具有稀有性和不可移动性，且不易贬值，甚至增值，具有相对稳定性。另一方面，房地产的价值也容易评估，尤其是房地产可以通过登记的方法来表彰权利，公示比较简便，从而有利于保护担保物权人的权利。

房地产抵押权为担保物权，其在性质上为物权。房地产抵押权具有物权特有的支配性、排他性、优先性等特征。房地产抵押权也是对所抵押之房地产拍卖价金的优先受偿权，其在本质上为价值权。房地产抵押权这一特性使其区别于建设用地使用权等用益物权。用益物权是权利人对标的物使用价值的支配权，通过对物的支配而获得标的物的效用。房地产抵押权则是对标的物价值的支配权，权利人得通过对抵押物价值的把握而实现担保债权的目的。房地产抵押权既不需要所有权的转移，也不需要对抵押物实体的支配，而是在于对抵押物价值的把握，相对于质权和留置权而言，房地产抵押权是一种纯粹的价值权。

二 房地产抵押权的效力

房地产抵押权经登记而产生相应的法律效力，不仅在当事人之间设定了相应的权利义务，而且对抵押物及与其有关的其他财产权也有影响。房地产抵押权的效力可分为对内效力和对外效力。

（一）房地产抵押权的对内效力

1. 房地产抵押权对内效力表现为优先受偿权

房地产抵押权的对内效力，简而言之，即房地产抵押权人对抵押的房地产有优先受偿的权力。房地产抵押权人在债务人不履行到期债务或者发生当事人约定的实现抵押权的情形时，依法享有就担保的房地产优先受偿的权利。房地产抵押权人在其债务人届期不履行债务时，无须房地产抵押人的同意即可对抵押的房地产予以处分，并从变卖的价款中优先于普通债权人获得清偿。

2. 房地产抵押权担保的债权范围效力

房地产抵押权一般表现为一种意定抵押权，由当事人约定并经法律程序而产生约束力。房地产抵押权担保的债权范围可以由当事人自由约定。如果当事人没有对此进行约定，或者约定无效的话，房地产抵押权的担保范围就按照法律规定来确定，即：包括主债权及其利息、违约金、损害赔偿金、保管抵押财产和实现抵押物权的费用。

3. 房地产抵押权所涉及的物的范围效力

房地产抵押权的效力所及的标的物，除当事人设定抵押的房地产之外，效力还及于抵押物的从物、从权利、孳息、添附物和代位物。房地产的从物是指非主物的构成部分而从属于主物，并对主物发挥辅助效用之物。实行房地产抵押权时，其效力自应及于房地产的从物。我国《担保法》第 47 条和《物权法》第 197 条作了几乎相同的规定：债务人不履行到期债务或者发生当事人约定的实现抵押权的情形，致使抵押财产被人民法院依法扣押的，自扣押之日起抵押权人有权收取该抵押财产的天然孳息或者法定孳息。但抵押权人应将扣押抵押物的事实通知应当清偿法定孳息的义务人，否则，抵押权的效力不及于该孳息。抵押房地产的代位物也应当是房地产抵押权所及的标的物的范围。《物权法》第 174 条规定："担保期间，担保财产毁损、灭失或者被征收等，担保物权人可以就获得的保险金、赔偿金或者补偿金等优先受偿。被担保债权的履行期未届满的，也可以提存该保险金、赔偿金或者补偿金等。"

4. 抵押物价值保持的效力

抵押人的行为足以使抵押财产价值减少的，房地产抵押权人有权要求抵押人停止其行为。抵押财产价值减少的，房地产抵押权人有权要求恢复抵押财产的价值，或者提供与减少的价值相应的抵押。抵押人不恢复抵押财产的价值也不提供抵押的，房地产抵押权人有权要求债务人提前清偿债务。

5. 房地产抵押物及抵押权的转让

抵押期间，抵押人可以在两种情形下转让抵押房地产：一是经房地产抵押权人同意，并且应当将转让所得的价款向房地产抵押权人提前清偿债务或者提存；二是抵押期间，受让人如果愿意代为清偿债务，这会导致房地产抵押权的消灭，也就不存在需要抵押权人同意的问题了，抵押物当然可以转让。

➢ 案例 2.9

2003 年 6 月，陈某向某银行借款 50 万元，期限两年，并以自己的房产作为抵押，在房地产行政管理部门办理了抵押登记手续。同年9月，陈某因生意上资金紧张，欲将抵押房产转让变现。张某虽然知道该房产已经被设定抵押，但是觉得该房产所处的位置不错，便与陈某签订了一份《商品房转让合同》，陈某的债权人该银行知悉陈某将抵押房产进行转让后，便要求受让人张某代为清偿债务，遭到张某拒绝，该银行遂起诉至人民法院，以未经其同意为由要求法院判令陈某的房产转让行为无效。

➢ **法理评析**

本案是关于未经抵押权人同意，抵押人转让已设定抵押的房地产的行为是否有效的问题。

在本案中，陈某转让已设定抵押的房地产并没有经过抵押权人的同意，况且受让人张某亦拒绝代为清偿贷款债务。依据《物权法》第192条的规定：抵押期间，抵押人经抵押权人同意转让抵押财产的，应当将转让所得的价款向抵押权人提前清偿债权或者提存。转让的价款超过债权数额的部分归抵押人所有，不足部分由债务人清偿；抵押期间，抵押人未经抵押权人同意，不得转让抵押财产，但受让人代为清偿债务消灭抵押权的除外。由于张某拒绝代为清偿债务，并不符合《物权法》规定的转让行为有效的例外情形，而陈某转让房产并未征得银行同意，所以，陈某的转让行为无效。

（二）房地产抵押权的对外效力

房地产抵押权的对外效力是指房地产抵押权对抵押关系外部有关抵押物的其他财产权的影响，具体包括对房地产的用益物权、其他抵押权和租赁关系的影响。

1. 房地产抵押权对房地产用益物权的影响

房地产抵押权以房地产的交换价值为债权提供担保，抵押物的使用价值对其没有影响。因此无论是在抵押权设定前或设定后，抵押人均可在抵押的房地产上设定用益物权。但用益物权只有在房地产抵押权设定之前已存在并经登记才能具有对抗房地产抵押权的效力。

2. 房地产抵押权对其他担保权的影响

同一房地产上设定数个抵押权时，存在抵押权实现的顺序，即抵押权的顺位问题。房地产抵押权的顺位，又称房地产抵押权的顺序、位序或次序，是指同一房地产上设定数个房地产抵押权时，各房地产抵押权人就抵押物变价的价值优先受偿的先后顺序。房地产抵押权的次序为房地产抵押权在实现上的排他效力的重要表现，也是房地产抵押权制度中的重要问题之一。房地产抵押权担保的债权按抵押权设定的先后顺序受偿，顺序相同的则按债权比例受偿。房地产抵押权设定先后顺序的确定，应采用抵押登记标准，按照登记的先后顺序清偿。房地产抵押权人可以放弃房地产抵押权或者房地产抵押权的顺位。房地产抵押权人与抵押人可以协议变更房地产抵押权顺位以及被抵押的债权数额等内容，但房地产抵押权的变更，未经其他房地产抵押权人书面同意，不对其他房地产抵押权人产生影响。债务人以自己的房地产设定抵押，则房地产抵押权人放弃该房地产抵押权、房地产抵押权顺位或者变更房地产抵押权的，除非其他抵押人承诺仍然提供抵押，否则，其他抵押人在房地产抵押权人丧失优先受偿权益的范围内免除抵押责任。

3. 房地产抵押权对房屋租赁的影响

与设定用益物权一样，抵押人可以在已出租的房屋上设定抵押权，也可以将已设定抵押权的房屋出租。房屋租赁关系存在于抵押之前的，房地产抵押权的效力不及于该租赁关系，抵押的房地产拍卖后，原租赁合同对房地产的受让者继续有效。如果将已设定抵押权的房屋出租的，则房地产抵押权的效力及于该租赁关系，房地产抵押权实现，租赁关系解除。

三　房地产抵押权的消灭

房地产抵押权在性质上为担保物权，其设定一般有存续期限，为有期物权，并非如所有权那样永恒存续。所以，房地产抵押权作为物权的一种，除有物权的共同消灭原因，如混同、抛弃、标的物灭失等之外，还有自己独特的消灭原因，主要有：

（一）主债权消灭

房地产抵押权是为担保主债权实现而存在的从权利，相对于被担保的主债权，房地产抵押权具有绝对的附从性，与主债权同时存在，主债权消灭，房地产抵押权亦消灭。被担保债权可因如下原因而消灭：债务人或第三人为全部之清偿；债务人对房地产抵押权人亦存在债权合并符合抵消条件时，其债权相互抵消；房地产抵押权人与债务人因继承、合并等而发生混同，房地产抵押权人与债务人成为一人；房地产抵押权人在不损害第三人利益的情况下免除债务人的债务。

（二）抵押权实现

如前所述，房地产抵押权实现是房地产抵押权担保功能实现的最后环节。房地产抵押权实现，房地产抵押担保法律关系消灭，房地产抵押权自然消灭。房地产抵押权因实现而消灭，其所担保的债权是否得到全部清偿则在所不问。即使在同一抵押物上有数个抵押权，其中一个抵押权实现了全部抵押物的，则其他抵押权均消灭。

此外，房地产抵押权还会因债权人放弃和法律规定的其他情形而消灭。

本章小结

房地产物权包括房地产所有权和房地产他物权，房地产他物权又可分为房地产用益物权与房地产担保物权。房地产所有权是指所有人在法律规定的范围内，对自己的房地产以占有、使用、收益、处分等方式进行全面支配，并排除他人干涉的权利。房地产所有权包括土地所有权、房屋所有权与建筑物区分所有权等。房地产用益物权是指用益物权人对他人所有的房地产，依法享有占有、使用和收益的权利。新实施的《物权法》对我国房地产用益物权制度进行了梳理，规定了土地承包经营权、建设用地使用权、宅基地使用权、地役权等多种房地产用益物权形式。房地产担保物权就是指房地产抵押权，是为担保债务的履行而于债务人或第三人的特定房地产上设定的不转移房地产的占有，在债务人不履行到期债务或者发生当事人约定的实现抵押权的情形时，债权人有权就该房地产优先受偿的权利。

思考题

1. 房地产物权的概念与特性是什么？
2. 房地产物权优先效力及其例外表现在哪些方面？
3. 什么是房地产用益物权？它具有什么特征？
4. 农村土地承包权的法律保护措施有哪些？
5. 什么是地役权？具有什么特征？其与相邻权的区别是什么？
6. 什么是房地产担保物权？

参考文献

1. 郭明瑞等：《民商法原理》（二），中国人民大学出版社，1999年版。
2. 梁慧星、陈华彬：《房地产物权法》（第二版），法律出版社，2003年版。
3. 梁慧星：《民商法论丛》（第6卷），法律出版社，1997年版。
4. 史尚宽：《民法总论》，正大印书馆（台湾），1980年版。
5. [意] 彼德罗·彭梵德，黄风译：《罗马法教科书》，中国政法大学出版社，1992年版。
6. 刘德宽：《民法诸问题与新展望》，中亨有限公司（台湾），1979年版。
7. 高富平、黄武双：《物业权属与物业管理》，中国法制出版社，2002年版。
8. 钱明星：《物权法原理》，北京大学出版社，1994年版。
9. 江平：《罗马法基础》，中国政法大学出版社，1991年版。
10. 李志敏：《中国古代民法》，法律出版社，1988年版。
11. 金俭：《房地产法研究》，科学出版社，2004年版。
12. 谢邦宇：《罗马法》，北京大学出版社，1990年版。
13. 谢在全：《民法物权论（中）》（修订三版），台湾文太印刷有限公司，2004年版。
14. 王泽鉴：《民法物权（1）》（通则·所有权），中国政法大学出版社，2000年版。

第三章　房地产登记

内容提要

通过本章学习，了解房地产登记的基本理论，房地产预告登记、房地产登记责任的基本内容；掌握我国立法关于不动产善意取得制度的规定。

本章学习重点与难点：

房地产登记的公示、公信原则；房地产预告登记的效力；房地产登记机构的责任；不动产善意取得的理论根据。

在现代，房地产物权已经成为民法物权的核心内容。房地产物权的取得方式与登记反映的是房地产物权的归属关系，房地产归属的明确是房地产交易的前提。房地产登记具有在物权归属中的确认作用、在交易中的公示作用及在管理中的管理作用。

第一节　房地产登记理论

房地产登记是法律授权的权威机构依法对房地产的权属现状及变更予以确认的一项重要活动，包括土地使用权和房屋所有权的登记。房地产物权登记不仅是房地产管理的核心，也是现代房地产法律制度的基础。无论是房地产物权制度还是房地产交易制度或房地产管理制度的运行，都依赖于房地产登记制度的确立。因此，加强房地产登记的法律研究，具有十分重要的意义。

一　房地产登记的物权效力

房地产登记的物权效力是指房地产登记具有确认房地产物权的权属状态，并赋予房地产物权以法律效力。也就是说经过登记的房地产权利受到国家法律的确认与保护，可以对抗权利人以外的任何主体的侵犯。房地产登记具有法律赋予的强制力。

世界各国大都以立法形式确立房地产登记的法律效力。在实行市场经济模式的一些发达国家，房地产登记制度主要有三种：登记对抗制度、登记要件制度和“托伦斯”制度。

登记对抗制度，又称契据登记制度，首创于法国。目前采用契据登记制度的国家和地区主要有法国、意大利、比利时、西班牙、葡萄牙、日本以及部分南美国家和美国的部分州。通过土地所在地的官署置备公簿，登记土地权利的得丧变更，从而使有利害关系的第三人可以就该公簿的记载推知土地权利状态。其基本公示方法为：房地产权的变更依当事人的合意而发生效力，并不以登记为生效要件，即实行物权变动的意思主义。房地产权利在登记前即已在当事人之间发生转移，原权利人无法以未登记为由对抗登记请求权人，登记请求人可以以事实上的权利人的身份对原权利人主张房地产的物权。登记仅为对抗第三人的要件，在当事人之间不具有绝对的效力。例如，A 与 B 签订了房屋买卖合同，房屋所有权即从 A 转移至 B。B 未办理房屋登记手续，A 不得以未登记为由，主张房屋所有权。但如果 A 又将房屋卖给 C，C 办理了房屋登记手续，则房屋所有权应归登记的一方所有，B 不得对抗登记的权利人。因此，登记已被大多数人接受。登记对第三人而言，是房地产变动的标志。登记机关对于当事人的登记申请并不进行实质审查，只是形式上的审查。只要当事人提交的申请登记文件完备，就依据契据内容，将其载入登记簿。是否进行登记法律并不强制，同时登记也不具有公信力。登记簿上已经记载的权利事项，公众不可信赖其具有确定的效力。如果出现第三人就已经登记的权利主张权利，仍依据实体法确定该权利的归属。因此，一般而言，该登记制度无法起到保护交易安全的作用。登记簿的编成，实行人的编成主义。通过契据登记而产生的登记簿在编成上，不以土地为准，而遵循土地权利人登记次序的先后。登记完成后，登记机关仅在契据上注记经过，并不给登记申请人发放权利书状。

登记要件制度，又称为成立要件主义，起源于德国。目前采用该制度的国家和地区主要有德国、奥地利、荷兰、瑞士、瑞典及我国台湾地区等。其基本公示方法为：房地产权的取得、转移以登记为发生效力的必要条件，非经登记不产生效力。登记成为产权转移的重要标志。房地产产权的变动在登记前只体现为债权的存在，在登记之后才完成产权的转移。经过登记的权利具有绝对真实的公信力。在善意第三人有偿取得产权并经登记后，真正的权利人只能对有过失或错误的人请求损害赔偿，而不能请求撤销登记。只有在第三人尚未取得登记之前，真正的权利人才可以提起注销登记之诉。登记机关对登记人的登记申请，不仅审查形式要件，还审查实质要件，即对土地权利变动的原因与事实是否相符进行审查。登记具有公信力，具有强制性。登记簿实行物的编成主义。土地登记簿依地段、地号的先后次序编成。登记完成后，登记机关仅在契约上注记登记的经过，不向申请人发放权利书状。

托伦斯制度，起源于澳大利亚，由澳大利亚托伦斯爵士于1858年拟定，经澳大利亚议会通过并施行，其影响主要存在于英美法系国家。目前，采用该制度的国家和地区主要有：澳大利亚、新西兰、英国、加拿大、菲律宾和美国部分州。这种登记制度与登记要件制度基本相似，其具体公示方法为：房地产的权属状况在公告审查后，记载于依法制成的土地权利书状，一式两份，一份由权利人保存，一份由登记机关存查。当房地产权利人转让其权利时，须将权利书状提交登记机构，由登记机构颁发新的权利书状，宣告产权转移。该种登记不实行全面的强制主义。登记实行实质审查，登记对房地产的转移具有绝对的效力与公信力。此项权利的效力，由国家保证，任何人均应信赖登记。即便在登记有误的情况下，登记对房地产的确认仍有效力，错误的责任由登记机构承担。

从上述三种房地产登记制度看，不论是实行登记对抗制度还是实行登记要件制度或实行托伦斯制度的国家，都赋予了房地产登记以法律效力，通过房地产登记，将房地产权利的变动事实向社会公开，并以此对抗第三人。这对于维护房地产交易的安全是必不可少的。

我国的《土地管理法》、《房地产管理法》、《物权法》等法律均规定房地产权属登记制度。《房地产管理法》规定：房地产转让或变更时，应当向县级以上地方人民政府房产管理部门申请房产变更登记。《担保法》规定：房地产抵押时，应当向县级以上人民政府规定的部门办理抵押登记。《土地管理法》规定了集体所有的土地，由县级人政府依法登记造册；国有土地使用权，由县级以上地方人民政府登记造册。但这些法律规定要求登记的主要目的与作用是为了加强房地产的管理。我国《物权法》确认房地产物权登记生效主义是房地产物权变动的原则。即房地产物权的设立、变更、转移和消灭都应当进行依法登记，登记后始能产生法律效力，未经依法登记的不产生法律效力。

根据《物权法》规定，房地产物权变动经依法登记始产生法律效力是一项原则，但也有例外。房地产物权登记的例外有两种：一是一些房地产物权无须进行登记；二是有些房地产物权的变动并不以登记作为生效的要件。作为例外，只有在法律另有规定的情形下才能够被承认。《物权法》第9条第2款规定："依法属于国家所有的自然资源，所有权可以不登记。"依法属于国家所有的自然资源包括矿藏、水流、海域，城市的土地，法律规定属于国家所有的农村和城市郊区的土地，森林、山岭、草原、荒地、滩涂等自然资源，野生动物资源，无线电频谱资源等等。由于国家所有权依法不能进行转移，也不可能设立新的所有权，另外有些自然资源也无法进行登记，所以可以不进行登记。这有利于对国家所有权的保护。对于国家所有的房屋等建筑物，铁路、公路、桥梁等基层设施应当依法登记。房地产物权的变动不以登记为生效要件的，包括两种情形：

第一种是无须登记即能发生房地产物权变动的效力。如《物权法》第 28 条规定："因人民法院、仲裁委员会的法律文书或者人民政府的征收决定等，导致物权设立、变更、转让或者消灭的，自法律文书或者人民政府的征收决定等生效时发生效力。"人民法院、仲裁委员会生效的法律文书和人民政府的征收决定都是具有法律效力的文书，已经起到物权登记的公示效力，所以自该法律文书生效之日起，房地产物权的设立、变更、转让或者消灭即发生法律效力。人民法院的生效法律文书包括人民法院的判决书、裁定书和调解书，仲裁委员会的生效法律文书包括仲裁裁决书和调解书。《物权法》第 29 条规定："因继承或者受遗赠取得物权的，自继承或者遗赠开始时发生效力。"《物权法》第 30 条规定："因合法建造、拆除房屋等事实行为设立或者消灭物权的，自事实行为成就时发生效力。"因事实行为而产生的房地产物权的变动，自该事实发生之日起，房地产物权变动发生法律效力。"继承、建筑、拆除等，都属于事实行为，依照法律的规定，事实行为完成之日起，房地产物权即产生法律效力，无须先进行登记。《物权法》第 127 条规定："土地承包经营权自土地承包经营权合同生效时设立。县级以上地方人民政府应当向土地承包经营权人发放土地承包经营权证、林权证、草原使用权证，并登记造册，确认土地承包经营权。"农村土地承包经营权的设立，无须进行登记。

第二种情形就是登记房地产物权变动的对抗要件。如《物权法》第 129 条规定；"土地承包经营权人将土地承包经营权互换、转让，当事人要求登记的，应当向县级以上地方人民政府申请土地承包经营权变更登记；未经登记，不得对抗善意第三人。"可见土地承包经营权的转让、互换等变动不以登记为生效要件而是以登记为对抗要件。土地承包经营权转让未登记的，对当事人双方仍然产生法律效力，但不能对抗第三人，显然采用的是登记对抗主义。

➢案例 3. 1

张某与王某签订房屋买卖合同，将其名下的一套房屋以 52 万元的价格转让给王某。约定王某支付张某定金 2 万元，3 个月后办理过户手续。合同订立后，王某依约支付了定金。两个月后，张某通过中介公司，又将该房屋转让给刘某，刘某不知张某已与王某签订买卖合同，双方办理了过户手续。王某发现该房已卖给刘某，遂诉至法院，主张张某与刘某的买卖合同无效。

➢ **法理评析**

《物权法》第 9 条对房地产登记效力进行了规定：房地产物权的设立、变更、转让和消灭，经依法登记，发生效力；未经登记，不发生效力，但法律另有规定的除外。我国《物权法》的规定显然是以房地产物权登记生效主义为房地产物权变动的原则，即房地产物权的设立、变更、转移和消灭都应当依法进行登记，登记后始能产生法律效力，未经依法登记的不产生法律效力。本案中，王某与张某的买卖合同虽然成立在先，但由于未经过户登记，不产生物权变动的效力。而刘某与张某的合同订立在后，但经过过户登记，所有权发生变更。当然，王某可以依据他与张某之间的合同，追究张某的违约责任，但王某无取得该房屋的所有权。

二 房地产登记的公示、公信原则

（一）公示原则

所谓公示，是指物权在设立、变动时，必须将物权设立、变动的事实通过一定的公开的方法向社会公开，从而使第三人知道。任何当事人设立、移转物权时都会涉及第三人的利益。因此，物权的设立、移转必须公开、透明，以利于保护第三人的利益，维护交易的安全和秩序，这就需要建立公示原则，将物权设立、移转的事实通过一定的公示方法向社会公开，使第三人知道物权变动的情况。

除了极少数法定物权以外，多数物权的产生都是以公示为要件的，物权必须符合法定的公示要件才能设立。由于物权具有优先性，能够对抗第三人，因此物权必须要公开，从而使第三人知道该物权的存在。任何当事人都不得仅仅通过不公开的协议而创设某项物权，否则，必然会损害第三人的利益，危害交易的安全。公示方法一旦不存在，则物权制度也就不存在，即使当事人之间存在协议，该协议也只能在当事人之间生效，不能对抗第三人。物权与公示是不可分离的，正是因为这一原因，所以公示是物权的基础，只有建立完备的公示制度，才能使当事人明确哪一些物权已经设立。

物权的公示方法必须要由法律明确规定，而不能由当事人随意创设。关于公示方法原则上应当采用房地产登记、动产交付的规则。登记的效力表现为在当事人达成设定、转移物权为目的的合同以后，经登记便可以产生物权设定和移转的效力。例如，房屋的买卖必须经过登记才能发生所有权的移转，当事人之间虽然达成了买卖房屋的协议，如果未经登记，则只能在当事人之间产生债权债务关系，而不能发生房屋所有权移转的效力。物权的登记绝不是一个行政管理的过程，而在于将物上权利设立和变动的信息向社会公开，使第三人了解这些信息，这样不仅能够使权利的移转形成一种公信力，使已经形成的权利成为一种“干净”的权利，更重要的是使第三人能够通过登记了解权利的状况以及权利上是否存在负担等信息，为房地产交易的当事人提供一种风险警示从而决定是否与权利人从事各种交易。完备的登记制度不仅是财产交易有序化的条件，而且也是物权制度赖以生存的基础，只有在一个完备的登记制度的基础上，绝大多数房地产物权才能得以设立和有秩序地移转。《物权法》生效前，我们一直将登记作为一种行政管理措施而不是作为一种公示制度来对待，登记完全成了一种行政职权，与部门利益密切结合在一起，以致造成了登记机关多头执政的局面，各自依据的法律各不相同，这不仅给当事人从事登记活动和查询登记信息造成不便，而且造成了登记的混乱。尤其是我国登记机关采取的是形式审查，对登记内容的真实性不承担任何责任，造成了登记内容常常失真的现象，从而对当事人从事的交易行为造成了极大的妨害。《物权法》统一了登记制度，加强了登记内容的公开性和透明性，建立了登记的实质审查制度，以加强登记机关的责任。

要使登记的内容与实际的权利相一致，就应当对登记的内容进行实质性审查。在市场经济条件下，通过登记等公示方法所展示的权利内容越真实、给当事人提供的信息越可靠，公示制度就越能发挥其应有的作用，交易当事人的权利就越能获得保障。因此，登记机关应对当事人提出申请的内容进行实质性审查，以确定登记内容的真实性。如果因为登记机关工作人员的严重过错甚至与他人相互勾结、恶意串通，造成交易当事人损害，登记机关必须承担损害赔偿责任。《物权法》第 21 条明确规定了房地产登记的当事人和登记机构的赔偿责任，将登记与民事赔偿责任挂钩，可增强登记机构的法律责任心。

（二）公信原则

所谓公信原则是指一旦当事人变更物权时依据法律的规定进行了公示，则即使依公示方法表现出来的物权事实上并不存在或有瑕疵，但对于信赖该物权的存在并已从事了物权交易的人，法律仍然承认其具有与该物权为真实时相同的法律效果，以保护交易安全。例如，甲将乙的房屋登记在自己的名义下，并将该房屋转让给丙，丙因信赖甲所提出的产权证书等文件，而与甲订立了房屋买卖合同，则尽管甲不是真正的权利人，但法律上仍承认该项交易所导致的所有权移转的效果存在，以保护当事人丙的利益并维护交易安全。对第三人来说，他只能相信登记而不能相信其他的证明。所以，登记对任何第三人来讲是正确的，这就是所谓的权利推定性规则。如果登记制度不能产生公信力，则不仅使登记制度形同虚设，也不利于交易安全的维护。由此可见，公信原则实际上是赋予了登记所公示的内容具有公信力。因此，公示与公信是密切联系在一起的。物权法规定公示制度，必然也要确立公信原则。

具体来说，公信原则表现为两方面的内容：

（1）登记记载的权利人在法律上推定其为真正的权利人。这就是说，一方面，如果当事人通过合同设定某种物权，但尚未进行登记，也没有完成公示的要求，人们便可以相信此种物权并没有产生。例如，甲在向乙购买房屋时，查阅登记簿发现登记簿的内容中该项产权并没有设定抵押，则甲便可以放心大胆的与乙从事交易，并有理由相信在购买该房屋以后不会因为该房屋曾经设定抵押而受到第三人的追夺。另一方面，如果某种物权虽然已经发生了变动，但没有经过公示，人们也没有理由相信此种物权已经发生变动。也就是说，由于没有进行公示，因此不能对抗第三人。例如，甲将其房屋出让给乙，双方订立了买卖合同，并实际交付了房屋，但没有在登记机关办理登记手续。从法律效果上来看，只要作为公示内容的物权现状没有变动，法律便视物权变动未曾发生。这种信赖，学说称之为“消极信赖”。凡是信赖登记所记载的权利而与权利人进行交易的人，在没有相反的证据证明其明知或应当知道房地产登记簿上记载的权利人并非真正的权利人时，都应当推定其具有善意。

（2）凡是信赖登记所记载的权利而与权利人进行的交易，在法律上应当受到保护。法律应当承认其具有与真实的物权人进行交易所产生的相同的法律效果。一般情况下，登记权利人与实际权利人是一致的，但在某些情况下由于登记发生错误，也可能会出现不一致的现象。对第三人来说，他只能相信登记而不能相信其他的证明。所以，登记对任何第三人来讲都是正确的，这就是所谓权利的推定性规则。如果登记所记载的权利人与实际的权利人不一致，有关当事人必须依据法定的程序向人民法院请求更正，也可以向登记机关请求更正。受理更正请求的法院一经作出变更登记的裁定，登记机关必须依此裁定予以变更。在变更登记以前，当事人因为信赖原来登记的内容而从事交易，仍然应当受到保护。

公信制度的设立能够促使人们从事登记行为，并使权利的让渡能够顺利、有序地进行。当事人之间所从事的物权交易，其权利的变动应当是清晰、透明和公开的，这样才能使物权的变动不至于损害第三人的利益。而这种变动的公开性主要通过公示的方法来完成，在赋予公示以公信力的情况下，交易当事人因为信赖公示而从事交易活动，这种信赖利益应当受到保护，维护此种信赖利益，也就是维护交易安全。公示和公信制度对于鼓励交易具有极为重要的作用：一方面，由于交易当事人不需要花费更多的时间和精力去调查了解标的物的权利状态，从而可以较为迅速地达成交易；另一方面，交易当事人不必要因为过多担心处分人非真正的权利人而犹豫不决。公信原则使交易当事人形成了一种对交易的合法性、对受让的标的物的不可追夺性的信赖与期待，从而为当事人快捷的交易形成了一种激励机制，为交易的安全确立了一种保障机制。

当然，公信制度的适用也有一些例外，即公信制度不适用于恶意的第三人。恶意是相对于善意而言的，它是指相对人在从事交易时知道或应当知道交易的另一方当事人并非真正的权利人。在当事人恶意的情况下，对其进行保护就违背了公信制度创设的原则。

➢ **案例 3. 2**

高某与李某签订房屋转让协议（该房屋是高某婚后所购，产权证上登记的产权人为高某），并办理了土地使用权和房屋所有权的转让登记，后来高妻起诉离婚，发现财产已经转让，遂诉至法院，以高某转让财产未经其同意为由，主张该买卖行为无效。

➢ **法理评析**

根据物权的公信原则，一旦当事人变更物权时依据法律的规定进行了公示，则即使依公示方法表现出来的物权事实上并不存在或有瑕疵，但对于信赖该物权的存在并已从事了物权交易的人，法律仍然承认其具有与该物权为真实时相同的法律效果，以保护交易安全。尽管该房屋属于高某夫妻共同财产，高某不是唯一的权利人，但法律上仍承认该项交易所导致的所有权移转的效果存在，以保护当事人的利益并维护交易安全。对第三人李某来说，他只能相信登记而不能相信其他的证明。

三　房地产登记的作用

房地产登记具有三方面的作用，即在产权制度中的确认作用、在交易中的公示作用及在管理中的管理作用。

（一）房地产登记的物权确认作用

房地产登记具有确认房地产的权属状况，赋予房地产权以法律效力的作用。经过登记的房地产的权利人可以对抗权利人以外的任何主体的侵害。从各国立法实践看，多数国家的房地产登记制度均有产权确认作用。不论是实行登记要件制度的国家还是实行登记对抗制度的国家或是采取托伦斯制度的国家，登记对房地产产权均具有确认作用。

（二）房地产登记的公示作用

房地产登记具有将房地产权利变动的事实向社会公开，以标示房地产流转的作用。这也是保护善意第三人的利益以及房地产交易安全的需要。因为，在现代房地产交易中，经常会出现真实的房地产权利人与名义上的房地产权利人分离的现象，如房地产交易已达成协议，但尚未交付或已交付但未办理登记。如果不将这种权利的变动情况及时向社会公开，第三人可能因不明真相而与名义上的权利人发生交易。在这种情况下，放弃对原权利人的保护或取消与第三人的交易，都将对交易的安全构成威胁，因此，各国立法均通过登记制度的规定，以公示房地产权的变动，并赋予登记以法律效力。

（三）房地产登记的管理作用

房地产登记具有实现国家对房地产管理的作用。通过房地产登记，国家可以行使对房地产的审查权。各国的房地产登记都对房地产行使了审查权。实行登记要件制度的国家，对房地产登记进行实质性的审查，不仅对申请登记的形式要件如登记手续是否完备进行审查，而且还要审查产权取得的原因、权利范围等，无疑问者方可登记，否则将驳回申请。实行登记对抗制度的国家，虽然只对房地产登记进行形式审查，但最终也达到了实现国家对房地产进行管理之目的。

第二节　房地产预告登记

一　预告登记的概念

预告登记，是指为保全一项以将来发生不动产物权变动为目的的请求权而进行的登记。预告登记为德国中世纪民法所创设的制度，后为瑞士、日本民法（在日本民法中称为假登记）及我国台湾地区“民法”所采用。我国《物权法》第20条规定：“当事人签订买卖房屋或者其他不动产物权的协议，为保障将来实现物权，按照约定可以向登记机构申请预告登记。预告登记后，未经预告登记的权利人同意，处分该不动产的，不发生物权效力。”

预告登记是一种特殊的不动产登记，一般的不动产登记登记的权利是不动产物权，如所有权、抵押权、地上权等，而预告登记登记的权利是请求权（多为债权），该请求权的内容是在将来请求发生物权变动。一般来说，作为请求权，债权仅有相对效力，只能请求债务人履行，而无排他效力，所以容易受到损害。例如，房屋出卖人与受让人订立房屋预售合同，约定将一年半以后竣工的房屋出卖给受让人。受让人预付价金。如果出卖人背信将该房屋出卖给第三人，或者在该房屋上设立抵押等负担，由于受让人取得的仅仅是合同债权，是请求权，并无对抗第三人的效力，由于并无现实的房屋存在，当事人无法通过登记取得所有权，故不能通过一般的不动产登记保全自己的权利。在这种情形下，为确保其将来权利的实现，受让人可以请求申请预告登记。一经预告登记，受让人的请求权便取得了对抗第三人的效力，出卖人如果将该房屋出卖给第三人，由于受让人的预告登记在先，该第三人不能通过登记取得所有权；出卖人若将该房屋设立抵押，由于受让人的预告登记在先，抵押合同不能对抗受让人。可见，通过预告登记，合同债权人能保障其债权免受在后成立的物权的损害。

二　预告登记的效力

预告登记使合同债权具有物权性质，是一种典型的债权物权化。预告登记具有下列三种效力：

（一）保全效力

即保障旨在发生不动产物权变动的合同债权等请求权届时能实际上发生物权变动的效果。由于债权不能对抗第三人，而仅仅通过债权的相对请求效力不能确保债权得到实现。预告登记使债权获得物权对抗第三人的对世效力，从而使债权的实现得到保障。我国《物权法》第 20 条规定：预告登记后，未经预告登记的权利人同意，处分该不动产的，不发生物权效力。

（二）顺位保护效力

所谓顺位，是指不动产等权利登记中，登记的权利在登记簿中的顺序、位置。登记在先的权利优于登记在后的权利。例如，同一抵押物上成立了两个以上的抵押权，根据《担保法》第 54 条的规定，抵押合同已登记生效的，按照抵押物登记的先后顺序清偿；顺序相同的，按照债权比例清偿。可见登记的顺序非常重要，一项权利登记，登记并加以保护的不仅是权利本身，同时也包括权利登记的顺位。预告登记作为一种不动产登记，当然也有保护其顺位的效力。

（三）破产保护效力

即在相对人破产时，经预告登记的请求权排斥他人而保障其实现。如果请求权的履行条件已经成就，该请求权内容为移转所有权，则请求权人可以行使取回权；如果该请求权内容为设定抵押权，则请求权人可以行使别除权。如果请求权的履行条件尚未成就，在一定情形下，请求权人也可以排斥他人实现其请求权。

三 预告登记的失效

《物权法》第 20 条规定："预告登记后，债权消灭或者自能够进行不动产登记之日起 3 个月内未申请登记的，预告登记失效。"也就是说预告登记在下列两种情况下失效：

其一，债权消灭。债权请求权的存在是预告登记的前提，债权一旦消灭，预告登记也就失去其存在的基础。因此，《物权法》将债权消灭作为预告登记登记失效的理由。

其二，自能够进行不动产登记之日起 3 个月内未申请登记的，预告登记失效。预告登记所保全的是将来发生不动产物权变动的请求权，该请求的最终实现尚需预告登记权利人积极按照约定的期限或条件行使请求权，如在商品房预售中积极支付房款、及时办理房屋所有权登记。如果预告登记权利人怠于行使请求权或履行义务，在能够进行不动产登记时不申请登记，必然使相对人的处分权长期处于限制状态，不利于发挥财产的经济效益。因此，《物权法》规定了登记失效的期限，促使权利人及时行使自己的权利。

第三节 房地产登记机构与责任承担

房地产登记是国家专门的登记机关根据权利人的申请，将房地产物权的设立、转移和变更的情况在不动产登记簿上予以记载。其意义在于为房地产物权交易提供具有国家公信力支持的、统一的、公开的法律基础。房地产登记具有权利确认和推定以及公示等功能，登记内容正确与否事关重大，不仅影响到交易当事人的权益，也影响到不动产交易的法理基础乃至交易的安全与秩序。一旦房地产登记存在瑕疵，难免会给产权人及其他交易当事人造成损失，因此有必要在房地产登记制度中建立相关赔偿责任机制。我国《物权法》第 21 条规定：当事人提供虚假材料申请登记，给他人造成损害的，应当承担赔偿责任。因登记错误，给他人造成损害的，登记机构应当承担赔偿责任。登记机构赔偿后，可以向造成登记错误的人追偿。

一　房地产登记机构与登记材料

（一）不动产登记机构

我国《物权法》第 10 条规定：“不动产登记，由不动产所在地的登记机构办理。国家对不动产实行统一登记制度。统一登记的范围、登记机构和登记办法，由法律、行政法规规定。”

长期以来，我国将不动产物权登记视为行政机关的一项职权，看作是国家公权力对交易秩序的一种干预，而不是作为物权变动的公示方法来看待，从而形成了不动产登记机关与行政管理机关的职能一一对应的关系，产生了多部门登记的问题。土地管理机关负责土地权利的变动登记，房屋管理机关负责房屋权利变动登记，林业主管机关负责林木登记，农业管理部门负责农村承包土地使用权登记等等。据中国人民银行研究局的不完全统计，针对不动产、动产抵押、有关权利质押的登记，分散在 15 个部门进行。其中，动产抵押登记部门最为混乱，共有 9 个。登记机关过于分散给当事人进行登记造成了极大的不便，增加了交易的成本，降低了交易的效率；同时，也严重影响了登记的公示效果。当事人进行交易时难以查询有关房地产的登记情况，很难及时取得全面的信息，导致登记的公信力不强。为解决上述问题，必须建立统一的不动产物权登记制度，即：建立统一法律依据、统一登记机关、统一登记效力、统一登记程序和统一权属证书的“五统一”的制度。首要的是要统一登记机构。《物权法》对此作了原则性规定。

（二）房地产登记材料

我国《物权法》第 11 条规定：当事人申请登记，应当根据不同登记事项提供权属证明和不动产界址、面积等必要材料。

当事人向登记机构申请不动产物权登记时，应当向登记机构提供必要的材料。这些材料主要分为两类：一类是不动产物权权属证明材料，即能够证明登记之不动产物权真实合法有效的材料；二类是标明不动产物权标的实际情况的材料，即准确描述不动产的数据、照片、图纸、图像等。不同的不动产物权登记时需要提供的权属证明材料是不同的。通过合同方式设立、变更、转让或者消灭不动产物权的，需要提供的权属证明材料就是不动产合同，如不动产抵押权合同、房地产买卖合同、建设用地使用权出让合同，农村土地承包经营合同等等。如果是通过法院、仲裁的生效法律文书设立、变更、转让或者消灭不动产物权的，提供的权属证明材料即为法院的生效判决书、裁定书或者调解书，仲裁机构作出的生效仲裁裁决书或者调解书。通过建设、拆除等方式设立或者消灭不动产物权的，一般应当提供有关部门建设批准书等材料作为权属证明材料。除上述权属证明材料外，在进行登记时一般还要提供原权利人的权利证明，登记申请人的身份证明等相关材料。标明不动产实际情况的材料，通常在不动产所有权或者用益物权的登记中需要详细提供，根据不动产的不同而有所区别。对于房屋等建筑物所有权的登记，一般要提供标明该房屋位置、所在小区名称、楼号、楼层、房号、面积、朝向、房屋构造等有关材料。对于土地权利登记，包括土地所有权、土地使用权以及土地承包经营权，一般应当提供标明该土地的四至、面积等材料。对于不动产担保物权的设立，一般直接在不动产所有权登记簿作他项权利登记即可，无须另行提供标明抵押不动产的界址、面积等内容的材料。

二 不动产登记机构的职责与责任承担

（一）实质审查

我国《物权法》第 12 条规定："登记机构应当履行下列职责：（一）查验申请人提供的权属证明和其他必要材料；（二）就有关登记事项询问申请人；（三）如实、及时登记有关事项；（四）法律、行政法规规定的其他职责。申请登记的不动产的有关情况需要进一步证明的，登记机构可以要求申请人补充材料，必要时可以实地查看。"第 21 条规定：当事人提供虚假材料申请登记，给他人造成损害的，应当承担赔偿责任。因登记错误，给他人造成损害的，登记机构应当承担赔偿责任。登记机构赔偿后，可以向造成登记错误的人追偿。

从《物权法》第 12 条规定的登记机构的审查职责来看，采用的审查模式应当是实质审查模式：第一，从审查的材料来看，包括了《物权法》第 11 条规定的权属证明材料和标明不动产情况的材料以及其他必要材料。权属证明材料主要是指权利设立、变更、转让和消灭的原因关系，包括不动产物权设立、转让、变更、消灭合同，以及人民法院或者仲裁机关的生效法律文书。这实际上已经表明《物权法》规定的登记审查不仅仅是对提交材料进行形式上的审查，还要查验这些材料的真实合法性。第二，从登记机构可以询问登记申请人来看，说明登记审查要以确保登记内容的真实性为目的，可以对登记的内容进行询问，以了解不动产物权的实际情况。第三，登记机构于必要时还可以实地查看不动产，实际上赋予了登记机构调查职权。而只有在实质审查模式下，登记机构才有调查职权。第四，实质审查赋予登记机构更大的审查权力的目的就在于确保登记的准确性，减少登记的错误。因此，登记机构也就负有更大的责任，在因其过错造成登记错误时，要对因此造成的损害承担赔偿责任。而形式审查，由于仅是形式上的审查不涉及保证登记真实正确的问题，一般不存在因为登记错误而承担赔偿责任。我国《物权法》第 21 条第 2 款规定了因登记错误造成他人损害的，登记机构应当承担赔偿责任，也是与物权法采实质审查模式相适应的。

（二）责任承担

1. 登记当事人的责任承担

当事人在登记过程中，由于种种原因或理由，提供了虚假材料申请登记，给他人造成损害的，应当承担赔偿责任。例如，双方共同出资购房，由一方代理登记，但代理一方隐瞒事实，提供虚假材料，申请登记在其名下。为此，给另一方当事人造成损害的，理应承担赔偿责任。

2. 不动产登记机构的责任

房地产登记，因其工作人员的过错，导致错误登记，登记机构应当承担赔偿责任。同时，由于当事人提供了虚假材料申请登记，给他人造成损害的，登记机构也应当为错误登记而承担赔偿责任，但登记机构赔偿后，可以向造成登记错误的人追偿。《物权法》加重了登记机构登记的责任：登记机构不仅由于自己工作错误造成他人损害应承担赔偿责任，同时，由于登记当事人提供了虚假材料，造成登记错误的，登记机构也应当承担赔偿责任。当然，登记机构赔偿后，可以向造成登记错误的人追偿。《物权法》作为调整财产的归属和利用关系的重要法律，对登记机构的损害赔偿责任作了原则的规定，但对相关问题如损害赔偿的性质、归责原则、赔偿范围、赔偿标准以及救济途径等问题，《物权法》并未规定，尚需后续立法予以明确。

三 房地产更正登记和异议登记

（一）不动产更正登记和异议登记

我国《物权法》第 19 条规定：“权利人、利害关系人认为不动产登记簿记载的事项错误的，可以申请更正登记。不动产登记簿记载的权利人书面同意更正或者有证据证明登记确有错误的，登记机构应当予以更正。不动产登记簿记载的权利人不同意更正的，利害关系人可以申请异议登记。登记机构予以异议登记的，申请人在异议登记之日起十五日内不起诉，异议登记失效。异议登记不当，造成权利人损害的，权利人可以向申请人请求损害赔偿。”该条规定了不动产登记制度中的更正登记和异议登记。

不动产登记簿是物权归属和内容的依据。不动产登记是不动产物权的公示方式，其目的在于为物权的变动提供统一的、具有公信力的法律基础，起着确定物权归属的作用。除非第三人明知不动产登记簿记载的权利有瑕疵而恶意取得该项权利，否则都应推定登记簿上记载的权利是真正的权利，即不动产登记权利具有正确性推定效力。第三人基于善意信赖登记所取得的权利，不受真正权利人的追夺，法律对其权利予以保护。一般来讲，不动产登记物权与实际的不动产物权是相一致的，但不能否认存在着登记的物权和事实上的物权不相符合的可能性。这种不动产登记簿记载的物权状况与实际权利不相符合的事实状态，通常称为不动产登记瑕疵。由于不动产登记具有的登记权利正确性推定效力以及保护善意第三人的公信力，不动产登记瑕疵使得不动产事实上的权利人（真正权利人）的权利随时面临丧失或受损害的危险。为了维护真正权利人和利害关系人的利益，我国《物权法》规定了更正登记制度和异议登记制度。

1. 更正登记

更正登记是对不动产登记簿上的瑕疵记载（错误或疏漏）进行改正补充而进行的登记。更正登记彻底地终止现实登记的权利推定效力，终局性地终止第三人依据不动产登记簿的记载对现实登记权利的取得。因此，更正登记是对原登记权利的涂销登记，同时是对真正权利的初始登记。

根据更正登记程序启动方式的不同，更正登记分为依申请的更正登记和依职权的更正登记两种方式。依申请的更正登记指不动产登记簿记载的权利人、真正权利人或者利害关系人申请登记机关对登记记载进行更正，由登记机关对申请人提交的书面证据进行审查。依职权的更正登记则指登记机关依据职权所进行的更正登记。

2. 异议登记

异议登记是真正权利人及利害关系人针对不动产登记簿的正确性提出异议而向登记机关申请的登记。与更正登记不同，异议登记是暂时中断登记簿的公信力，维护真正权利人的合法权益。异议登记作为一种保护真正权利人和利害关系人利益的临时性措施，对登记记载的权利人而言，可以暂时限制（将其处分行为规定为无效行为，或者将其处分行为规定为效力待定行为）其按照登记簿记载的内容去行使权利；对第三人而言，异议登记可以暂时排除第三人依据登记簿的公信力以取得物权。

“物尽其用，鼓励交易”是民事财产立法的宗旨，异议登记暂时中断登记簿的公信力，固然维护了异议登记申请人的利益，但这种临时性措施应受时间的限制，否则，不利于不动产物权权属关系的稳定，不利于发挥财产的经济效益。为了在两者之间寻求平衡，各国法律除对异议登记的效力作了时间限制以外，还规定了异议登记申请人因异议登记不当给权利人造成损失的，应承担赔偿责任。

在不动产登记错误情形下，如何维护真正权利人的合法权益？真正权利人如何才能纠正不动产登记簿的错误记载，实行权利救济？我国以前的法律并没有作明确的规定。《物权法》对此作了相应规定，填补了这一立法上的空白，原则性地规定了更正登记和异议登记两种制度：权利人、利害关系人认为不动产登记簿记载的事项错误的，可以申请更正登记。不动产登记簿记载的权利人书面同意更正或者有证据证明登记确有错误的，登记机构应当予以更正。不动产登记簿记载的权利人不同意更正的，利害关系人可以申请异议登记。登记机构予以异议登记的，申请人在异议登记之日起 15 日内不起诉，异议登记失效。异议登记不当，造成权利人损害的，权利人可以向申请人请求损害赔偿。

➢ 案例 3.3

小王与恋人小李决定共同购房，可是小王后来发现登记时只登记了小李一个人的名字。根据《物权法》的规定：小王可以要求登记机关更正。如果小李不同意更正，小王就可以申请异议登记。但是，一旦进行异议登记，小王一定要在 15 天内起诉，否则该异议登记就失效了。同样，如果小李觉得小王的异议登记是不对的，给他造成了损失，也可以要求小王赔偿。

第四节　不动产善意取得

一　不动产善意取得制度的理论

在大陆法系各国，动产的善意取得普遍得到了认可，而不动产善意取得则仅为部分国家立法所认可。在学界，对不动产善意取得制度存在不同看法。

国内持否定态度者认为：我国民法也应当如同德国民法那样明确地赋予不动产登记以公信力。而在登记公信力的保护下，就无设立不动产善意取得制度的必要；善意取得制度只适用动产，不适用于不动产。

持肯定态度的国内学者则从不同角度阐述了不动产善意取得制度存在的可能

性和必要性。其中一种观点认为：在现代社会中，不可再生或不可替代的社会物质财富在范围上越来越少，人们对于财产权利的保护，已不再拘泥于实物形态的完整与回复；相反，对于物权客体价值的补偿则成为人们乐于接受的方式。同时，动产与不动产的划分也在观念上发生变化，并不存在绝对的界限。善意取得既然为交易安全而设定，而交易财产的范围除了国家明文禁止和违反公序良俗外，不受任何限制，因此，善意取得可适用的标的物范围应基于善意受让人主观上善意来确定，而不作详细的划分。同时，现代意义上的善意取得适用的标的物范围之扩张已经充分表明，法律开始注重“受让人是否善意”而非受让标的物本身的性质。

事实上，在承认土地登记的公信力的国家，不动产善意取得制度有其明确的法律依据。《瑞士民法典》第 973 条明确规定：“出于善意而信任不动产登记簿的登记内容因而取得所有权或其他权利的人，均受法律保护。”该法典第 974 条又规定：“①物权的登记有缺陷的，该登记对于知悉或应知悉该缺陷的第三人无效。②凡无法律原因或依无约束力的法律行为而完成的登记为不正当。③因前款的登记使物权受损害的人，得援引该登记的缺陷对抗恶意第三人。”上述两条规定，前者是对不动产善意取得的积极规定，即允许善意第三人援引登记的推定效力来保护自己取得的权利；后者则是对不动产善意取得的消极规定，即恶意第三人不得援引登记的推定效力。

《德国民法典》第 892 条规定：“为权利取得人的利益，关于以法律行为取得土地的物权或者土地物权上的物权情形，土地登记簿记载的内容应为正确，但是土地登记簿上记载有对抗此项权利的正确性的异议抗辩时，或者取得人明知此项权利不正确时除外。”该规定从两方面对善意保护进行了确认：一方面，土地物权的取得人可以通过土地登记簿的正确性推定而保护其利益；另一方面取得人明知受让的权利不正当或登记簿上存在对抗受让的权利正确性的异议抗辩而仍然取得该权利时不受保护。显然，决定取得人是否受善意保护的根本因素就在于其对土地登记簿的记载正确性的信赖，此种对登记簿所作记载的信赖实质上就是善意。该规定与民法典上关于动产的善意取得存在差别，也没有直接使用善意来表述此种权利保护的前提条件。

二 不动产善意取得适用条件

我国《物权法》第 106 条规定，无处分权人将不动产或者动产转让给受让人的，所有权人有权追回；除法律另有规定外，符合下列情形的，受让人取得该不动产或者动产的所有权：

（1）受让人受让该不动产或者动产时是善意的；

（2）以合理的价格转让；

（3）转让的不动产或者动产依照法律规定应当登记的已经登记，不需要登记的已经交付给受让人。

受让人依照前款规定取得不动产或者动产的所有权的，原所有权人有权向无处分权人请求赔偿损失。

当事人善意取得其他物权的，参照前两款规定。

该条规定的善意取得制度适用的对象包含动产和不动产，这是对传统理论的突破，也是我国物权法制度的一个特色。我国正处在向市场经济过渡的转轨时期，不动产登记制度尚未完善，如在房屋预售的过程中，存在“一房二卖”，甚至“一房多卖”的情况，导致购房人的利益得不到保障。因此，将善意取得制度适用于不动产交易领域，可最大限度地保护第三人的利益。

本章小结

房地产登记是法律授权的权威机构依法对房地产的权属现状及变更予以确认的一项重要活动，它包括了土地使用权和房屋所有权的登记。房地产登记具有确认房地产物权的权属状态，并赋予房地产物权以法律效力，可以对抗权利人以外的任何主体的侵犯。房地产登记具有法律赋予的强制力。房地产登记应当遵循公示和公信原则，登记具有在物权归属中的确认作用、在交易中的公示作用及在管理中的管理作用。房地产预告登记，是保证将来房地产物权得以实现的一项重要措施。房地产登记机构在房地产登记中具有重要的地位，登记的正确与否直接关系到房地产权益当事人的利益的实现，也影响到不动产交易的安全与秩序，因此，登记机构负有错误登记之赔偿责任。

思考题

1. 房地产登记的法律效力有哪些？
2. 房地产登记的作用有哪些？
3. 房地产预告登记意义与作用表现在哪里？
4. 不动产善意取得的构成要件是什么？
5. 房地产登记机构的责任有哪些？

参考文献

1. 金俭：《房地产法研究》，科学出版社，2004 年版。
2. 刘武元：《房地产交易法律问题研究》，法律出版社，2002 年版。
3. 黄松有：《中华人民共和国物权法条文理解与适用》，人民法院出版社，2007 年版。
4. 王利明：《物权法论》，中国政法大学出版社，2003 年版。
5. 梁慧星：《中国物权法建议稿》，社会科学文献出版社，2000 年版。

第四章　国有土地使用权出让、划拨与转让

内容提要

通过本章学习，了解国有土地使用权出让与划拨的含义；掌握国有土地使用权出让与划拨的条件与范围；掌握土地使用权转让的有效条件。

学习重点与难点：

建设用地使用权出让与划拨的有效条件；土地使用权出让合同当事人的权利和义务。

第一节　国有土地使用权的出让

我国国有土地使用权制度改革的成果就是实现了从国有土地的“三无制度”即无流动、无偿、无期限到“三有制度”即有流动、有偿、有期限的土地使用制度的转变。国家使国有土地使用权通过有偿出让的方式进入土地市场，土地使用权出让成为土地使用权有偿使用的实现前提与途径。

一　土地使用权出让的概念

土地使用权出让，是指国家将国有土地使用权（以下简称土地使用权）在一定年限内出让给土地使用者，由土地使用者向国家支付土地使用权出让金的行为。土地使用权出让是土地使用权作为商品被经营和进入流通领域的第一步，也是房地产开发用地最为重要的形式之一。土地使用权出让包含以下几层含义：

（一）土地使用权出让的主体是国家

在土地出让过程中，政府是国有土地产权的唯一代表。只有代表国家的县级以上地方人民政府才有权有偿出让土地使用权，市、县人民政府土地管理部门具体代表市、县人民政府主管国有土地使用权出让的行政管理工作，其他任何单位和个人均不得充当出让人。

（二）土地使用权出让的客体仅限于城市规划区域内的国有土地的使用权

土地使用权出让的客体是有严格限制的。首先，出让的是土地使用权，而非土地所有权。国有土地所有权不允许转移。其次，出让仅限于土地的使用权，地下资源、埋藏物和市政公用设施不属于出让之列。最后，出让土地使用权仅限于城市规划区域内的国有土地，集体所有的土地需经政府依法征用转为国有土地后，才能由政府出让土地使用权。

（三）土地使用权的出让是有限期的

国家出让土地使用权是有年限的，而不是无限期出让给土地使用者。国家通过对年限的限制，合理调整布局和费用，以不断提高土地的经济、社会效益。土地使用者在使用年限届满后，如需继续使用土地，应向政府申请续期，经批准重新签订土地使用权出让合同，支付土地使用权出让金。如不再申请或未经批准的，政府将无偿收回土地使用权（住宅用地期限届满后自动续期）。使用期届满前，政府一般不收回土地使用权，但在特殊情况下，政府根据社会公共利益的需要，可以依照法定程序提前收回，并根据土地使用者使用土地的实际年限和土地开发的实际情况给予相应的补偿。土地使用权出让的最高年限按下列用途确定：①商业、旅游、娱乐用地为 40 年；②教育、科技、文化、体育、卫生、工业、综合或其他用地为 50 年；③居住用地为 70 年。

（四）土地使用者必须向国家支付土地使用权出让金

国家依法对国有土地实行有偿使用制度，土地使用者要获得土地的使用权（除属于依法划拨的土地使用权外），必须向国家支付土地使用权出让金。土地使用权受让方只有在支付了土地使用权出让金后，才能向政府土地管理部门申请登记，领取土地使用权证，取得土地使用权。

二　国有土地使用权出让的形式及程序

国有土地使用权出让，可以采取拍卖、招标或双方协议的形式。《物权法》第 137 条规定："设立建设用地使用权，可以采取出让或者划拨等方式。工业、商业、旅游、娱乐和商品住宅等经营性用地以及同一土地有两个以上意向用地者的，应当采取招标、拍卖等公开竞价的方式出让。"第 138 条规定："采取招标、拍卖、协议等出让方式设立建设用地使用权的，当事人应当采取书面形式订立建设用地使用权出让合同。"

（一）协议出让的方式及程序

协议出让，又称为定向协议出让，是指出让方与选定的受让方通过协商的方式有偿出让土地使用权。具体说，它一般是由土地使用者（有意受让方）向代表政府的土地管理部门提出用地申请，经批准后，再由出让方（土地管理部门）与受让方协商地价、出让年限、付款方式、付款期限以及用地条件，经双方达成协议后，签订土地使用权出让合同（土地使用合同），实现土地使用权的有偿出让。协议方式一般适用于非营利性单位用地或需要减免地价的特殊用地，以及国家和地方政府确定予以扶持优先发展的建设项目用地。以协议方式出让土地使用权，尽管有地价，但没有引入竞争机制，缺乏公开性，地价的确定、土地出让给谁等问题，受具体承办者的主观因素影响较大，以这种方式确定的地价实际上不是市场地价。以协议方式出让土地使用权的市场是一种没有竞争、不发达、不公开的地产市场。但这种方式的特点是政府对地价等因素容易进行控制，灵活性大，在当前土地使用制度改革的初始阶段还可以采用。同时它也有不足之处，所以，《房地产管理法》规定：商业、旅游、娱乐和豪华住宅用地，有条件的，必须采取拍卖、招标方式；没有条件的，不能采取拍卖、招标方式的，可以采取双方协议的方式。但采取双方协议方式出让土地使用权的出让金不得低于国家规定所确定的最低价。

土地使用权协议出让的程序为：

（1）由土地使用权有意受让方根据自身的生产经营需要，向土地管理部门提出使用土地的申请。

（2）土地使用权出让方向受让方提供出让土地使用权地块的必要资料和有关规定。主要包括：土地的位置、四至范围、面积、地籍图；土地的规划用途、开发面积的下限；建筑容积率、密度和净空限制等各项规划要求；基础设施的建设期限、地面设施的建设期限、必须投入的资金底线；环境保护、园林绿化、卫生防疫、交通和消防等要求；市政设施现状和市政建设计划要求；地块的地面现状；出让形式和年限、出让金的付款方式和要求；有关出让、转让等方面的具体规定和办法；出让合同标准格式；土地使用者的义务和有关法律责任以及需要提供的其他资料。

(3) 受让方得到用地资料后，在规定的时间内持上级主管机关的批准文件（设计任务书、初步设计或可行性研究报告）及文字说明、资金来源证明等文件资料（包括图片）向所在地土地管理部门正式提出用地申请。申请书应载明开发建设该地段的设想以及愿意付出价款的金额、支付方式等。

(4) 土地管理部门在接到用地申请后，在规定的时间内进行审查，并答复受让方，如同意双方洽谈的，同时将确定的洽谈的时间、地点通知对方。

(5) 经出让方与受让方双方协商达成一致后，即签订《土地使用权出让合同》，受让方按照规定支付定金，并在合同规定的期限内缴纳土地使用权出让金（定金可抵出让金），并办理土地使用权登记手续，领取土地使用权证。

➢ 案例 4.1

1987 年 9 月 9 日，深圳市以市政府的名义采用协议方式，把一块编号为 B211—1，面积 5 321 平方米、规划建筑密度 38%、建筑容积率 2.6、楼高 8 层、用途为单身职工宿舍、使用年限为 50 年的土地有偿出让给中国航空进出口公司深圳工贸中心（以下简称中航工贸中心）。双方通过多次协商，最后以总价 106 万元，每平方米 200 元出让金成交。中航工贸中心是众多申请用地的单位之一，该中心在深圳有 50～60 家工厂。5 000 多名职工，生活用地非常紧张。该中心希望能通过协议得到这块土地的使用权，深圳市政府亦考虑到了该中心的上述困难，选定该中心作为协议出让的对象。深圳市政府原确定以地价每平方米 400 元出让该幅土地使用权，而中航工贸中心提出：盖职工宿舍不同于做买卖，与开发公司经营商品房应有所区别，在价格上应有所体现；另外，工贸中心每年积累用于建房的资金是有限的，企业负担太重。他们测算后提出要求以每平方米 200 元受让该幅土地。市政府考虑：每平方米土地一次收价 200 元，按 6% 的利息滚算，50 年积累可得 3 600 元。假如按行政划拨，每年收土地使用费每平方米 9 元（一类住房用地标准），50 年滚算也只有 2 600 元。因此，50 年使用期一次收 200 元，对国家来说还是有利的。经过双方反复协商，最后达成了每平方米用地 200 元的协议。9 月 9 日，双方签订了土地使用权出让合同书。合同规定：中航工贸中心必须一次性付清地价，1989 年 3 月 1 日前竣工，并负责完成附属建筑及公益工程、配套建筑面积 390 平方米，同时提供公共用地 30 平方米。

（二）招标出让的形式及程序

招标出让土地使用权，是指在规定的期限内，由符合规定的单位或个人（受让方），以书面投标的形式，竞投某片土地的使用权，土地招标小组（出让方代表）择优而取。招标方法有两种，即公开招标与邀请招标。公开招标由招标小组通过报刊、广播、电视等传播媒介发出招标广告进行招标。邀请招标是由招标小组向符合规定条件的单位发出招标文件的方式进行招标。招标的内容由招标小组确定，既可出标价，同时要求提交一份规划设计方案，也可仅限于出标价。招标方式主要适用于一些大型或关键性的发展计划与投资项目。

招标出让土地使用权，引进了市场机制，体现了商品交换的原则。但在实际出让活动中，中标的并不一定是出价最高的单位和个人，因为在确定中标者时，既要考虑到投标价，还要考虑到对投标规划设计方案和企业的资信情况进行综合的评价，最后择优选定中标者，因此，中标地价也不完全等于市场地价。从这点来说，招标出让土地使用权的市场，也不完全是一个竞争的市场。但投标者大多事先作两个以上的规划设计方案，自行择优后再投标，这将有利于土地规划利用的优化。

土地使用权招标出让的程序为：

（1）出让方（土地管理部门）通过一定的媒介（如新闻媒体）向有意受让方或要求用地者发出招标书（或招标公告）。招标书（或公告）中应指明出让地块的位置、面积、用途、出让年限、投标者应具备的资格、投标地点、截止日期及其他有关要求、规定、投标保证金的金额和支付方式等内容。

（2）有意受让方发出投标书。参加投标者向招标者（出让方）领取投标须知、土地投标书、土地使用权出让合同书以及土地使用规则等，在规定的投标截止日期前，到出让方指定的地点缴纳保证金，并将密封后的投标书投入指定的标箱。投标书一经投入标箱，即不得从标箱中取出。投标者在招标截止日期前，如需要修改标书，可以另投修改书，原标书无效。投标书在投标的有效期间内发生两方面的效力：一是对于投标人来说有法律上的约束力，在投标的有效期间内，不得撤销标书，其有效期间至决标后为止。投标后，投标人就负有与招标人订立出让合同的义务，因此，撤回投标书，将意味着丧失保证金。二是对招标人来说，招标人享有从投标人中选择最优者的权利，享有承诺人的资格。招标人享有可以与中标者订立合同的权利，但没有必须订立合同的义务，除在招标通告中或者在招标文件中说明必选最优条件者订立合同外，招标人可以废除全部投标而另行招标。

（3）开标、评标和决标。在规定的招标期限届满后，出让方邀请房地产、建设规划、财政税务、银行、法律等方面的专家和专业人员组成评标委员会，由评标委员会主持开标、评标和决标工作。评标委员会对投标书实行公开评标，决定中标者。凡不具备投标资格的标书或不符合招标文书规定的标书，以及超过截止日期送达的标书，委员会有权决定其无效。评标委员会对有效标书进行评审，择优确定中标者。评标委员会签发决标书后，由出让方向中标者发出中标证明书。开标、评标、决标应由公证机关公证，并出具公证书。招标人在开标后，可以拒绝全部投标，这种情况称为废标。废标一般在下列情况下发生：①所有标书在实质上均未按招标文件要求编制；②投标单位过少，没有竞争性。

（4）双方签订《土地使用权出让合同》。中标者持中标证明书在规定的日期内与出让方签订土地使用权出让合同，并支付定金。中标者原交付的保证金可抵充定金。中标者在规定的时间内不与出让方签订出让合同的，视为放弃中标，所缴的保证金不予退还。因故要求延期签订合同的，应在期限届满之前向出让方提出延期签约的申请。延期不得超过一定的日期，如广州规定不得超过 15 日，上海规定不得超过 30 日。未中标者所缴纳的投标保证金，由出让方如数退回。

（5）中标者支付土地使用权出让金后，到土地管理局办理使用权登记，领取土地使用权证书。

➢案例 4.2

1987 年 11 月 25 日，深圳经济特区推出一块面积为 46 355 平方米的商品住宅基地进行招标。该地块编号为 H1181—1，位于罗湖区深南东路南侧，土地使用年限为 50 年，建筑密度 20%，容积率为 1.3，总建筑面积不超过 6 062 平方米，建筑层数平均为 6.5 层，绿化比率 0.25。招标书规定：允许投标者获得不大于 15%的销售利润率。投标者根据规定进行了招标，土地招标小组举行了公开的开标仪式。开标结果：共有 9 家企业参与了投标，经验明 9 个标都有效，其中出标价最高的是 1 891.284 万元，即每平方米出价 408 元，最低出标价是1 500 万元，即每平方米地价 332 元。这次土地招标要求投标者既要出标价，又要提交一个规划设计方案。招标小组以综合评分法进行评标，得分最高者中标。综合评分法规定由三部分组成总分，即标价分占总分的 50%；规划设计方案占总分的 40%；企业业绩资信占总分的 10%。三项均采用百分制，按比例计算后，相加得总分。评标结果：深圳市深华工程开发公司得最高分 94 分。招标小组宣布该公司中标，并当即发出中标通知书，要求中标企业法人代表持单位委托书及中标通知书，在规定的 15 天期间内到市政府签约，签约后 30 天内，一次性付清地价。对未中标者，则按规定日期退回定金。深华工程公司的中标价为 1 705.88 万元，每平方米地价 368 元，而每平方米建筑面积分摊的地价则只有 280 元，并不是最高价。但该公司事先做了大量的社会调查，做了 4 个规划设计方案，因而综合评分较高。由此可见，招标出让土地使用权有利于土地规划利用的优化。

（三）拍卖出让的方式与程序

拍卖出让土地使用权，是指在指定的时间、地点利用公开场合由政府的代表者主持拍卖土地使用权，拍卖者报出底价，由竞买者出价或报价竞争，最后将拍卖的土地使用权归最高出价者的一种特殊买卖活动。拍卖出让方式充分引进了竞争机制，排除了任何主观因素，是公开的、完全竞争的土地市场竞买方式，也是最成熟的土地市场竞买方式。它主要适用于竞争性强、赢利大的房地产业、金融业、商业、旅游业和娱乐业用地。拍卖出让的方式对拍卖者和竞投者都有较高的要求。拍卖方事先不仅要公布竞投土地的位置、面积、用途、土地使用年限及付款方式、付款时间，还要制定好规划设计方案并公布其要点，如建筑密度、容积率、建筑层数及建筑总面积、绿化比例等，以便竞投者进行决策分析和讨价还价。对竞投者来说，为了在竞投中取胜，在参加拍卖前，应将拍卖地块的基础设施、环境状况对投资的影响以及该地块的区位对客户的吸引力进行充分地实地调查和分析。对建筑商品房出售的，还要详细计算建筑成本（包括地价、工建费、资金利息、使用税、营业税、土地增值税等），同时还要研究商品房的市场行情，分析其变化趋势。最后，还应制定多种还价方案，尤其是要掌握竞投的极限价格，以做到心中有数，见机行事，做出科学的临场决断。

➢案例 4.3

以深圳市 1987 年 12 月 1 日首次（在我国也是首次）公开拍卖方式出让土地使用权为例。拍卖地块编号为 H409.4，位于罗湖区布心路萃园新村西侧，紧靠风景秀丽的深圳水库，交通方便，生活服务设施配套。该地块面积为 8 588 平方米，用途为住房，可自用也可建成商品房，土地使用年限为 50 年。土地利用设计要点是：建筑密度为 30%，建筑容积率 1.75，最高为 8 层，建筑总面积不得超过 15 000 平方米。

首先，深圳市政府提前 2 个月在《深圳特区报》刊登《深圳市土地竞投公告》，公告指明拍卖方式，出让土地使用权的时间、地点，参加竞投者的资格范围，竞投土地的编号、位置、面积用途，以及参加竞投者应索取的文件资料。

然后，竞投者索取和研究有关资料。共有 63 家企业索取了《深圳经济特区土地使用合同书》和《土地使用规则》等资料。合同书预先规定了土地的面积、用途、年限以及付款方式，地价则留到拍卖后确定。《土地使用规则》对地价的缴纳、土地登记发证、土地利用要求、土地转让、土地使用期限届满等 12 个方面作了规定。其中规定用地者须在 1989 年 12 月 1 日前竣工，用地者经营的成本利润率最高不超过 15%，并负责完成附属建筑及公益工程配套项目建筑面积 300 平方米，同时提供公益用地面积 600 平方米。

最后，公开拍卖与签订合同。拍卖前3天正式领取编号牌，准备参加竞投的企业有44家，其中外商投资企业9家，且这些企业均系在深圳市工商行政管理局注册登记，领取营业执照的企业法人。在指定的时间、地点公开拍卖竞投时，首先由政府代表人解释《土地使用公开拍卖须知》的规定内容；然后由拍卖主持人介绍土地面积、使用年限、用途、设计要点等情况。拍卖主持人宣布拍卖底价为200万人民币，每口报价为5万元人民币。最后竞投正式开始。竞投结果是深圳市房地产公司叫价525万元，拍卖主持人一锤定音，该公司获得该幅土地使用权，并当即签署了土地使用合同书，按合同书的规定，该公司需在30日内一次性付清价款。至此，公开拍卖过程结束。深圳市房地产公司为了这次竞投，用电脑算出了40个不同地价的毛利，对每个叫价的经济效益都心中有数。他们的内定地价下限数为300万元，上限价为600万元。同时该幅地块邻近他们正在开发的东乐花园，这样能降低土地的开发成本，“七通一平”的费用可能比预算要少50万元，同时规划建筑容积率高，单位建筑面积的地价成本不会太大。对于市政府来说，由于拍卖工作准备充分，比预期进行得理想，以525万元成交，计平均地价约每平方米611元，建筑面积地价每平方米350元，不仅超过拍卖底价近1.5倍，亦比市政府期望价400万元还要高。这次公开拍卖土地使用权是成功的。

三 土地使用权出让合同的有效条件

土地使用权出让合同是指国有土地出让方（土地管理部门）与土地使用权受让方就出让土地使用权及如何行使土地使用权所达成的明确相互之间权利与义务关系的协议。土地使用权出让合同的有效条件为：

（一）合同当事人必须具有合法的资格

土地使用权出让合同的当事人必须具有合法的资格。出让方必须是市、县人民政府土地管理部门，其他任何组织、单位和个人都不能作为出让方。受让方可以是中华人民共和国境内外的公司、企业、其他组织或个人。

（二）合同双方必须意思表示一致

土地使用权出让合同，必须是双方当事人在平等、互利、协商一致的基础上，就出让合同的主要条款进行充分协商后达成的，即双方意思表示一致。任何一方都不得将自己的意志强加于对方，特别是各市、县的土地管理部门在出让土地的过程中，必须以一个民事权利主体的身份，在完全平等自愿的基础上与受让方进行协商，达成一致协议，而决不能凭借自身的特殊地位，将自己的意志强加于他人，否则出让合同无效。

（三）合同的内容必须符合国家法律政策的规定

土地使用权出让合同的内容虽然是由双方自由协商确定的，但其内容必须符合我国《房地产管理法》以及《城镇国有土地使用权出让和转让暂行条例》等法律的有关规定。例如，土地使用权出让后，受让方如需转让该土地使用权，那么，属于房屋建设工程的，须完成开发投资总额的25%以上；属于成片开发土地的，须形成工业用地或者其他建设用地条件后，才能转让。

（四）合同的主要条款必须齐全

合同主要条款是确认出让双方当事人权利义务的主要依据，也是检验合同合法性、有效性的重要凭证。因此，合同主要条款必须齐全，如有欠缺的，则出让合同不能成立。

（五）合同必须采用书面形式

土地使用权出让是一个较为复杂的法律行为，不仅关系到土地使用者的切身利益，而且也关系到国有土地使用权的利用与管理的长远利益。这一特点决定了出让合同必须采用书面形式，凡口头达成的协议不产生法律上的效力。土地使用权出让合同采用书面形式，合同不仅包括合同正文本身，也包括合同的附件部分，如招标文件或拍卖文件、土地使用条件等也都是合同的组成部分。

在我国现有的土地使用权出让实践中，出让合同一般采用类似于标准合同的格式，即合同的主要条款已拟定成标准格式，受让双方只要就条款的内容进行协商，将达成一致的协议内容填进标准合同空格中即可。国家土地管理局和国家工商行政管理总局联合发布了国有土地使用权出让合同和外商投资企业土地使用合同示范文本。土地使用权出让合同采用示范文本形式，可以说是我国土地使用制度改革和土地市场进一步走向成熟的重要标志，它有利于规范土地的市场行为，保障当事人的合法权益，维护国家和民族的长远利益，同时对强化国有土地资产的管理监督和调控也具有重要的作用。国有土地使用权出让合同示范文本包括宗地出让合同、成片开发土地出让合同和划拨土地使用权补办出让合同三种形式。

土地出让合同一旦成立即具有法律效力。一方面，双方当事人必须全面地、适当地履行合同条款中规定的各自承担的义务；另一方面，合同一经成立，非经对方同意，任何一方不得擅自变更或解除合同。

四 土地使用权出让合同的种类

我国土地使用权出让合同主要有三类：成片开发土地使用权出让合同、宗地土地使用权出让合同和划拨土地使用权补办出让合同。

（一）成片开发土地使用权出让合同

此类合同指市、县土地管理部门根据《城市房地产管理法》、《城镇国有土地使用权出让和转让暂行条例》以及《外商投资开发经营成片土地暂行管理办法》，将国有土地使用权出让给外商投资企业，与外商签订的投资从事经营成片土地（即成片土地的开发），明确双方权利与义务的合同。外商取得土地使用权的目的不是自用，而是为了经营，即按规划要求对土地进行综合性的开发建设，平整场地，建设供排水、供电、供热、道路交通、通信等公用设施，形成工业用地和其他建设用地条件，然后进行转让土地使用权，经营公用事业，或者进而建设通用工业厂房以及相配套的生产和生活服务设施等地面建筑物，并从事转让或出租这些地面建筑物的经营活动。成片土地使用权出让合同的特征是：

（1）合同的受让方一般是专门从事房地产经营活动的，并依中国法律、法规成立，从事土地开发经营的具有法人资格的外商开发企业。

（2）出让地块的用途主要是建设生产型项目。例如，建设以开办和经营工业项目为主的工业区。

（3）开发企业取得土地使用权开发的目的主要不是为了自用，而是为了经营，通过形成工业用地或其他建设用地条件或建成工业厂房以及相配套的地面建筑物去吸引别的投资者。因此，成片开发土地使用权出让合同对开发企业转让、出租等经营行为的条件和内容等规定得特别详细。

（二）宗地土地使用权出让合同

此类合同亦称项目用地土地使用权出让合同。它是指市、县土地管理部门根据《城镇国有土地使用权出让和转让暂行条例》和《城市房地产管理法》的规定，出让国有土地使用权，与土地使用者签订的有关双方权利与义务的合同。土地使用者取得土地使用权以自用为主，而不主要用于转让、出租等经营活动。这类合同与成片土地使用权出让合同的主要区别在于：

（1）合同的受让方可以是境内外的公司、企业、其他组织和个人，其他组织必须具有法人资格。

（2）出让地块的用途一般有具体明确的项目，如高尔夫球场项目、体育馆等，项目的建设者即为出让合同的受让方。因此，合同在具体项目用地要求上更为详尽具体。

（3）受让方取得土地使用权虽以自用为主，但仍享有转让、出租、抵押土地使用权和地上建筑物及经营公用事业的权利。

（三）划拨土地使用权补办出让合同

此类合同指划拨土地使用权和地上建筑物、其他附着物所有权，因转让、出租、抵押而需要依《城镇国有土地使用权出让和转让暂行条例》第七章以及《城市房地产管理法》第二章第二节的规定，补签土地使用权出让的合同。这类合同实质上是将划拨土地依法纳入有偿出让的轨道，使土地使用权的隐形交易显现化。该类合同对土地使用权及建筑物的转让、出租、抵押作了较为详细的规定。

五　土地使用权出让合同的主要内容

土地使用权出让合同是一种新型的合同。根据土地使用权出让活动的实践以及国家土地管理局和国家工商行政管理总局发布的国有土地使用权出让合同示范文本的要求，出让合同的主要内容大致如下：合同的当事人、合同的标的、合同的期限、地块的范围和面积、土地费用及支付方式、土地使用权的转让、土地使用权的出租、土地使用权的抵押、违约责任、合同生效的时间、合同终止的条件、合同适用的法律、合同争议的解决、合同使用的文字及有效文本、合同签署时间、地点等其他双方认为需要订立的条款。作为合同重要组成部分的土地使用条件，也是合同的重要内容。

（一）合同双方当事人

合同双方当事人简称合同当事人，是指参加土地出让受让并享有权利和承担义务的人。出让方为甲方，受让方为乙方，出让方只能是市、县人民政府的土地管理部门，而受让方则可以是境内外的公司、企业、其他组织和个人。合同当事人条款应写明双方当事人名称或姓名、法定代表人姓名和职务、地址、邮政编码。

（二）合同的标的

合同标的就是合同中权利义务共同指向的对象。土地使用权出让合同的标的是土地使用权。地下资源、埋藏物和市政公用设施均不属于土地使用权出让范围。

（三）地块的位置、面积、界限等自然状况

该条款是合同标的的具体规定。地块的位置、面积不明确，合同便无法履行；面积、界限不清楚，受让双方则易产生纠纷。因此，出让合同应明确出让地块的位置、面积与界限。可依据地籍测量的结果，写明地块编号，附上地块的地理位置图和地籍图。

（四）土地使用期限

土地使用期限即出让期限。土地使用权出让的年限长短直接关系到土地所有者与土地使用者的利益分配。年限太短对投资者不具有吸引力，年限太长可能会损害国家的利益。因此，土地使用权出让年限应严格控制在法律规定的最高出让年限内。一般来说，住宅用地要长一些，主要是考虑到住房制度改革和住房商品化，较长年限有利于住房秩序的稳定，有利于提高人们购房的积极性，而商业、旅游、娱乐用地相对要短一些。土地使用期限届满，土地使用者若需继续使用土地的，可以申请续期。经政府批准准予续期的，应当重新签订土地使用权出让合同，并依照规定支付土地使用权出让金，办理登记手续。土地使用者如未申请续期或者虽经申请续期，但未获准的，土地使用权由国家无偿收回。

（五）土地出让金和使用费的数额、支付方式及支付的期限

确定土地使用权出让金的数额是订立合同的关键。因为，出让土地使用权的有些条件如年限、地块面积、范围等往往事先就由出让方确定了，而出让金则必须由双方当事人通过协商或者通过投标、拍卖应价等竞争方式确定。出让金应由受让方在出让合同签订后的60天内全部支付。土地使用费（税），是指土地使用者因使用土地而向土地所有者（国家）交纳的费用。征收土地使用税是国家行使

所有权的表现。根据《城镇国有土地使用税暂行条例》的规定，土地使用税以纳税人实际占用的土地面积为计税依据，按年计算，分期交纳。目前，许多省市都制定了具体收取土地使用税的标准和方法，因此，签订合同时应参照执行。付款的方式，当事双方可选择一次性付清方式或分期付款两种方式。一次性付清方式是指在签订合同后的一定期限内一次性全部付清出让金；分期付款方式是指在合同签订后的一定期限内分多次付清出让金。支付出让金和土地使用费的币种可以是人民币、美元或港元。如果以外币支付的，合同中应写明外币结算的方式，如“美元与人民币的比价，以付款前一天中国国家外汇管理局公布的买入价和卖出价的中间值计算”。

（六）土地使用权的转让、出租、抵押

该项内容是土地受让方的一项重要权利。出让合同应对转让、出租、抵押的条件与要求作出具体的规定。

（七）定金与违约责任

交付定金是合同履行的一种担保方式。出让合同的定金是合同当事人为了保证合同的履行，在订立出让合同时或者履行前，由受让方付给出让方一定数量的货币金额的担保方式。根据我国《合同法》的规定，定金既具有担保的性质，又具有预付款的性质。当支付定金的一方（受让方）不履行合同时，则丧失定金；而收取定金的一方（出让方）不履行合同时，则得将定金双倍返还给对方；如果受让双方均按合同规定履行了义务，则定金可充抵出让金的一部分。《城镇国有土地使用权出让和转让暂行条例》没有对定金做出规定，但各地的法规中都不乏定金的规定。例如，北京市实施《中华人民共和国城镇国有土地使用权出让和转让暂行条例》办法中，第 11 条第 4 款、第 12 条第 5 款、第 13 条第 4 款都规定了：“……出让方与使用者签订出让合同，并由土地使用者支付定金”。上海、厦门、青岛、福州、杭州等地法规均对定金作了规定。

违约责任是指出让合同当事人任何一方不履行合同或者不适当履行合同规定的义务时，应承担的法律责任。当事人在合同中约定违约条款，将有助于督促当事人自觉履行合同，有利于在发生违反合同的事实后确定违约当事人的责任，避免举证上的麻烦。在出让合同履行中，如果出让方未能按合同约定提供出让的土地，或受让方未能按时支付出让金和其他费用，或未按土地使用规则使用土地的，均应视为违约，由违约方承担法律责任。违约责任不仅包括了经济上的责任如承担违约金、赔偿金责任，还包括了行政上的责任，如受让方未按合同规定的

期限和条件开发、利用土地，土地出让方可根据情节轻重给予罚款、没收违法所得直至无偿收回土地使用权的处罚。

➢ **案例 4.4**

1993 年 6 月 22 日，美国雷登房地产开发有限公司在青岛注册的独资企业——青岛路易电器有限公司与青岛市东部地区开发指挥部签订了一份《青岛市国有土地使用权出让合同书》，将该市东部地区面积为 1.29 万平方米的第 F-15 号地块的使用权购得，作兴建公寓、写字楼、商场之用，期限为 70 年。按照合同约定，青岛路易电器有限公司交付了 377 万元定金和管理费。合同签订后，该市东部地区开发指挥部履约，先后向路易公司提供了有关资料及规划用地许可证等文件，而路易公司按合同约定应于 1994 年 3 月 15 日前交纳的 1 451.25 万元的第二期土地出让金一直拖延不交，违反出让合同的约定，最后，被青岛市东部地区开发指挥部收回土地使用权，并丧失 377 万元的定金和管理费。

（八）合同生效的时间

合同生效是合同具有法律效力的表现。出让合同经受让双方签字或盖章后生效。有人认为：出让合同应经土地使用权登记取得土地使用权证后才生效。这是一种误解，合同生效与受让方实际取得土地使用权应该区别开来。出让合同经双方签字或盖章，即对双方产生法律约束力，任何一方不得随意变更或不履行义务，否则将承担法律上的责任。但受让方实际取得土地使用权，除签订出让合同外，还须履行登记手续领取土地使用权证。

（九）合同终止的条件

合同终止有三种情况：一是正常终止，即合同规定的使用年限届满；二是非正常终止，即提前终止，包括土地使用权提前收回、土地灭失等；三是因解除而终止。在非正常终止中，土地使用权提前收回是指在特殊情况下，国家根据社会公共利益的需要，依照法定程序提前收回。土地使用权提前收回时，国家应根据土地使用者已使用的年限和土地开发的实际情况给予相应的补偿。土地灭失是指土地因地震、火山爆发、海水淹没等不可抗力的发生而使正常使用的土地发生毁损、灭失。这种情况一般不发生双方责任问题。合同因解除而终止，是指因合同一方当事人不履行义务而使合同不能继续履行或继续履行会造成另一方当事人更大损失时，遭受损害的一方有权解除合同并要求赔偿损失。

（十）合同适用的法律

根据我国民法规定：房地产适用房地产所在地法的法律，因此，土地使用权出让合同适用中华人民共和国法律。

（十一）合同争议的解决

因执行合同发生争议的，由争议双方协商解决，协商不成的，可以提请仲裁机构仲裁或向有管辖权的人民法院起诉。

（十二）合同的文字效力

出让合同可用中、外文两种文字书写。两种文字具有同等法律效力，但两种文字如有不符的，则以中文为准。

（十三）合同签署人的身份、签署时间、地点

合同签署人应具有法定代表人的身份，否则合同不发生效力。签署时间、地点等对合同效力的发生以及合同管辖均有重要的作用，应在合同中明确。

（十四）土地使用条件

土地使用条件又称为建设规划设计条件。在确定土地使用权出让之前，土地出让方即市县人民政府土地管理部门已会同有关部门共同协商，拟订出有关出让地块使用权的具体行为规则，包括土地规划、开发建设要求、投资速度、建筑要求、环保、绿化、交通、卫生防疫等发展规划要求，作为出让土地使用权的一个条件，并作为出让合同的部分予以确认，由双方遵守。土地使用条件的内容大多具有强制性，受让方必须无条件地遵守。一经受让方认可，即成为受让方的义务，出让方的权利。出让方有监督受让方按照合同规定的用途、规则要求、投资开发建设速度等方面的条件使用土地的权利。受让方如需改变出让合同规定的土地用途或者改变规划要求的，应征得出让方同意并经土地管理部门和城市规划部门批准，依照有关规定重新签订土地使用权出让合同，调整土地使用权出让金，并办理登记手续。

六 土地使用权出让合同当事人的权利与义务

土地使用权出让，不论是采用双方协议的方式还是采取招标或拍卖的形式，土地使用者都必须同市、县人民政府土地管理部门签订土地使用权出让的书面合同，以明确双方的权利义务关系。出让双方的主要权利与义务有：

（一）出让方的权利

土地使用权出让方为市、县人民政府土地管理部门，其在土地使用权出让活动中享有如下权利：

（1）有权获得土地使用权出让金。这一权利是土地所有者行使其所有权的重要表现。土地使用者必须按合同约定支付土地使用权出让金。

（2）请求违约赔偿。当土地使用者未按合同约定支付土地使用权出让金时，出让方有权解除合同，并请求违约赔偿。

（3）批准权。当土地使用者需要改变土地使用权出让合同约定的土地用途时，必须取得出让方和市、县人民政府城市规划主管部门的同意，签订土地使用权出让合同变更协议或重新签订土地使用权出让合同，相应调整土地使用权出让金。也就是说，改变土地用途是否批准，出让方有权决定，如果出让方不同意，则土地使用者不得擅自改变，否则按违约处理。

（4）土地使用年限届满，有无偿收回土地使用权的权利。土地使用权出让合同约定的使用年限届满，土地使用者未申请续期或虽经申请但未获批准的，国家有权无偿收回土地使用权。

（二）出让方的义务

土地使用权出让方在享受权利的同时，应承担相应的义务。主要有：

（1）按约提供出让的土地。土地使用者按约支付了土地使用权出让金后，出让方必须按出让合同的约定提供出让的土地。未按出让合同的约定提供出让土地的，土地使用者有权解除合同，出让方须返还土地使用权出让金，并承担违约责任。

（2）对出让金负有合理管理之义务。出让方对土地使用者支付的出让金，应当全部上缴国家财政，列入预算，用于城市基础设施建设和土地开发，不得挪作他用。

（三）受让方的权利

主要包括以下几方面的权利：

（1）取得出让的土地使用权。土地使用者依约支付土地出让金后，有权取得出让的土地使用权。这种土地使用权具有以下特征：首先，具有相对独立性。在土地使用权存续期间，使用权人在合同设定的权利范围内享有权利，其他任何单位和个人，包括土地所有者——国家，不得任意收回土地使用权和非法干预使用权的行使。其次，内容具有充分性。土地使用权人有对土地实行占有、使用、收益和依法处分的权利。因而，土地使用权是仅次于所有权的内容较为充分的一项权利。最后，这种土地使用权是一种用益物权。土地使用权人具有对土地直接占有、使用、收益和依法处分的权利。受让方取得土地使用权不仅取得了对土地的占有和使用的权利，而且还具有转让权、出租权、设定担保物权、物上请求权及相邻权等权利。这些权利是随出让合同的订立而产生的，并为实现土地使用权所必须。当土地使用权因转让而转移时，上述权利也随之转移。由于这些权利已为我国立法所保护，因此，即便出让合同对上述权利未作出具体规定，使用权人也不会因此而丧失这些权利。

（2）请求违约赔偿的权利。土地出让方未能按出让合同的约定提供出让的土地时，土地使用者有权解除合同，有权要求返还土地使用权出让金，并请求违约赔偿。

（3）获得补偿的权利。国家对土地使用者依法取得的土地使用权，在出让合同约定的使用年限内一般不提前收回，在特殊情况下，根据社会公共利益的需要，可以依照法定程序提前收回，但土地使用者有权根据土地使用的年限和土地开发的实际情况请求补偿。同时，国家也有义务给予相应的补偿。

（4）请求续期使用土地的权利。土地使用权出让合同约定的使用年限届满，土地使用者需要继续使用土地的，有权申请续期，但应当至迟于届满前一年申请，除根据公共利益需要收回该幅土地的，应当予以批准。经批准准予续期的，应当重新签订土地使用权出让合同，并依规定支付土地使用权出让金。

另外，根据 2005 年 8 月 1 日起施行的最高人民法院《关于审理涉及国有土地使用权合同纠纷案件适用法律问题的解释》的规定，受让方还享有下列权利：

（1）当事人请求按照订立合同时的市场评估价格交纳土地使用权出让金的，应予支持；受让方不同意按照市场评估价格补足，请求解除合同的，应予支持。因此造成的损失，由当事人按照过错承担责任。

（2）土地使用权出让合同的出让方因未办理土地使用权出让批准手续而不能交付土地，受让方请求解除合同的，应予支持。

（3）受让方经出让方和市、县人民政府城市规划行政主管部门同意，改变土地使用权出让合同约定的土地用途，当事人请求按照起诉时同种用途的土地出让金标准调整土地出让金的，应予支持。

（四）受让方的义务

（1）支付土地使用权出让金。这是土地使用者最基本的义务。在获得土地使用权的同时，就应支付相应的费用。

（2）负有按合同要求开发利用土地的义务。土地使用者应当按照土地使用权出让合同的规定和城市规划的要求，开发、利用经营土地，未按合同约定的土地用途、动工开发期限开发土地的，将受到出让方（土地管理部门）的处罚，甚至被无偿收回土地使用权。《物权法》第140条规定："建设用地使用权人应当合理利用土地，不得改变土地用途；需要改变土地用途的，应当依法经有关行政主管部门批准。"

（3）办理登记手续之义务。土地使用者在支付全部土地使用权出让金后，应当向县级以上地方人民政府土地管理部门申请登记，经县级以上地方人民政府土地管理部门核实，由同级人民政府颁发土地使用权证书，取得土地使用权。

➢案例 4.5

1988年5月25日，深圳市国土局以公开拍卖的方式出让一块9 834平方米的土地使用权，深圳市东部工程开发公司在众多竞争者中以1 720万元的价款一举中标，双方当即签订《土地使用合同书》，东部工程开发公司当场交付50万元的地价定金。按合同约定，自合同签订之日起两个月内全部付清地价款。成交后，该公司在仔细查阅《土地使用规则》时发现土地使用合同书上规定的土地用途与自己估计的大相径庭。于是，东部工程公司向国土局提出改变土地用途的要求，国土局没有同意。7月26日，即付款到期的第二天，深圳市国土局根据东部工程公司没有按合同约定期限付清地价款的情况，决定将该公司中标的土地使用权收回，并将该公司50万元定金划入土地开发基金。从而引起双方争端。

➢法理评析

本案中，东部工程公司没有按出让合同的约定履行自己的职责，即没有履行在合同约定的两个月内付清出让金的义务，因而造成违约。至于公司对该出让的土地用途发生误解，责任在于其自身工作的失误。参加拍卖竞投，本身就意味着对出让方提供出让土地用途的承认与接受。合同签订后，必须严格按合同约定履行义务。如需改变土地使用用途必须获得国土局及规划部门的同意，并需重新签订土地使用权出让合同，调整出让金。在国土局未同意变更土地用途的情况下，拒绝支付地价款显然属于违约行为，国土局有权收回土地使用权并且不予返还定金。

七　土地使用期限届满地上建筑物之处理

《城镇国有土地使用权出让和转让暂行条例》规定：土地使用权期满后，土地使用权及其地上建筑物、其他附着物所有权由国家无偿取得。《城市房地产管理法》只规定土地使用年限届满，国家无偿收回土地使用权，而对地面建筑物则未加以规定。

《物权法》将建设用地区分为住宅用地和非住宅用地，并对其作了不同的规定。对住宅建设用地，使用权期间届满的，自动续期，地上物不存在由政府无偿取得的可能。但是，住宅建设用地使用权自动续期后，双方是否按现行法律规定，签订出让合同，并交纳出让金，《物权法》并未作具体规定。对于非住宅建设用地，《物权法》规定：使用权期满后的续期，依照法律规定办理。该土地上的房屋及其他不动产的归属，有约定的，按照约定；没有约定或者约定不明确的，依照法律、行政法规的规定办理。而按照现行的法律、法规规定，使用权期满，地上建筑物、构筑物及附属设施无偿由国家取得。由于在实践中对该处理原则的争议较大，不排除将来通过立法进行修订的可能。

《城镇国有土地使用权出让和转让暂行条例》对土地使用权期满后，对地上建筑物的处理规定，侵犯了地上建筑物所有权人的合法权益。土地使用权是根据出让合同取得，以支付土地出让金为代价的。因此，当有偿使用年限届满时，政府无偿收回土地使用权是正确的。但地上建筑物所有权是属于开发商、投资者的，其所有权受国家法律保护，如政府对地上建筑物一同无偿取得，实质上是对他人合法所有权的一种剥夺。政府收回无偿使用的划拨的土地使用权，对其地上建筑物尚且给予补偿，有偿取得的土地使用权上建筑的建筑物也应由国家有偿取得。同时，这一规定与我国所承担的国际义务相冲突，不利于改善投资环境，吸引外商投资。近年来，我国已与许多国家缔结了相互鼓励和保护投资的协定，这些协定都规定：“只有为了与国内需要相关的公共目的，并给予合理的补偿，缔结任何一方国民或公司在缔结另一方领土内的投资方可被征收、国有化或采取与此种征收或国有化效果相同的措施”。这就是说，不经补偿，不能征收、国有化或采取与此效果相同的措施。此外，这种做法也与国际通行做法不符。我们目前的土地出让是以港英政府的“批租”为主要依据的，国内一直有一种误解，认为港英政府批租的土地期限满后，地上物由政府无偿取得。但在实践中，香港在采取低税收高地价的政策的前提下，还对出让方采取补偿措施，而我们在采取高税收高地价的政策下，对收取地上物不予补偿，这显然不利于在国际市场上争取外资。

八 土地使用权出让的管理

（一）土地使用权出让的管理机构

《城市房地产管理法》第 11 条规定："出让的每幅地块、用途、年限和其他条件，由市、县人民政府土地管理部门会同城市规划、建设、房产管理部门共同拟订方案，按照国务院规定，报经有批准权的人民政府批准后，由市、县人民政府土地管理部门实施。"同时还规定：土地使用权出让合同由市、县人民政府土地管理部门与土地使用者签订。也就是说，土地使用权出让工作由市、县人民政府土地管理部门负责。

（二）土地使用权出让的规划管理

为加强土地使用权出让、转让的规划管理，保证城市规划的实施，科学合理利用城市土地，由国家及地方各级规划行政主管部门负责土地使用权出让与转让规划管理的指导与监督工作。

1. 编制土地利用的总体规划和年度土地使用权出让计划

土地使用权的出让要以经济和社会发展规划、城镇发展规划为依据，在对开发目标、资金、市场需求进行可行性研究与充分论证的基础上，超前制定土地利用总体规划和年度土地使用权出让计划。土地使用权出让的投放量应当与城市土地资源、社会经济发展和市场需求相适应，充分发挥利用土地总体规划和年度土地使用权出让计划在地产市场上的宏观调控作用。这也是政府运用对国有土地的垄断分配权，稳定地价、平抑地产市场、有效配置土地资源、控制资金流向、调整投资结构、控制基建规模的强有力的手段。为此，城市规划行政主管部门和有关部门要根据城市规划实施的步骤和要求，编制城市国有土地使用权出让规划和计划，包括地块数量、用地面积、出让步骤等，保证城市国有土地使用权的出让有规划、有步骤、有计划地进行。

2. 制定控制性详细规划

出让国有土地使用权，出让前应当制定控制性详细规划。出让的地块，必须具有城市规划行政主管部门提出的规划设计条件及附图。规划设计条件应当包括：地块面积、土地使用性质、容积率、建筑密度、建筑高度、停车泊位、主要出入口、绿地比例、须配置的公共设施、工程设施、建筑界线、开发期限以及其他要求。对此，出让方与受让方均不得擅自变更。在出让转让过程中，确需变更的，必须经城市规划行政主管部门批准。此外，出让地块的规划设计条件应作为土地出让金测算的重要依据之一。

3. 核发建设用地规划许可证

已签订土地出让合同的，受让方应当持出让合同依法向城市规划行政主管部门申请建设用地规划许可证，规划行政主管部门经审核后，发给建设用地规划许可证。受让方只有在取得建设用地规划许可证后，方可办理土地使用权属证明。凡未取得或擅自变更建设用地规划许可证而办理的土地使用权属证明的，土地权属证明无效。

（三）土地使用权出让的审批管理

1. 事先预报

出让国有土地使用权实行预报制度。在地块出让方案初步确定后，按照国务院规定的出让国有土地使用权批准权限，须经上级人民政府批准的，市、县土地管理部门应及时向上级人民政府的土地管理部门预先报告。实行预报的目的主要是让上级人民政府土地管理部门及早了解情况，尽可能参与出让地块的可行性研究和技术论证，帮助指导市、县土地管理部门做好出让的前期工作。

2. 拟订方案

市、县土地管理部门在向上级土地管理部门预报后，会同城市规划、建设、房产管理部门共同拟订方案，包括拟订出让土地的面积、出让年限、出让金底价、使用条件等，编制《土地使用条件》、《土地使用权出让合同》（草本）等文件。如果进行招标还须起草《招标通知书》或《招标公告》、《招标须知》、《投标书》、《中标证明通知书》等文件。如果进行拍卖出让须起草《拍卖公告》、《竞投须知》等文件。如拟出让的土地属于农村集体土地，还须先依法征用转为国有土地，征用则要拟订征地补偿安置方案。如出让的土地为现有的国有土地，则要拟订拆迁补偿安置方案。上述方案及文件都要一并报同级人民政府审核。

3. 正式报批

出让方案经市、县人民政府审核同意后，按照出让土地使用权批准权限，向上级人民政府正式报批。报批出让方案除正式报告外，需附下列文件：《出让国有土地使用权呈报表》；出让地块的地理位置图和规划设计图；征地、拆迁补偿安置方案或有关协议；《土地使用条件》；《出让土地使用权合同》（草本）；人民政府或有关部门的文件或意见等。对报批的出让方案，如涉及集体土地先征用再出让的，征地和出让可以同时审批。

4. 组织实施

出让方案报经有批准权的人民政府批准后，由市、县人民政府土地管理部门组织实施。具体可以采取拍卖、招标或者双方协商的方式实施。但商业、旅游、娱乐和豪华住宅用地，有条件的，必须采取拍卖、招标方式；没有条件，不能采取拍卖、招标方式的，可以采用双方协议的方式，但出让金不得低于按国家规定所确定的最低价。

5. 登记发证

按照土地使用权出让合同约定，受让方支付全部土地使用权出让金之后，到土地管理部门办理登记，领取土地使用权证书，取得土地使用权。土地使用权证书是获得土地使用权的法律凭证。签订出让合同，受让方还没有真正获得土地使用权，只有经过登记发证，土地使用者的使用权才受到法律的保护。

第二节　国有土地使用权的划拨

一　土地使用权划拨的概念

划拨土地使用权，是指县级以上地方人民政府依法批准，在土地使用者缴纳补偿、安置等费用后，将该幅土地交付其使用，或者将土地使用权无偿交付土地使用者使用的行为。我国城镇国有土地使用制度改革的基本结构实行土地使用权出让和土地使用权划拨两种形式，即“双轨制”。也就是说，今后房地产开发用地主要通过出让与划拨这两种方式取得。土地使用权划拨与出让的区别具体表现在以下三方面：

（一）取得土地使用权的方式和支付的费用不同

以划拨方式取得土地使用权是以非竞争的方式取得的，而以出让方式取得土地使用权是政府与土地使用者以竞价的方式进行的。前者取得土地使用权的代价是支付国家规定的征地、拆迁补偿费用，后者的出让价是在竞争中形成的。有一种普遍的观点认为：土地使用权划拨就是土地使用者取得土地使用权是无偿的，《城镇国有土地使用权出让和转让暂行条例》第 43 条第 1 款也规定："划拨土地使用权是指土地使用者通过各种方式依法无偿取得的土地使用权。"它容易给人们造成划拨的土地使用权是无偿取得的错觉。事实上，划拨土地和向农村集体组织征用土地是同一过程。征地费由使用者支付给政府，再由政府支付给被征地者。政府以划拨方式出让土地给使用者，除了收取管理费以外，没有收取使用费；从政府的角度看，它是无偿出让国有土地给使用者；但从使用者的角度去看，土地使用者取得土地使用权并不是无偿的，而必须以征地费的名义支付土地交易价格。这种价格也许有其不同的决定方式，但对使用者来说，它同政府有偿出让土地的出让价一样都是有偿的，而且构成其取得土地使用权的成本。

（二）使用期限不同

划拨土地使用权是无期限限制的，《房地产管理法》第 22 条规定："依照本法规定以划拨方式取得土地使用权的，除法律、法规另有规定外，没有使用期限的限制。"而出让土地使用权则是有限期的，在出让合同中有明确规定。当然，土地使用权出让合同期满，土地使用权可以续期，但它总是有期限的。

（三）取得的土地使用权的内容不同

通过划拨方式取得的土地使用权不是一项独立的财产权，除法律规定的情况外，它不得转让、出租、抵押，即不得从事经营活动，土地使用者仅有使用的权利，依法管理、保护与合理利用的义务。而通过出让方式取得的土地使用权则是一项相对独立的财产权，依法可以转让、出租、抵押以进行经营活动。

二　划拨土地使用权的范围

对于划拨取得土地使用权的，我国法律规定了严格的范围。《物权法》第 137 条规定："严格限制以划拨方式设立建设用地使用权。采取划拨方式的，应当遵守法律、行政法规关于土地用途的规定。"只有下列建设用地的土地使用权才可以由县级以上地方人民政府依法批准划拨。

（一）国家机关用地和军事用地

国家机关是国家权能的管理与执行机关，包括党、政、军机关，他们担负着管理社会政治、经济、文化等工作的重任。军队是国家安全的重要保障。国家机关用地和军事用地均为非经营性用地，不可能在地产市场上通过有偿方式取得土地使用权。因此，法律规定可以通过划拨形式取得土地使用权。

（二）城市基础设施用地和公益事业用地

城市基础设施和公益事业的建设是为社会的公共利益服务的，是城市现代化的重要标志，不仅服务于每一个公民，而且造福于人类。因此，法律规定对城市基础设施的用地，以及公益事业的用地可以实行划拨的形式。

（三）国家重点扶持的能源、交通、水利等项目的用地

国家能源、交通、水利等项目建设，关系一国经济实力与发展的后劲，为此，我国在政策上一向对能源、交通、水利建设给予鼓励与支持，特别是对那些列为国家重点扶持的能源、交通、水利建设更是如此。因而在这些项目的用地上，也应体现这一政策。同时，作为国家重点扶持的能源、交通、水利等项目建设用地，与经营性用地有着根本的区别，其主要目的是为了国家经济建设，而不是为了营利之目的。因此，对这类用地，我国法律规定可以采用划拨形式。

（四）法律、行政法规规定的其他用地

除上述四种用地可以采用划拨的形式外，其他用地都必须采用有偿出让的方式。

三　划拨土地使用权的收回及收回后的出让

划拨土地使用权的收回是指国家根据划拨土地使用者不再使用土地的事实或者城市建设发展和城市规划的需要，将原划拨的土地收回，并另行支配。在下列两种情况下，国家可以收回划拨的土地使用权：

（1）通过划拨取得土地使用权的土地使用者停止使用土地的。

因迁移、解散、撤销、破产或者其他原因而停止使用土地的，市、县人民政府应无偿收回土地使用权。收回的土地使用权，可以按照土地使用权出让的规定予以出让。但应指出的是，划拨土地使用权的收回，与因土地使用权有偿出让期限届满而由国家收回土地使用权是完全不同的：前者是由于土地使用者迁移、解散、破产或者其他原因而不再使用原来的土地而产生的；后者是由于土地使用期限届满，根据双方合同约定而收回的。况且，后者使用期限届满后，土地使用者如需要继续使用土地的，还可以在期满前 1 年提出续期的申请，经批准并办理法定手续后，可继续使用。而前者则不存在续期的问题。

（2）根据城市建设发展需要和城市规划的要求，市、县人民政府可以无偿收回划拨的土地使用权。

这种收回方式与土地使用权有偿出让期满前，国家根据社会公共利益之需要提前收回土地使用权的情况也不同：前者收回土地使用权后，国家按一定标准给予原土地使用者在该土地上的建筑物、构筑物及地上附着物以补偿，并妥善安置；后者的收回方式，国家同样给予补偿，但这种补偿是国家根据土地使用者使用土地的实际年限和开发土地的实际情况给予的补偿，因而，后者得到的补偿将大大高于前者。

第三节　建设用地使用权的转让与租赁

一　土地使用权转让的概述

（一）土地使用权转让的概念

土地使用权转让是指土地使用者将土地出让合同规定的全部权利与义务随土地使用权一起转移给第三者的活动。土地使用权转让与土地使用权出让在本质上都属于土地使用权的交易，但二者有着本质的区别：首先，土地使用权出让是国家以土地所有权者的身份，将土地使用权在一定年限内让与土地使用者的行为。出让的主体是国家与土地使用权受让者；土地使用权转让是土地使用者将土地使用权再转移的行为，主体均为土地使用者。其法律关系的主体双方都是各自独立的法人或个人，而不是政府和用地单位。由于双方当事人转让的仅仅是土地的使用权，而非所有权，因此，国家作为土地所有者的地位与身份并不会因为土地使用权的再度转让而发生变化。这种转让只是新的土地使用者取代了原土地使用权受让人的法律地位，出让合同规定的权利与义务随土地使用权的转移而转移，并不改变。其次，从物权理论上讲，土地使用权出让属于他物权的设立，土地使用权转让则属于他物权的转移。最后，从土地交易市场来说，土地使用权出让属于一级市场，由国家垄断经营，土地使用权转让属于二级市场，属于一个自由竞争的市场。

（二）土地使用权转让合同的履行

土地使用权转让合同签订后，双方当事人应按合同约定和法律规定认真履行，并到有关主管部门办理土地使用权变更登记手续。如果一方拖延不办，并以未办理土地使用权变更登记手续为由主张合同无效的，人民法院不予支持，应责令当事人依法办理土地使用权变更登记手续。如果土地使用者与他人签订土地使用权转让合同后，在未办理土地使用权变更登记手续之前，又另与他人就同一土地使用权签订转让合同，并依法办理了土地使用权变更登记手续的，土地使用权应由办理土地使用权变更登记手续的受让方取得。转让方给前一合同的受让方造成损失的，应当承担相应的民事责任。土地使用者就同一土地使用权分别与几方签订土地使用权转让合同，均未办理土地使用权变更登记手续的情形，根据最高人民法院《关于审理房地产管理法施行前房地产开发经营案件若干问题的解答》第 14 条规定："一般应当认定各合同无效；如其中某一合同的受让方已实际占有和使用土地，并对土地投资开发利用的，经有关主管部门同意，补办了土地使用权变更登记手续的，可认定该合同有效。转让方给其他合同的受让方造成损失的，应当承担相应的民事责任。"在此，最高人民法院司法解释将登记作为合同生效的条件，混淆了合同生效的要件与实际取得土地使用权之间的关系。土地使用者就同一土地使用权分别与几方签订土地使用权转让合同，只要内容不违法，受让方为善意订约方，则土地使用权转让合同应认定有效，但并不一定能取得土地使用权。如果其中一受让方已实际占有和使用土地，并对土地投资开发利用的，经有关主管部门同意，补办了土地使用权变更登记手续的，可取得土地使用权。转让方给其他受让方造成的损失，应当承担违约的民事责任，而非无效的民事责任。根据 2005 年 8 月 1 日起施行的最高人民法院《关于审理涉及国有土地使用权合同纠纷案件适用法律问题的解释》的规定：

（1）土地使用权人作为转让方与受让方订立土地使用权转让合同后，当事人一方以双方之间未办理土地使用权变更登记手续为由，请求确认合同无效的，不予支持。

（2）转让方未取得出让土地使用权证书与受让方订立合同转让土地使用权，

起诉前转让方已经取得出让土地使用权证书或者有批准权的人民政府同意转让的，应当认定合同有效。

(3) 土地使用权人作为转让方就同一出让土地使用权订立数个转让合同，在转让合同有效的情况下，受让方均要求履行合同的，按照以下情形分别处理：

(1) 已经办理土地使用权变更登记手续的受让方，请求转让方履行交付土地等合同义务的，应予支持；

(2) 均未办理土地使用权变更登记手续，已先行合法占有投资开发土地的受让方请求转让方履行土地使用权变更登记等合同义务的，应予支持；

(3) 均未办理土地使用权变更登记手续，又未合法占有投资开发土地，先行支付土地转让款的受让方请求转让方履行交付土地和办理土地使用权变更登记等合同义务的，应予支持；

(4) 合同均未履行，依法成立在先的合同受让方请求履行合同的，应予支持。

未能取得土地使用权的受让方请求解除合同、赔偿损失的，按照《中华人民共和国合同法》的有关规定处理。

二　以出让方式取得的土地使用权转让的有效条件

1. 土地使用权转让方持有依法签订的有效的出让合同

土地使用权出让合同无效，一般应认定转让合同无效。无效出让合同主要包括：①市、县人民政府土地管理部门以外的其他任何部门、组织和个人为出让方与土地使用者签订的出让合同；②出让的是集体土地使用权或未经批准的国有土地使用权。但在一审诉讼期间，对于转让集体土地使用权，经有关主管部门批准补办了征用手续转为国有土地，并依法办理了出让手续的，或者转让未经依法批准的国有土地使用权依法补办了审批、登记手续的，可认定转让合同有效。土地使用权转让时，土地使用权出让合同载有的权利、义务随之转移。以转让方式取得的土地使用权的使用年限，应当是土地使用权出让合同约定的使用年限减去原土地使用者已使用的年限后的剩余年限。转让合同约定的土地使用年限超过剩余年限的，其超过部分无效。土地使用年限，一般应从当事人办理土地使用权登记或变更登记手续，取得土地使用证的次日起算，或者在合同中约定土地使用年限的起算时间。

2. 土地使用权转让方已经支付全部土地使用权出让金

支付土地使用权出让金是土地使用权出让合同的受让方有偿取得土地使用权

所应支付的对价，是其法定与主要义务。对不交纳或不能完全交纳土地使用权出让金的，土地管理部门不应颁发土地使用权证；对未交纳全部土地使用权出让金就已取得土地使用权证的，土地管理部门应收回该土地使用权证。

3. 土地使用权转让方已取得国有土地使用权证

转让土地使用权的范围、期限、用途等以土地使用权证记载为准，超出部分视为无证转让，没有法律效力，不受法律保护。因此，未取得土地使用权证的土地使用者与他人签订土地使用权转让合同为无效合同。但如果转让方已按出让合同约定的期限和条件投资开发利用了土地，在一审诉讼期间，经有关主管部门批准，补办了土地使用权登记或变更登记手续，取得土地使用权证的，可认定转让合同有效。土地使用权转让合同擅自改变土地使用权出让合同约定的土地用途的，一般应当认定合同无效，但在一审诉讼期间已补办批准手续的，可认定合同有效。

4. 土地使用权转让方已按出让合同约定的期限与条件进行投资开发并达到法定要求

属于房屋建设工程的，应已完成开发投资总额的25%以上；属于成片开发土地的，应已形成工业用地或者其他建设用地条件。如果土地使用者已取得土地使用证，但未按土地使用权出让合同约定的期限和条件对土地进行投资开发利用，与他人签订土地使用权转让合同的，一般应当认定合同无效；如土地使用者已投入一定资金，但尚未达到出让合同约定的期限和条件，与他人签订土地使用权转让合同，没有其他违法行为的，经有关主管部门认可，同意其转让的，可认定合同有效，责令当事人向有关主管部门补办土地使用权转让登记手续。

5. 土地使用权转让时，其地上建筑物已建成的，还应持有房屋所有权证。这是“房地一致”原则的要求

（略）

三 以行政划拨方式取得土地使用权转让的有效条件

以行政划拨方式取得的土地使用权，因其具有无偿使用的性质，因此，一般不允许土地使用者有偿转让，包括以划拨的土地使用权作价投资、入股、合作建房等形式变相转让，但可以依照法律规定的条件转让。根据《城市房地产管理法》的规定：以行政划拨形式取得的土地使用权转让，一是需报有批准权的人民政府审批，有批准权的人民政府准予转让的，应当由受让方办理土地使用权出让手续，并依法缴纳土地使用权出让金。二是有批准权的人民政府不办理土地使用权出让手续的，转让方应将转让收益中的土地收益上缴国家。以划拨的土地使用权作价投资、入股、合作建房等，实际上是土地使用权转让的一种特殊形式。三是签订有效的联建合同。四是联建双方办理土地使用权变更登记手续，受让方取得国有土地使用权。

对于因以划拨方式取得的土地使用权作为投资与他人合作建房而发生纠纷的处理，最高人民法院在 1995 年 12 月 27 日的《关于审理房地产管理法施行前房地产开发经营案件若干问题的解答》以及 2005 年 8 月 1 日起施行的《关于审理涉及国有土地使用权合同纠纷案件适用法律问题的解释》中作了较为详细的规定：

（1）土地使用权人未经有批准权的人民政府批准，与受让方订立合同转让划拨土地使用权的，应当认定合同无效。但起诉前经有批准权的人民政府批准办理土地使用权出让手续的，应当认定合同有效。

（2）土地使用权人与受让方订立合同转让划拨土地使用权，起诉前经有批准权的人民政府同意转让，并由受让方办理土地使用权出让手续的，土地使用权人与受让方订立的合同可以按照补偿性质的合同处理。

（3）土地使用权人与受让方订立合同转让划拨土地使用权，起诉前经有批准权的人民政府决定不办理土地使用权出让手续，并将该划拨土地使用权直接划拨给受让方使用的，土地使用权人与受让方订立的合同可以按照补偿性质的合同处理。

（4）以划拨方式取得土地使用权的一方未办理土地使用权出让手续的，以其土地使用权作为投资与他人合建房屋的，应认定合建合同无效，但在一审诉讼期间，经有关主管部门批准，依法补办了出让手续的，可认定合同有效。

（5）名为合作建房，实为土地使用权转让的合同，可按合同实际性质处理。如土地使用权的转让符合法律规定的，可认定合同有效，不应以合作建房为名而认定合同无效。

（6）合建合同对房地产权属有约定的，按合同约定确认权属；约定不明确的，可依据双方投资以及对房屋管理使用等情况，确认土地使用权和房屋所有权的权属。

（7）合作建房合同被确定无效后，在建或已建成的房屋，其所有权可确认归以土地使用权作为投资的一方所有，对方的投资可根据资金的转化形态，分别按以下原则处理：①资金尚未投入实际建设的，可由以土地使用权作为投资的一方将对方投入的资金予以返还，并支付同期同类银行贷款的利息；②资金已转化为在建中的建筑物，并有一定增值的，可在返还投资款的同时，参照当地房地产业的利润情况，由以土地使用权作为投资的一方给予对方相应比例的经济赔偿；③房屋已建成的，可将约定出资方应分得的房产份额按现行市价估值或按出资方实际出资占房屋造价的比例，认定出资方的经济损失，由以土地使用权作为投资的一方给予赔偿。

关于合作建房纠纷，2005 年 8 月 1 日起施行的最高人民法院《关于审理涉及国有土地使用权合同纠纷案件适用法律问题的解释》对此作了一些补充和修订：

（1）合作开发房地产合同的当事人一方具备房地产开发经营资质的，应当认定合同有效。

（2）当事人双方均不具备房地产开发经营资质的，应当认定合同无效。但起诉前当事人一方已经取得房地产开发经营资质或者已依法合作成立具有房地产开发经营资质的房地产开发企业的，应当认定合同有效。

（3）土地使用权人未经有批准权的人民政府批准，以划拨土地使用权作为投资与他人订立合同合作开发房地产的，应当认定合同无效。但起诉前已经办理批准手续的，应当认定合同有效。

（4）投资数额超出合作开发房地产合同的约定，对增加的投资数额的承担比例，当事人协商不成的，按照当事人的过错确定；因不可归责于当事人的事由或者当事人的过错无法确定的，按照约定的投资比例确定；没有约定投资比例的，按照约定的利润分配比例确定。

（5）房屋实际建筑面积少于合作开发房地产合同的约定，对房屋实际建筑面积的分配比例，当事人协商不成的，按照当事人的过错确定；因不可归责于当事人的事由或者当事人过错无法确定的，按照约定的利润分配比例确定。

（6）在下列情形下，合作开发房地产合同的当事人请求分配房地产项目利益的，不予受理；已经受理的，驳回起诉：①依法需经批准的房地产建设项目未经有批准权的人民政府主管部门批准；②房地产建设项目未取得建设工程规划许可证；③擅自变更建设工程规划。

因当事人隐瞒建设工程规划变更的事实所造成的损失，由当事人按照过错承担。

（7）房屋实际建筑面积超出规划建筑面积，经有批准权的人民政府主管部门批准后，当事人对超出部分的房屋分配比例协商不成的，按照约定的利润分配比例确定。对增加的投资数额的承担比例，当事人协商不成的，按照约定的投资比例确定；没有约定投资比例的，按照约定的利润分配比例确定。

（8）当事人违反规划开发建设的房屋，被有批准权的人民政府主管部门认定为违法建筑责令拆除，当事人对损失承担协商不成的，按照当事人过错确定责任；过错无法确定的，按照约定的投资比例确定责任；没有约定投资比例的，按照约定的利润分配比例确定责任。

（9）合作开发房地产合同约定仅以投资数额确定利润分配比例，当事人未足额交纳出资的，按照当事人的实际投资比例分配利润。

（10）合作开发房地产合同的当事人要求将房屋预售款充抵投资参与利润分配的，不予支持。

（11）合作开发房地产合同约定提供土地使用权的当事人不承担经营风险，只收取固定利益的，应当认定为土地使用权转让合同。

（12）合作开发房地产合同约定提供资金的当事人不承担经营风险，只分配固定数量房屋的，应当认定为房屋买卖合同。

（13）合作开发房地产合同约定提供资金的当事人不承担经营风险，只收取固定数额货币的，应当认定为借款合同。

（14）合作开发房地产合同约定提供资金的当事人不承担经营风险，只以租赁或者其他形式使用房屋的，应当认定为房屋租赁合同。

➢案例 4.6

上海第一棉纺织厂与上海海通建设公司房屋联建纠纷案

1993 年 4 月，上海第一棉纺织厂（以下简称上棉一厂）与上海海通建设公司（以下简称海通公司）签订《联合建造综合楼群的协议》，双方约定：上棉一厂提供位于上海市长寿路北其厂区内 9 000 平方米的建房基地由双方合作开发，海通公司承担全部建设资金；建筑面积为 50 000 平方米，建成后由双方按 5∶5 分成并分摊公建配套面积。协议同时约定，由上棉一厂负责办理其上级主管部门立项审批手续，其余审批手续由上棉一厂配合海通公司申办。海通公司分两期给付上棉一厂动迁补偿费人民币 900 万元，第一期 400 万元于协议签订时给付，第二期 500 万元于协议签订后 2 个月内付清。协议签订后，海通公司按约支付第一期款项。同年 6 月，上海市纺织工业局批文同意上棉一厂与海通公司联建综合楼。1994 年 4 月 9 日，上棉一厂以海通公司未能按约支付第二期款项 500 万元为由，致函海通公司，终止双方联建综合大楼的协议。海通公司原副总经理（非该建设项目负责人）在《终止协议》上签字。海通公司向上海市高级人民法院起诉，主张双方签订的合建合同有效，《终止协议》无效，要求被告上棉一厂按约履行。上棉一厂认为，由于原告未按约向其支付第二期动迁款 500 万元，致使该项目不能正常进行，终止协议合法有效，要求法院驳回原告诉请。

上海市高级人民法院审理后认为：当事人双方所签订的《联合建造综合大楼群的协议》名为联建，实为土地使用权的转让。双方行为未经有关房地产管理机关的批准，亦未办理土地使用权变更登记手续，应属无效。依据无效协议取得的财产应当返还。故判定双方所签协议无效；上棉一厂返还海通公司人民币 400 万元，并承担该款同期同类银行贷款利息。上棉一厂不服判决上诉于最高人民法院，称双方协议经上海市纺织工业局批准联建，因此，联建协议有效，因海通公司违约而终止合同，故要求撤销原判。最高人民法院审理后认为：双方签订的联建协议，名为联建，实为土地使用权转让，双方未依法办理土地使用权转让手续，应系无效合同。上棉一厂对合同无效应负主要责任，海通公司亦负一定责任。故判决由上棉一厂返还海通公司人民币 400 万元，并承担该款项中国人民银行同期、同类贷款利率 70%的利息。

➢ **法理评析**

本案实质是以划拨的土地使用权作为投资与他人合作建设而引发的纠纷。根据国家土地管理局《划拨土地使用权管理暂行办法》第 40 条的规定："以土地使用权作为条件，与他人进行联建房屋、举办联营企业的，视为土地使用权转让行为。"上棉一厂与海通公司所签订的联建协议，涉及划拨土地使用权的转让。双方协议规定，由海通公司负责全部建设，并可直接对外招商，双方还约定了房屋建成后的分割比例，因此，该协议是名为联建，实为土地使用权转让的协议。而上棉一厂未依法报有批准权的人民政府审批，未签订土地使用权出让合同，补交出让金；亦未依法报经审批办理土地使用权转让手续，故联建协议应属无效。对此，上棉一厂作为划拨土地使用权的转让方对协议的无效负主要责任，海通公司负次要责任。因此，最高人民法院的判决是正确的。

➢ **案例 4.7**

甲高校与乙物资公司房屋联建纠纷案

1993 年 12 月，甲高校以其以划拨方式取得的土地使用权与某物资公司签订联建协议。双方约定，甲方出地，乙方出资建设 22 层住宅楼解决双方职工住房问题。双方对住宅楼按五五分成取得房屋所有权与土地使用权。双方约定所有报建与立项事宜由甲方以一方名义承担并负责办理。1995 年 2 月，双方签订补充协议约定：双方按五五分成，乙方取得其应得份额房屋的内部产权，该房屋竣工后，由甲方申领该项目房屋所有权。1996 年 6 月，该房屋竣工，甲方按约定办理了房屋的所有权证，并按协议约定将乙方应得份额房屋交付乙方。由于乙方并未将其部分房屋分给其职工，而是将该部分房屋出售，购买方为此提出要求办理产权证，而引发纠纷。乙方以甲乙双方第一份协议约定双方按五五分成取得房屋所有权与土地使用权为由向江苏省高级人民法院提起诉讼，要求甲方将该建筑一半产权办到乙方名下。并认为补充协议约定的内部产权，由于在法律上无此概念，因而无效，要求按第一份协议履行。甲方认为：甲方完全是按双方协议履行，不存在违约问题。

省高院审理后认为：甲乙双方签订的联建协议，名为联建，实为土地使用权转让。甲方以划拨的土地使用权作为投资与他人合作开发建设，未办理土地使用权出让手续，也未补交土地使用权出让金，且双方联建协议未经批准，该项目的建设自始至终以甲方的名义进行，故双方签订的联建协议无效。对联建合同无效后的处理，根据《最高人民法院关于审理房地产管理法施行前房地产开发经营案件若干问题的解答》第46条规定：合作建房合同被确认无效后，在建或已建成的房屋，其所有权可确认归以土地使用权作为投资的一方所有，对方的投资可根据资金的转化形态，分别处理：房屋已建成的，可将约定出资方应分得的房产份额按现行市价估值或出资方实际出资占房屋造价的比例，认定出资方的经济损失，由以土地使用权作为投资的一方给予赔偿。最终，经法院调解，甲乙双方和解。房屋产权依法归甲方，由甲方为乙方购房户办理房改购房手续而结案。

四　国有土地租赁与国有土地使用权的租赁

（一）概念

国有土地租赁是指国家将国有土地使用权出租给使用者使用，由土地使用者与县级以上人民政府土地行政主管部门签订一定期限的土地租赁合同，并支付租金的行为。国有土地租赁是国有土地有偿使用的一种形式，是土地使用权出让的补充。国有土地使用权租赁是指土地使用权者在土地使用权出让合同规定的年限内，将土地使用权出租给承租人使用，由承租人向出租人支付租金的行为。《城镇国有土地使用权出让与转让暂行条例》第20条规定：“土地使用权出租是指土地使用者作为出租人将土地使用权随同地上建筑物、其他附着物租赁给承租人，由承租人向出租人支付租金的行为。”因此，根据该条例，提供土地使用权的一方当事人为出租人，使用土地并支付租金的一方当事人为承租人。土地使用权为租赁的标的。如果土地上存在建筑物或其他附着物，该建筑物或附着物将随同土地使用权一并作为租赁的标的。

（二）两者不同之处

国有土地的租赁与国有土地使用权的租赁两者虽都具有租赁的法律特征与性质，但两者有不同之处。

首先，主体不同。国有土地租赁以国有土地所有权人的代表——县级以上土地行政主管部门作为出租方。而国有土地使用权的出租方为通过出让形式取得的国有土地使用权者，包括自然人、法人及非法人组织。

其次，客体不同。国有土地租赁的客体是土地，是物，而国有土地使用权租赁的客体是国有土地使用权，是权利。

再次，租金包含的内容不同。国有土地租赁的出租租金与地价相均衡。因为土地出租是土地所有权得以实现的一种经济形式，因此，租金标准就与地价基本相等。而国有土地使用权租赁是土地使用权者的一种地产经营活动，租金为土地使用权者让渡土地使用权的对价，不仅包括相当于地价的出让金等取得土地使用权的代价、土地的开发成本以及合理的利润，还包括了转让土地使用权的经营利润。

最后，限制条件不同。土地出租的限制主要是法律、法规的直接规定，而土地使用权的租赁的限制除不得违反法律法规之规定外，还受土地使用权出让合同的制约，如出租人不得超出出让合同约定的年限、用途向承租人提供土地。

（三）土地租赁的范围、形式、租金、期限及相关法律问题

国有土地租赁的性质及相关法律问题，我国的《土地管理法》并未作出规定。国土资源部［1999］222号文件对此做了相应的规定：

(1) 土地租赁的范围。对原有建设用地，法律规定可划拨使用的仍维持划拨，不实行有偿使用，也不实行租赁；对因发生土地转让、场地出租、企业改制和改变土地用途后依法应当有偿使用的，可以实行租赁；对于新增建设用地，重点仍应推行国有土地的出让，租赁只是出让的一种补充；对于经营性房地产开发用地，无论是利用原有建设用地，还是利用新增建设用地，都必须实行出让，不实行租赁。

(2) 土地租赁的形式。土地租赁可以采用招标、拍卖或者协议的方式，有条件的，必须采取招标、拍卖方式。采用双方协议的方式出租国有土地的租金，不得低于出租底价和按国家规定的最低地价折算租金标准。

(3) 租金标准。国有土地租赁的租金标准应与地价标准相均衡。承租人取得土地使用权时未支付其他土地费用的，租金标准应按全额地价折算；承租人取得土地使用权时支付了征地、拆迁等土地费用的，租金标准应按扣除有关费用后的地价余额折算。

(4) 租赁期限。国有土地租赁可以根据具体情况实行短期租赁或长期租赁。短期租赁不超过五年，长期租赁的期限可由合同约定，但最长期限不得超过法律规定的同类用途土地出让最高年限。

(5) 租赁合同。租赁期限6个月以上的国有土地租赁，应当由市、县人民政府土地行政主管部门与土地使用者签订租赁合同。租赁合同的内容应当包括出租方、承租方、出租宗地的位置、范围、面积、用途、租赁期限、土地使用条件、

土地租金标准、支付时间和支付方式、土地租金标准调整的时间和调整幅度、出租方和承租方的权利与义务。

（6）转租。国有土地租赁后，承租人取得承租的土地使用权，承租人在按规定支付土地租金并完成开发建设后，经土地行政主管部门同意或根据租赁合同约定，可将承租土地使用权转租或分租给第三人，承租土地使用权仍由原承租人持有，承租人与第三人建立了附加租赁关系，第三人取得土地的他项权利。承租人转让土地租赁合同的，租赁合同约定的权利义务随之转给第三人，承租土地使用权由第三人取得，租赁合同经更名后继续有效。

（7）抵押。地上建筑物、构筑物依法抵押的，承租土地使用权可随之抵押，但承租土地使用权只能按合同租金与市场租金的差值及租期估价，抵押权实现时，土地租赁合同同时转让。在使用权年限内，承租人有优先受让权，租赁土地在办理出让手续后，终止租赁关系。

（8）收回与期满。国家对土地使用者依法取得的承租土地使用权，在租赁合同约定的使用年限届满前不收回；因社会公共利益的需要，依照法律程序提前收回去的，应对承租人给予合理的补偿。承租土地使用权期满，承租人可申请续期，除根据社会公共利益需要收回该幅土地的，应予批准。未申请续期或者虽申请续期但未获批准的，承租土地使用权由国家依法无偿收回，并可要求承租人拆除地上建筑物、构筑物，恢复土地原状。

（9）违约责任。承租人未按合同约定开发建设，未经土地行政主管部门同意转让、转租，不按合同约定按时交纳土地租金的，土地行政主管部门可以解除合同，依法收回承租的土地。

（四）土地使用权租赁的有效条件

根据《城镇国有土地使用权出让与转让暂行条例》的规定，土地使用权出租应具备如下条件：

（1）土地使用权租赁必须符合土地使用权出让合同规定的条件。土地使用权租赁是土地使用者将通过出让合同取得的土地使用权出租的行为，因此，土地使用者在出租土地使用权时，出让合同规定的权利与义务对承租人有约束力。

（2）土地使用权租赁不得改变土地使用权出让合同约定的土地用途。土地用途在土地使用权出让时就已经确定，土地使用权者要改变土地用途必须征求出让方即土地管理部门的同意，并经城市规划部门批准，重新订立土地使用权出让合同，调整土地使用权出让金，并办理登记手续。土地使用权租赁是土地使用者与第三方对该土地使用的约定，自然受出让合同约定的土地用途的限制。如在出租时擅自改变土地用途，则租赁关系无效，承租人构成非法使用土地。

(3) 土地使用权租赁期限不得超过出让合同约定的期限。出租人实际可出租的年限为出让合同约定的年限减去出租人已经使用的年限后的期限。

(4) 土地使用权租赁合同应采用书面形式。由于土地使用权属于房地产用益物权，其租赁的期限一般较长，合同确定双方的权利与义务关系较为复杂，为维护双方当事人的权益，便于日后纠纷之解决，应采取书面形式。

➢案例 4.8

原告：某市房地产开发总公司（以下简称房地产公司）

被告：黄某

1996 年 12 月 26 日，原告与被告签订《某中心客运站租赁合同》约定：原告将其位于某市人民路边某地段约 8 000 平方米土地租给被告黄某作为经营客运站使用。租期从 1997 年 1 月 1 日起至 2000 年 5 月 31 日止，每月租金 15 800 元。黄某须于每月 5 日前交清当月租金，逾期每日滞纳金按每月租金 10%计算，并在签订合同时交纳相当于 2 个月租金的押金给原告，合同期满后原告退还押金给被告黄某。租赁土地只能做客运站及车辆停放使用。合同签订当日，被告黄某交付 316 000 元租地押金给原告。被告黄某租赁上述土地后即对该土地进行了平整，并在该地建起围墙和搭建临时建筑物铁皮屋经营客运车站。

履行合同期间，被告黄某分别于 1997 年 3 月 28 日交了 1 个月的租金 15 800 元、1997 年 8 月 1 日交了 3 个月的租金 47 400 元、1999 年 4 月 13 日交了 1 个月的租金 15 800 元给原告。此后，被告黄某以某市人民政府和交通局妥善未处理“中心客运站”的经营权问题，也未把“中心客运站”迁移至某市人民路边某地段新建起的车站为由而拒绝交付租金。原告为此向人民法院起诉被告拖欠租金。

法院审理后认为：原告与被告黄某于 1996 年 12 月 26 日签订的《某中心客运站租赁合同》，虽名为客运站租赁合同，但合同中约定的是土地出租，而且实际履行的也是一片没有任何设施的空地，所以该合同实际上是一份土地租赁合同。原告出租该土地时为该土地的使用权人，因此该合同是有效的。承租方被告黄某应按合同约定支付租金，并在合同期满后退出该土地。合同期满后，因被告黄某继续占用该土地，还应支付一定的土地占用费，因土地占用费现无国家规定的标准，可参照原合同约定的每月 15 800 元计付。因此，原告要求被告支付合同期内的租金和合同期满后的土地占用费及银行利息应予支持。因协议中无投资损失约定，故被告黄某要求原告支付其投资建站损失没有法律依据，不予采纳。至于被告黄某要求某市人民政府和交通局赔偿其经济损失，是另一法律关系，不属本案的调整范围，本案不作处理。据此，法院作出判决：一、被告黄某应在本判决发生法律效力之日起 30 日内按每月 15 800 元付清从 1997 年 1 月 15 日起至 2000 年 1 月 15 日止合同期内的土地租金和从 2000 年 1 月 16 日起至归还土地之日止的土地占用费及利息（利息按中国人民银行规定的同期同类流动资金贷款利率计算，从应付租金之日计至付清之日止）给原告，被告黄某已付的5个月租金79 000元及已付的押金31 600元抵付2个月租金从中扣除；二、被告黄某应在本判决发生法律效力之日起30日内拆除所租土地的建筑物及设施，退出土地，将土地归还给原告。

法院判决后，被告黄某不服，向二审法院提起上诉，二审法院经审理后认为：一审判决认定事实清楚，适用法律正确，应予维持。故做出了维持一审判决，驳回上诉的判决。

本章小结

国有土地使用权出让，是国家将国有土地使用权在一定年限内出让给土地使用者，由土地使用者向国家支付土地使用权出让金的行为。我国城镇国有土地使用制度改革的基本结构，实行土地使用权出让和土地使用权划拨两种形式。房地产开发用地主要通过出让与划拨这两种方式取得。土地使用权的划拨被严格限定在一定的范围内。国有土地使用权出让，可以采取拍卖、招标或双方协议的形式。不论是采用双方协议的方式还是采取招标或拍卖的形式，土地使用者都必须同市、县人民政府土地管理部门签订土地使用权出让的书面合同，以明确双方的权利义务关系。建设用地使用权可依法进行转让和租赁。国有土地使用权转让是土地使用者将土地出让合同规定的全部权利与义务随土地使用权一起转移给第三者的活动。以出让方式取得的土地使用权与通过划拨形式取得的土地使用权的转让是有区别的，二者均须以符合法律规定的条件进行转让。国有土地租赁与国有土地使用权的租赁两者是有区别的，国有土地出租人为国有土地所有权人的代表即县级以上土地行政主管部门，而国有土地使用权的出租方为通过出让形式取得的国有土地使用权者，包括自然人、法人及非法人组织。国有土地租赁与国有土地使用权的租赁均是为了充分发挥土地的使用功效而设定的。

思考题

1. 国有土地使用权出让的有效条件有哪些？
2. 土地使用权划拨的范围是什么？
3. 国有土地使用权转让的有效要件有哪些？
4. 国有土地租赁与国有土地使用权租赁的联系与区别是什么？

参考文献

1. 金俭：《房地产法研究》，科学出版社，2004 年版。
2. 刘武元：《房地产交易法律问题研究》，法律出版社，2002 年版。
3. 符启林：《商品房预售法律制度研究》，中国政法大学出版社，2002 年版。
4. 李尚杰：《土地出让与转让的理论与实物》，科学技术文献出版社，1992 年版。
5. 最高人民法院民事审判庭：《最高人民法院民事案件解析——房地产案件专集》，法律出版社，1999 年版。

第五章　房地产开发法律制度

内容提要

通过本章的学习，了解我国房地产开发、房地产开发企业、房地产开发中的建设工程合同、国家对房地产开发项目实施与经营的管理等内容。

本章学习重点与难点：

我国房地产开发的概念、特点、分类；房地产开发企业的概念、类型、设立条件、设立程序及其资质管理；建设工程合同的效力；房地产开发项目融资；建设工程竣工验收制度。

第一节　房地产开发概述

一　房地产开发的概念和特征

（一）房地产开发的概念

根据我国《城市房地产管理法》第2条的规定，房地产开发是指在依法取得国有土地使用权的土地上，进行基础设施、房屋建设的行为。所谓的基础设施建设，是指给水、排水、供电、供热、供气、通信和道路等设施建设和土地的平整。通过基础设施建设将自然状态的土地变为可建造房屋及其他建筑物的土地，这一过程即土地开发。房屋建设即在完成基础设施建设的土地上建造房屋等建筑物，包括住宅楼、工业厂房、商业楼宇、写字楼以及其他专门用房。可见，房地产开发是根据城市总体规划和经济社会发展计划的需要，在一定的区域内有计划、有步骤地进行土地开发和建筑物建设的行为。

（二）房地产开发的特点

1. 开发成本高，投资量大

与存款储蓄、保险、股票债券买卖等投资活动相比，房地产开发投资量最大，使得开发企业面临着如何筹集资金的难题。一般而言，开发项目所需的大部分资金主要通过银行信贷来解决。因此，房地产市场受融资成本的高低及房地产抵押贷款是否容易取得等因素的制约。

2. 开发建设周期长，投资周转慢，投资风险大

在房地产开发过程中，需要大量的资金投入。一个开发项目需要的投资额，少则上千万，多则上亿元，甚至十几亿元，因此，房地产的开发与金融业的关系十分密切。无论是发达国家，还是发展中国家，房地产开发都离不开金融机构的支持，银行和非银行金融机构是房地产开发和房地产业发展的强大后盾。房地产开发项目投资回收期长，绝大多数房地产开发项目都要经过立项、可行性研究、取得土地使用权、开发建设和经营销售五大环节。从立项开始就要进行市场调查、规划设计、拟定开发方案、选址、申请贷款、寻求合作伙伴、实施开发计划等工作，这些工作都需要付出时间和资金，只有当开发项目建成销售后才能收回投资。一个开发项目的投资回收期，短则 2～3 年，长则 3～4 年，甚至长达 5 年、6 年之久。在此期间，社会需求和市场行情的变化，以及不可抗力的发生都会对房地产开发活动以及开发投资的回收产生一定的影响，因此，房地产开发投资具有很大的风险性。

3. 房地产市场具有地区性

房地产位置的固定性决定了房地产市场的地区性。由于房地产不能移动，一个地区的土地短缺不能由另一土地富余的地区来补偿；一个地区的住房紧张不能由另一住房有剩余的地区来缓解。不同地区的房地产市场，其价格也存在着差异性。房地产的地区价格差异不仅表现在不同城市之间，也表现在同一城市的不同地段之间。在同一城市的不同地段，由于其区位条件的差异，各位置的使用价值和价值也存在着明显的差异，从而为其使用者带来不同的收益。

4. 房地产开发涉及面广，综合性强

房地产开发属于一项综合性的生产活动，涉及许多管理部门，并需要相关行

业的协作。就所涉及的管理部门来讲，主要有计划、土地管理、规划、房屋管理、建设市政、税收、工商、消防、环保、卫生、园林绿化等。同时，还需要勘测、设计、施工、银行等单位的合作与配合。否则，房地产开发就难以顺利完成。

二　房地产开发的分类

（一）新区开发和旧区改建

根据开发项目所在位置，房地产开发可分为城市新区房地产开发和旧区房地产改建。新区开发就是根据土地利用总体规划和城市规划，将农业用地或未利用土地开发建设成居住、工商业及其他用途的建设用地，为城市建设提供新的建筑地段。最简单的新区土地开发是实现土地“三通一平”或“七通一平”。旧区改建也称旧区开发，是对基础设施差、房屋质量差、不符合城市规划的地段进行改建，包括旧房拆迁和基础设施改造及建设。旧区改建涉及居民的安置及重新提供房屋的问题，应根据城市总体规划，立足现在，兼顾未来，有计划有步骤地实施。对此，《中华人民共和国城乡规划法》（以下简称《城乡规划法》）第 31 条规定：旧城区的改建，应当保护历史文化遗产和传统风貌，合理确定拆迁和建设规模，有计划地对危房集中、基础设施落后等地段进行改建。同时，城市新区开发和旧区改建必须坚持统一规划、合理布局、因地制宜、综合开发、配套建设的方针，充分利用现有市政基础设施和公共服务设施，严格保护自然资源和生态环境。

（二）单项开发、成片开发和小区开发

根据开发的规模，房地产开发可分为单项开发、成片开发和小区开发。单项开发通常是指开发规模小、占地少、项目功能和配套设施简单的开发形式。这种开发形式往往在新城区总体开发和旧城区总体改造中形成一个相对独立的项目，但其外貌、风格、设施等要求应与总体开发项目相协调，并在较短时间内完成这类开发。成片开发是指依照规划对较大面积的土地，进行综合性的开发建设，形成工业用地或其他建设用地条件，这类开发投入资金巨大，项目类型和数量众多，建设周期长，多数是在政府推动下由许多开发商共同参与完成的。小区开发是指新城区开发中一个独立小区的综合开发或旧城区改造中一个相对独立的局部区域的更新改造。这类开发形式要求在开发区域范围内做到基础设施完善，配套

项目齐全。

（三）单纯土地开发、房屋开发和房地产开发

根据开发的深度，房地产开发可分为单纯的土地开发、房屋开发和房地产开发。单纯的土地开发是在完成土地的“三通一平”或“七通一平”后，按照规划进行土方工程施工，将自然状态的土地变为可供建筑各类房屋和各类设施的建筑用地，即把“生地”变为“熟地”的开发活动。房屋开发是指在具备建设条件的土地上新建各类房屋的活动，一般包括基础工程建设、主体工程建设、配套和附属工程建设、安装和装饰工程建设等内容。房地产开发则可能是在开发企业完成土地开发后进行房产的开发，也可能是受让他人已经开发好的“熟地”进行房屋等建设。土地开发和房屋开发可能分开，分别由不同的人进行，如果某一个人连续进行土地开发和房屋开发，通常称为房地产开发。一个完整的房地产开发通常包括土地开发和房屋的建筑及其租售经营活动。

（四）合作开发、合资开发和独资开发

根据开放的方式，房地产开发可分为合作开发、合资开发和独资开发。一般来说，房地产开发往往需要巨额资金的投入，一个开发企业往往由许多投资商投资设立，按照《公司法》的基本规则运作，投资商按照股权比例分配房屋或租售房屋的利润。符合一定条件的国有独资公司和外国独资公司（企业），也可以获准进行房地产开发。

合作开发是指一方提供土地使用权（供地方），另一方或多方提供资金（出资方），合作开发经营房地产，根据协议分配新建房屋的一种特殊开发形式。合作开发与合资开发的区别在于：供地方和出资方并不必然组成独立的企业或只组成临时性项目公司（在完成房屋建设后自行解散），其最终的房屋或利润分配是按照协议进行的。合资开发则需组成独立的企业，根据企业的利润进行分配。合作开发的重要法律问题有两个：一是如果供地方提供的是划拨土地，应当办理必要的手续，符合有偿出让使用权的规定；二是合作建房最终房屋的归属和分配比例应当在协议中明确。由于在合作开发中，供地方一般只有划拨土地使用权，因此，按规定办理批准手续，缴纳出让金是保障这种开发合法性的必要条件。《城市房地产管理法》施行后，合作经营房地产的，应当严格按照法律规定办理土地出让手续。在此之前，用划拨土地使用权合作开发房地产的，一般要求补办土地使用权出让手续，否则该合作建房行为将被依法确认为无效。

第二节　房地产开发企业

一　房地产开发企业的概念和类型

（一）房地产开发企业的概念

房地产开发企业是以营利为目的，从事房地产开发和经营的企业。它是房地产开发和交易的主体，在房地产市场中扮演主要角色。依法成立房地产开发公司，取得政府有关管理部门审定认可的房地产开发资质，是从事房地产开发经营的必备条件。

（二）房地产开发企业的类型

(1) 按产权关系来划分，可将房地产开发企业分为全民所有、集体所有、中外合营和外商独资四种主要类型。

全民所有的房地产开发企业，主要是在房屋统建的基础上发展起来的或由政府各部门组建的房地产开发公司，如“城市建设综合开发公司”、“房地产开发经营公司”等。集体所有的房地产开发企业是集体出资开办，其资产属于集体所有的房地产开发企业。中外合资经营的房地产开发企业是中外双方在约定的期限内，以合资或合作的方式进行房地产开发与经营的企业。外商独资的房地产开发企业是依照我国法律在我国境内设立的，全部资金由外国投资者投资的房地产开发经营企业。

(2) 按房地产开发企业的经营性质来划分，可将其分为房地产开发专营企业、兼营企业和项目公司。

房地产开发专营企业是指以房地产开发经营为主的房地产综合开发企业，有独立健全的组织机构及同企业等级相适应的专职技术人员和经济管理人员，如中国房地产开发总公司及其各省市的分公司、各城市的城市建设综合开发公司等。房地产开发兼营企业是以其他经营项目为主，兼营房地产开发经营的企业，如非生产型综合公司、信托投资公司、建筑公司等从事房地产开发经营的企业。房地产开发项目公司是以房地产开发项目为对象，从事单项房地产开发经营的企业，其经营对象只限于批准的项目，这类公司又称为项目公司。

二 房地产开发企业的设立条件

（一）专营房地产开发企业

《城市房地产管理法》第 29 条规定了设立房地产开发企业的条件。根据该条规定，设立房地产开发企业应具备以下 5 个条件：

1. 有自己的名称和组织机构

房地产开发企业只能使用一个名称（确有特殊需要的，可以在规定的范围内使用一个从属名称），并且在登记主管机关的辖区内不得与已登记注册的同行业企业名称相同或者近似。房地产有限责任公司的名称中必须标明“有限责任公司”或“有限公司”的字样；房地产股份有限公司的名称中必须标明“股份有限公司”或“股份公司”的字样。企业名称在企业设立登记时由工商行政主管部门核准。

房地产开发企业作为独立法人，要有健全的组织机构，包括完整的、系统的经营决策层，职能明确、分工合理的生产经营组织以及相应的分支机构和下属机构。我国法律对设立一般房地产开发企业应具备何种组织机构没有明确规定，但设立房地产开发有限责任公司或房地产开发股份有限公司应当按照《公司法》的规定，设立股东（大）会、董事会和监事会等组织机构。

2. 有固定的经营场所

固定的生产经营场所是指企业的住所，即企业主要办事机构所在地。企业登记的住所只能有一个。在申请设立房地产开发企业时，应当提供固定经营场所所有权或使用权的合法证明文件，即房屋产权证明或者房屋租赁合同。

3. 有符合法律规定的注册资本

1998 年国务院颁布的《城市房地产开发经营管理条例》第 5 条第 1 项规定设立房地产开发企业应有 100 万元以上的注册资本。按照新修改的《公司法》，如果房地产开发企业采用股份有限公司形态，其注册资本的最低限额为人民币 500 万元。

4. 有足够的专业技术人员

《城市房地产开发经营管理条例》第 5 条规定：房地产开发企业应当有 4 名以上持有资格证书的房地产专业、建筑工程专业的专职技术人员，2 名以上持有资格证书的专职会计人员。

5. 法律、行政法规规定的其他条件

目前，这一规定主要是指设立房地产开发有限责任公司或股份有限公司以及设立外商投资房地产开发企业的，必须具备《公司法》和《中华人民共和国外商投资企业法》（以下简称《外商投资企业法》）的相关规定。

（二）兼营房地产开发企业

根据现行法律规定，满足一定条件的企业也可以兼营房地产开发业务，成为房地产开发兼营公司。这些条件是：

（1）凡在工商行政管理局登记注册的非生产性综合公司、信托投资公司，自有资金达 2 亿元以上，其中自有流动资金达到 1 亿元以上的企业。

（2）中央各部门所属的工程建设公司的建筑工程资质一级，自有资金达 1 亿元以上，其中流动资金达到 5 000 万元以上的企业。

（3）地方工程建筑公司的建筑工程资质一级，自有资金达 5 000 万元以上，其中自有流动资金达到 3 000 万元以上的企业。

三　房地产开发企业的设立程序

（一）申请登记

设立房地产开发企业，首先应向县级以上人民政府工商行政管理部门提出登记申请，如实报告创办企业所具备的各项条件，提供创办企业的可行性研究报告和各项经济技术资料。工商行政管理部门对符合法定条件的，自收到申请之日起 30 日内予以登记；对不符合法定条件的不予登记，但应说明理由。工商行政管理部门在对房地产开发企业的登记申请进行审查时，还应当听取同级房地产开发主管部门的意见。

（二）依法备案

为了加强对房地产开发企业的行业管理，我国的有关法律、法规明确规定：房地产开发企业应当自领取营业执照之日起 30 日内，持有关文件到登记机关所在地的房地产开发主管部门备案。备案时应提供的资料包括：营业执照复印件、企业章程、验资证明、企业法定代表人的身份证明以及专业技术人员的资格证书和聘用合同。

依照1993年建设部《房地产开发企业资质管理规定》，房地产开发专营企业应按规定申请资质等级。房地产开发企业的资质等级由建设行政主管部门分级审批。一级房地产开发企业由省、自治区、直辖市建设行政主管部门初审，报建设部批准；二级以下企业由省、自治区、直辖市建设行政主管部门审批。申请资质等级的房地产开发企业应提供有关的证明文件，经审查合格后，由资质审批部门发给《资质证书》。房地产开发兼营企业和从事单项房地产开发经营的项目公司，不定资质等级，由项目所在地建设行政主管部门根据其项目规模，审定其资金、人员条件，核发一次性资质证书。

四 房地产开发企业的资质管理

1993年由建设部颁布，并于2000年3月修改的《房地产开发企业资质管理规定》（以下简称《管理规定》），适用于在城市及村镇专门从事土地开发、房屋及基础设施和配套设施开发经营业务，具有企业法人资格的经济实体（不包括兼营企业）。该规定将房地产开发企业按资质条件划分为一级、二级、三级、四级四个等级，并确定了相应的资质标准。资质等级实行分级审批。具体标准和审批权限为：

（一）一级资质

（1）注册资本不低于5 000万元；

（2）从事房地产开发经营5年以上；

（3）近3年房屋建筑面积累计竣工30万平方米以上，或者累计完成与此相当的房地产开发投资额；

（4）连续5年建筑工程质量合格率达100%；

（5）上一年房屋建筑施工面积15万平方米以上，或者完成与此相当的房地产开发投资额；

（6）有职称的建筑、结构、财务、房地产及有关经济类的专业管理人员不少于40人，其中具有中级以上职称的管理人员不少于20人，持有资格证书的专职会计人员不少于4人；

（7）工程技术、财务、统计等业务负责人具有相应专业中级以上职称；

（8）具有完善的质量保证体系，商品住宅销售中实行了《住宅质量保证书》

和《住宅使用说明书》制度；

(9) 未发生过重大工程质量事故。

(二) 二级资质

(1) 注册资本不低于 2 000 万元；

(2) 从事房地产开发经营 3 年以上；

(3) 近 3 年房屋建筑面积累计竣工 15 万平方米以上，或者累计完成与此相当的房地产开发投资额；

(4) 连续 3 年建筑工程质量合格率达 100%；

(5) 上一年房屋建筑施工面积 10 万平方米以上，或者完成与此相当的房地产开发投资额；

(6) 有职称的建筑、结构、财务、房地产及有关经济类的专业管理人员不少于 20 人，其中具有中级以上职称的管理人员不少于 10 人，持有资格证书的专职会计人员不少于 3 人；

(7) 工程技术、财务、统计等业务负责人具有相应专业中级以上职称；

(8) 具有完善的质量保证体系，商品住宅销售中实行了《住宅质量保证书》和《住宅使用说明书》制度；

(9) 未发生过重大工程质量事故。

(三) 三级资质

(1) 注册资本不低于 800 万元；

(2) 从事房地产开发经营 2 年以上；

(3) 房屋建筑面积累计竣工 5 万平方米以上，或者累计完成与此相当的房地产开发投资额；

(4) 连续 2 年建筑工程质量合格率达 100%；

(5) 有职称的建筑、结构、财务、房地产及有关经济类的专业管理人员不少于 10 人，其中具有中级以上职称的管理人员不少于 5 人，持有资格证书的专职会计人员不少于 2 人；

(6) 工程技术、财务等业务负责人具有相应专业中级以上职称，统计等其他业务负责人具有相应专业初级以上职称；

(7) 具有完善的质量保证体系，商品住宅销售中实行了《住宅质量保证书》和《住宅使用说明书》制度；

(8) 未发生过重大工程质量事故。

（四）四级资质

（1）注册资本不低于 100 万元；

（2）从事房地产开发经营 1 年以上；

（3）已竣工的建筑工程质量合格率达 100%；

（4）有职称的建筑、结构、财务、房地产及有关经济类的专业管理人员不少于 5 人，持有资格证书的专职会计人员不少于 2 人；

（5）工程技术负责人具有相应专业中级以上职称，财务负责人具有相应专业初级以上职称，配有专业统计人员；

（6）商品住宅销售中实行了《住宅质量保证书》和《住宅使用说明书》制度；

（7）未发生过重大工程质量事故。

一级资质房地产开发企业的资质年检由国务院建设行政主管部门或者其委托的机构负责。一级资质的房地产开发企业承担房地产项目的建设规模不受限制，可以在全国范围承揽房地产开发项目。二级资质及二级资质以下房地产开发企业的资质年检由省、自治区、直辖市人民政府建设行政主管部门制定办法。二级资质及二级资质以下的房地产开发企业可以承担建筑面积 25 万平方米以下的开发建设项目，承担业务的具体范围由省、自治区、直辖市人民政府建设行政主管部门确定。各资质等级企业应当在规定的业务范围内从事房地产开发经营业务，不得越级承担任务。

《管理规定》第 17 条还对《资质证书》的使用、监督管理作出了规范。房地产开发企业的资质实行年检制度，对于不符合原定资质条件或者有不良经营行为的企业，由原资质审批部门予以降级或者注销《资质证书》。房地产开发企业无正当理由不参加资质年检的，视为年检不合格，由原资质审批部门注销《资质证书》。房地产开发主管部门应当将房地产开发企业资质年检结果向社会公布。

同时，《管理规定》第 21 条规定，企业有下列行为之一的，由原资质审批部门公告《资质证书》作废，收回证书，并可处以 1 万元以上、3 万元以下的罚款：

（1）隐瞒真实情况、弄虚作假骗取《资质证书》的；

（2）涂改、出租、出借、转让、出卖《资质证书》的。

《资质证书》是特定开发企业的资信证明，具有身份性，不得进行非法转让，甚至在企业发生分立、合并时也必须重新申领《资质证书》；企业破产、歇业或者因其他原因终止业务时，也应当注销《资质证书》。

第三节　房地产开发中的建设工程合同

一　建设工程合同概述

（一）建设工程合同的概念

根据《中华人民共和国合同法》（以下简称《合同法》）第269条的规定，建设工程合同是承包人进行工程建设，发包人支付价款的合同。建设工程合同包括工程勘察、设计、施工合同。在合同实务中又将该合同称为基本建设工程合同、基本建设工程承包合同、基本建设工程承揽合同。具体来说，建设工程合同是指承包人进行工程的勘察、设计、施工等建设而由发包人支付相应价款的合同。

1. 建设工程合同的主体

建设工程合同的主体是发包人和承包人。发包人，一般为建设工程的建设单位，即投资建设该项工程的单位。建设工程的承包人是实施建设工程的勘察、设计、施工等业务的单位。

2. 建设工程合同的客体

建设工程合同的客体是工程，指土木建筑工程和建筑业范围内的线路、管道、设备安装工程的新建、扩建、改建及大型的建筑装修装饰活动，主要包括建设房屋、铁路、公路、机场、港口、桥梁、矿井、水库、电站、通信线路等。

3. 建设工程合同的内容

（1）勘察设计合同的内容。勘察、设计合同一般应当包括以下内容：建设工程的名称、规模、地点等；发包人提供的资料的内容、技术要求及期限等；勘察、设计工作的范围、进度和质量；提交勘察、设计基础资料及设计文件（包括概预算）的时间、份数；勘察、设计收费的依据、收费标准及支付方式、期限；其他双方协作条件。

（2）施工合同的内容。施工合同一般应当包括以下内容：工程名称、地点、范围；建设工期及开工、竣工的时间；中间工程的开工、竣工时间；工程质量要求及交工验收的办法；工程的质量保证期及保证条件；设计文件、技术资料等的提交时间；材料和设备的供应和进场时间；工程造价、拨款和结算方法；设计变更；违约责任及解决方式；双方相互协作的其他事项。

4. 建设工程合同的形式

《合同法》第 270 条明确规定建设工程合同应当采用书面形式。工程项目的建设，尤其是大型工程项目的建设需要投入大量的资金，工程建设周期比较长，对工程质量的要求也很高，在建设过程中经常会发生各种各样的纠纷影响合同的履行，因此，要求当事人签订书面合同以利于纠纷的解决。同时，根据该法第 273 条的规定，国家重大建设工程合同，应当按照国家规定的程序和国家批准的投资计划、可行性研究报告等文件订立，也即我们通常所说的特殊书面形式。

（二）建设工程合同的法律特征

建设工程合同原为承揽合同的一种，属于完成不动产工程项目的承揽合同。《合同法》第 287 条也规定建设工程合同准用承揽合同的规定。但是，建设工程合同的标的具有很大的特殊性，由此形成了一些与一般承揽合同不同的法律特征：

1. 建设工程合同的标的仅限于建设工程项目

建设工程合同的标的是建设工程，只能是不动产。而承揽合同的标的可以是动产，也可以是不动产，当承揽合同的标的为不动产时，其标的价值较小或者工作内容比较简单。

2. 合同主体只能是具备相应资格的企业

建设工程合同所要完成的工程项目往往投资大、周期长、质量要求高，作为公民个人是无力承担的，因此，法律对这种合同的主体有所限制。建设工程合同的发包人只能是经过批准建设工程项目的企业，承包人也只能是具有从事勘察、设计、施工能力并且具备国家法律规定的资质条件的企业。

3. 国家管理的特殊性

建设工程合同涉及城市建设规划，关乎国计民生，其标的为工程项目，承包人完成工作后将形成不可移动的不动产，而且项目工程须长期存在和发挥作用。因此，国家对合同的订立、履行，资金的投放，成果的验收等都实行严格的监督和管理。

4. 建设工程合同具有计划性和程序性

市场经济条件下，建设工程合同已不像以前计划经济体制下全部按照国家计划订立，但是国家仍应对基本建设项目实行计划控制，尤其是重大建设工程项目更应当具有计划性。对此，《合同法》第 273 条规定：“国家重大建设工程合同，应当按照国家规定的程序和国家批准的投资计划、可行性研究报告等文件订立。”

5. 建设工程合同为要式合同

《合同法》第 270 条规定建设工程合同应当采用书面形式。建设工程合同的标的一般是重大工程项目，对于国家经济发展和人们的日常生活影响巨大，因此双方在订立合同时，应当采取书面形式，并且应当履行法律规定的手续。

（三）建设工程合同的种类

《合同法》第 269 条第 2 款规定：“建设工程合同包括工程勘察、设计、施工合同。”

1. 工程勘察合同

工程勘察合同是指发包人与勘察人就完成建设工程地理、地质状况的调查研究工作而达成的协议。其主要内容包括工程测量、水文地质勘察和工程地质勘察等，主要任务是为建设项目的选址、工程设计和施工提供科学、可靠的依据。

2. 工程设计合同

工程设计合同是指正式进行工程建筑、安装之前，发包人与设计人签订的预先确定工程的建设规模、主要设备配置、施工组织设计的合同。根据我国现行法律规定，一般建设项目按初步设计和施工图纸设计两个阶段进行设计，而对于技术复杂又缺乏经验的项目，须增加技术设计阶段，对一些大型联合企业、矿区和水利枢纽工程，还需要进行总体规划或总体设计。

3. 工程施工合同

工程施工合同是指承包人与发包人签订的，由承包人按照发包人的要求，依据勘察、设计的有关资料，进行实际建筑及安装的合同。其中建筑是指承包人对工程进行建造的行为，使工程从无到有的产生过程；安装则是指承包人在发包人提供基础设施、相关材料的基础上，装配与工程有关的线路、管道设备等设施。

（四）建设工程合同的招标投标问题

建设工程合同可以通过招投标的方式进行。《合同法》第 271 条规定："建设工程的招标投标活动，应当依照有关法律的规定公开、公平、公正进行。"有关法律主要是指 1998 年 3 月 1 日开始实施的《中华人民共和国建筑法》（以下简称《建筑法》）和 2000 年 1 月 1 日起实施的《中华人民共和国招标投标法》（以下简称《招标投标法》）。根据这些法律，建设工程合同的招投标应当遵循以下规定：

1. 建设工程合同的招投标应当遵循公开、公平、公正的原则

《合同法》第 271 条、《建筑法》第 16 条以及《招标投标法》第 5 条都规定了这一基本原则。因此，在招标投标活动中，进行招标的建设单位和参加投标的勘察、设计、施工单位都应当本着公开、公平、公正的精神，遵循法律规定的程序招标、投标。

2. 某些工程项目必须以招投标的方式订立建设工程合同

《招标投标法》第 3 条规定，在中华人民共和国境内进行下列工程建设项目包括项目的勘察、设计、施工、监理以及与工程建设有关的主要设备、材料等的采购，必须进行招标：

（1）大型基础设施、公用事业等关系社会公共利益、公众安全的项目；

（2）全部或部分使用国有资金投资或者国家融资的项目；

（3）使用国际组织或者外国政府贷款、援助资金的项目。

该法第 4 条进而规定："任何单位和个人不得将依法必须进行招标的项目化整为零或者以其他任何方式规避招标。"

（五）关于总包合同、分包合同与转包渔利的行为

《合同法》第 272 条规定："发包人可以与总承包人订立建设工程合同，也可以分别与勘察人、设计人、施工人订立勘察、设计、施工承包合同。发包人不得将应当由一个承包人完成的建设工程肢解成若干部分发包给几个承包人。总承包人或者勘察、设计、施工承包人经发包人同意，可以将自己承包的部分工作交由第三人完成。第三人就其完成的工作成果与总承包人或者勘察、设计、施工承包人向发包人承担连带责任。承包人不得将其承包的全部建设工程转包给第三人或者将其承包的全部建设工程肢解以后以分包的名义分别转包给第三人。禁止承包人将工程分包给不具备相应资质条件的单位。禁止分包单位将其承包的工程再分

包。建设工程主体结构的施工必须由承包人自行完成。”

1. 总包合同

所谓总包合同，是指发包人与承包人就某项建设工程的全部勘察、设计、施工任务签订的合同。这里的承包人就是我们所说的总承包人。总承包人可以将自己承包的部分工作交由第三人完成，并与第三人一起就其所完成的工作成果向发包人承担连带责任。

2. 分包合同

所谓分包合同，是指总承包人或者勘察人、设计人、施工人与第三人之间签订的建设工程合同，分包合同的标的是总包合同标的的一部分。签订分包合同后，发包人、总包人、分包人之间形成了复杂的法律关系：首先，总包人就工程项目的总体建设向发包人承担责任；其次，尽管分包合同是总包人与分包人签订的，发包人并不是分包合同的当事人，分包人仍应与总包人一起就自己所完成的部分向发包人承担连带责任；第三，总包人虽然与分包人签订分包合同，将自己承担的部分工作交由分包人完成，但却并不退出该债务关系，仍要与分包人共同向发包人承担连带责任。

建设工程的分包应当遵循以下规则：

（1）承包人欲将自己承包的部分工作分包给第三人，应征得发包人的同意；

（2）承包人不得将工程分包给不具备相应资质条件的单位；

（3）分包人不得将其承包的工程再分包；

（4）承包人就建设工程主体结构部分不得再同第三人签订分包合同，必须自行完成。

3. 转包渔利的行为

转包是指承包人在承包建设工程后，又将其承包的工程建设项目部分或者全部转让给第三人。转包关系中，受让人成为新的合同当事人，而原承包人（转让人）则退出承包关系，对受让人的履行不再承担责任。由于我国法律要求承包人必须具备相应的资质条件，所以一些不具备条件的建筑单位就采取从合法承包人手中转包工程的方法规避法律。在合同实践中，很多承包人在承包工程后将该工程转包给他人，从中收取高额管理费以谋取不法利益，这种行为称“转包渔利”的行为。对此种行为，我国法律明文禁止。

二 建设工程合同的效力

（一）勘察、设计合同当事人的权利和义务

1. 发包人的权利和义务

（1）发包人的义务。按照合同约定提供开展勘察、设计工作所需要的基础资料、技术要求并对提供的时间、进度和资料的可靠性负责，发包人对其提供的技术要求和资料负瑕疵担保责任；按照合同的约定提供必要的协作条件，包括工作条件和生活条件，以保证勘察人、设计人正常开展工作；按照合同约定向勘察人、设计人支付勘察费、设计费；维护勘察成果、设计成果，不得擅自修改及转让给他人重复使用。

（2）发包人的权利。主要是要求勘察人、设计人提供符合合同约定的勘察成果、设计成果。

2. 勘察人、设计人的权利和义务

（1）勘察人、设计人的义务。按照合同约定按期完成勘察、设计工作并向委托人提交勘察成果、设计成果；对勘察成果、设计成果负瑕疵担保责任；按照合同约定完成协作的事项，如设计人应当按照合同的约定对其承担设计任务的工程配合施工。

（2）勘察人、设计人的权利。主要是要求发包人支付勘察费、设计费。

（二）施工合同当事人的权利和义务

1. 发包人的权利和义务

（1）发包人的义务。做好施工前的各项准备工作，如在施工前办好正式工程和临时设施范围内的土地征用、租用等；按照约定的分工及时向承包人提供各种材料和设备；解决施工中的有关问题，组织工程竣工验收；接受建设工程并按约定支付工程价款。

（2）发包人的权利。要求施工人完成工程项目建设，交付符合合同约定的建设工程；对承包人完成工作情况的检查权，《合同法》第 277 条规定：“发包人在不妨碍承包人正常作业的情况下，可以随时对作业进度、质量进行检查。”

2. 施工人的权利、义务

(1) 施工人的义务。做好施工前的准备工作，按期开工，确保工程质量；接受发包人的必要监督；按建设承包合同规定的质量和期限完成工程项目并交付工程；对所建设的工程质量负瑕疵担保责任。

(2) 施工人的权利。主要是要求发包人支付价款。

(三) 建设工程合同当事人的责任

1. 勘察人、设计人的违约责任

根据《合同法》第280条的规定，勘察、设计的质量不符合要求或者未按照期限提交勘察、设计文件拖延工期，造成发包人损失的，勘察人、设计人应当继续完善勘察、设计，减收或者免收勘察、设计费并赔偿损失。

2. 施工人的违约责任

根据《合同法》第281条的规定，因施工人的原因致使建设工程质量不符合约定的，发包人有权要求施工人在合理期限内无偿修理或者返工、改建。经过修理或者返工、改建后，造成逾期交付的，施工人应当承担违约责任。

3. 发包人的违约责任

根据《合同法》第283～286条的规定，发包人承担违约责任的情况如下：

(1) 发包人未按照约定的时间和要求提供原材料、设备、场地、资金、技术资料的，承包人可以顺延工程日期，并有权要求赔偿停工、窝工等造成的损失。

(2) 因发包人的原因致使工程中途停建、缓建的，发包人应当采取措施弥补或者减少损失，赔偿承包人因此造成的停工、窝工、倒运、机械设备调迁、材料和构件积压等实际损失费用。

(3) 因发包人变更计划，提供的资料不准确，或者未按照期限提供必需的勘察、设计工作条件而造成勘察、设计的返工、停工或者修改设计，发包人应当按照勘察人、设计人实际消耗的工作量增付费用。

(4) 发包人未按照约定支付价款的，承包人可以催告发包人在合理期限内支付价款。发包人逾期不支付的，除按照建设工程的性质不宜折价、拍卖的以外，承包人可以与发包人协议将该工程折价，也可以申请人民法院将该工程依法拍卖。建设工程的价款以该工程折价或者拍卖的价款优先受偿。

4. 第三者侵权责任

根据《合同法》第 282 条的规定，因承包人的原因致使建设工程在合理期限内造成人身和财产损害的，承包人应当承担损害赔偿责任。

三 FIDIC 条款及其实施条件

（一）FIDIC 条款的含义

FIDIC 是国际咨询工程师联合会的法文缩写，FIDIC 条款是一种国际惯例，即所谓“菲迪克”合同。世界银行、亚洲开发银行及美国总承包商协会（FIEG）、中美洲建筑工程联合会（FIIC）等国际组织推荐将 FIDIC 条款作为土木工程实行国际招标时通用的合同条款，它把土木工程技术、管理、经济、法规有机地结合在一起，用合同的形式固定下来。由于 FIDIC 条款的科学性、公正性和严谨性，在国际上得到的广泛认可和使用。世界银行、亚洲开发银行和外国政府贷款的项目都要求用 FIDIC 条款进行项目管理。FIDIC 条款包括国际上通称的“红皮书”即《土木工程施工合同条件》、“黄皮书”即《电气和机械工程合同条件》和“白皮书”即《业主/咨询工程师标准服务协议书》等。从广义上讲，FIDIC 条款应是：建设工程项目的实施是按照一套标准的招标文件，通过公开招标选择承包商，通过监理工程师的独立监理进行控制，按照业主与承包商之间签订的合同进行施工。FIDIC 条款第四版的《应用指南》指出，只要把专用条款中的条款结合工程项目所在地的特点和工程的专业特点进行编写，同样适用于国内工程的施工承包合同。

（二）FIDIC 条款的实施条件

FIDIC 条款适用于工程规模大、技术复杂、建设周期较长的建设工程项目。但是，应用 FIDIC 条款是有条件的，这些条件包括：

（1）采用无限制招标方式选择承包商；

（2）合同履行中建立以工程师为核心的管理模式；

（3）施工承包合同采用单价合同。

这三个条件是实施 FIDIC 条款的前提。但是，我国目前建筑业的管理体制还存在不少弊端，还不完全具备满足上述三个条件的宏观环境。例如，FIDIC 条款规定工程师有权处理由于工程量变化引起的单价争议，我国则规定这一争议最终由造价部门裁定。外方投资项目之所以较好地应用 FIDIC 条款，主要原因在于可以刚性地满足上述三个前提条件。“黄河小浪底”水利枢纽工程，除了具备极其复杂的地质条件和诸多极具挑战性的技术难题外，最令人关注的是它如何运用国际惯例对工程建设进行全过程全方位的管理，或者说与国际惯例进行全方位的接轨。在“小浪底”工程中，没有中国原计划经济下领导的权威，各方唯一共同遵循的是国际通用的 FIDIC 条款。只有熟悉 FIDIC 条款，才能在国际工程的招标投标、合同谈判、设备采购、风险管理和索赔处理等方面从根本上处于有利和主动的地位。

建设项目管理是一项系统工程，每个环节的运行都关乎整个系统，因此，不能孤立地抓工程质量，不能就招标投标抓招标投标，不能就监理抓监理。应以项目管理为中心，把项目管理涉及的多个环节作为系统工程来研究和处理，FIDIC 条款恰恰作到了这一点。我国应以管理机制和管理体制为切入点，逐步改革不适应科学项目管理的习惯做法，改革在建筑业管理方面不适应国际惯例要求的习惯做法，从管理的观念、方法、组织和手段方面积极创造条件，逐步缩小与国际惯例的差距，加速我国建筑业与国际接轨，带动和促进我国建筑业整体管理水平的提高。

➢ 案例 5.1

某中外合资企业（以下称业主），在苏州市建造约 1.3 万平方米的工业厂房。这项工程的承包合同文本一字不改地完全采用了国际咨询工程师联合会(FIDIC) 1986 年版的《土木工程施工合同条件》（以下称菲迪克合同条件）。业主按此文本的要求，聘请上海一家监理公司担任合同文本中规定的“工程师”（以下称工程师）。经招投标，中标承包工程施工的是苏州市某建筑公司（以下称施工方）。工程于 1996 年 1 月 20 日开工，同年 12 月 16 日竣工。工程被评为优良工程。因设计变更、工程类别调整以及地方政府规定的行业劳保统筹基金等费用引起工程款争议，施工方于 1998 年 6 月 20 日向苏州市中级人民法院提起诉讼。诉讼请求共 3 项，标的额约 490 万元。而业主则以工期延误为由提出了反诉。此案例被认为是国内完全采用菲迪克合同条件进行工程款纠纷诉讼的首起案例。

法院受理本案后，承办法官一开始认为本案是工程造价争议纠纷。既然双方对造价认识不能达成一致，则应当递交有关鉴定单位进行造价鉴定，并认为案件需要全面重新审计鉴定造价。但后经法庭事实调查，本案当事人运用菲迪克合同条件是当事人双方真实、一致的意思表示，是合法有效的民事行为，法院确认了合同的合法有效性；同时，法院认为双方对工程类别的核实问题已经进行了确定，并形成了合同一次“包死价”，经审理后认定合同价款不能调整；承包商（即施工方）在投标书中明确承诺工程质量等级为优良，在合同协议中约定的工程质量等级是优良，且约定如承包商达不到优良，扣合同价款的3%作为违约金。由此，法院在判决中认为本工程约定的合同造价是优良工程造价。最终，法院决定仅将屋面设计变更部分等争议委托审价，且将设计变更后的造价与原图纸的设计造价进行比较，以确定该项设计变更是否引起工程造价的增加。经审价，屋面工程变更涉及增加工程款为258 382元，法院判决确认业主应当将此款支付给施工方，业主对此无异议。

➢ 法理评析

由国家工商局和建设部联合颁布的在国内推荐使用的《建设工程施工合同条件》，在很大程度上借鉴了菲迪克合同条件的许多经验，被称为国内的“菲迪克合同文本”。菲迪克合同条件共计72条195款，先后经过四次修改，被广泛用于国际性招标的工程施工中。由于越来越多的国外投资商、承包商和设计单位到我国各地投资和承包工程，作为外国的业主和承包商提出直接适用菲迪克合同条件的情形越来越多。作为一种比较成熟的合同文本，菲迪克合同条件同样可以被选择适用于国内工程。但当选择适用菲迪克合同条件作为国内工程施工的合同条件时，应当充分注意我国关于工程建设方面的法律法规的规定，避免出现合同条件与我国国家的或地方的法律、法规相冲突而导致合同条款全部或者部分无效的情况。

国内工程适用菲迪克合同条件时，应特别注意下列问题：

1）关于菲迪克合同条件的法律效力

双方当事人可以选择菲迪克合同文本作为国内工程承包合同的文本，但要注意与我国法律、法规的衔接。

2）要对菲迪克合同条件的适用作说明和限制

如果国内工程直接采用菲迪克合同文本，需要根据我国的国情和建设管理的法律、法规体系以及当事人双方的具体情况，对合同条件的适用做出说明和限制。

3）要对工程质量和竣工交付作特别约定

工程质量等级的约定，在菲迪克合同条件中只规定工程质量必须达到令工程师满意的程度。而在我国，有关工程质量有优良、合格、不合格的规定。尤其当套用国内工程定额计算工程造价时更要注意，因为定额约定的工程造价是合格工程的造价。应当在《土木工程施工合同条件应用指南》第二部分“专用条件”中约定当工程达到优良或不合格时怎么处理。

4）工程造价的确定方式应与合同条件的有关条款相配套

如果采用总价一次包死，除设计发生变更引起工程量的变化超过一定数量后方可调整，此时，应当同时对第70条第1款、第70条第2款在《土木工程施工合同条件应用指南》第二部分“专用条件”中作出相应的规定。如果采用价格可调整的方式计算合同价格，应当同时对第 70 条第 1 款、第 70 条第 2 款在《土木工程施工合同条件应用指南》第二部分“专用条件”中就劳务、材料等调整的范围、方法或计算公式进行相应的约定。

5）确定争议解决方式须与合同条件本身及我国法律规定相衔接

菲迪克合同条件中明确规定了按国际商会的调解与仲裁章程，由据此章程指定的一名或数名仲裁员予以最终裁决。但当适用于国内工程时，该条款的规定在争议解决问题上显然不符合我国现行法律的规定。

四　建设工程的竣工验收

建设工程竣工验收，是建设工程经过施工和设备安装，达到该项目设计文件规定的要求，具备了使用条件后，承建单位向建设单位办理交付手续，建设单位查验以后，认为合格，办理接收手续的活动。我国《城市房地产开发经营管理条例》第 17 条明确规定：“房地产开发项目竣工，经验收合格后，方可交付使用；未经验收或者验收不合格的，不得交付使用。”房地产开发项目竣工后，房地产开发企业应当向项目所在地的县级以上地方人民政府房地产开发主管部门提出竣工验收申请。房地产开发主管部门应当自收到竣工验收申请之日起 30 日内，对涉及公共安全的内容，组织工程质量监督、规划、消防、人防等有关部门或者单位进行验收。

住宅小区等群体房地产开发项目竣工，还应当依照下列要求进行综合验收：①城市规划设计条件的落实情况；②城市规划要求配套的基础设施和公共设施的建设情况；③单项工程的工程质量验收情况；④拆迁安置方案的落实情况；⑤物业管理的落实情况。住宅小区等群体房地产开发项目实行分期开发的，可以分期验收。房地产开发企业应当将房地产开发项目建设过程中的主要事项记录在房地产开发项目手册中，并定期送房地产开发主管部门备案。

本章小结

房地产开发是房地产交易、经营和管理的基础，是房地产业的重要组成部分。因此，对房地产开发的法律规制也就成为房地产法律制度中的重要内容。本章介绍了我国房地产开发的概念、特点、分类及其立法原则，房地产开发企业的概念、类型、设立条件、设立程序及其资质管理，房地产开发中的建设工程合同，国家对房地产开发项目实施与经营管理等内容。通过本章的学习，使学生能够理解与认识房地产开发企业的基本法律问题，了解房地产开发建设活动的基本内容和程序，熟悉国家有关房地产开发建设管理的法律、法规。

思考题

1. 房地产开发企业的设立需具备什么条件以及如何设立？
2. 建设工程合同的种类和效力如何？
3. 建设项目分包应遵循的规则是什么？
4. 设立建设工程监理制度的意义与作用是什么？

参考文献

1. 丁烈云：《房地产开发》，中国建筑工业出版社，1999年。
2. 高富平、黄武双：《房地产法学》，高等教育出版社，2003年。
3. 蔡育天、顾长浩：《上海房地产投资经营实务》，上海人民出版社，1992年。
4. 高原：《房地产开发中的五个基本问题》，北大法律信息网。
5. 程信和、刘国臻：《房地产法学》，北京大学出版社，2001年。
6. 李延荣、周珂：《房地产法》，中国人民大学出版社，2000年。
7. 沈晖等：《房地产法的理论与实践》，同济大学出版社，2000年。
8. 赵勇山：《房地产法论》，法律出版社，2002年。
9. 郭洁：《土地资源保护与民事立法研究》，法律出版社，2002年。
10. 何培华：《房产法》，法律出版社，2003年。

第六章　房地产征收与补偿

内容提要

通过本章学习，了解城市房屋拆迁中存在的问题，了解房屋拆迁的程序、房地产征收的补偿原则以及农村土地征收补偿的范围与标准，掌握房地产征收与征用的含义。

本章学习的重点与难点：

房地产征收中公共利益的内涵与标准；公益拆迁与商业拆迁的区别；房屋拆迁补偿形式与标准的确定；农村集体土地征收补偿标准与范围。

我国《宪法》第10条规定："国家为了公共利益的需要，可以依照法律规定对土地实行征收或者征用并给予补偿。"《物权法》第42条规定："为了公共利益的需要，依照法律规定的权限和程序可以征收集体所有的土地和单位、个人的房屋及其他不动产。征收集体的土地，应当依法足额支付土地补偿费、安置补偿费、地上附着物和青苗的补偿费，安排被征地农民的社会保障费用，保障被征地农民的生活，维护被征地农民的合法权益。征收单位、个人的房屋及其他不动产，应当依法给予拆迁补偿，维护被征收人的合法权益；征收个人住宅的，还应当保障被征收人的居住条件。"《宪法》与《物权法》为征收公民不动产提供了宪法与法律依据。为了公共利益的需要，政府可以启动征收程序对公民私有不动产以及农村集体土地予以有偿征收。公民私有的不动产财产权并非是绝对的，其行使将受到一定的限制。

第一节　房地产征收与公共利益

一　房地产征收与征用

（一）征收与征用的必要性

征收是国家为公共事业或公共利益之目的，行使公权力，以补偿损失为条件，强制取得他人财产权之行为。征收一般是以私有和集体所有的房产以及土地为客体。因为房产以及土地具有不可替代性的特征，其与动产不同，动产可由同种类财产替代，国家如果不能取得某特定动产，可以通过市场购买取得，并不会影响公共事业或公共利益的推进。而房地产等不动产由于其位置的固定性，无法替代，国家需要时，为避免房地产所有者拒绝出售或借机拉抬价格，需籍征收权而取得，以便于社会公共事业和公共利益的发展。所以，设立征收制度具有必要性。征收也就主要成为房产、土地等不动产的征收。征收和征用是在承认原房地产所有权合法性的前提下，通过运用国家强制力而对公民的私有房地产进行限制，并对被征收、征用方给予适当补偿的行为。同时，征收和征用是合法的国家行为，如不法的国家行为侵害公民财产权利的，则国家应负损害赔偿之国家赔偿责任。

（二）房地产征收与征用的区别与联系

征收和征用均是对公民或集体房地产权利进行限制的行为，二者常常混同。事实上，征收与征用是不同的两个法律概念。宪法修正案对征收和征用概念严格加以区别，第 13 条第 3 款规定："国家为了公共利益的需要，可以依照法律规定对公民的私有财产实行征收或者征用并给予补偿。"征收是指为了公共利益的需要，国家把私人或集体所有的财产强制地征归国有；征用是指在紧急状态下强制性地使用公民或集体的不动产财产。

征收和征用的主要区别在于：征收是所有权的改变，征用只是使用权的改变。征收是国家从被征收人手中取得了所有权，房地产所有权发生转移；征用则是在紧急情况下对私有或集体房地产的强制性使用，在紧急情况结束后，被征用的财产归还给权利人。房地产财产征收后，权属的性质发生了改变，由私人所有或集体所有变为国家所有。所以，征收是对房地产权属的最大的限制。

征收和征用都必须遵循三个原则：一是公共利益需要或紧急情况的原则。二是依照法律规定的原则。征收、征用在一定程度上限制了公民或集体的房地产权。因此，征收、征用必须依照法律规定进行，按照法律规定的原则、条件和程序办理。三是依法给予补偿的原则。根据《宪法》规定，征收、征用都要给予补偿，包括金钱补偿或相应的财产以及其他形式的补偿。补偿的标准，需要在相关法律中作出明确的规定。征收是所有权的改变，征用的对象一般是物，使用结束后要物归原主，对物的价值减少的部分要给予补偿。补偿要及时，不能因补偿的延误给被征收、征用人造成损失。

二　公共利益

（一）公共利益概念的界定

《物权法》第42条规定："为了公共利益的需要，依照法律规定的权限和程序可以征收集体所有的土地和单位、个人的房屋及其他不动产。征收集体的土地，应当依法足额支付土地补偿费、安置补偿费、地上附着物和青苗的补偿费，安排被征地农民的社会保障费用，保障被征地农民的生活，维护被征地农民的合法权益。征收单位、个人的房屋及其他不动产，应当依法给予拆迁补偿，维护被征收人的合法权益；征收个人住宅的，还应当保障被征收人的居住条件。"但是，何为"公共利益"，《物权法》第42条对此未予具体界定。何为"公共利益"、谁来认定"公共利益"、"公共利益"与"私人利益"的界限如何区分等这些问题，法律界为此争论多年，至今无定论。

公共利益常被称为公共福利、公共福祉、社会福祉，与土地、房屋的征收、征用和补偿密切相关。利益是人们价值判断的结果，而价值判断是人类的一种精神行为，是主体对客体作评判后所得到的结果。这种价值（判断）及形成的利益概念，就含有不确定性。由于公共利益具有"利益内容的不确定性"和"受益对象的不确定性"之特征，使得这一概念极具抽象性。然而，公共利益又是一个必须设置的前提，公共利益概念在涉及人民基本权利方面被普遍运用，一方面，对基本权利的保障，是国家公共利益所必需的；另一方面，限制公民基本权利，也必须是基于公共利益方可以为之。如果没有了公共利益原则的限制，公民基本权利的保障将受到威胁。征收权的行使将完全随意化，任由行政机关自由裁量。

（二）公益征收标准的界定

“公共利益”是一个极难界定的概念，即便如此，仍需要创设一些行之有效的验证标准。具体言之，以下几个方面因素可以考虑：

（1）受益人的不特定性及多数性标准。一般而言，受益人是否特定、受益人人数的多寡等是判断公共利益的重要因素。征收涉及公民私有与集体的房地产财产，剥夺一部分人的房产或地产而使少数人受益不符合公益征收的目的。因此，公益征收需具有受益人之不确定性以及多数性标准。

（2）征收目的的公用性与合理性标准。征收私人或集体的房产或地产，是实现某一特定公共利益所必须的和必要的，即目的具有公用性、合理与必要性。

（3）更高利益与效率标准。所谓“更高利益”标准主要是指征收实现之利益远高于被征收财产的利益，如为了水利、防空等需要。“更高效率”，是指征收后财产利用效率要远远地高于征收前财产的利用效率。财产的低效利用只能使公众利益受损而不可能增进公共利益。换言之，征收的收益不仅应大于征收的成本，而且征收的实行应是实现特定公益目的的最优化选择。

（4）公众直接受益和实质受益相结合的标准。公众必须直接地在实质上享受到征收所带来的利益和好处，例如增加国家税收，促进社会科技进步等等。公益征收所追求之目标不在于追求计划本身的获利，而是社会公众可以直接通过这种计划获得利益。直接受益性标准主要可用来控制私人征收。所谓私人征收，是指产生有利于特定私人利益结果的征收。如果私人征收仅具有私人受益性，而不具有公共利益性，是不可能通过公共利益原则的检验的。

（5）征收利益的确定性标准。通过征收所拟实现的公共利益在被征收财产的未来使用中，要确实地能够发生，即使不能完全按原定计划目标实现，也要达到在相当程度上实现的要求。为此，根据确定性标准，征收主管机关应要求申请人提供确实可靠的证据，在必要时甚至提供强有力的担保，证明未来的征收目标能够确定地（或在很大程度上）实现，否则，不予批准征收计划。

（三）公益征收的立法模式

对于公益征收，各国在征收立法中采取了不同的立法例。大体有以下几种：一是概括式立法例，即仅在立法中概括规定征收须出于公共利益的目的，以美国、加拿大、澳大利亚为代表。二是列举式立法例，即在立法中详细列举公共利益的范围，以日本为代表。三是折中式即一方面列举公共利益的范围，另一方面又对公共利益作出概括性的规定。我国台湾地区采取这种立法模式，其“土地征收条例”第3条规定：“因公益需要，兴办下列各项事业，得征收私有土地：①国防事业；②交通事业；③公用事业；④水利事业；⑤公共卫生及环境保护事业；⑥政府机关、地方自治机关及其他公共建筑；⑦教育、学术及文化事业；⑧社会福利事业；⑨国营事业；⑩其他依法得征收土地之事业。”由于“公共利益”概念本身的不确定性，因而立法者要穷尽公共利益的内容并不容易。为克服概括式与列举式的不足，以折中方式对公共利益作规定较具现实意义。折中式立法例既对公共利益作出概括性的规定，又对公共利益的外延作出例示性的适当列举；既能控制政府征收权之滥用，又可结合公益界定之标准，为司法实践提供明确的法律依据。为此建议我国制定《不动产征收法》，并在该法中明确公共利益，如规定“公共利益”是指为了国防、防灾、减灾事业发展的需要；国家重点扶持的能源、交通、水利等事业发展的需要；科技、教育、文化、卫生、体育、环境和资源保护、文物保护、市政公用等事业发展的需要；危旧房改造和为改善低收入家庭居住条件实施的廉租住房、经济适用住房建设的需要；国务院规定的其他公共利益的需要。

三　征购——公益征收之例外

（一）商业征购之必要

《宪法》与《物权法》均规定只有在“公共利益”前提下可以实行征收。换言之，不存在公共利益不得启动征收程序。《宪法》与《物权法》的规定必将使那些为纯商业目的的房地产开发与经营而动用征收权的行为有所收敛。但是，随着城市化的发展，完全排除为商业目的而进行的房地产开发行为也是不可能的。排除一切非公益性质的建设项目的实施，对社会经济与城市的进步发展同样会带来危害。如果法律仅有“公益征收”之规定，而没有非公益性房地产征购制度的设置，则将迫使那些非公益性的项目或者称为“商业拆迁”的项目，打着公共利益的牌子，反而混淆公益征收与非公益征购的区别，使原本完全属于为公共利益而进行的征收也变得步履艰难。因此，创设征购制度是完全必要的。

设立征购制度，可将征购作为公益征收的前置程序。也就是说，不管是否具有公共利益，首先应适用征购程序，如果征购可以解决问题，则不需要动用征收程序。只有当征购不能行之有效时，则区别是否为公益征收，如果符合“公共利益”征收，则可启动强制征收这一程序；如果不具有“公共利益”则不能强制征收。德国在征收方面创设了“比例原则”：“比例原则”要求征收是公权力为实现公共福利之目的时，所不得已的“最后手段”，应尽量避免使用这种措施。迫不得已必须采用征收时，则实行“协议价购”制度，政府有义务于实施征收前，先行“协议价购”该欲行征收的标的物。

（二）商业性征购与政府角色的定位

公益征收涉及两方主体，即政府与被征收方。在实施过程中，政府可能将工程承包给开发商或企业去实施，在事实上形成三方关系即政府、开发商与被征收人的关系。但在理论上，公益征收中，开发商与被拆迁人之间不应该发生直接的征收与补偿关系。政府的征收过程应该是独立的，所有的补偿应该是政府作出的。征收具有强制性。与公益性征收不同的是，商业征购虽也涉及两方关系，即被征购人与征购方的关系，但这种征购完全是一种民事行为，不具有强制性。在商业性征购中，发生补偿关系的应该在征购方与被征购人之间，这种补偿，其实质为赔偿，双方就土地和房屋的流转达成一种协议。因此，调整商业性征购补偿关系的法律制度，应该是民事法律制度。但这并不是说政府就此可以退出这一领域。美国法学家霍尔德沃斯说过：在任何时候，政府都不能对所有人对其土地的使用完全漠不关心。土地的使用必须受到限制，不仅是为了其他土地所有人的利益，而且是为了整个社会的健康、安全和总体福利的利益。政府在这一关系中的地位是中立的，是以一种管理者的姿态出现的。政府的这种管理主要体现在政府对征购者征购活动的许可和监管制度上，审查该行为是否符合城市规划的要求，是否符合环境保护等方面的职责。

（三）商业性征购制度的建构

1. 政府的事先审查

政府在商业性征购中的作用主要有：一是审查征购者的征购方案是否符合城市规划以及实现的可能性，如资金是否到位以及被征购者的意愿。二是审查征购项目的环境保护是否符合要求。行政许可是政府对市场的一种监管行为，是对市场主体进行市场活动准入方面的一种限制。在商业征购中，这种限制主要是针对开发商而言的，只有开发商具备了相应的条件，才可以获得征购许可。当然，即使政府准许开发商进行征购，也由于商业征购是一种民事行为，因此，并不等于政府赋予了其具有强制征购以及不公正补偿的权利，能否征购成功以及具体的拆迁补偿等事宜，仍需要开发商和被征购者之间进行谈判达成一致才最终完成。政府的征购许可对被征购方无法律约束力。如果双方不能形成合意，或征购者考虑到征购成本过大，则征购行为可能就此被放弃。

2. 协商补偿价格，减少政府因素

商业征购与公益征收不同，补偿标准完全取决于市场价格。补偿的协商主体是开发商与被征购人。他们通过对补偿范围、金额等内容的协商，自愿有偿地达成补偿安置协议。价格完全是随行就市，如果被征购者觉得合理或获利较多，则将接受这一条件，因为如果漫天要价，很可能征购者因为成本过高而放弃或另寻地方。

3. 程序设计

商业性征购的程序与公益征收基本上是一致的，不同的是“公益征收”的前置条件是“公共利益”，否则不得启动征收程序。而商业征购首先考虑的是该征购项目是否符合城市规划，是否符合环境保护要求。项目立项通过后，则需要考虑的是所要征购地区居民的意愿，以及将要支付的征购费的承受力。最后是签订征购补偿协议。在未达成征购补偿协议之前，任何商业性征购人均不享有强制拆迁的权力。

四　房地产征收补偿

（一）征收补偿原则的确定

征收公民或集体房地产，必须给予公正的补偿。由于经济发展程度以及法律观念的不同，对于征收“补偿”的理解也不尽相同。一种观点认为：征收房地产财产应给予公平补偿。另一种观点认为应给予适当补偿。在实行私有制的国家中，一般均主张公平补偿。决定一国不动产征收采取何种补偿标准与原则，与该国的国力、经济制度及相应的思想文化观念有很大关联。我国在20世纪90年代前，对房产征收补偿大多采取适当补偿原则。我国房屋拆迁与农村土地征收适当补偿原则的确立，一方面与经济实力较弱有关，同时财产公有制观念在很大程度上也影响着征收补偿原则的确定。

（二）各国的征收补偿原则

（1）德国主要是采取公平补偿原则。这一原则要求政府在确立补偿标准的额度时，将公共利益视为“同等之价值”来衡量从而做出最终判断，该原则至今仍然是指导德国行政补偿的基本原则。公平补偿财产权人因为征收所造成之损失，以“市价”作为补偿之标准，即以被征物在当地的自由市场上，可以购得之价格作为补偿的标准。也就是，一个以“不一定非卖不可的卖主，卖给一个不一定非买不可之买主，所可协议的价钱”作为补偿的标准。在运用这一原则的实际操作过程中，补偿额度一般包括完全的交易价值及相关的费用，如搬迁费用、必要的法律咨询等，但不包括间接的损失，即间接的损失不在补偿考虑之内。德国基本法为了确保公民的财产权在征收时可以获得补偿，制定了所谓“唇齿条款”。依此条款，对财产进行征收，必须依据法律，而且该法律必须同时规定征收补偿的“额度”和“种类”，即“无补偿即无征收”。

（2）美国采取的是合理补偿原则。根据美国财产法，“合理补偿”是指赔偿所有者财产的公平市场价格，包括财产的现有价值和财产未来赢利的折扣价格。美国土地征用补偿根据征用前的市场价格为计算标准，充分考虑到土地所有者的利益，不仅补偿被征土地现有的价值，而且考虑补偿土地可预期、可预见的未来价值；同时，还补偿因征用而导致的相邻土地所有者、经营者的损失，充分保障了土地所有者的利益。土地征用在美国被称为“最高土地权的行使”。

（3）加拿大实行市场价格补偿。加拿大对土地征收的补偿是建立在被征土地的市场价格基础上，依据土地的最大和最佳用途，按当时的市场价格进行补偿。具体来看，土地征收补偿包括：①被征用部分的补偿，必须依据土地的最大和最佳用途，根据当时的市场价格补偿；②损害之补偿，主要针对被征用地块剩余的非征地，因建设或公共工作对剩余部分造成的损害，还包括对个人或经营损失及其他相关损失的补偿。这种补偿不仅包括被征地，还包括受征地影响相邻地区的非征地。③干扰损失的补偿，被征地所有者或承租人因为不动产全部或大部分被征收，因混乱而造成的成本或开支补偿。④重新安置的困难补偿等。

（4）日本第二次世界大战后《宪法》第 29 条第 3 款规定：“私有财产在正当补偿下得收为公用”，确立的是正当补偿的原则。日本现行《土地征用法》第 77 条和 88 条规定了彻底的完全补偿标准，还出现了“生活补偿”的新理论，即着眼于人的生活实际的补偿，如因水库建设、村落被迫转移，村民失去的不仅是房屋耕地，更失去了其生存的生活本身。因此，对财产人恢复以往的生活状况而进行补偿。

（5）法国的“完全补偿”原则。《公用征收法》第一部分第一编规定：“补偿金额必须包括由于公用征收产生的全部直接的、物质的和确定的损失。”

在公益征收补偿的标准上，各国规定不尽相同。主要是从各国实际出发，在不同的时期对公民不动产财产的征收补偿并不相同。

第二节　城市房屋拆迁

一　城市房屋拆迁的概念

（一）《城市房屋拆迁管理条例》对城市房屋拆迁的界定

根据 2001 年的《城市房屋拆迁管理条例》，城市房屋拆迁是指拆迁人根据建设规划要求和政府所批准的用地文件，在取得拆迁许可证的情况下，依法拆除建设用地范围内的房屋和附属物，将该范围内的单位和居民（简称被拆迁人）重新安置，并对其所受损失予以补偿的一系列活动。

近几年来城市房屋拆迁纠纷不断，侵犯公民合法财产的事件也时有发生。以《城市房屋拆迁管理条例》为基础建立起来的拆迁模式受到越来越多的批评。

（二）《物权法》对城市房屋拆迁的重新界定

《物权法》对房屋拆迁的模式进行了全新的定位与规制，清晰地界定了商业拆迁与政府征收行为的界限。长期以来，我国在《城市房屋拆迁管理条例》中所确定的城镇房屋拆迁模式无疑将得到重新审视与修正，最终使得政府的行政征收行为与开发商的商业拆迁行为得以区分并适用不同的规则与标准。前者恪守公共利益原则，后者则贯彻契约自由的精神，如此则将有利于被拆迁人合法权益的保护及社会的和谐。

（三）房屋拆迁与房地产征收的关系

拆迁是我国特有的名称。房屋拆迁其实质就是政府代表国家对私人房地产或集体房地产的一种征收，是国家行使公权力——行政征收权的一种表现。行政征收是指行政主体出于公共利益的需要，依据法律、法规的规定，强制性的取得行政相对人财产所有权、使用权或劳务并给予合理经济补偿的一种具体行政行为。我国《宪法》第 10 条规定：“国家为了公共利益的需要，可以依照法律规定对土地实行征收或者征用并给予补偿。”我国《物权法》第 42 条也作了类似规定：“为了公共利益的需要，依照法律规定的权限和程序可以征收集体所有的土地和单位、个人的房屋及其不动产。征收单位、个人的房屋及其他不动产，应当依法给予拆迁补偿，维护被征收人的合法权益；征收个人住宅的，还应当保障被征收人的居住条件。”《宪法》之规定，为房屋拆迁提供了宪法依据。拆迁作为强制取得公民不动产财产所有权的一种行为，房屋所有权人丧失所有权，国家依拆迁法之规定应给予被拆迁人公平补偿。

二 现有房屋拆迁模式的弊端

我国房屋拆迁制度以2001年国务院通过的《城市房屋拆迁管理条例》（以下简称《条例》）为基础，包括国家建设部出台的《城市房屋拆迁估价指导意见》和《城市房屋拆迁行政裁决工作流程》等一系列行政规章，也包括各省、自治区、直辖市及较大的市人大常委会或政府依据《条例》制定的关于房屋拆迁的地方法规和地方行政规章。近十几年来，中国经济的快速崛起加快了城市化的步伐。旧城区翻新改造，新城区、开发区遍地开花，中国人置身于房地产建设的滚滚热潮之中。这一热潮很大程度上得益于上述房屋拆迁制度的实施。但不可否认的是，上述制度也存在先天的不足与缺陷：

(1) 没有区分公益拆迁和商业拆迁。《条例》对拆迁项目的公益性和商业性没有区分，混淆了国家行为与企业行为这两种不同性质的行为所产生的法律关系，运用同一法律制度调整两种不同性质的行为。按照我国《宪法》规定，只有为了公共利益，国家才可以依照法律对公民的私有财产实行征收或征用并给予补偿。也就是说，只有为了公共利益的拆迁，国家权力才可以介入，才可以行使强制手段。如果只是为了商业利益，应由开发商和居民平等协商，贯彻契约自由的精神。但《条例》不论公益私利，都通过国家行政权力介入，使公众对拆迁即便是公益拆迁也同样强烈抵触。

(2)《条例》剥夺了被拆迁人表达自身意愿的机会。依《条例》的规定，拆迁人想要获得拆迁许可，只需单方面向政府房屋拆迁管理部门提交一系列文件（建设项目批准文件、建设用地规划许可证、国有土地使用权批准文件、拆迁计划和拆迁方案、办理存款业务的金融机构出具的拆迁补偿安置资金证明）即可，不需要获得被拆迁人同意，被拆迁人没有机会参与这一过程。拆迁人报送有关资料，管理部门进行公告，启动房屋拆迁程序，都是单方面的行为。被拆迁人虽然拥有房屋的所有权，但对这一征收其私有财产的行为却没有表达其意愿的机会与途径。这与我国《宪法》与《物权法》所确定的保护公民私有财产的原则与精神是相违背的。

(3)《条例》所确定的拆迁补偿原则与标准不能体现公平与公正。城市房屋拆迁补偿关系中体现的是拆迁人与被拆迁人之间的平等民事法律关系，却因行政权力的过度介入显示出明显的行政法律关系倾向。拆迁前拆迁人向行政机关申请拆迁许可证，行政机关向被拆迁人发布拆迁公告等行为都是纯粹的行政行为。这些行政行为作为以后民事法律行为的前提，起着至关重要的作用。它决定被拆迁人房屋的命运，使得原本平等的民事法律关系中的一方掌握了绝对控制权，民事法律关系失去了平等性，在补偿与安置中不能体现公平与公正。

➢案例 6.1

2004 年 8 月 31 日，重庆市拆迁主管部门贴出拆迁公告，拆迁重庆九龙坡区杨家坪步行街一带危旧房屋。拆迁主管部门对开发商（重庆智润置业有限公司、重庆南隆房地产开发有限公司）的拆迁与补偿方案按程序审核后，核准并颁发了拆迁许可证。按照城市改造的规划方案，该处被规划建成一个大型商场。拆迁公告发布后，开发商与被拆迁方杨武夫妇未能就拆迁补偿达成协议。杨武夫妇要求拆迁后，优先选择原位置、原朝向、原面积、原楼层的房屋，不接受异地安置也不接收货币补偿。而开发商则认为，除非开发后的房子和开发前的一样，否则不可能一丝不动，现规划的是一个大商场，每一层都是 5 000 平方米的大开间，根本没有办法满足被拆迁户的要求。回原址安置并非表示拆迁前后房屋丝毫没有变化，而是指在原区域范围内安置即可。双方争执较大，不能达成一致意见。这座位于九龙坡区杨家坪鹤兴路 17 号（杨家坪步行街附近），建于 20 世纪四五十年代，建筑面积为 219 平方米的危旧二层小楼（营业用房），因被拆迁人拒不搬迁，孤零零立在 10 米深坑的楼盘地基上中（因为该周围都已拆迁，该房四周已被挖下 10 多米的坑，成了“孤岛”）。被拆迁人杨武夫妇被媒体称为“重庆最牛的钉子户”、“史上最牛的钉子户”。2007 年 1 月 16 日拆迁主管部门向被拆迁人杨武夫妇送达拆迁行政裁决书，杨武夫妇以不知晓裁决为由拒绝签收。2 月 1 日九龙坡区房产局向重庆九龙坡区法院提出了先予执行的申请。3 月 19 日，重庆九龙坡区法院举行听证后，裁定支持房管局关于搬迁的裁决，并发出通知，要求被拆迁人杨武在 3 月 22 日前拆除该房屋。如不履行，法院将强制执行。3 月 22 日，杨武并未按规定履行相应义务，该案件于次日被移送区法院执行局执行。虽然区法院多次组织双方进行协商，但均无结果。3 月 26 日，执行局向杨武发出执行通知，责令其于 3 月 29 日前自行搬迁，但杨武仍未履行。法院公告 4 月 10 日为自行搬迁最后期限。

➢法理评析

重庆“最牛钉子户”案终因媒体力量的推动以及《物权法》颁布的有利时机，以拆迁方与被拆迁方达成和解而告终。和解结果为杨武夫妇接受异地安置，拆迁方按原《城市房屋拆迁管理条例》给予补偿包括：原房屋评估价 247.754 7

万；搬家费 2 万；经营损失费 90 万（3 万/月）；设备费补偿 0.222 2 万；装饰补偿费 10 万元；异地房安置评估价 306.884 7 万，双方同意置换产权，由杨武补差价 46.9 万。该案的积极意义在于宣示了每一个人的权利都应受到尊重，公民合法的私有财产不容侵犯。但是，该案的消极与负面影响也是不容忽视的。因为现代社会，私有财产在任何国家都不是绝对的。为了公共利益的需要，只要补偿到位、合理，国家可以动用征收权。过分强调私有财产的不可侵犯性，同样会导致公共利益受损，最终损害到个人利益的实现。

该案的和解，得益于《物权法》的即将颁布以及媒体强大力量推动的结果。但此案也给我们提出了值得思考的问题：一是危旧房改造后建成商场是否属于“公共利益”，具有商业利益的项目是否就不具有公共利益？二是公共利益由法院来判断还是由其他相关部门如房管局（颁发拆迁许可证）论定？三是被拆迁户要求原址、原面积、原朝向安置是否合理，开发商给付被拆迁人货币或异地房安置是否合法？《物权法》第 42 条的规定显然对此无法给予明确的答复。有必要通过相关法律，对《物权法》第 42 条精神加以具体化规定，对公共利益、补偿标准与方式程序作出具体规定，并引入商业征购制度等加以完善。

三 《物权法》确定的房屋拆迁模式及其意义

《物权法》第 42 条规定：“为了公共利益的需要，依照法律规定的权限和程序可以征收集体所有的土地和单位、个人的房屋及其他不动产。征收集体所有的土地，应当依法足额支付土地补偿费、安置补助费、地上附着物和青苗的补偿费等费用，安排被征地农民的社会保障费用，保障被征地农民的生活，维护被征地农民的合法权益。征收单位、个人的房屋及其他不动产，应当依法给予拆迁补偿，维护被征收人的合法权益；征收个人住宅的，还应当保障被征收人的居住条件。任何单位和个人不得贪污、挪用、私分、截留、拖欠征收补偿费等费用。”《物权法》对拆迁模式的重新定位体现了宪法基本理念并且是对具体实施宪法财产征收条款的重要举措，具有非常积极的宪法意义，同时也为《条例》的修改提供了法律依据。其意义在于揭示了公民私有财产受法律保护，任何单位与个人不得随意剥夺私人不动产财产。为了公共利益之需要征收公民私有不动产，应给予公平合理的补偿且经过合法的程序。

《物权法》对于拆迁条款归入征收范畴的调整，这使得几个最基本的概念得以明晰：

（1）土地上房屋补偿和土地补偿的关系。土地是国家的，但土地上的房屋应归具体的产权人所有。国家具有土地所有权，私人有房屋所有权，国家收回土地使用权，并不当然地剥夺私人的房屋所有权。因此，在拆迁的时候，对于房屋所有权必须给予补偿。绝不能因为被拆迁人的土地使用权是无偿取得的，就对其地上物不予补偿。

(2) 拆迁的主体及程序。根据《宪法》规定，只有国家可以进行征收，通常就是政府征收（不包括战时的军队）。因为征收权是一个公权力，是基于国家主权产生的一个权力，私主体是不可以进行征收的。《物权法》改变了《条例》所确定的公权力由开发商行使的错误模式，理顺了基本的法律关系，同时明确了征收的目的只能是为公共利益。如果不是基于公共利益，仅为商业开发则不能适用《物权法》该条的规定，不能进行征收。如果开发商需要进行商业开发，看中了地段，只能通过平等协商的手段与原土地使用人商谈。双方协商一致则通过合同进行补偿并转移土地使用权，不能协商一致则开发商无权取得房屋及该土地使用权。

(3) 房屋拆迁时物权如何变动。城市房屋拆迁中，拆迁人的主要目的在于取得被拆迁房屋占地范围的国有土地使用权。但是，在现行城市房屋拆迁制度下，被拆迁房屋的土地使用权及房屋所有权的变动时间却没有明确规定。《物权法》第 28 条规定“因人民法院、仲裁委员会的法律文书或者人民政府的征收决定等，导致物权设立、变更、转让或者消灭的，自法律文书或者人民政府的征收决定等生效时发生效力。”因此，《物权法》中因物权公示需要而制定的物权变动规则对于城市房屋拆迁产生了同样的约束作用，而这对于构建城市房屋拆迁中明确的物权变动法律规则有着非常重要的积极意义。

四 房屋拆迁程序

（一）公告与专家认证

为了公共利益的需要，县级以上地方人民政府征收房屋的，应当作出房屋征收决定。县级以上地方人民政府在作出房屋征收决定前，应当将征收目的、征收范围、实施时间等事项向社会公告，征求公众意见，并组织专家论证；必要时，举行听证。公告听证的时间、地点应事先公布。

经公开征求意见，县级以上地方人民政府作出房屋征收决定的，应当同时收回国有土地使用权。县级以上地方人民政府应当将房屋征收决定予以公告。公告应当载明征收目的、征收范围、实施时间和行政复议、行政诉讼权利等事项。

（二）拟定拆迁补偿方案与公告补偿方案

房屋征收决定公告后，拆迁部门应当对征收范围内房屋的权属、区位、用途、建筑面积以及租赁和用益物权等情况组织调查登记，并拟定拆迁补偿方案。

拆迁部门应当将拆迁补偿方案在征收范围内予以公告，征求权利人和利害关系人的意见，并告知权利人和利害关系人有要求举行听证的权利。权利人和利害关系人要求听证的，应当在公告期间提出。拆迁部门应当根据权利人和利害关系人的要求，在公告期满后及时举行听证。

拆迁补偿方案经批准后，由拆迁部门予以公告。公告应当载明拆迁补偿方式、房源情况以及搬迁过渡方式、过渡期限等事项。

（三）签订补偿协议

拆迁方案确定后，拆迁部门与被征收人应当依照经批准的拆迁补偿方案，就拆迁补偿方式、补偿金额、产权调换房屋的地点和面积、搬迁期限、搬迁过渡方式和过渡期限等事项，订立拆迁补偿协议。

（四）救济程序与强制拆迁

拆迁补偿协议订立后，一方当事人未履行协议的，另一方当事人可以依法向人民法院提起诉讼。

拆迁部门与被征收人达不成拆迁补偿协议或者被征收房屋所有权人不明确的，由拆迁部门报请作出房屋征收决定的县级以上地方人民政府根据拆迁补偿方案作出拆迁补偿决定。

权利人和利害关系人对拆迁补偿决定不服的，可以依法申请行政复议，也可以依法向人民法院提起行政诉讼；逾期不申请行政复议也不向人民法院提起行政诉讼、又不履行的，作出房屋征收决定的县级以上地方人民政府可以责成有关部门强制拆迁，或者由拆迁部门依法申请人民法院强制拆迁。

实施强制拆迁前，拆迁部门应当对被征收人先予货币补偿或者提供产权调换房屋、周转用房。

五 房屋拆迁补偿

房屋拆迁补偿是拆迁人依法对被拆除房屋及其附属物的所有人因拆迁所遭受的损失给予合理的弥补，是房屋拆迁工作的重要环节。为了保证被征收人有房居住，对于征收个人住宅的，作出房屋征收决定的县级以上地方人民政府应当为被征收人提供适当房源。被征收人的家庭符合廉租住房保障对象或者经济适用住房供应对象条件的，作出房屋征收决定的县级以上地方人民政府应当提供廉租住房保障或者经济适用住房。

（一）拆迁补偿的对象和范围

拆迁补偿的对象是被拆除房屋及其附属物的所有人，包括产权人、代管人和国家授权的国有房屋及其附属物的管理人。

拆迁补偿的范围包括主体房屋和附属物，但限于合法建筑。拆除违章建筑和超过批准期限的临时建筑不属于拆迁补偿的范围，不予补偿；拆除未超过批准期限的临时建筑属于补偿范围，应当给予适当补偿。

（二）补偿形式

拆迁补偿的方式可以实行货币补偿，也可以实行房屋产权调换。被征收人可以选择拆迁补偿方式。在房屋拆迁实务中，可能也存在将产权调换和作价补偿相结合的形式。

1. 货币补偿

若被拆迁房屋所有权人愿意放弃被拆迁房屋的产权、又不要安置的，拆迁人可按拆迁房屋的市场价格收购。货币补偿的金额，根据被征收房屋的区位、用途、建筑面积等因素，以房地产市场评估价格确定。具体办法由省、自治区、直辖市人民政府制定。房地产市场的评估价格主要是根据房屋的区位、用途以及建筑面积等因素来确定。房屋坐落的位置是决定房屋价格的因素之一，即使是两幢完全一样的房屋，若其所在的位置不同，两者的价格就会存在很大的差别。房屋的用途也是决定房屋价格的一个因素。城市中心的房屋是用于居住还是用于经商，其价格也就截然不同。除了前面两个因素，房屋的建筑面积也在很大程度上决定了房屋的市场价格。

2. 产权调换

产权调换是拆迁人用异地或者原地重建的房屋与被拆迁人的房屋按一定标准进行交换的一种补偿形式。拆迁非公益事业房屋的附属物，不作产权调换，由拆迁人给予货币补偿。产权调换房屋应当符合国家质量安全标准。

（1）产权调换的差价结算。实行产权调换时，偿还房屋的建筑面积与被拆除房屋的建筑面积往往不相等；即使相等，也可能两者在结构上不相同，需要进行价格结算。应当计算被征收房屋的价格和所调换房屋的价格，结清产权调换的差价。

（2）产权调换后的租赁关系。为保护承租人不因拆迁而影响其合法的承租权，被拆除的房屋如是已出租的房屋，被拆迁人与房屋承租人对解除租赁关系达不成协议的，法律要求拆迁人应当对被拆迁人实行房屋产权调换的补偿方式，并继续保持租赁关系，但租赁合同要重新签订。这主要是为了兼顾出租人和承租人双方的利益，保持租赁关系的稳定。在拆迁实践中，因产权人经济能力或者其他原因不宜实行产权调换，产权人放弃产权调换主张时，可以实行作价补偿。这时拆迁人应当对承租人进行安置，拆迁人与承租人形成新的租赁关系。当然，原租赁合同会因房屋的变化而作相应的变更和调整。

3. 产权调换和作价补偿相结合

在拆迁补偿中，对被拆除房屋一部分实行产权调换，一部分实行作价补偿，即实行产权调换和作价补偿相结合形式。这种形式是必要的，因为产权调换的房屋面积很难正好相等，这时就需要通过作价补偿的形式加以补偿。

六 房屋拆迁的法律责任

（一）县级以上地方人民政府的法律责任

县级以上地方人民政府有下列行为之一的，由上级人民政府责令改正，通报批评；对直接负责的主管人员和其他直接责任人员，依法给予降级、撤职处分；造成损失的，依法承担赔偿责任：

（1）因非公共利益需要征收房屋的；

（2）违反法定程序作出房屋征收决定的；

（3）未将房屋征收决定予以公告的；

（4）对不符合规定的拆迁补偿方案予以批准的；

（5）作出的拆迁补偿决定违反拆迁补偿方案的；

（6）违反法定条件责成有关部门强制拆迁的。

（二）拆迁部门的法律责任

拆迁部门有下列行为之一的，由本级人民政府责令改正，通报批评；对直接负责的主管人员和其他直接责任人员，依法给予降级、撤职处分；造成损失的，依法承担赔偿责任：

（1）未依法公告拆迁补偿方案的；

（2）未按照房屋征收决定确定的征收范围实施拆迁的；

（3）实施强制拆迁前，未按照规定对被征收人先予货币补偿或者提供产权调换房屋、周转用房的；

（4）委托不具有拆迁资质的单位实施拆迁的；

（5）采取中断供水、供热、供气、供电等方式实施拆迁的。

（三）刑事责任

县级以上地方人民政府及其拆迁部门的工作人员在房屋征收与拆迁补偿工作中，滥用职权、玩忽职守、徇私舞弊，构成犯罪的，依法追究刑事责任；尚不构成犯罪的，依法给予处分。违反条例规定，受委托实施拆迁的单位采取中断供水、供热、供气、供电等方式实施拆迁的，由拆迁部门责令限期改正，给予警告；情节严重的，由发证机关吊销资质证书。

受委托实施拆迁的单位、被征收人、房屋承租人的行为违反《治安管理处罚条例》的，由公安机关依法给予治安管理处罚；构成犯罪的，依法追究刑事责任。

第三节　农村土地征收与补偿

一　农村土地征收的概念与法律特征

农村土地征收是指国家基于公共利益的需要，依法采取强制手段有偿地将农村集体经济组织所有的土地征为国家所有。

任何一个国家都存在征收制度。当国家因公共利益的需要，征收集体所有的土地时，只要给予集体组织相应的补偿即可。在民法上，征收被称为国家取得物权的一种方式。征收更多的是一种公法上的制度，而非私法上的制度。

征收具有以下法律特征：

（1）土地征收是以国家的名义进行的，具有强制性。征地是国家作为全社会的组织者与管理者而依法进行的一项活动，只有国家才可以为之，任何组织或者个人均无权擅自征收土地。同时，国家为公共利益的需要，征收集体所有的土地时，被征收单位应当服从国家的需要，不得阻挠。这是《宪法》和法律赋予国家的一项权利。因此，土地征收具有强制性。

(2) 土地征收具有合法性。合法性是土地征收的突出的特征。国家建设征收土地必须依法进行。依法征地包括两方面的含义：一是指征收土地内容的合法性。根据《土地管理法》第43条规定："任何单位和个人进行建设，需要使用土地的，必须依法申请国有土地；……依法申请使用的国有土地包括国家所有的土地和国家征收的原属于农民集体所有的土地。"二是征收土地的程序必须合法。国家建设征收土地必须严格按照《土地管理法》的规定进行。

(3) 土地征收具有补偿性。由于国家与农村集体经济组织属于不同的所有权主体，具有各自独立的权利，因此，国家征收集体土地理应给予相应的补偿。用地单位应当依法向被征地单位支付一定的土地补偿费、安置补助费，并妥善地安排好征地单位所在地农民的生活和生产。

(4) 土地征收范围的广泛性。对农村集体经济组织土地所有权的征收，既包括对集体所有的土地，也包括了对附着于土地之上的房屋、种植物等财产的征收。

(5) 土地征收权属的变更性。国家征收农村集体经济组织的土地后，土地的权属则由原来的集体所有变为国家所有。

二 农村土地征收遵循的原则

(一) 切实保护耕地的原则

我国人多地少，对农村土地进行征收，必然涉及农地、耕地的减少。同时，我国又是一个拥有十几亿人口的大国，粮食安全始终是一个关系国家长治久安的重大问题。为了子孙后代的生存与发展，我们必须保护耕地，保护农民种粮的积极性与主动性。因此，实行最严格的保护耕地政策成为农村土地征收首要遵循的原则。我国《土地管理法》第3条规定："十分珍惜、合理利用土地和切实保护耕地是我国的基本国策。各级人民政府应当采取措施，全面规划，严格管理，保护、开发土地资源，制止非法占用土地的行为。"

(二) 基本农田重点保护原则

基本农田是耕地中的精华，是维护国家粮食安全最基本的依靠，保护耕地最重的是保护好基本农田。我国已建立了基本农田保护制度，对于保护耕地发挥了重要的作用。土地征收应将保护基本农田放在首位。一般商业开发不得占用基本农田。

（三）保障农民权益的原则

城市化的发展，征地规模不断扩大，出现的问题也越来越多。有些地方征地规模过大，土地闲置现象严重；此外，被征地农民权益得不到保障，征地补偿费用落实不到位，被征地农民的社会保障成为严重的社会问题。为此，《物权法》第 42 条规定："征收集体所有的土地，应当依法足额支付土地补偿费、安置补助费、地上附着物和青苗的补偿费等费用，安排被征地农民的社会保障费用，保障被征地农民的生活，维护被征地农民的合法权益。"

三　农村集体土地所有权的行使

（一）农村集体所有土地的范围

我国《土地管理法》第 8 条明确规定："农村和城市郊区的土地，除由法律规定属于国家所有的以外，属于农民集体所有；宅基地和自留地、自留山，属于农民集体所有。"《物权法》第 58 条规定："集体所有的不动产和动产包括：（一）法律规定属于集体所有的土地和森林、山岭、草原、荒地、滩涂；（二）集体所有的建筑物、生产设施、农田水利设施；（三）集体所有的教育、科学、文化、卫生、体育等设施；（四）集体所有的其他不动产和动产。"

因此，农村集体所有土地包括：

（1）农村和城市郊区的土地。农村及城市郊区的土地所有权属于农村集体所有，包括属于农村集体所有的森林、山岭、草原、荒地、滩涂等。

（2）宅基地和自留地、自留山。农民的宅基地、自留地、自留山也属于农村集体所有。

（二）农村集体土地分类

《土地管理法》第 4 条规定：国家实行土地用途管制制度。国家编制土地利用总体规划，规定土地用途，将土地分为农用地、建设用地和未利用地。严格限制农用地转为建设用地，控制建设用地总量，对耕地实行特殊保护。

农用地是指直接用于农业生产的土地，包括耕地、林地、草地、农田水利用地、养殖水面等；建设用地是指建造建筑物、构筑物的土地，包括城乡住宅和公共设施用地、工矿用地、交通水利设施用地、旅游用地、军事设施用地等；未利用地是指农用地和建设用地以外的土地。

（三）农村土地所有权的行使主体

《土地管理法》第 10 条规定："农民集体所有的土地依法属于村农民集体所有的，由村集体经济组织或者村民委员会经营、管理；已经分别属于村内两个以上农村集体经济组织的农民集体所有的，由村内各该农村集体经济组织或者村民小组经营、管理；已经属于乡（镇）农民集体所有的，由乡（镇）农村集体经济组织经营、管理。"《物权法》第 60 条也规定："对于集体所有的土地和森林、山岭、草原、荒地、滩涂等，依照下列规定行使所有权：（一）属于村农民集体所有的，由村集体经济组织或者村民委员会代表集体行使所有权；（二）分别属于村内两个以上农民集体所有的，由村内各该集体经济组织或者村民小组代表集体行使所有权；（三）属于乡镇农民集体所有的，由乡镇集体经济组织代表集体行使所有权。"

因此，农村土地所有权的行使主体有下列几类：

(1) 集体经济组织或者村民委员会。农村集体所有土地属于村农民集体所有的，则由集体经济组织或者村民委员会经营与管理。

(2) 村内各该集体经济组织或者村民小组。如果农民集体所有的土地已经分别属于村内两个以上农村集体经济组织的农民集体所有的，则由村内各该农村集体经济组织或者村民小组来经营、管理。

(3) 乡镇集体经济组织。农民集体所有的土地，已经属于乡（镇）农民集体所有的，则由乡（镇）农村集体经济组织经营、管理。

《物权法》第 59 条也规定："农民集体所有的不动产和动产，属于本集体成员集体所有。《物权法》第 61 条规定："城镇集体所有的不动产和动产，依照法律、行政法规的规定由本集体享有占有、使用、收益和处分的权利。"

（四）农民集体所有土地的保护

我国《物权法》第 62 条明确规定："集体经济组织或者村民委员会、村民小组应当依照法律、行政法规以及章程、村规民约向本集体成员公布集体财产的状况。"第 63 条规定："集体所有的财产受法律保护，禁止任何单位和个人侵占、哄抢、私分、破坏。集体经济组织、村民委员会或者其负责人作出的决定侵害集体成员合法权益的，受侵害的集体成员可以请求人民法院予以撤销。"

四　农村土地征收的程序

（一）农用地转用审批手续

国家实行农用地转用审批制度。《土地管理法》第 43 条规定：“任何单位和个人进行建设，需要使用土地的，必须依法申请国有土地，依法申请使用的国有土地包括国家所有的土地和国家征用的原属于农民集体所有的土地。”第 44 条规定：“建设占用土地，涉及农用地转为建设用地，应当办理农用地转用审批手续。”批准权限如下：

（1）必须由国务院批准的项目：①省、自治区、直辖市人民政府批准的道路、管线工程和大型基础设施建设项目；②国务院批准的建设项目占用土地，涉及农用地转为建设用地的。

（2）由原批准土地利用总体规划的机关批准。在土地利用总体规划确定的城市和村庄、集镇建设用地规模范围内，为实施该规划而将农用地转为建设用地的，按土地利用年度计划分批次由原批准土地利用总体规划的机关批准。

（3）在上述（1）、（2）项范围内，已批准的农用地转用具体项目用地可以由市、县人民政府批准。

（4）省、自治区、直辖市人民政府批准的项目。上述（1）、（2）、（3）三项规定以外的建设项目占用土地，涉及农用地转为建设用地的，由省、自治区、直辖市人民政府批准。

（二）征地审批与权限

（1）征用审批权限。征用下列土地，由国务院批准：①基本农田；②基本农田以外的耕地超过 35 公顷的；③其他土地超过 70 公顷的。上述以外的土地，由省、自治区、直辖市人民政府批准，并报国务院备案。

（2）征用农田的，先办农用地转用审批。其中，经国务院批准农用地转用的，同时办理征地审批手续。不再另行办理征地审批；经省、自治区、直辖市人民政府在征地批准权限内批准农用地转用的，同时办理征地审批手续，不再另行办理征地审批，超过征地批准权限的，应当另行办理征地审批。

（三）土地征用法定程序

1. 书面公告

国家征用土地的，依照法定程序批准后，由县级以上地方人民政府予以公告并组织实施。国土资源部《土地征用公告办法》第 3 条规定："征用农民集体所有土地的，征用土地方案和征地补偿、安置方案应当在被征用土地所在地的村、组内以书面形式公告。其中，征用乡（镇）农民集体所有土地的，在乡（镇）人民政府所在地进行公告。"第 4 条规定："被征用土地所在地的市、县人民政府应当在收到征用土地方案批准文件之日起 10 个工作日内进行征用土地公告，该市、县人民政府土地行政主管部门负责具体实施。"公告的内容包括：①征地批准机关、批准文号、批准时间和批准用途；②被征用土地的所有权人、位置、地类和面积；③征地补偿标准和农业人员安置途径；④办理征地补偿登记的期限、地点。

2. 登记

被征地农村集体经济组织、农村村民或者其他权利人应当在征用土地公告规定的期限内持土地权属证书到指定地点办理征地补偿登记手续。被征地农村集体经济组织、农村村民或者其他权利人未如期办理征地补偿登记手续的，其补偿内容以有关市、县土地行政主管部门的调查结果为准。未依法进行征用土地公告的，被征地农村集体经济组织、农村村民或者其他权利人有权依法要求公告，有权拒绝办理征地补偿登记手续。

3. 拟订征地补偿安置方案并公告

有关市、县人民政府土地行政主管部门会同有关部门根据批准的征用土地方案，在征用土地公告之日起 45 日内以被征用土地的所有权人为单位拟订征地补偿、安置方案并予以公告。内容包括：

(1) 本集体经济组织被征用土地的位置、地类、面积，地上附着物和青苗的种类、数量，需要安置的农业人口的数量；

(2) 土地补偿费的标准、数额、支付对象和支付方式；

(3) 安置补助费的标准、数额、支付对象和支付方式；

(4) 地上附着物和青苗的补偿标准和支付方式；

(5) 农业人员的具体安置途径；

(6) 其他有关征地补偿、安置的具体措施。

未依法进行征地补偿、安置方案公告的，被征地农村集体经济组织、村民或者其他权利人有权依法要求公告，有权拒绝办理征地补偿、安置手续。

4. 异议与听证

被征地农村集体经济组织、村民或者其他权利人对征地补偿、安置方案有不同意见或者要求举行听证会的，应当在征地补偿、安置方案公告之日起 10 个工作日内向有关市、县人民政府土地行政主管部门提出。有关市、县人民政府土地行政主管部门应当研究被征地农村集体经济组织、村民或者其他权利人对征地补偿、安置方案的不同意见。当事人要求听证的，应当举行听证会。确需修改征地补偿、安置方案的，应当依照有关法律、法规和批准的征用土地方案进行修改。有关市、县人民政府土地行政主管部门将征地补偿、安置方案报市、县人民政府审批时，应当附具被征地农村集体经济组织、农村村民或者其他权利人的意见及意见采纳情况，举行听证会的，还应当附具听证笔录。

5. 组织实施与争议解决

征地补偿、安置方案经批准后，由有关市、县人民政府土地行政主管部门组织实施。有关市、县人民政府土地行政主管部门将征地补偿、安置费用拨付给被征地农村集体经济组织后，有权要求该农村集体经济组织在一定时限内提供支付清单。市、县人民政府土地行政主管部门有权督促有关农村集体经济组织将征地补偿、安置费用收支状况向本集体经济组织成员予以公布，以便被征地农村集体经济组织、农村村民或者其他权利人查询和监督。因未按照依法批准的征用土地方案和征地补偿、安置方案进行补偿、安置引发争议的，由市、县人民政府协调；协调不成的，由上一级地方人民政府裁决。征地补偿、安置争议不影响征用土地方案的实施。

五　征收土地的补偿与安置

土地是农民的最基本的生产资料，国家因建设需要征收集体所有的土地，应该给农民一定的补偿与安置费，以弥补农民在农田基本建设投入中的损失。征收集体所有的土地，应是有偿的，而不是无偿的剥夺。根据《土地管理法》规定：征收土地的，按照被征收土地的原用途给予补偿。征收耕地的补偿费包括土地补偿费、安置补助费以及地上附着物和青苗的补偿费等。

1. 土地补偿费

国家建设征收土地，由用地单位向被征地单位支付土地的补偿费。其标准为：土地补偿费为该耕地被征收前 3 年平均年产值的 6～10 倍。

2. 安置补助费

国家建设征收土地，用地单位除支付土地补偿费外，还应当支付安置补助费。征收耕地的安置补助费标准，按照需要安置的农业人口数来计算。需要安置的农业人口数，按照被征收的耕地数量除以征地前被征地单位平均每人占有耕地的数量计算。每一个需要安置的农业人口的安置补助费标准为该耕地被征收前3年平均每亩年产值的4～6倍。但是，每公顷被征收每亩被征收耕地的安置补助费，最高不得超过被征收前3年平均年产值的15倍。

征收其他土地的土地补偿费和安置补助费标准，由省、自治区、直辖市参照征收耕地的安置补偿费标准规定。

如果按上述规定支付土地补偿费和安置补助费，尚不能使需要安置的农民保持原有生活水平的，经省、自治区、直辖市人民政府批准，可以增加安置补助费。但是，土地补偿费和安置补助费的总和不得超过土地被征收前3年平均年产值的30倍。

3. 青苗补偿费

青苗，是指从播种到收获前生长在农田里的农作物。青苗可分为粮食作物、经济作物和蔬菜等两类。青苗补偿费，就是征地单位给农民青苗投入损失的补偿。补偿费的标准可根据青苗的实际产量按生长阶段补偿原则进行。青苗的实际产量，按当年的计划产量结合以往一般产量来计算。具体标准由各地根据上述原则制定。

4. 地上附着物补偿费

地上附着物是指依附于地上的工程物体，如水井、晒谷场、房屋等。

5. 新菜地开发基金

征收城市郊区的菜地，用地单位应当按照国家有关规定缴纳新菜地开发建设基金。城市郊区菜地是指城市郊区为供应城市居民吃菜，连续3年以上种菜或者养殖鱼、虾等的商品的菜地和精养鱼塘，包括直辖市所辖县征收为供应直辖市居民吃菜的菜地，不包括县城、建制镇和工矿区菜地，也不包括一年只种一季的菜地。凡国家建设，包括城镇集体单位建设征收上述规定的城市郊区菜地，用地单位必须向国家缴纳新菜地开发基金，征收尚未开发规划的菜地，不缴纳新菜地开发基金。具体标准按《国家建设征收菜地缴纳新菜地开发建设基金暂行管理办法》办理。

6. 土地复垦费或耕地开垦费

《土地管理法》第31条、42条对土地复垦费或耕地开垦费进行了规定。

7. 被征地农民的社会保障费用

《物权法》第42条的规定，征收单位还应安排被征地农民的社会保障费用，保障被征地农民的生活，维护被征地农民的合法权益。

➢案例 6.2

原告：村民郭某

被告：某村民委员会与村民组

2002 年，某省在修建某高速公路时，征收某村民郭某（原告）承包的责任田 1.93 亩，每亩征地补偿费为 9 360 元。该村村民委员会和该村第四村民组（被告）付给郭某征地补偿款 11 397.60 元（其中土地补偿费 3 060 元，安置补助费 8 337.60 元）。2004 年，在修建高速公路时，再次征收郭某责任田 1.4 亩，每亩补偿费为11 500元，该村民委员会和该村第四村民组又支付郭某征地补偿款 15 851.60元（其中土地补偿费 8 571.60 元，安置补助费 7 280 元）。余款额两次共计 6 915.60 元。以上两次征地补偿费，该村民委员会和第四村民组除支付给郭一部分后，将余款额均分给全组没有被征收责任田的村民。郭某认为，根据法律规定，村民委员会和第四村民组应统一调整土地，按人均现有土地面积重新调补给被征收人，第二轮土地承包期 30 年之后再予调整补给无责任田的农户时间太长。村民委员会和第四村民组均以无法调整为由予以拒调。郭某诉至人民法院。诉求：如果无法调整土地，请求判令二被告一次性支付余下的土地补偿费 6 915.60元。

被告辩称：根据土地实施办法及市县的相关规定已将土地补偿费和安置补助费如数支付给了原告，剩余的土地补偿费按照乡政府的发放办法，发给村民平均分配，村委将土地补偿费平均分配给第四村民组全组人员，符合相关规定。原告要求将征用的责任田的土地补偿费全部支付没有依据。

法院审理后认为：原告郭某作为被告集体成员，与被告之间存在土地承包关系。2002 年与 2004 年修高速公路时征收原告郭某承包的土地，对被征收的土地，原告郭某有获得土地补偿费的权利。但是，《中华人民共和国土地管理法实施条例》明确规定，土地补偿费归农村集体经济组织所有，土地补偿费在土地被征收后，统一支付给作为被征地单位的农村集体经济组织。最高人民法院《关于审理涉及农村土地承包纠纷案件适用法律问题的解释》中规定：发包方可以依照法律规定的民主议定程序决定在本集体经济组织内部分配已经收到的土地补偿费。当事人就用于分配的土地补偿费数额提起的民事诉讼的，人民法院不予受理。本案件中，二被告将被征收土地的补偿费按人均发给村民，符合法律规定，现原告郭锁主张将分给村民的补偿费收归其所有不符合法律规定，不属于本院受理范围。原告郭某另要求二被告在将土地补偿费均分给全组没有被征收责任田的村民后，应统一调整土地，因调整土地这一事项也不属于法院受理民事案件范围，本院不予支持。据此，驳回原告郭某对被告的起诉。

一审宣判后，原告不服，上诉法院审理后认为：依据《中华人民共和国土地管理法实施条例》土地补偿费归农村集体经济组织所有，土地补偿费在土地被征收后，统一支付给作为被征地单位的农村集体经济组织。最高人民法院《关于审理涉及农村土地承包纠纷案件适用法律问题的解释》第一条第（三）项之规定集体经济组织成员就用于分配的土地补偿费数额提起民事诉讼的，人民法院不予受理之规定，郭锁上诉所主张将分给村民的补偿费收归其所有或给其调整土地之由，不属于法院受理范围，法院不予支持。维持了一审的判决。

➢ **法理评析**

本案是一起土地补偿费纠纷。征地补偿费包括土地补偿费、安置补助费及地上附着物和青苗补偿费，这三项费用合起来称承包地征收补偿费。所谓地上附着物和青苗补偿费，是指对被征地农户财产损失的补偿，理应支付给承包方；安置补助费，是指对被征地农户丧失土地承包经营权的补偿，只要该农户放弃统一安置，该笔费用就应支付给被征地农民；土地补偿费系对集体土地所有权丧失的补偿，其分配主体应当是征地补偿安置方案确定时所有具有本集体经济组织成员资格的人，这是成员自益权的体现。对于土地补偿费分配纠纷的处理，《中华人民共和国土地管理法实施条例》第 26 条规定，“土地补偿费归农村集体经济组织所有。”其实质上是对集体土地所有权的补偿，土地补偿费在土地被征收后，统一支付给作为被征地单位的农村集体经济组织。农村集体经济组织收到土地补偿费后如何分配，属于涉及村民利益的重大事项。根据村民委员会组织法第十九条，涉及村民利益的重大事项应当由村民委员会提请村民会议讨论决定。为此，最高人民法院《关于审理涉及农村土地承包纠纷案件适用法律问题的解释》第 24 条规定：“农村集体经济组织或者村民委员会、村民小组，可以依照法律规定的民主议定程序，决定在本集体经济组织内部分配已经收到的土地补偿费。或用于公益事业，或分配给村民等。”本案中，二被告将被征收土地的补偿费通过民主议定程序人均发给村民，符合法律规定的程序。最高人民法院《关于审理涉及农村土地承包纠纷案件适用法律问题的解释》第 1 条第（3）项规定：“集体经济组织成员就用于分配的土地补偿费数额提起民事诉讼的，人民法院不予受理。”本案中，原告郭锁主张将已分给村民的补偿费收归其所有不符合法律规定，法院裁定驳回其起诉是正确的。原告郭某要求如果不将分给村民的补偿费收归其所有的话，应为其调整土地，由于土地调整不属于人民法院受理案件的范围，法院以此裁定驳回原告郭锁的起诉也是正确的。

当然本案也提出了一个值得深思的问题：农村村民被征收土地后获得的土地补偿费是有限的，而又调整不了土地，到第二轮土地承包期 30 年之后再予调整，时间太长。如果没有土地耕种，每年国家对种地农户的直补又得不到，其相对于有地可种的农户来说就太不公平。依照现有相关法律规定，本案判决是正确的，但类似郭锁的问题不解决，也是影响农村社会和谐稳定的实际问题。因此，如何完善土地管理法中有关土地征收补偿费分配机制成为新的研究课题。

本章小结

征收是国家为公共事业或公共利益之目的，行使公权力，以补偿损失为条件强制取得他人财产权的行为。征收与征用是两个不同的法律概念。征收是指为了公共利益的需要，国家把私人或集体所有的财产强制地征归国有；征用是指在紧急状态下强制性地使用公民或集体的不动产财产。征收是所有权的改变，征用只是使用权的改变。征收和征用都必须遵循三个原则：一是公共利益需要或紧急情况的原则；二是依照法律规定的原则；三是依法给予补偿的原则。“公共利益”虽是一个极难界定的概念，但仍有一些验证标准，如受益人数、征收的目的、效率以及受益的程度等因素均可以考虑。征收之补偿的标准，由于各国经济发展程度以及法律观念的不同，有给予公平补偿、合理补偿、适当补偿以及市场价格补偿等方式。城市房屋拆迁的纠纷较多，拆迁人、被拆迁人对拆迁安置的标准、地点、面积以及补偿的方式、费用的支付等争议较大。《物权法》对城市房屋拆迁作了重新界定，明确了公共利益的前提，对房屋拆迁的模式进行了全新的定位与规制，清晰地界定了商业拆迁与政府征收行为的界限。农村土地征收应遵循一定的原则，如切实保护耕地的原则、基本农田重点保护原则、保障农民权益原则。农村土地征收前必须办理农用地转用审批手续。农村土地征收补偿包括土地补偿费、安置补助费、青苗补偿费、地上附着物补偿费、新菜地开发基金、土地复垦费或耕地开垦费以及保障被征地农民的社会保障费用。

思考题

1. 什么是房地产征收与征用？二者有何联系与区别？
2. 如何理解征收中的“公共利益”？
3. 房地产征收补偿的原则是什么？
4. 城市房屋拆迁补偿的形式有哪几种？
5. 城市房屋拆迁的法定程序是什么？
6. 农村土地征收补偿内容与标准是什么？

参考文献

1. 陈新民：《德国公法学基础理论》（上册），山东人民出版社，2001 年版。
2. 金俭：《房地产法研究》，科学出版社，2004 年版。

第七章　房地产买卖

内容提要

通过本章的学习，了解房地产买卖的全过程，掌握房地产买卖合同的订立、房地产买卖的有效条件、房地产买卖的范围、房地产买卖合同的履行与违约责任等相关法律规定。

本章的重点与难点：

购房定金性质的认定与处理原则；售楼广告的性质与法律效力；房地产买卖合同的有效条件；房地产优先购买权的适用条件；买卖合同的履行与责任承担；房地产双重买卖与撤销权之行使；房地产买卖合同之解除与不超过一倍赔偿之适用条件。

房地产交易是实现房地产商品价值与使用价值的经济过程。房地产买卖为房地产交易的典型行为。房地产买卖不仅包括了房地产使用权的转让，也包括了房地产所有权的转移。房地产交易市场是一种“没有柜台”的交易市场，买卖的过程只是货币与权利的转移过程，不发生物质实体的空间移位，并且房地产交易市场是一个供给稀缺、垄断与竞争并存的市场，因而是一个充满机会与风险的市场。

第一节　房地产买卖合同的订立

房地产买卖合同是确定买卖双方当事人权利和义务以及违约责任承担的重要依据。合同的订立往往经过双方当事人的反复协商，一份有效的买卖合同对当事人才具有法律约束力，因此，房地产买卖合同的订立具有重要的意义。

一　房地产买卖要约与承诺

房地产买卖应当签订书面合同。合同的订立须经过要约和承诺两个过程。

（一）要约与要约邀请

要约是希望和他人订立合同的意思表示，该意思表示应当符合下列规定：①内容具体确定；②表明经受要约人承诺，要约人即受该意思表示约束。房地产买卖要约是指房地产买卖当事人或代理人向对方当事人提出签订房地产买卖合同的意思表示。这种意思表示必须是明确、具体和肯定的，它包括买卖房地产的意愿，出卖（或购买）房地产的数量、质量、坐落、价格、交付方式与期限等主要内容，并要求对方在规定的期限内给予答复。要约一经发出，在规定的有效期限内，要约人不得与第三人签订合同，如果对方完全同意要约内容，则要约人有接受签订合同的义务，否则，将承担违约的责任。

➢ 案例 7.1

甲方向乙方发出电报称：甲方将出售其所有的房屋，单价每平方米 5 000 元，房屋总面积 2 000 平方米。房价用现金一次性付清后即办理房屋之转让登记。房屋地点位于某市某区某街某号。请于一周内给予答复。乙方接到电报后即回电报表示同意甲方条件并愿意签订房屋买卖合同。三天后，甲方称其已将房屋卖于丙方。乙方起诉要求甲方将房屋卖给己方。

➢ 法理评析

此案中，甲方的电文是一个要约，在一周内其应受要约的约束，有与乙方签订合同的义务。否则，将承担违约责任。

邀请要约是希望他人向自己发出要约的意思表示。寄送的价目表、拍卖公告、招标公告、招股说明书、商业广告等为要约邀请。房地产买卖要约邀请是房地产买卖当事人通过媒体、广告或其他途径希望他人向自己发出要约的意思表示。因此，要约邀请往往对于房地产的数量、价格、交付方式的约定是不确定的。但如果商业广告的内容符合要约规定的，则视为要约。

➢ 案例 7.2

甲方向乙方发出电报称："请阁下通知我们是否出售位于某地的房屋，并请以电报形式通知我们最起码之售价。"乙方回电称："该房屋的售价最起码是 900

英镑”。甲方接到乙方回电后立刻回电称:“我们同意以所开出的900英镑购买阁下位于某地的房屋。”事后，乙方并未将房屋卖给甲方。甲方为此提出起诉。

➢ **法理评析**

甲方的电文实际上是一个邀请要约，即邀请乙方向其提出要约。而乙方的回电并不是一个要约，因为它没有明确肯定同意将房屋出售的意思表示，只是一个要约邀请，因而也就不受其电文的约束。

(二) 承诺

指房地产买卖当事人一方对另一方所提出的要约表示完全同意。它包括两方面的内容：第一，明确表示同意要约人提出订立合同的意见。第二，全部接受要约人提出的要约内容。倘若能达到这两点，那么，可视为双方已达成一致协议，可以在此基础上签订书面合同。但如果承诺方对要约中某些内容表示异议或提出一些新的内容，则不能叫作承诺，应视为一个新的要约。在新的要约中，原承诺人变成了新的要约人，原要约人变成新的承诺人。当新的要约人与新的承诺人双方意思表示完全一致时，房地产买卖合同才能成立。

➢ **案例 7.3**

甲某于5月5日同意以3万元的价格出售其所有的房产6间，某乙还价到2.5万元。6月5日，某乙同意以5月5日甲所开出的房价3万元购买房产，但遭甲某拒绝。某乙为此提出起诉。

➢ **法理评析**

甲某的要约并未得到某乙的完全接受，某乙的还价表示了其对合同内容表示异议，不能作为承诺，而是一种新要约，甲方不再受其原要约的约束，合同未达成一致协议。乙方于6月5日的同意买入已不再是对甲方要约的承诺，而是又一新要约，甲方完全有权拒绝。

二 售楼书、售楼广告的法律性质与法律效力

购房者在购房时，往往受到售楼书、售楼广告宣传及售楼人员的诸多不实承诺的引诱而签订买卖合同。同时，由于当事人与开发商签订的房屋买卖合同大多是格式合同，开发商利用其卖方优势，未将广告宣传内容订入格式合同中。待房屋交付时，实际交付的房屋与广告宣传相去甚远，购房者投诉往往缺少合同依据而得不到法律保护，从而引发纠纷。那么售楼书、售楼广告对出卖方有法律约束

力吗？其性质与法律效力如何？

一般而言，商业广告为邀请要约。根据《合同法》第15条的规定："……商业广告等为要约邀请。但商业广告的内容符合要约规定的，视为要约。"因此，对售楼广告与售楼书，不能一概认定为要约邀请。《最高人民法院关于审理商品房买卖合同纠纷案件适用法律若干问题的解释》（以下简称《最高院解释》）第3条规定："商品房的销售广告和宣传资料为要约邀请，但是出卖人就商品房开发规划范围内的房屋及相关设施所作的说明和允诺具体确定，并对商品房买卖合同的订立以及房屋价格的确定有重大影响的，应当视为要约。该说明和允诺即使未载入商品房买卖合同，亦应当视为合同内容，当事人违反的，应当承担违约责任。"也就是说，售楼书或售楼广告只要其内容具体明确的，则视为要约。尽管其并未规定在合同中，但其成为合同的一部分，对签订合同的双方都有约束力。最高法院的这一解释，使那些成为要约的广告即使未列入合同，也成为合同一部分，从而对开发商具有法律约束力，从根本上保护了购房者的权益，使其免受虚假广告之害，同时也是对开发商广告真实性的一种法律约束。至于《最高院解释》中要求的"并对商品房买卖合同的订立以及房屋价格的确定有重大影响的"规定，对该条规定的理解应从宽，从该司法解释的精神来看，主要是为保护购房者免受不法与虚假广告之害而设立的。因此，只要购买方认为或主张对其购房协议的订立与房价的确定有重要影响的，就可认定可适用该条款，而无需购房者去举证。

➢ 案例 7.4

原告张某购买被告某房地产开发公司花园小区内住宅一套。被告为吸引购买方，在售楼书中以图形的形式明确表明：小区西侧配备有一块花园绿地。原告张某经研究售楼书后认为，将建成的小区环境优美，于是决定购买该小区的住宅居住。双方签订房屋买卖合同，合同附件的总平面图中明确标明小区西侧有一块绿地，与售楼书介绍相符。在合同附件二关于公共设施的内容中也约定：绿地、园艺按设计要求于某年某月交付。于是原告张某付房款26万元。但到按合同约定的交付日期，开发商并未交付小区绿地。原告诉至法院要求被告履行合同并承担违约金。被告则辩称：小区西侧绿地不是向原告交付的标的物，总平面图不构成对原告的契约义务，只是对小区周边环境的介绍，原告方无权要其交付。法院审理后认为：修建花园属于双方当事人买卖契约的内容，当事人应按照契约约定的内容履行自己的义务，被告应当建绿地并于合同约定日交付。现被告方违约未交付绿地，应承担违约责任，支付违约金19 452元。

➢ 法理评析

法院的判决是正确的。根据《合同法》第15条的规定："……商业广告等为要约邀请。但商业广告的内容符合要约规定的，视为要约。”《最高人民法院关于审理商品房买卖合同纠纷案件适用法律若干问题的解释》第 3 条规定：“商品房的销售广告和宣传资料为要约邀请，但是出卖人就商品房开发规划范围内的房屋及相关设施所作的说明和允诺具体确定，并对商品房买卖合同的订立以及房屋价格的确定有重大影响的，应当视为要约。该说明和允诺即使未载入商品房买卖合同，亦应当视为合同内容，当事人违反的，应当承担违约责任。”本案中，开发商为引诱消费者购房，以建有绿地等宣传吸引他人购房，并对张某签订购房协议与房价产生影响。因此，开发商的售楼书中对绿地的广告购成要约，应受该要约的约束。

三 认购金、定金的法律性质与处理

从学理上解释，定金有五种：一是立约定金，即为保证正式签订合同而交付的定金；二是证约定金，即为证明合同的成立而交付的定金；三是成约定金，指以定金的支付作为合同成立或生效的条件的定金；四是解约定金，指作为保留解除权的定金；五是违约定金，指作为履行合同担保的定金。上述五种定金的功能分别起到了立约、证约、成约、解约、违约的证明和担保作用。我国《合同法》第 115 条规定：“当事人可以依照《中华人民共和国担保法》（以下简称《担保法》）约定一方向对方给付定金作为债权的担保。债务人履行债务后，定金应当抵作价款或者收回。给付定金的一方不履行约定的债务的，无权要求返还定金；收受定金的一方不履行约定的债务的，应当双倍返还定金。”《担保法》第 89 条规定：“当事人可以约定一方向对方给付定金作为债权的担保。债务人履行债务后，定金应当抵作价款或者收回。给付定金的一方不履行约定的债务的，无权要求返还定金；收受定金的一方不履行约定的债务的，应当双倍返还定金。”可见，《合同法》与《担保法》中规定的定金是保证债务履行的一种担保形式，前提是存在主债务。《担保法》中关于定金的规定兼有证约定金和违约定金的性质。

在我国，在商品房买卖中出现的定金主要有三种：担保订立商品房买卖合同的定金（立约定金），担保商品房买卖合同履行之定金（证约定金与违约定金）。而成约定金与解约定金较少运用。商品房出卖人通过认购、订购、预定等方式向买受人收取认购金、订购金或押金的，不能一概认定为法律意义上的定金性质，除非认购书上注明：双方未签订正式的商品房买卖合同，买受人违约，订金、认购金、押金不退还；出卖人违约，双倍返还订金、押金。那么，此时的订金、认购金和押金就具有定金的性质。

定金作为订立商品房买卖合同的担保，是在商品房销售过程中经常使用的一种做法。开发商往往在认购书中约定购房者必须在限定的时间内与其签订正式的房屋买卖合同，否则视为购房者违约而定金将不予返还。

签订正式购房合同前给付定金的实质为立约定金，该定金能否返还要视具体情况而定，其与商品房买卖合同中约定的违约定金是不同的。

证约与违约定金的效力主要表现在以下几个方面：

(1) 当合同履行时，定金应当返还或者作为给付的一部分。这是因为由于设立定金的目的在于担保合同的履行，一旦合同得以履行，定金存在的意义也就丧失了。故在合同履行完毕时，定金应予返还。若定金与应为给付的种类相同，则可以作为给付的一部分。

(2) 由于给付定金一方的原因，致使合同无法履行的，给付定金的一方无权要求返还定金。这是由于给予付定金的一方违约，理应向对方当事人就其违约行为负损害赔偿责任，但考虑双方当事人已约有定金，则守约方可以迳直占有定金作为损害赔偿，而不必就其因对方违约而蒙受的损失负举证责任。

(3) 因收受定金一方当事人的原因而致合同陷入不能履行时，收受定金的一方当事人应当双倍返还定金。收受定金的一方当事人作为违约方理应向给付定金的对方当事人负损害赔偿责任，其既应向定金给付方赔偿与定金数额相同的损失，又应向收受方返还其收受的定金，故作为违约方的定金收受方应向定金给付方双倍返还定金。

(4) 当合同由于不可归责于双方当事人的事由而陷入不能履行时，收受定金的当事人应当返还定金。若双方当事人对于主合同的履行不能均无过失时，其双方当事人均应免责，故不发生损害赔偿的问题。而且，原定合同既然已经终止，则定金给付方的定金也就丧失了给付原因，定金收受方自应予以返还。

(5) 当合同履行不能是由于双方当事人的事由造成的，则其处理的结果与不可归责于双方当事人的事由而致合同履行不能的结果是相同的。

从合同的形式上来说，违约定金合同或条款是一种从合同，依附于主合同(商品房买卖契约)而存在，没有主合同，从合同即定金合同不能独立存在。只有当主合同成立，定金才起到上述承担的作用与功能。

在正式的房屋买卖契约签订前，买卖双方当事人签订认购书，交付的定金，其性质与担保法或合同法上的违约定金是不同的。一般而言，其仅是一种立约定金，即保证订立合同的一种担保。因为此时，主合同或主债权债务尚未成立。换言之，如果双方订立合同，则此时的定金可以收回或转为房款或担保合同履行的定金（证约定金与违约定金)。如果双方未能订立合同，则需区分是一方原因或是不可归责于或可归责于双方原因，决定定金的归属，丧失或双倍返还定金的义务。

《最高人民法院关于审理商品房买卖合同纠纷案件适用法律问题的解释》第

4条规定："出卖人通过认购、订购、预订等方式向买受人收受定金作为订立商品房买卖合同担保的，如果因当事人一方原因未能订立商品房买卖合同，应当按照法律关于定金的规定处理；因不可归责于当事人双方的事由，导致商品房买卖合同未能订立的，出卖人应当将定金返还买受人。"因此，在双方签订认购合同并交付定金后，购房人在规定的时间与地点就合同内容与开发商进行了商洽，立约定金的担保责任就已完成。如果由于双方未能就合同的条款达成一致意见，则应视为是由于双方的原因造成的，与不可归责于双方当事人事由结果相同，定金应予返还。因为合同条款最终未能达成，绝非是购房者一方的原因，特别是在当前卖方市场的情况下，出卖方以"霸王合同"条款以及定金不返还"要挟"购买者，使购房者处于一种极不平等的地位。如果是由于一方的原因而导致合同不能订立，如出卖方已将房屋卖给他人或买方单方反悔不愿购房，则应按定金规则处理。因此，签订正式购房合同前交付的购房定金能否返还，应视具体情况而定。此外，在签订正式的买卖合同前，如果双方签订的认购书具备了商品房买卖合同的主要内容，且出卖方已按约定收取了购房款的，则认购书应认定为商品房买卖合同。购房者已交付的定金的性质为证约定金与违约定金。《最高人民法院关于审理商品房买卖合同纠纷案件适用法律问题的解释》第5条规定："商品房认购、订购、预订等协议具备《商品房销售管理办法》第16条规定的商品房买卖合同的主要内容，并且出卖人已经按照约定收受购房款的，该协议应当认定为商品房买卖合同。"

➢ **案例 7.5**

张先生看中了一套位于城东南的商品房，对该商品房的区位、环境、价格等条件都比较满意，于是和开发商签订了认购书，该认购书规定：购房者应在2002年11月3日带相关证明签订正式合同，否则视为违反合同，已付定金不予退还。在认购书签订后张先生交纳了定金2万元。随后，张先生按认购书规定的时间去签约，但双方在协商购房合同条款时，张先生对开发商在补充协议拟订的"免责条款"不满意，认为条款有失公平，拒绝签约，并要求开发商退还其交纳的定金。开发商以张先生违约（即未签约）为由，拒绝返还定金，双方遂起纠纷。张先生是否违约以及该定金能否退还?

➢ **案例 7.6**

购房者小王经过一个月的考察，决定购买某房地产公司开发的商品房，并与该房地产公司签订了一份订购单。订购单中买卖双方明确约定小王应当于签订该订购单之日起十日内到该开发公司售楼处签订正式的《商品房买卖合同》。签订订购单的同时，小王根据订购单的要求缴纳了2万元的定金。订购单签订后，小王咨询按揭贷款银行，发现自己不具备按揭贷款条件，而又没有能力一次性支付全部房款。于是，小王未在规定的时间去与开发公司签订合同。事后，小王提出自己无法获得按揭贷款并要求退房返还定金。房地产公司认为，小王无法获得按揭贷款，是由于小王自己的原因造成的，与该公司无关，不同意返还定金。双方发生纠纷诉至法院。

➢ 案例 7.7

李先生看中一套位于城西的商品房，他对该商品房的区位、环境、价格等条件都比较满意，于是就和开发商签订了认购书，该认购书对该商品房的区位、面积、价格、定金、房款与房屋交付时间等作了较为详细的约定。李先生在该认购书签订后一周内就将全部房款 36 万交付给了开发商。然而，两个月后，当李先生按约定的时间要求交房时，被告知该房已售给第三人，并已办理了产权转移登记手续。李先生要求开发商承担违约责任，返还房款并要求双倍返还定金。开发商同意返还购房款，但不同意双倍返还定金，认为双方只签订认购书，并未签订商品房买卖合同。

➢ 法理评析

案例 7.5、案例 7.6 中，开发商通过认购、订购、预订等方式向买受人收受定金作为订立商品房买卖合同的担保，而主合同即商品房买卖合同尚未订立。因此，该定金在性质上为立约定金，此定金只是担保双方在约定的时间、地点就合同内容进行协商并订立正式的合同。如果一方拒绝在双方约定的时间、地点去商谈合同内容，或由于一方的其他原因致使合同未能达成，则支付定金的一方将丧失定金，接受定金的一方将双倍返还定金。案例 7.5 中，张先生与开发公司在约定的时间与地点就合同内容进行了谈判，且并没有改变原双方约定的内容，应认为双方已履行了义务，定金责任已完成了其使命。至于开发商在附件中拟订的免责条款，双方在此之前均未协商过，最终双方未能达成一致意见及签订合同是双方原因或为不可归责于双方当事人的原因，则定金应当返还；如果达成一致意见，定金可充抵房款或转为商品房买卖合同中的违约定金。因此，该购房认购书或订购书中的定金只是为担保缔结正式合同而设立的定金，即只是作为订立商品房买卖合同的担保，而不是履行商品房买卖合同的担保。最高人民法院《关于审理商品房买卖合同纠纷案件适用法律若干问题的解释》第 4 条对此作了明确规定：签订认购书交付定金后，由于双方原因，未能就商品房买卖合同内容达成一致意见的，定金应当返还。因此，张先生没有违约，张先生已付的定金应退还。

案例 7.6 中，小王则由于自身原因，未与开发公司在约定的时间与地点进行合同的谈判，因此，构成违约，将丧失定金。小王能否取得按揭贷款，完全取决于小王自身的条件，小王作为欲贷款方，应当承担审查自己条件的义务。房地产开发公司作为出卖方，无义务审查小王是否具备按揭贷款条件，且房地产开发公司也无权决定按揭贷款银行是否给予小王贷款。因此，在本案中，双方约定的正式合同未签订，原因在于小王，房地产开发公司按“定金罚则”不予退还其定金是可以得到法律支持的。

案例 7.7 中，开发商与购房者签订了较为具体的购房认购书，而且出卖人已接受购房款，根据最高人民法院《关于审理商品房买卖合同纠纷案件适用法律若干问题的解释》第 5 条的规定，李先生与开发商的认购协议因已具备了商品房买卖合同条件，因此，认购协议即视为正式的商品房买卖合同，则双方约定的定金就是对该商品房买卖合同即主合同履行的担保。根据《担保法》规定：“债务人履行债务后，定金应当抵作价款或者收回。给付定金的一方不履行约定的债务的，无权要求返还定金；收受定金的一方不履行约定的债务的，应当双倍返还定金。”因此，李先生应得到双倍定金的违约赔偿。

四 房地产买卖的有效条件

房地产买卖是一项复杂而繁琐的经济法律行为，必须具备一定的条件，其转让行为才有效。

（一）双方当事人必须合格

房地产转让双方当事人不论是公民还是法人都必须具备一定的资格，即具有完全民事行为能力。具体说就是指当事人要具备能够以自己的行为依法行使权利并承担义务的资格。

1. 一般主体要求

公民作为房地产转让的主体必须具有完全的民事行为能力。我国《民法通则》规定，年满 18 周岁的精神健康的公民，具有完全民事行为能力，他们可以作为房地产买卖的当事人。已满 10 周岁不满 18 周岁的未成年人，以及不能完全辨认自己行为的精神病人，属于限制民事行为能力人，他们只能进行一些与自己年龄和智力相符的简单民事行为，对房地产买卖这类涉及价值较大，情况较为复杂的民事行为，从保护未成年人的合法权益角度出发，法律禁止他们参与，除非其订立的合同，经法定代理人追认，否则其行为无效。对于不满 10 周岁的未成年人以及精神病患者，为无民事行为能力人，不能参与房地产的转让活动。至于已满 16 周岁不满 18 周岁，以自己的劳动收入作为主要生活来源的公民，虽《民法通则》规定可“视为完全民事行为能力人”，但笔者认为，他们毕竟还年轻幼稚，且房地产买卖不同于其他财产的买卖，为防止他们受骗上当，房地产管理部门应对此加强审查，严格核实后方可准予办理手续。

➢ **案例 7.8**

甲某患有间歇性精神病。在患病期间，甲某来到其小时候就学的小学，要求将其现有住房卖给小学，而该小学正缺教师宿舍，于是甲某当场与小学负责人签订房屋买卖协议，房价 2 000 元。之后，甲某病愈，对患病期间的行为后悔莫及，要求确认买卖合同无效。

➢ **法理评析**

该房屋买卖合同无效，由于甲在患病（精神病）期间，不能辨认自己行为的性质、后果，属于限制民事行为能力人或无民事行为能力人，其签订的房屋买卖合同因主体不合格而无效。

2. 特殊主体要求

政府为解决低收入者住房问题，建造了相当数量的经济适用房，但并非所有的人均符合条件可以购买。经济适用房的购买者有一定的条件限制，只有符合当地政府确认的城市低收入家庭条件的，才有权购买。例如，单位的自管公房出售，只有本单位的职工才有资格购买。外国人和外侨、港澳台同胞如需购买房地产，除须具备国内房屋买卖的一般条件，还须办理证件、文书证明材料的涉外公证与认证手续。

3. 商品房卖方的主体资格

商品房销售包括商品房现售与商品房预售。商品房现售就是指房地产开发企业将竣工验收合格的商品房出售给买受人，并由买受人支付房屋价款的行为。商品房预售是指房地产开发企业将正在建设中的商品房预先出售给买受人，并由买受人支付定金或者房价款的行为。商品房现售，销售方（出卖方）必须具备以下条件：①具有企业法人营业执照和房地产开发企业资质证书；②取得土地使用权证书或者使用土地的批准文件；③持有建设工程规划许可证和施工许可证；④已通过竣工验收；⑤拆迁安置已经落实；⑥供水、供电、供热、燃气、通信等配套基础设施具备交付使用条件，其他配套基础设施和公共设施具备交付使用条件或者已确定施工进度和交付日期；⑦物业管理方案已经落实。商品房预售的，销售方应持有预售许可证、具备现房销售主体条件①、②、③以及已确定施工进度和交付日期。商品房卖方主体如不符合法律规定条件，签订的销售合同为无效合同，给买受方造成的损失应赔偿。

➢ **案例 7.9**

某房地产开发公司甲与某乙签订商品房买卖合同，甲方告知乙方其有房地产管理机关颁发的销售许可证。双方约定房价为 35 万元，对房款与房屋的交付方式与时间也作了约定。乙方按约交付房款，甲方也如期交付房屋，但乙方迟迟办不到房产证。后乙方起诉到法院，要求甲方退还购房款，并赔偿损失。经法院审查后发现，甲方无商品房销售许可证，也未取得国有土地使用权证。因此，认定甲乙双方买卖合同无效。甲方故意隐瞒无销售许可证而导致合同无效，乙方有权请求返还已付购房款，并可以请求出卖方承担不超过已付购房款一倍的赔偿责任。

➢ **法理评析**

此案导致合同无效的原因是由于出卖方主体资格不合格。责任主要在卖方，根据最高人民法院《关于审理商品房买卖合同纠纷案件适用法律若干问题的解释》第 2 条、9 条的规定，法院的认定是正确的。

（二）房地产买卖应当是当事人真实意思的反映

房地产买卖只有在自愿、平等、等价有偿的基础上进行，才能使双方当事人的利益得到保护。因此，房地产买卖必须是买卖双方真实意思的反映。因欺诈而签订的合同，如一方当事人有意捏造虚假情况或隐瞒、掩盖真实情况，使另一方当事人信以为真而签订的合同；因恐吓、胁迫而签订的合同，如一方当事人以揭发对方的隐私相要挟，胁迫对方签订的合同；因代理人违反代理权而签订的合同，如代理人超越代理权限或以被代理人的名义同他方签订的合同以及同时代理买卖双方签订的合同；以合法形式掩盖非法目的，损害社会公共利益的合同，如以买卖房屋为名，实为非法买卖土地所有权的合同等，都不是当事人真实意思的反映，因此，此类房地产买卖行为无效。对于显失公平和因重大误解而签订的合同，当事人一方有权请求人民法院或仲裁机构变更或撤销。无效的合同或者被撤销的合同自然没有法律约束力。合同部分无效，不影响其他部分效力的，其他部分仍然有效。

➢ **案例 7.10**

甲方为乙方房屋的代管人，双方是亲戚关系。乙方由于长年生活在国外，其拥有的房屋交给甲代管出租。为便于管理，乙将该房屋产权证交于甲代为保管。甲每月为乙收取房租，并负责修缮。乙每次回国时，给予甲一定的经济补偿。近年来，房价上涨，由于该房屋所处地段较好，房价达到每平方米 7 000 元。现承租人丙提出购买此房（承租方也知甲方仅为该房屋代管人的）要求，甲方即将该房屋卖给承租人丙方，并占有卖房款，对乙一直隐瞒卖房之事。两年后，乙因年迈准备回国定居，要求甲停止租赁，收回房屋自住。丙则不同意，以甲丙双方已办理产权转移登记，并交付房款为由，不同意退房。乙向法院起诉要求确认甲丙房屋买卖协议无效。法院支持了乙方的主张。

➢ **法理评析**

房地产买卖是房地产所有权人处分自己房地产的行为，无权者不得处分他人财产。此案中，甲方非房屋的所有权人，无权处分乙方房屋。作为代管人，只是尽代管义务，其将代为管理出租的房产卖与他人，其代理行为因超越代理权限而无效。同时，丙方明知甲方仅为代管人的情况下购买此房，对于合同无效应承担相应的责任。乙方有权请求房地产管理部门撤销房产登记，要求丙方退还房屋，甲方应退还丙方的购房款，造成的损失，由甲丙共同承担。

（三）房地产买卖不得违反法律、政策和社会公共道德

从事房地产买卖活动，必须遵守国家法律，符合国家房地产政策，不得损害社会公共利益和公共道德。违背国家法律政策规定而进行的房地产转让活动，其行为无效。例如，我国法律规定：不得买卖土地，不得将已确定为拆迁范围内的房屋出卖，凡违反上述规定进行的买卖行为均无效，不受国家法律保护；房屋共有人或承租人有优先购买权，如当事人违反上述法律规定，则买卖行为无效。此外，对于表面上符合国家法律政策规定，实际上规避法律的行为，应认为是对国家法律政策的违背，其转让行为也无效。例如，法律规定，国家实行房地产成交价格申报制度，房地产转让人应如实申报成交价格，不得隐瞒或作不实申报，但有的当事人为规避法律，私下搞两种价格，到房地产管理机关申报一种价格，而私下成交的则是另一种价格，以逃避国家房地产管理机关的监督，偷逃国家税收，此类转让行为应无效。

➢ **案例 7.11**

甲、乙为同胞兄弟，父母去世留下四间房屋。甲、乙继承该四间房屋后，进行了析产，各得一半房产。由于兄弟长期不和，乙不愿与甲共住一处房屋，有意出售其享有份额的房产，当他获知其兄欲购此房时，一方面表示暂不出售，另一方面私下将其份额房屋卖给同村村民丙，房价 3 万元，一次性付清房款。甲获知后，要求以同价购买。但乙、丙认为房屋买卖交易已完成，不同意甲方意见。于是，甲方诉请法院要求认定乙丙房屋买卖协议因违反房屋共有人的优先购买权而无效。法院支持了甲方的诉请。

➢ **法理评析**

乙丙房屋买卖协议无效是由于违反我国《民法通则》第 78 条："按份共有人在出售自己的份额时，其他共有人在同等条件下，有优先购买权。"的规定。乙丙房屋买卖协议虽是双方自愿，但乙方为了规避共有人的优先购买权而将房屋卖给丙方，故乙丙房屋协议因违反国家法律而无效。

（四）房地产转让合同必须采取特殊的书面形式

房地产为不动产，在转让过程中的权利义务关系比较复杂，容易产生纠纷，因此，为维护合法的房地产交易，房地产转让必须订立书面合同。我国《城市房地产管理法》第 40 条规定："房屋买卖合同应当采用书面形式。"办理房屋所有权转移登记时，也必须向登记机关提交书面的房屋买卖合同。

五 房地产买卖的范围

房地产买卖是房地产权利人将房屋的所有权及房屋所占用土地的土地使用权或将土地使用权连同土地上的建筑物转移给他人的行为，由于我国的土地所有权属于国家和集体所有，法人、组织或个人仅依法拥有土地使用权，根据"房地一致"原则，在买卖房地产时，应特别注意法律规定的房地产转让的范围与条件以及不得转让之范围：

（一）以出让方式取得土地使用权的，转让房地产的条件

首先必须按照出让合同的约定已经支付全部土地使用权出让金，并取得土地使用权证书；其次，按照出让合同约定进行投资开发，属于房屋建设工程的，完成开发投资总额 25%以上的，属于成片开发土地的，形成工业用地或者其他建设用地条件的，转让房地产时，房屋已经建成的，应当持有房屋所有权证书。这一规定将是有效抑制房地产炒卖活动的重要措施。如不符合上述条件而转让房地产，则转让行为无效。

（二）以划拨方式取得土地使用权的，转让房地产的条件

以划拨方式取得土地使用权的，转让房地产的条件应当按照国务院规定，报有批准权的人民政府审批，有批准权的人民政府准予转让的，应当由受让方办理

土地使用权出让手续，并依照国家有关规定缴纳土地使用权出让金。如果有批准权的人民政府按照国务院规定决定不办理土地使用权出让手续的，转让方应当按照国务院规定将转让房地产所获收益中的土地收益上缴国家或者作其他处理。如不符合上述规定的，则转让行为无效。

（三）不得转让的房地产

司法机关和行政机关依法裁定、决定查封或者以其他形式限制房地产权利的，该房地产不得转让

由于这类房地产权正处于司法机关或行政机关的处理之中，可能会因司法机关和行政机关的处理决定改变其房地产权性质或对房地产权加以限制，因此，为保护受让方的权益，这类房地产不得转让。

➢ 案例 7.12

甲、乙在10月19日订立二手房买卖合同，商定2007年交付房屋，先付清房款、过户。当天，乙付清房款30万元，双方去房管局办理过户手续，房管局当天受理，告知乙26号领房产证。23号，因甲欠丙15万借款未还，丙向法院起诉，同时申请财产保全，查封了甲的房产，请房管局协助停止办理过户手续。房管局经查：甲、乙的房屋买卖过户审批尚未到终审阶段，故协助法院停止办理过户手续，将甲、乙双方有关房屋买卖的资料退给乙。经查：甲、乙的买卖合同合法有效。乙现以案外人身份对保全裁定提出异议，认为甲已将房屋出卖给他，要求法院解除查封。

➢ 法理评析

房屋的买受人乙在主观上是善意的，但其与甲仅签订买卖合同，尚未完成登记手续，尚未取得不动产所有权。《物权法》第9条规定："不动产物权的设立、变更、转让和消灭，经依法登记，发生效力；未经登记，不发生效力，但法律另有规定的除外。"第14条规定："不动产物权的设立、变更、转让和消灭，依照法律规定应当登记的，自记载于不动产登记簿时发生效力。"由此可见，我国不动产物权的取得，应当办理登记，登记自记载于不动产登记簿时发生效力。甲乙双方不动产登记尚在登记机构审查中，未记载于不动产登记簿中。因此，不动产所有权尚未转移。甲乙之间只存在房屋买卖合同关系即债权债务关系，物权转让行为尚未完成。乙方尚不能以所有者身份来抗辩丙的请求。由于甲对外欠债务15万元，甲的债权人丙的保全申请与法院的裁定，将使乙的物权的实现出现障碍。对此甲应当承担违约责任，甲有义务消除这种负担。但如果乙所付给甲的30万元房价已被甲转移或挥霍，法院对甲无其他财产可执行时，甲的债权人丙对甲的房产采取诉前保全措施是合法的。在执行程序中，法院将有权对该房屋进

行拍卖。届时，乙可与甲的债权人共同就拍卖所得获得清偿。如果甲尚有其他债权人，则对乙更为不利。

该案给购房人一个警示：即在房屋登记过户前，房款最好存在买卖双方都认可的第三方处，以免发生类似案例的情况，而招致不利结果的发生。

（四）依法收回土地使用权的，其房地产不得转让

土地使用权收回的原因是多方面的，如使用期限届满，国家根据公共利益需要收回土地使用权的；或因国家建设需要提前收回的；或是土地使用者未按出让合同开发期限满二年，被政府依法无偿收回土地使用权的；不管是何种形式的收回，只要是国家依法收回土地使用权的，则土地使用者就丧失了对土地使用的权利，因而他就无权转让土地使用权及其建筑物。

➢ 案例 7.13

张某夫妇因结婚需要，通过房产中介公司购房一套。房产中介为其提供了一套住房的信息。张某觉得虽房屋价格略高，但地点不错，就同意购买。在购买时，张某问中介公司，此处是否会拆迁。在得到中介公司说“如果拆迁，则不可能办到产权证”的答复后，张某与房主签订了房屋买卖协议。张某交付房款 27 万元，房主也在合同签订后一星期内将房屋交付张某夫妇。张某夫妇同时办到了房产证。一星期后，张某夫妇搬入新房时，从邻居处获得，此处房屋即将拆迁，拆迁通告在半月前（即在张某夫妇与房主签订合同的同一天）已在报上公告。在此消息在获得证实后，张某即向房产中介公司提出退房，房产中介公司认为，在房地产管理部门确定拆迁之前，其无权查询房地产管理部门的拆迁范围。如果此处确定为拆迁范围，则房地产管理部门就不得办理房产转移登记。房主则认为，张某既然能办到房产证，则说明该房屋可以买卖，不同意退房。

➢ 法理评析

本案中，由于在张某与房主签订合同的当天，房地产管理部门已收回该房屋所占用的土地使用权（事实上，在此之前就已收回）。房主则不能将这类房屋出售。房地产管理部门更不应该办理该房屋所有权与土地使用权的变更登记。如果不是因为房地产管理部门的工作疏忽，张某夫妇的损失是可以避免的。

（五）共有房地产，未经其他共有人书面同意的，房地产不得转让

➢ 案例 7.14

甲乙夫妇共同购置一房产，后甲因准备与乙离婚，瞒着乙将该房产卖给第三

人丙，并将该房款存于其姘妇处。当甲乙在法院诉讼离婚，乙提出分割共有房产时，才知该房产已被其丈夫私下出卖。乙以未经共有人书面同意，买卖无效为由提起诉讼。

➢ **法理评析**

法律规定，共有房地产未经其他共有人书面同意，不得转让规定的立法精神与意图是为保护不动产共有人的不动产财产权以及优先购买权。甲为了达到离婚后独占其与乙共同购置的房产的利益的目的，瞒着乙将该房产卖给第三人丙，并将该房款存于其姘妇处。作为受害人的乙在法院诉讼离婚时，才知该房产已被其丈夫私下出卖。甲未经乙同意出售共有的房产侵害了乙的房产所有权，甲与丙的买卖关系应无效。《物权法》第 106 条规定："无处分权人将不动产或者动产转让给受让人的，所有权人有权追回。"值得注意的是，如果丙买受该房产时是善意的，其并不知甲未经乙同意的情况，且交付全部购房款并办理房产过户登记的，则丙可以根据不动产善意取得保护制度而取得该房产，而乙有权就甲售房所得分享其应得的利益。

（六）未依法登记领取房地产权属证书的房地产不得转让

房地产权属证书是取得房屋所有权和土地使用权的重要法律依据。未依法领取权属证书的情况主要有两种：第一种情况是依法进行登记，但因证据不足，房地产管理部门未予核发房地产权证的。这类房地产权，虽房地产管理部门未认定其为无主房产、他人房产或非法房产，但毕竟这类产权尚未得到法律上的最后确认，因而这类房地产的实际使用人尚不能以产权人的身份转让该房地产，行使处分权。如擅自进行转让的，转让行为无效，不受法律的保护，如情节严重，还应根据具体情况给予经济处罚或追究法律责任。第二种情况是未依法办理登记手续，领取房地产权属证书的。房地产权属证书是取得房地产权利的法律凭证，未依法登记领取权属证书，则房地产权利尚未得到法律的确认。当事人之间虽然签订了房地产转让合同，但房屋所有权和土地使用权在得到法律最终确认之前都可能会因为这样或那样的原因而发生变化，房地产权尚未真正转移。因而未依法办理登记手续，领取房地产权属证书的房地产也不能转让。

（七）法律、行政法规规定禁止转让的其他情形

（略）

六 房地产优先购买权的行使

房地产优先购买权是指民事主体依照法律规定所享有的，在同等条件下优先于其他人购买人购买不动产的一种权利。房地产优先购买权是一项重要的民事权利。对于房地产优先购买权的权利主体及其权利冲突解决方法之确定，在法学理论与司法审判实践中均具有重要的意义。

➢ 案例 7.15

2001 年 5 月 21 日，张女士看中了位于上海闵行区银都路的一处商铺，随即与相关房产公司签订了为期两年的租赁合同。2002 年 3 月，房产公司准备将商铺出售，于是向张女士发出了《意见征询书》，向其征询购买意向。此房屋每平方米价格 7 500 元，总价 80.5 万元，办理手续的定金为 2 万元。5 月 16 日，在没有接到张女士任何回复的情况下，房产公司就与杨先生签订了商铺出售合同。事后，张女士得知，杨先生购买商铺的总价只有 78 万元，而且支付的定金也只有 1 万元。一怒之下，张女士将房产商告上法庭 ，请求法院判令这个合同无效。

➢ 法理评析

本案例中，开发公司虽向张女士发出过《意见征询书》，但未给予张女士 3 个月的优先购买期限，同时其卖给杨先生的房价与定金，比给张女士的优惠。因此，开发公司将因违反法律关于优先购买权的规定，即未给作为承租方的张女士以优先购买权，而可能败诉。

（一）房地产优先购买权的法律特征

（1）房地产优先购买权是一种特权。之所以称之为特权是因为这种权利是特定的民事主体才享有的。该特定的民事主体以与出卖人之间存在着一定的民事法律关系为前提，比如共有关系、租赁关系、承典关系等。在特定的买卖关系中，享有此权利的民事主体享有比其他民事主体优先购买的权利。一旦上述特定的民事法律关系消灭，那么，这一特权也就不复存在。

（2）房地产优先购买权是一种机会权。优先购买权本身并不含有实体利益成分，它仅仅是给特定主体一种优先购买的机会，即是程序上的一种权利，是赋予特定主体购买愿望的优先满足权。但在实践中，特定主体能否真正实现购买权取决于多种因素：这种购买权的实现前提是特定主体与其他主体在同等条件下才具有的权利，如果其他主体条件明显优于特定主体，则特定主体享有的优先购买权就不复存在。

(3) 房地产优先购买权是一种限制性权利。这种限制是针对房地产所有权人行使处分所有权而设定的。在房地产买卖中，房地产所有权人有权决定将自己的房地产出售给自己满意的买主。但法律规定，如果在此房地产上，房地产所有权人与他人已存有某种民事法律关系，如租赁关系、共有关系，则房地产所有权人在行使自己的房地产的处分权时就受到一定的限制。也就是说，在同等条件下，共有人、承租人有优先购买的权利，出卖人如没有给予共有人、承租人这种优先权的话，出卖人的买卖会因为侵犯法定优先购买权而无效。但应明确的是，优先购买权对房地产所有权人的限制并非是对实体利益的限制，即不会影响所有权人对房价等实体利益的决定权，而仅是程序上的一种限制。因为优先购买人仅仅是在同等条件下的优先，如果房价不同或其条件不同，则优先购买人将丧失此优先权。

(4) 优先购买权是一种法定权利。因为优先购买权给予了优先购买人优先购买的机会，同时也就是剥夺了非优先购买人的平等购买机会，更为重要的是限制了财产所有权人选择购买人的权利，因此，这种权利必须由法律规定。

(二) 房地产优先购买权的几种情形

根据我国《民法通则》、《城市私有房屋管理条例》、《城市房地产管理法》等法律法规的规定，在我国法律上确认的房地产优先购买权主要有以下几种：

1. 共有人有优先购买权

《城市房地产管理法》规定：共有房地产，未经其他共有人书面同意的，房地产不得转让。其原因就是法律规定房屋共有人有优先购买权。根据所有权的基本属性，一物之上不能同时存在两个以上的所有权，但一个所有权可以由两个以上的人共同享有，即共有。共有房地产即房地产权利主体不是单一的，而是有两个以上，他们共同对该房地产享有权利，承担义务。房地产共有可分为按份共有和共同共有。所谓按份共有就是指共有房地产按照预先确定的份额属于两个或两个以上公民或法人所有。在这种共有关系中，各个共有人只对自己的份额享有权利和承担义务。共同共有房地产，是指两个或两个以上的房地产权人对共有房屋享有平等的所有权。其特点是共有关系不分份额，共有人的权利与义务平等。

对于共同共有房产的处理一般应取得全体共有人的一致同意。但不管是共同共有还是按份共有，由于这一房地产共有关系是基于一定的法律事实而形成的，房地产共有人之间具有特定的权利与义务，因而，当房地产共有人之一要转让房地产权利时，必然会牵涉其他人共有权利与义务的行使，因此，为尊重他方共有人的权利，在转让共有房地产时，必须征得其他共有人的同意。为防止今后发生纠纷，因而要求必须有其他共有人的书面同意，否则，其转让行为无效，他方共有权人有权请求撤销已签订的转让合同，以保护其合法权益。

按份共有人转让自己的房地产份额时，在同等条件下，其他按份共有人有优先购买的权利。《民法通则》第 78 条第 3 款规定："按份共有财产的每个共有人有权要求将自己的份额分出或者转让，但在出售时，其他共有人在同等条件下，有优先购买的权利。"因此，按份共有人在出售自己的份额时，应将出售的价格、付款的方式等其他条件告知其他共有人，以便在同等条件下，其他按份共有人行使优先购买权。如果不事先通知其他共有人而转让其房地产份额给非共有人的，其他共有人有权请求撤销其已签订的合同，以保护共有人的优先购买权。在共同共有的关系中，由于各共有人不能分出自己的份额，当然也不能出售自己的份额，如果出售，则必然侵犯其他共有人的权利。对共同共有人是否享有优先购买权，《民法通则》未作规定，但从共同共有的特点来讲，在共同共有关系存续期间，各共有人并无分出自己的份额，也就无权处分其财产，也谈不上优先购买问题。但共有人如征得他共有人的同意，则可以处分共有财产。如果其中一个或数个共有人提出购买，则应享有优先购买权。最高人民法院《关于执行中华人民共和国民法通则若干问题的意见（试行）》（以下简称《试行》）第 92 条规定："共同共有财产分割后，一个或者数个原共有人出卖自己分得的财产时，如果出卖的财产与其他原共有人分得的财产属于一个整体或者配套使用，其他共有人主张优先购买的，应当予以支持。"故在共同共有关系终止，原共同共有房屋分割后，原共有人才有条件享有优先购买权。

2. 承租人的优先购买权

承租人的优先购买权是指当房屋所有权人出售其已出租的房屋时，承租人在同等条件下，依法享有优先于其他人而购买该房屋的权利。《合同法》第 230 条规定："出租人出卖租赁房屋的，应当在出卖之前的合理期限内通知承租人，承租人享有以同等条件优先购买的权利。"《城市私有房屋管理条例》第 11 条规定：房屋所有人出卖租出房屋，须提前 3 个月通知承租人，在同等条件下，承租人有优先购买权。租赁权是一种债权，但与一般债权不同的是，法律赋予了其类似于物权的效力，租赁权的物权化表现在：一是租赁权具有优于一般债权的对抗权，如"买卖不破租赁"；二是当第三人侵犯租赁权时，承租人可直接依租赁权请求损害赔偿和排除妨碍；三是当出租人出售租赁房时，承租人有优先购买权。因此，可以说，房屋承租人在房屋租赁期间，对房屋所享有的优先购买权也可以说是租赁权物权化的一个具体表现。法律规定承租人的优先购买权，不仅在于保障了承租人可以优先得到房屋的所有权，而且在于稳定租赁关系。

（三）共有人优先购买权、承租人以及承租人与次承租人的优先购买权之竞合

在实际生活中，对同一房屋的出售，有时有两个甚至两个以上的人主张优先购买权。大致有四种情况：一是房屋的共有人和承租人以及与出卖房屋属于一个整体或配套使用的他人均主张优先购买权；二是两个甚至两个以上的房屋共有人均主张优先购买权；三是承租人与次承租人均主张优先购买权；四是原出售旧公房的单位分立成两个单位，他们均主张优先购买权。对于多人主张优先购买权的处理，在目前法律无明文规定的情况下，应根据法理及本着有利于生活、生产、经营和发挥房屋整体经济效益的原则，作出妥善的处理。

对于第一种情况，我国《民法通则》第 78 条规定：按份共有人在出售自己的份额时，其他共有人在同等条件下，有优先购买权。《城市私有房屋管理条例》第 11 条规定：房屋所有人出卖出租房屋，须提前三个月通知承租人，在同等条件下，承租人有优先购买权。而最高人民法院在贯彻执行民法通则的意见的第 92 条中也规定，出卖房屋人的房屋与他人房屋属于一个整体或配套使用，他人主张优先购买权的，应予支持。这就造成了房屋买卖中存在这三种优先购买权。当这三种优先购买权同时出现时，究竟哪个最优先呢？根据物权优于债权的法理，以及从房屋的合理使用、充分发挥房屋的效用、有利于维修和住房稳定等出发，一般首先是房屋的其他共有人具有优先购买权，其次是同一整体的他人，第三是承租人。

对于第二种情况，当两个或两个以上的房屋共有人均主张优先购买权时，谁应更具优先权呢？如房屋的按份共有人，依法均有权享有优先购买权，不存在谁更优先的问题。但究竟可以由谁享受这一权利，则可根据共有人对该房屋的整体需要和更能发挥房屋的经济效益来确定，也可通过竞买的方式解决。

对于第三种情况，承租人、次承租人之优先购买问题是由于现实生活中的房屋转租引起的。《合同法》第 224 条规定：“承租人经出租人同意，可以将租赁物转租给第三人。承租人转租的，承租人与出租人之间的租赁合同继续有效，第三人对租赁物造成损失的，承租人应当赔偿损失。承租人未经出租人同意转租的，出租人可以解除合同。”由于承租人在征得出租人同意的情况下，可以对其承租的房屋进行转租（合法转租），当房屋出租人即房屋所有权人在出售该出租的房屋时，房屋承租人（转租人）与次承租人（受转租人）究竟谁有优先购买权？如果都有，其顺位应如何确定？对此，我国法律没有规定。法律之所以确立承租人的优先购买权，主要是基于两点原因：一是租赁契约；二是法律保护民事主体对特定物占有的稳定，维护正常的社会秩序。“先买权设立的基础和前提，是先买权人已先于买卖关系而存在于某种法律关系或法律事实中”，所以应尽可能地维护已建立起来的法律关系。原承租人（转租人）基于租赁契约，且转租后，虽其

对房屋不再行使占有权，但其与出租人之间的租赁合同继续有效，对第三人（包括次承租人）对租赁物造成的损失仍承担赔偿责任。因此，承租人的优先购买权并没有因转租而丧失。由于合法转租创设了新租赁关系，原承租人成为转租人，而次承租人成为房屋的实际占人有、使用人，行使占有与使用权。从法律设立优先购买权的目的就是为了保护民事主体对特定物的占有的稳定以及社会秩序的安定出发，次承租人也应享有优先购买权。然而，对于两者谁更优先？承租人优于次承租人。虽然有学者认为：次承租人应顺位在先。因为，一是在转租关系中，转租并非租赁权的全部转让，而只是在一定期限内的转让。承租人与出租人的租赁合同继续有效，对出租人来说，他可能只认定承租人为义务人。二是虽然转租使得承租人的租赁权虚化，但转租期限不能长于出租人与承租人约定的租赁期，因此，如果转租期短于租赁期，则承租人的租赁权仍将恢复。三是承租人对第三人包括次承租人对租赁物造成的损害负有赔偿责任。基于此，承租人优于次承租人享有优先购买权有利于法律关系的确定与社会秩序的稳定。如果承租人放弃，则就由次承租人享有此权。出租人应给予次承租人这一权利。

对于第四种情况，购买旧公房的职工按规定在满五年后将该房屋出售，原出售旧公房的单位已分立成两个单位，且均主张优先购买权。在这种情况下，应考虑原出售旧公房时有无约定，如有约定，则按约定处理；如无约定，则可根据购买旧公房的职工划在哪个单位，就由该单位优先购买。如该职工已调离，并不在分立成两个单位中的任何一个单位，则可根据两单位住房实际情况协商解决。当然，随着住房制度改革的深入，这一问题将不复存在。因为原单位是否有优先购买权的问题并未在我国法律上获得确立。

（四）房地产优先购买权的行使条件

优先购买权的行使是有条件的。前提是同等条件下才享有优先购买权。房屋买卖中的优先权，是相对于他人的购买权而言的，因此，这种优先购买权是相对权，而并非是绝对权，优先购买人并不一定就能绝对买到此房屋。要想实现优先购买权，必须满足同等条件。所谓同等条件，首先是指价格条件，应参考同类房屋评价标准，本着按质论价的原则由买卖双方平等自愿协商而定。价格条件的确定有一个要约与承诺的过程。按质论价既可防止购买人以优先购买权要挟压价；又可避免出卖方以处分权任意抬价。其次，同等条件下优先购买，不能简单理解为就是愿出与他人相等的房价。房屋买卖的条件，不仅包括了价格，还包括了诸如付款方式、付款的期限以及出卖人提出的其他条件等。享有优先购买权的人，应当满足出卖人的这些条件，否则将丧失优先购权。此外，优先购买权是有期限的，一般规定为三个月，而且限于一次。出卖人应提前三个月通知优先购买人。

在三个月内，买卖双方可以讨价还价，购买方的还价并不表示就是放弃优先购买权。但三个月期满，如购买人仍不同意卖方开出的条件，而第三人愿意以此条件成交的，则优先购买人丧失该优先权。例如，房主张某欲卖房，并提前三个月通知承租人高某，房价为1万元。高某只愿出8 000元，经双方协商，买卖仍未成立。三个月后，房主张某以1万元将房屋卖给朱某。这时，高某也同意出房价1万元，主张优先购买权，对此不予支持。因为优先购买权只能享有一次，而不能多次享有。当然对于那些明赠暗卖，或书面卖房协议上的房价高于实际卖房价格以规避优先购买权的，一经查实，“赠与”或房屋买卖关系无效，允许享有优先购买权的人按实际卖房价购买。

第二节　房地产买卖合同的履行

房地产买卖合同签订后，买卖双方应严格按合同履行各自的义务，否则应承担相应的法律责任。

一　出卖方变更小区规划之责任

签订商品房买卖合同后，出卖方变更小区规划，使购房人利益受到影响的情况经常发生，购房者往往投诉无门，特别是规划改变经过城市规划管理部门批准的。购买方在开发商改变小区规划的情况下，究竟有何权利？开发商是否承担违约的民事赔偿责任？

（一）立法与规制

出卖方变更小区规划与设计的法律责任，目前仅有建设部2001年6月1日起施行的《商品房销售管理办法》作出明确规定。该办法第24条规定：“房地产开发企业应当按照批准的规划、设计建设商品房。商品房销售后，房地产开发企业不得擅自变更规划、设计。经规划部门批准的规划变更、设计单位同意的设计变更导致商品房的结构型式、户型、空间尺寸、朝向变化，以及出现合同当事人约定的其他影响商品房质量或者使用功能情形的，房地产开发企业应当在变更确立之日起10日内，书面通知买受人。买受人有权在通知到达之日起15日内作出是否退房的书面答复。买受人在通知到达之日起15日内未作书面答复的，视同接受规划、设计变更以及由此引起的房价款的变更。房地产开发企业未在规定时限内通知买受人的，买受人有权退房；买受人退房的，由房地产开发企业承担违约责任。”

《商品房销售管理办法》的这一规定实际上使开发商处于十分有利的地位。虽然改变规划并不一定都对购买方产生不利影响（有时改变规划使小区环境更优美），但由于地价与房价上涨，房地产开发商总是尽可能地利用变更规划设计，多盖建筑，增加收益。作为规划审批部门，只要规划设计达到基本要求，将会予以审批。由于开发商掌握变更规划、设计的主动权，一旦小区规划经过规划部门批准，只要开发商履行了通知义务，开发商就此不承担合同的违约责任，并成为其涨价的借口与依据，这对购买人是极不公平的。因为购房者在这一过程中无法阻止开发商变更规划、设计的行为。如果购房人和开发商签订的购房合同中对规划、设计变更等内容没有作出特别约定的话，面对开发商单方面擅自变更购房合同内容的情况，购房人只能在退房与不退房当中作出选择。

（二）法律救济途径与方式

出卖方签订商品房买卖合同后，变更小区规划的情形分为两种：一是出卖方未经规划部门批准擅自变更的情形。对未经规划部门同意而擅自变更小区规划的，根据《中华人民共和国城市规划法》第 40 条规定：“在城市规划区内，未取得建设工程规划许可证件或者违反建设工程规划许可证件的规定进行建设，严重影响城市规划的，由县级以上地方人民政府城市规划行政主管部门责令停止建设，限期拆除或者没收违法建筑物、构筑物或者其他设施；影响城市规划，尚可采取改正措施的，由县级以上地方人民政府城市规划行政主管部门责令限期改正，并处罚款。”第 41 条规定：“对未取得建设工程规划许可证件或者违反建设工程规划许可证件的规定进行建设的单位的有关责任人员，可以由其所在单位或者上级主管机关给予行政处分。”房地产开发企业应当按照批准的规划、设计建设商品房。商品房销售后，房地产开发企业不得擅自变更规划、设计。未经规划部门批准建设商品房，开发商不仅应承担民事责任，还应承担违反行政义务而产生的行政责任，如停止建设，限期拆除或者没收违法建筑物或行政罚款等双重违法处罚。二是出卖方变更规划经过规划部门批准的，出卖方也不得以履行了审批的行政义务而免除其民事赔偿责任。建设部《商品房销售管理办法》第 24 条的规定主要是房地产行政管理部门加强对房地产建设与开发的管理，目的是为了限制开发商擅自变更规划的行为，并明确其违反行政规章应承担的法律责任。出卖方变更规划后，经过规划部门批准的，只是其履行了行政法规之义务，但对于民事违约责任，仍应按民法与民事合同约定承担民事违约赔偿责任。开发企业不得以履行了行政义务而免除其民事义务责任。行政规章对行政管理相对人规定的行政义务，对当事人间签订的民事合同以及责任承担不具有约束力。也就是说，开发企业即便履行了该行政义务，仍不能免除其应承担的民事责任。因为开发商在出售房屋前，整个小区的规划早已确定。因此，房屋出售后，改变小区规划不论是否经有关部门批准，均是对已有的规划及或对购买人的承诺（包括口头、书面合同或广告如楼盘模型）之违背。为此，开发企业均应当承担民事违约责任。值得注意的是并非只要开发商尽了“通知”义务，就可免除开发商的民事责任。因为房屋买卖合同签订后，即具有法律效力，任何一方均不得擅自变更。开发企业的“通知”，只能视为合同签订后一方提出修改合同的要求，是否成立须获得合同另一方的同意。因此，尽管开发企业尽了通知义务，仍不能免除其违约责任。除非购买方同意或接受这种变更。当然，开发商的“通知”可起到减轻其损失的作用。例如开发商尽了通知义务后，购买方同意变更并接受价款的变更，则双方重新就合同内容达成一致，则出卖方可避免将来被诉之患。此外，如果购买方在获得通知后选择退房，则开发商也可避免等到将来购房人退房而造成的扩大损失部分（房价上涨部分）的承担。“通知”后，购买方不同意变更而选择退房的，出卖方仍应承担的违约责任包括：违约金、赔偿损失（不仅包括利息损失，还应包括可得利益损失，如房价已上涨部分）。如果买受人既不同意变更，又不退房的，出卖人同样应当承担违约责任。包括直接损失如多支付的房款、采光受影响的损失以及变更规划后舒适度的损失，这部分可根据开发商变更规划所产生的利益之一定比例作为赔偿的依据。这是根据获益不能建立在他人利益受损的原则基础上的。这也可起到有效控制开发企业严格按规划与设计实施，避免在经济利益的驱使下侵犯购房人权益。

➢案例 7.16

1999 年 7 月，吴某购买了某国际花园一期底层的一套商品房，该楼盘的整个小区规划合理，容积率相对较低，楼间距较大，绿化和周边自然环境都还不错，而且从小区的沙盘模型上看，吴先生购买的那一幢多层建筑之前，还有一大片绿地。因此，吴先生对该房屋的居住环境十分满意，故决定购买此房。2000 年 9 月，开发商按期交付房屋，吴先生在验收时对交付的房屋也是较满意的，因为开发商为提升小区居住环境，在人工造景、植树绿化等方面都费了不少心思。不久，该楼盘二期开发启动，开盘价格也比一期上涨不少。2002 年 10 月，在该楼盘成功销售二期以后，开发商向外正式发售第三期。这时吴先生发现，楼前绿地上陆续运来了建筑材料和施工设备。经了解，原来开发商要在那里加盖一幢三层管理用房，作为以后整个小区物管办公用房。吴先生担心今后的采光、通风等问题，于是找到开发商理论。但开发商态度很明确，称筹建中的物管用房是经规划部门审批的。小区物管用房部分建筑面积并未计入公摊面积。并且，开发商和业主之间并不曾就该空地利用事项存在协议，开发商有权根据实际情况将土地进行开发利用。吴先生翻出当时的商品房买卖契约，想找出开发商的违约依据。但合同上粘贴的小区规划图，只是一期的规划图，而在售楼处，开发商早就把沙盘模型更改过来了，原先标明绿地的地方也赫然矗立着物管用房。

➢ 案例 7.17

根据开发商出示的《小区平面图》，王先生购买的商品房正前方是小区景观花园，但是，到了交房时，王先生才发现所购商品房之前 10 多米处是一幢 15 层的高层建筑，而小区景观花园也不知去向。王先生于是和开发商协商，要求开发商给予赔偿，因为前方 15 层的高层建筑影响了王先生住房的采光，而且由于所谓的景观花园的存在王先生所购商品房的房价也比小区内的其他房屋要高。开发商承认规划设计变更后没有及时通知王先生是自己违约了，但规划设计变更是经规划部门批准、设计单位同意的，王先生如果不愿意接受可以退房，开发商可以退还给他们购房款并按银行同期贷款利息支付利息损失。然而，实际上，该小区开发历经两年，此时房价比两年前已上涨了许多，王先生等购房者不同意退房，要求开发商承担违约责任。双方争执不下。

➢ 法理评析

案例 7.16 中，由于吴先生没有保留当初购房时的沙盘模型照片，也没有其他证据证明开发企业变更了小区规划，因此，其要求开发企业承担违约责任的请求很难获得支持。

案例 7.17 中，开发商变更小区规划，未尽通知王先生的义务，当然应承担违约的民事责任。王先生有选择退房或接受变更后房屋的权利。如果王先生选择退房，则开发商应退还房款，赔偿利息损失，以及赔偿房价已上涨部分的损失。如果王先生接受变更后的房屋，则开发商仍应当赔偿王先生损失：一是因购买景观花园的房屋而多支付的房价；二是可根据《物权法》规定，因房屋前面变更成高层楼房影响房屋采光所造成的损失；三是房屋舒适度损失的赔偿或称为惩罚性的赔偿，这可根据开发企业获利的比例进行赔偿。

二 交付的房屋面积与合同约定不符之责任

出卖人交付使用的房屋建筑面积或者套内建筑面积与商品房买卖合同约定面积不符的情况经常发生。在买卖双方签订合同时，作为卖方的开发商往往试图在合同中约定一个表面公平合理、实际不利于购买人的“多退少补”条款。作为房地产开发商，赢利是其首要的目的与宗旨，多售房是其获利的重要途径。因此，合同中约定面积不一致时的“多退少补”条款，只会有利于卖方，并助长房地产开发商在房屋建设中，不按既定设计方案施工建房，使所建房屋面积超过合同约定。对于购房者来说，如果交付的面积超过合同约定面积，多余的房屋面积可能是自己所不需要的，甚至仅是公摊面积增加等，但却要额外补交房款，给自己增加不必要的房价负担。如果交付的房屋小于合同约定面积，则可能影响买房人对房屋的使用，而开发商也只是退还不足面积部分的房价款，无任何损失。因此，“多退少补”条款不利于购买方，利少弊多。

（一）立法规定与理论

对于商品房买卖合同面积与交付面积不一致的法律处理依据主要是建设部《商品房销售管理办法》第18～21条的规定以及最高人民法院《关于审理商品房买卖合同纠纷案件适用法律若干问题的解释》第14条的规定。《商品房销售管理办法》第18条规定：商品房销售可以按套（单元）计价，也可以按套内建筑面积或者建筑面积计价。商品房建筑面积由套内建筑面积和分摊的共有建筑面积组成，套内建筑面积部分为独立产权，分摊的共有建筑面积部分为共有产权，买受人按照法律、法规的规定对其享有权利，承担责任。按套（单元）计价或者按套内建筑面积计价的，商品房买卖合同中应当注明建筑面积和分摊的共有建筑面积。第19条规定：按套（单元）计价的现售房屋，当事人对现售房屋实地勘察后可以在合同中直接约定总价款。按套（单元）计价的预售房屋，房地产开发企业应当在合同中附所售房屋的平面图。平面图应当标明详细尺寸，并约定误差范围。房屋交付时，套型与设计图纸一致，相关尺寸也在约定的误差范围内，维持总价款不变；套型与设计图纸不一致或者相关尺寸超出约定的误差范围，合同中未约定处理方式的，买受人可以退房或者与房地产开发企业重新约定总价款。买受人退房的，由房地产开发企业承担违约责任。第20条规定：按套内建筑面积或者建筑面积计价的，当事人应当在合同中载明合同约定面积与产权登记面积发生误差的处理方式。合同未作约定的，按以下原则处理：① 面积误差比绝对值在3%以内（含3%）的，据实结算房价款；② 面积误差比绝对值超出3%时，买受人有权退房。买受人退房的，房地产开发企业应当在买受人提出退房之日起30日内将买受人已付房价款退还给买受人，同时支付已付房价款利息。买受人不退房的，产权登记面积大于合同约定面积时，面积误差比在3%以内（含3%）部分的房价款由买受人补足；超出3%部分的房价款由房地产开发企业承担，产权归买受人。产权登记面积小于合同约定面积时，面积误差比绝对值在3%以内（含3%）部分的房价款由房地产开发企业返还买受人；绝对值超出3%部分的房价款由房地产开发企业双倍返还买受人。

面积误差比的计算公式为

$$\text{面积误差比} = \frac{\text{产权登记面积} - \text{合同约定面积}}{\text{合同约定面积}} \times 100\%$$

第 21 条规定："按建筑面积计价的，当事人应当在合同中约定套内建筑面积和分摊的共有建筑面积，并约定建筑面积不变而套内建筑面积发生误差以及建筑面积与套内建筑面积均发生误差时的处理方式。"

因此，出卖人交付使用的房屋套内建筑面积或建筑面积与商品房买卖合同约定面积不符，合同有约定的，按照约定处理；合同没有约定或者约定不明确的，按照上述原则处理。

（二）相关术语与基本内容

商品房买卖合同中出现若干面积概念，如建筑面积、套内建筑面积、公摊面积、使用面积。商品房买卖合同所选择的计价面积不同，往往会影响到买卖双方的利益，也是日后发生争议的焦点。实践中，根据《房产测量规范》（GB/T 17986—2000）、《房屋建筑面积测算的规定》以及建设部 1995 年《商品房销售面积计算及公用建筑面积分摊规则》的规定确定各种面积的范围与计算方式。

（1）商品房销售以建筑面积为面积计算单位。建筑面积应按国家现行《建筑面积计算规则》进行计算。建筑面积亦称建筑展开面积，指住宅建筑外墙外围线测定的各层平面面积之和。它是表示一个建筑物建筑规模大小的经济指标，包括三项内容：使用面积、辅助面积和结构面积。因为建筑面积往往是计算商品房价格的结算数据，所以对于购房者来说，了解建筑面积是非常重要的。

商品房销售面积＝套内建筑面积＋分摊的公用建筑面积

（2）房屋的套内建筑面积。根据《房产测量规范》（GB/T 17986—2000）和《房屋建筑面积测算的规定》规定：成套房屋的套内建筑面积由套内房屋的使用面积，套内墙体面积，套内阳台建筑面积三部分组成。

套内建筑面积＝套内使用面积＋套内墙体面积＋阳台建筑面积

套内房屋使用面积为套内房屋使用空间的面积，以水平投影面积按以下规定计算：①套内使用面积为套内卧室、起居室、过厅、过道、厨房、卫生间、厕所、储藏室、壁柜等空间面积的总和。②套内楼梯按自然层数的面积总和计入使用面积。③不包括在结构面积内的套内烟囱、通风道、管道井均计入使用面积。④内墙面装饰厚度计入使用面积。

套内墙体面积是套内使用空间周围的维护或承重墙体或其他承重支撑体所占的面积，其中各套之间的分隔和套与公共建筑空间的分隔墙以及外墙（包括山墙）等共有墙，均按水平投影面积的一半计入套内墙体面积。套内自有墙体按水平投影的一半计算套内墙体面积。

套内阳台建筑面积均按阳台外围与房屋外墙之间的水平投影面积计算。其中封闭的阳台按水平投影全部计算建筑面积，未封闭的阳台按水平投影的一半计算建筑面积。

（3）房屋公用建筑面积，俗称公摊面积，系指各产权业主共同占有或共同使用的建筑面积。公用建筑面积由以下两部分组成：①电梯井、楼梯间、垃圾道、变电室、设备间、公共门厅和过道、地下室、值班警卫室以及其他功能上为整栋建筑服务的公共用房和管理用房建筑面积；②套（单元）与公用建筑空间之间的分隔墙以及外墙（包括山墙）墙体水平投影面积的一半。

公用建筑面积计算原则：凡已作为独立使用空间销售或出租的地下室、车棚、车库、为多栋服务的警卫室，管理用房等，不应计入公用建筑面积部分。作为人防工程的地下室也不计入公用建筑面积。

房屋公摊面积的多少将直接影响到购房的总价以及房屋的使用面积。在总建筑面积不变的情况下，公摊面积越大，房屋的使用面积则越小。一般而言，高层楼房的公摊面积要大于多层楼房的公摊面积，每一个楼房具体情况不同，公摊面积也不尽一致。

➢ 案例 7.18

2005 年 11 月 7 日，王先生与某房产公司签订商品房买卖合同一份，购买该公司某花园 2 幢 5 单元 204 室房子一套。合同约定：商品房建筑面积 92 平方米。其中，套内建筑面积 88 平方米，公共部分与公用房屋分摊建筑面积 4 平方米，计价方式为按建筑面积计价。合同签订后，王先生以现金方式一次性付清了房款。2006 年房屋交付时，经测量，套内建筑面积仅为 83 平方米，而公摊面积则增加到了 9 平方米。王先生认为对套内面积减少，公摊面积增加，房产公司应退还套内建筑面积减少的 5 平方米房款；而房产公司认为，建筑面积并未减少，且合同约定是以建筑面积计价，因此，不存在退款的理由。为此，王先生起诉至法院。

➢ 法理评析

由于王先生与房产公司约定计价方式是按建筑面积计价，且双方未约定建筑面积不变而套内建筑面积发生误差以及建筑面积与套内建筑面积均发生误差时的处理方式。因此，本案处理将对王先生不利。因为商品房买卖的计价方式既可以以建筑面积计价，也可以房屋套内建筑面积或整栋商品房的建筑面积（地下室作为人防工程的，应从整栋商品房的建筑面积扣除）计价，关键取决于双方选择何种面积为计价方式，并且，双方约定的商品房价格并未区分房屋套内建筑面积与公摊面积的不同。因此，如果选择以建筑面积作为计价的，应考虑到公摊面积的因素，则只要建筑面积误差未超过法律规定的 3%标准，则应以实测建筑面积为准付款；如果以套内建筑面积为计价标准的，则以套内建筑面积与实际交付的面积相比较，是否超过 3%误差。显然，选择以套内建筑面积为计价的，将有利于保证购房人作为独立产权的得房空间，但如果公摊面积过少，也可能会影响到整栋房居住的舒适度。

➢ 案例 7.19

甲某购买某房地产开发公司商品房一套，合同约定房屋面积为 123 平方米。合同中，对合同面积与交付面积不一致的处理未作约定。双方签订合同后，甲某交付了全部购房款，开发公司也按期交付房屋给甲某。甲某即对该房进行了装修。甲某入住该房后，总觉得房屋面积没有自己想像的那样大。于是，甲某请来房屋勘测机构进行房屋面积测定。没想到该房屋面积比合同约定面积小了 9.5 平方米。为此，甲某与房地产开发公司协商，要求双倍返还不足面积部分的房款。甲某提出：开发公司按照房屋使用权面积乘以系数 1.4 而得出房屋建筑面积，违反建设部关于商品房面积计算的规定。开发商明知房屋建筑面积的计算方式，却故意使用一个错误的计算方式，有欺诈的故意。故根据《中华人民共和国消费者权益保护法》（以下简称《消费者权益保护法》）要求开发商承担双倍返还之义务。开发商则同意返还不足面积部分的房款，但不同意双倍返还。认为商品房买卖不适用《消费者权益保护法》。

➢ 法理评析

本案不仅涉及合同约定面积与交付面积不一致的情形，而且还涉及法律适用问题。商品房买卖是否适用《消费者权益保护法》，历来是学术界与实务界争议的法律问题。商品房是一种特殊的商品，这种商品与别的商品不同在于其位置不能移动。《最高人民法院关于审理商品房买卖合同纠纷案件适用法律若干问题的解释》虽未明确表明适用《消费者权益保护法》，但其第 8 条、9 条关于不超过一倍赔偿责任的规定，似乎已在表明商品房买卖可借鉴《消费者权益保护法》之规定。当然，就该案本身而言，是否适用《消费者权益保护法》第 49 条“经营者提供商品或服务有欺诈行为的，应当根据消费者的要求增加赔偿其受到的损失，增加赔偿的金额为消费者购买商品的价款或接受服务的费用的一倍。”之规定值得探讨。该案甲某要求双倍赔偿，关键在于要证明开发商是否存在欺诈行为。关于欺诈行为，《最高人民法院〈关于贯彻执行中华人民共和国民法通则〉若干问题的意见》（试行）第 68 条规定：“一方当事人故意告知对方虚假情况，或者故意隐瞒真实情况，诱使对方当事人作出错误意思的表示的，可以认定欺诈行为。”《欺诈消费者行为处罚办法》第 2 条规定：“本法所称欺诈消费者的行为，是指经营者在提供商品或者服务中，采取虚假或者其他不正当手段欺骗、误导消费者，使消费者的合法权益受到损害的行为。”可见，欺诈行为人的主观心理状态应该是也只能是故意欺骗。与一般过错行为相比，欺诈行为概念更严格与狭窄，它排除了过失行为，即过失行为不构成欺诈。本案中，如能证明开发商主观上有故意或恶意，则可以认定有欺诈行为。但如果不能证明，则不构成欺诈，不能要求所有不足部分房屋面积的双倍返还。甲某，则有权选择解除合同并要求赔偿损失或选择要求继续履行合同，并要求面积误差比在3%以内部分返还房款及利息损失、面积误差比超过3%部分的房款双倍返还。

➢ 案例7.20

陆女士2006年10月购买某开发商一套精装修商品房，建筑面积54.97平方米，总价包括房款与装修费。认购书上约定：装修费每平方米500元。五天后，双方签订商品房买卖契约与室内装修合同，两份合同中写明房屋的建筑面积与使用面积以及装修费27 485元。随后陆女士交付所有房款共计18万元，包括房屋价格15.8万元与装修价款27 485元。一个月后，陆女士发现开发商收取的装修费是以该房屋的建筑面积54.97平方米计算的，而双方签订的装修合同是室内装修合同，应以房屋的使用面积计算，而不是建筑面积，开发商为此多收取房屋公摊面积的装修费11.93×500=5 965元应当返还，并且开发商的行为明显存在欺诈，因此向法院提出了要求双倍返还多收的装修款共计1.193万元。

➢ 法理评析

精装修商品房的买卖并不很普遍，因此，装修费应以建筑面积计算还是套内建筑面积或使用面积计算，尚未有立法加以规定。开发商往往以“潜规则”或销售方便为由，使用建筑面积作为计算依据。装修费的计算，应以该费用的实际使用范围为限，因为装修时不可能对套内建筑面积以外的部分进行装修，既然陆女士与开发商签订的是室内装修合同，因此，也就排除了对该建筑外墙等部分的装修。因此，以面积计算装修费只能以套内建筑面积为依据。任何费用的收取，只能以该费用实际使用的范围为依据。因此，开发商多收取的装修费应当返还。商品房的买卖，之所以可以建筑面积计价，是因为对公摊面积部分，开发商同样是投入资金。房屋室内装修则不同，对房屋公摊面积部分是不进行装修。因此，对公摊部分面积收取装修费没有事实依据。同时，房屋装修应当适用《消费者权益保护法》。当然，是否双倍返还取决于开发商是否存在故意欺诈行为，需要陆女士的举证。如果法律有明确规定，装修以套内建筑面积或使用面积计算，开发商违反规定，则具有主观恶意易证明，但由于法律未曾有规定，只有证明开发商有主观恶意才能要求双倍赔偿。

三　质量不合格房屋交付之责任

房屋的质量直接关系着公民的生命、健康安全以及财产安全，也关系到房屋的价值的实现。因房屋质量问题引发的法律纠纷层出不穷，因此，对房屋质量责任之认定与归责尤为重要。

房屋买卖合同签订后，卖方应按国家法律规定的房屋质量标准及双方约定的标准交付房屋。最高人民法院《关于审理商品房买卖合同纠纷案件适用法律若干问题的解释》第 12 条规定：因房屋主体结构质量不合格不能交付使用，或者房屋交付使用后，房屋主体结构质量经核验确属不合格，买受人可以请求解除合同和赔偿损失。第 13 条规定："因房屋质量问题严重影响正常居住使用，买受人可以请求解除合同和赔偿损失。交付使用的房屋存在质量问题，在保修期内，出卖人应当承担修复责任；出卖人拒绝修复或者在合理期限内拖延修复的，买受人可以自行或者委托他人修复。修复费用及修复期间造成的其他损失由出卖人承担。"最高人民法院的这一解释第一次在我国规定了房屋质量问题，当事人可以请求解除合同和赔偿损失，这是立法上的一大进步。过去很多购房者购买的房屋有质量问题只能请求修理，因为我国法律没有规定此种情况下购买者可以退房。建设部的部门规章规定只有因房屋主体结构质量不合格才能请求退房。最高人民法院的这一解释终于解决了这一问题。

房屋质量问题包括主体结构质量不合格以及房屋质量瑕疵两大类：

1. 房屋主体结构质量不合格问题

对房屋主体结构应作广义解释，指一个完整的房屋建筑工程，包括房屋地下隐蔽工程的地基部分和房屋地上工程所涉及部分。根据《中华人民共和国建筑法》（以下简称《建筑法》）的规定，房屋建筑工程应当包括以下内容：房屋的地基基础工程、主体结构工程、屋面防水工程和其他土建工程，以及电气管线、上下水管线的安装工程，供热、供冷系统工程等部分。《建筑法》第 60 条第 1 款规定："建筑物在合理使用寿命内，必须确保地基基础和主体结构质量。"建筑物的地基基础工程和主体结构是建筑工程质量的重要基础和主体，如果一项建筑工程在地基基础工程和主体结构上出现质量问题，即使其他部分施工质量再好也难以保证整个建筑工程质量。因此，《建筑法》规定，建筑物在合理的使用寿命内，必须确保地基基础工程和主体结构的质量。关于"合理的寿命"，目前国家还未有统一规定，具体各类建筑工程的合理年限，要根据建筑物的使用功能、所处的自然环境等因素，由有关技术部门作出判断。根据《民用建筑设计通则（试行）》，一般认为按民用建筑主体结构确定的建筑耐久年限分为四级：一级耐久年限为 100 年以上，适用于重要的建筑和高层建筑（指 10 层以上住宅建筑、总高度超过 24 米的公共建筑及综合性建筑）；二级耐久年限为 50～100 年，适用于一般建筑；三级耐久年限为 25～50 年，适用于次要建筑；四级耐久年限为 15 年以下，适用于临时性建筑。耐久年限即为工程合理使用年限，建设单位如有低于或高于工程合理使用年限要求的，应在合同中予以明确。对地基和主体结构发生质量缺陷，是否在合理使用寿命内引起的争议，应首先确定该建筑物的合理使用寿命。已有确定年限的，以该年限为准；无确定年限的，由原设计单位或有权确认的部门确定年限。地基基础工程和主体工程质量问题直接关系建筑的安全，如该两项工程存在质量问题，且难以加固修复的，买受人可以解除合同并要求赔偿损失。

2. 房屋质量瑕疵与责任

房屋工程质量瑕疵包括因房屋质量严重影响正常居住使用的各种情形以及一般质量瑕疵。房屋工程质量除房屋地基基础与房屋主体工程质量外，还包括其他方面。

《建筑法》第 62 条规定："建筑工程实行质量保修制度。建筑工程保修范围应当包括地基基础工程、主体结构工程、屋面防水工程和其他土建工程，以及电气管线、上下水管的安装工程、供热、供冷系统工程等项目；保修的期限应当按照保证建筑物合理寿命年限内正常使用、维护使用者合法权益的原则确定，具体的保修范围和最低保修期限由国务院规定。"

（1）关于屋面防水工程。根据 2000 年颁布的《房屋建筑工程质量保修办法》第 7 条的规定，在正常使用情况下，屋面防水工程、有防水要求的卫生间、房间和外墙面的防渗漏，最低保修期限为 5 年。在此期间，发生漏水问题，责任者应当承担保修的责任。

（2）其他土建工程一般包括地面、楼面工程、门窗工程等。如室内地坪空鼓、开裂、起沙，墙皮、面砖、油漆等饰面脱落，厕所、厨房、盥洗室地面泛水、积水，阳台积水漏水等工程的质量问题，应属建筑工程的质量保修范围，由其责任人负责修复。

（3）电气管线、上下水管线的安装工程。主要指电气的线路、开关、电表的安装，电气照明器具的安装，给水管道、排水管道的安装等。如电线漏电，照明灯具坠落，上下水管漏水、堵塞等均属安装工程质量问题。电气系统、给排水管、设备安装最低保修期限为 2 年。

（4）供热、供冷系统工程，包括暖气设备、中央空调设备等的安装工程。供热与供冷系统的最低保修期限为 2 个采暖期、供冷期，另外还包括其他项目和合同约定的施工项目。以上质量问题，如果是使用不当或第三者造成的或因不可抗力造成的质量缺陷不包括在内。

（5）合同约定的质量保证期限。根据建设部《商品房销售管理办法》第 32 条规定："销售商品住宅地，房地产开发企业应当根据《商品住宅实行保证书和住宅使用说明书制度的规定》（以下简称《规定》），向买受人提供《住宅质量保证书》、《住宅使用说明书》。"第 33 条规定："房地产开发企业应当对所售商品房承担质量保修责任。当事人应当在合同中就保修范围、保修期限、保修责任等内容做出约定。保修期从交付之日起计算。商品住宅的保修期限不得低于建筑工程承包单位向建设单位出具的质量保修书约定保险期的存续期；存续期少于《规定》中确定的最低保修期限的，保修期不得低于《规定》中确定的最低保修期限。非住宅商品房的保修期限不得低于建设工程承包单位向建设单位出具的质量保修书约定保险期的存续期。在保修期限内发生的属于保修范围内的质量问题，房地产开发企业应当履行保修义务，并对造成的损失承担赔偿责任。因不可抗力或者使用不当造成的破坏，房地产开发企业不承担责任。”第 35 条规定：“商品房交付使用后，买受人认为主体结构质量不合格的，可以依照有关规定委托工程质量检测机构重新核验，确属主体结构质量不合格的，买受人有权退房；给买受人造成损失的，房地产开发企业应当依法承担赔偿责任。”

3. 房屋质量瑕疵的处理

因房屋质量严重影响正常居住使用的，买受人可以请求解除合同和赔偿损失。房屋交付后，出现质量问题，在未严重影响正常居住使用的情况下，出卖人应承担修复责任。出卖人拒绝修复或者在合理的期限内拖延修复的，买受人可自行或者委托他人修复。修复费用及修复期间造成的其他损失等，应由出卖人承担。

➢案例 7.21

隐蔽工程缺陷造成购买人财产损失，责任者应负赔偿责任。

业主甲在某开发公司购得住房一套，并购地下车库车位一个。一日，甲将车子开进地下车库时，车胎突然被击穿，并引起大火。为此，甲某向法院起诉，要求房地产开发公司赔偿车子的损失。在法院审理中，房地产开发公司认为其没有任何过错，并认为造成工程质量缺陷完全是施工单位的责任，遂要求法院追加建筑工程公司为共同被告。庭审中，房地产开发公司称：地下电缆断头暴露在空气中的施工责任，首先属于施工质量缺陷，施工质量不合格是造成车辆破坏的本质原因。况且根据《建筑工程施工合同条件》关于隐蔽工程验收的规定，尽管单方的验收记录可以有效，但对于建设单位提出要求重新验收要求时，施工单位应当配合进行重新剥露，如果经重新验收合格的，造成的时间延误和损失，由重新验收单位负责；如果经重新验收不合格的，造成的时间延误可以顺延，对于经济损失不予补偿。尽管房地产开发公司没有参与该隐蔽工程的验收，但事后，房地产开发公司提出重新验收时，施工单位没有配合，致使房地产开发公司的复验权被剥夺，因此，施工单位应对工程缺陷负全部责任。法院认为，根据《建筑法》和《合同法》以及《建设工程施工合同条件》关于隐蔽工程验收的规定，施工单位有权在建设单位不参加隐蔽工程验收的情况下单方面进行验收，但在建设单位要求重新验收的情况下，施工单位没有给予配合，导致质量隐患没有被及时发现。

在工程最终验收中，房地产开发公司没有发现地下车库的质量缺陷，本身也负有一定的责任。根据《建筑法》的有关规定，施工单位对工程质量负有终身质量保修的责任。因此，法院判决房地产开发公司与建筑工程公司对甲某的损失承担共同责任，由建筑公司承担主要责任。

➢ 法理评析

本案中，建设单位、施工单位对于房屋的质量均负有责任。根据《建筑法》的有关规定，施工单位对工程质量负有终身质量保修的责任。因此，法院判决房地产开发公司与建筑工程公司对甲某的损失承担共同责任，由建筑公司承担主要责任是正确的。

➢ 案例 7.22

某房地产开发公司按期对房屋验收，交付给业主入住一年后，业主发现一栋楼外墙开裂、女儿墙倒塌、屋内渗水、屋顶遮阳板严重破损、门立柱走形等情况向开发商反映。开发商根据业主的反映对屋顶遮阳板进行了更换；对墙体开裂，开发商认为是墙体的伸缩缝没有按规范处理，但不影响住宅的使用；至于门立柱的走形则是地基正常沉降所引起的。但业主普遍认为房屋质量存在重大隐患，不能满足结构安全要求，因此，要求开发商给予退房，为此，双方发生争议，业主诉至法院。法院对房屋质量委托有关部门进行鉴定。鉴定结论为：房屋存在严重的质量缺陷，已经严重影响到房屋的结构安全和使用安全，需要通过加固补强的方式解决。开发商提出追加建筑工程公司为第三人。法院认为：开发商交付给业主的房屋存在质量问题，应负完全责任。第三人在工程施工中偷工减料、以次充好是导致房屋质量缺陷的根本原因，建筑工程公司应当承担相应的法律责任。法院判决，建筑工程公司在原设计单位提出加固方案后，进行补强施工，承担全部施工费用。

➢ 法理评析

由于本案发生于《最高人民法院关于审理商品房买卖合同纠纷案件适用法律若干问题的解释》（以下简称《解释》）之前，除房屋主体结构有质量问题，购房者才可提出解除合同，而对于其他房屋质量问题，其解决的方法只有修复。本案通过采取加固补强的方式不定期完成对工程质量缺陷的修复，以最终解决双方的争端。本案如发生在《解释》后，则除了房屋主体结构存在质量问题可以解除合同，对于严重影响居住使用的情况，购房人也可提出解除合同。本案中，房屋经有关部门的鉴定属于房屋存在严重的质量缺陷，已经严重影响到房屋的结构安全和使用安全。即使加固补强，对房屋价值的严重影响也是不言而喻的。因此，业主提出解除合同赔偿损失应得到支持。当然，对于一般房屋质量瑕疵，如经过修复不影响居住使用的，购买人则不能退房，但可请求修复并赔偿损失。

➢ 案例 7.23

王老先生购买的一套住房的地下室为大楼存放锅炉之地，锅炉的噪声使其无法正常生活。王老先生与开发公司协商后，虽开发公司采取了措施，但仍不能解决噪声问题。后经法院判决，王老先与开发公司解除了房屋买卖合同。

➢ 法理评析

本案中所涉房屋既非房屋质量问题，也非房屋主体结构问题，而是房屋不符合居住使用要求。对此，建议法律进一步规定：对于交付使用的房屋不具备可居住性的，买受人可以请求解除合同和赔偿损失。

四 出卖人一房二卖或抵押之责任

出卖方无论是在房屋买卖合同签订前或签订后，隐瞒房屋已抵押或已出售的情况或签订买卖合同后，又将房屋抵押或出售给第三人，都会导致商品房买卖合同的目的不能实现，从而严重侵犯买房人的合法权益。

一房二卖，指房地产开发商作为出卖人先后或同时以两个买卖合同，将同一特定的房屋出卖给两个不同的买受人。该行为将会损害买受人的合法权益。最高人民法院在 2003 年 3 月 24 日发布的《关于审理商品房买卖合同纠纷案件适用法律若干问题的解释》中，专门针对房地产开发企业作为房屋出卖方在商品房买卖合同行为中的一房二卖以及抵押行为进行规范处理。

《解释》第 8 条规定："具有下列情形之一，导致商品房买卖合同目的不能实现的，无法取得房屋的买受人可以请求解除合同、返还已付购房款及利息、赔偿损失，并可以请求出卖人承担不超过已付购房款一倍的赔偿责任：①商品房买卖合同订立后，出卖人未告知买受人又将该房屋抵押给第三人；②商品房买卖合同订立后，出卖人又将该房屋出卖给第三人。"

第 9 条规定："出卖人订立商品房买卖合同时，具有下列情形之一，导致合同无效或者被撤销、解除的，买受人可以请求返还已付购房款及利息、赔偿损失，并可以请求出卖人承担不超过已付购房款一倍的赔偿责任：①故意隐瞒没有取得商品房预售许可证明的事实或者提供虚假商品房预售许可证明；②故意隐瞒所售房屋已经抵押的事实；③故意隐瞒所售房屋已经出卖给第三人或者为拆迁补偿安置房屋的事实。"

第 10 条规定："买受人以出卖人与第三人恶意串通，另行订立商品房买卖合同并将房屋交付使用，导致其无法取得房屋为由，请求确认出卖人与第三人订立的商品房买卖合同无效的，应予支持。"

根据《解释》第 8 条、9 条的规定，作为先买受人与后买受人，均有要求开发商承担惩罚性赔偿请求权。作为先买方的惩罚性赔偿请求权的前提是卖方故意违约行为。具体而言是指商品房买卖合同订立后，出卖人又将该房屋出卖给第三人或抵押给第三人的情况，导致商品房买卖合同目的不能实现，购房人无法取得房屋所有权。即只要属于商品房的重复销售或抵押，并且导致先买方无法取得房屋，先买方就可获得惩罚性赔偿请求权。这与《解释》第 10 条所规定的先买方对于在后合同的无效请求权形成交叉情况：

其一，如果出卖方与第三人（后买受人）与并无恶意串通情形，比如第三人是善意的并且房屋已过户给第三人，导致在先买方无法获得房屋，则先买方只能依据第 8 条的规定行使惩罚性赔偿请求权，而不能依据第 10 条的规定主张后合同无效。

其二，如果在第三人与卖方恶意串通，先买受人依据第 10 条规定主张后合同无效，则先买受方最终能够获得房屋，因此不应依据第 8 条规定行使惩罚性赔偿请求权。

其三，如果第三人与卖方恶意串通并将房屋过户给第三人，而先买方不主张后合同无效的话，可以依据第 8 条的规定行使惩罚性赔偿请求权。

依《解释》第 9 条的规定，后买方行使惩罚性赔偿请求权的原因是卖方严重的缔约过错，即卖方“故意隐瞒所售房屋已经出卖给第三人”的事实，“导致合同无效或者被撤销、解除的”。由于卖方的故意隐瞒行为排斥了后买方与卖方恶意串通的可能性，所以第 10 条（后买方的惩罚性赔偿请求权）与第 10 条（先买方对后合同的无效请求权）在适用范围方面是不可能交叉。不过，其与第 8 条（先买方的惩罚性赔偿请求权）却能够并经常交叉。如果卖方故意隐瞒房屋已经出售的事实而与后买方签约，则先买方可能依据第 8 条的规定获得惩罚性赔偿请求权，而后买方却有可能依据第 9 条的规定取得惩罚性赔偿请求权。但两者的惩罚性赔偿请求权不可能同时行使。因为二者均以无法获得房屋为前提。事实上，先买方与后买方不可能都得不到房屋。总有一方能实际得到房屋所有权从而无法行使惩罚性赔偿请求权。客观上能够行使惩罚性赔偿请求权的，只能是得不到房屋的那位买受人。

➢ 案例 7.24

2004 年 4 月 1 日，王女士与某房地产开发公司签订一份预售商品房买卖合同，约定由王某购买某小区 5 幢 3 单元 602 号房。合同签订后，王某按约支付了全部购房款 35 万元，只等房地产开发公司交房。然而到了合同约定的交房日期，房地产开发公司却迟迟不能交付，王某多次催促，最后才得知该小区 5 幢 3 单元 602 号房早在 2003 年 10 月就已被房地产开发公司卖给了刘某，刘某也已经取得了房屋所有权证。王某愤而提起诉讼，要求房地产开发公司返还已付房款、赔偿相应利息及其他实际损失、支付相当于已付购房款的赔偿金。

➢ **法理评析**

本案中，由于开发商早在 2003 年 10 月就已将房屋卖给了刘某，并且刘某办理房产登记，而 2004 年开发商又将此房卖给王女士，导致王女士没有取得该房所有权。根据最高法院《解释》第 9 条的规定，故意隐瞒所售房屋已经出卖给第三人的事实，导致合同无效，买受人王女士可以请求返还已付购房款及利息、赔偿损失，并可以请求出卖人承担不超过已付购房款一倍的赔偿责任。

➢ **案例 7.25**

张先生 2004 年 5 月与开发商签订商品房买卖契约，合同约定同年 10 月 1 日前交房，交房之日起三个月内办理房屋产权证。合同签订后，张先生付清全部房款 46 万元。同年 9 月 30 日，开发商如期交房。但是，当张先生去房管部门办理房屋所有权证时被告之不能办理。经查，由于开发商缺少资金，在房屋出售后，开发商将此建筑物向银行作了抵押，至今未还清贷款。

➢ **法理评析**

开发商在与张先生签订购房合同后，未经张先生的同意，将房屋抵押给银行，直接导致购房者签订合同的目的无法实现，张先生有权要求开发商承担违约责任，返还购房款，并可请求不超过已付购房款一倍的赔偿责任。

五 房屋交付时间延期之责任

房屋买卖合同中，对房屋交付的时间一般均作约定，买卖双方应严格按合同约定期限履行义务，出卖方应按期交付房屋。但究竟怎样才算房屋交付？在现实中，由于买卖双方对房屋交付的理解不一致，常常引发“房屋交付使用”纠纷。

房屋交付有两种含义：一是房屋使用权交付，即转移占有；二是房屋所有权转移交付，即产权交付。《解释》第 10 条规定，“对房屋的转移占有，视为房屋的交付使用。”对房屋的转移占有，人们常常会理解为“交钥匙”就算交付使用。然而，房屋的交付使用，必须是在房屋具备了交付使用前提条件下才能交付使用。所谓交付使用是指交付使用的房屋必须已经具备使用条件，符合国家规定的交付标准，经验收为合格的房屋才能交付。1998 年的《建筑法》第 61 条直接规定：“建筑工程竣工经验收为合格后，方可交付使用；未经验收或验收不合格的，不得交付使用。”2002 年的《建筑工程质量管理条例》第 16 条规定：“已经建设工程经验收合格的，方可交付使用。”而“交钥匙”是可以在房屋尚不具备交付使用条件的情况下的交付，例如，在有权部门对房屋进行验收前或虽经验收但不合格的情况下房地产开发公司交付钥匙。为此而引发的纠纷比比皆是，因此，不能简单认为“交钥匙”就是房屋交付。当然，房屋交付的时间也不能理解为交付所有权证的时间，除非双方特别约定所有权证交付时间为房屋交付日期的。因此，对最高法院的这一司法解释应理解为是在符合国家关于房屋交付标准，对房屋转移占有的，视为房屋的交付使用，但当事人另有约定的除外。对不符合交付使用条件，即使交付的，房屋毁损、灭失的风险，仍由出卖方承担。这样规定有利于防止开发商为逃避违约责任，而将不符合交付使用条件的房屋交付给购房者，侵犯购房者利益的行为发生。

➢ 案例 7.26

2005 年 9 月 1 日，黄女士与某房地产开发公司签订了一份商品房买卖合同，该商品房建筑面积为 101.52 平方米，总价为 32.5 万元，加上自行车库，共计 33.6 万元。合同第八条规定：开发商应当于 2006 年 8 月 31 日前，将经综合验收合格后的商品房交付给购房户使用。合同第十一条约定：开发商应当在达到交付使用条件后，书面通知购房户办理交付手续，并在交接时出示综合验收报告等相关材料。2006 年 8 月 31 日，开发商电话通知黄女士交房，但开发商却不能提供合同中约定的商品房综合验收证明，也就是开发商不能证明自己的商品房是合格的。于是，黄女士并没有像其他业主一样按期拿房。黄女士认为，开发商不能履行合同，属于违约，要求开发商按照合同进行赔偿。然而，每次都遭到开发商的严词拒绝。之后，黄女士再没有得到开发商的交房通知。于是，黄女士一纸诉状，将开发商告到法院，要求开发商承担支付延期交房的违约金，并承担相关费用。经过法院调解，开发商接受黄女士的退房请求，按合同约定支付购房款的 5%作为违约金，并赔偿黄女士购房贷款利息 1.2 万元。

➢ 案例 7.27

甘肃基隆房地产开发有限公司与马忠房屋买卖纠纷案

1995 年 12 月 14 日，马忠与甘肃基隆房地产开发有限公司（以下简称基隆公司）签订了《房屋买卖合同》。双方约定：基隆公司将大厦五楼整层商场、建筑面积 2 700 平方米的房屋，以每平方米 2 750 元，总价款 742.5 万元的价格售给马忠。付款方式为合同签订后，第一次付款 400 万元；第二次于交房前付款 200 万元；第三次于 1996 年 7 月 30 日前付款 142.5 万元。双方同意于 1996 年 5 月 30 日由基隆公司将上述房产正式交付给马忠。水、暖、电、通信线路、室内外工程一次性投资由基隆公司负责承担，马忠办理申请使用手续；一方迟付房款或一方迟交房地产，每逾期一日，违约方将向对方承担上述房地产价款的 0.3‰的滞纳金。另双方约定：基隆公司应提供给马忠以下事项：一是安装两部自动扶梯（上海迅达牌）；二是安装一部升降直行货梯；三是大厦门前一停车位。合同签订后，马忠依约分二次支付购房款 600 万元。基隆公司于 1996 年 5 月将建成的框架毛坯房交马忠装修。两部自动扶梯已装好，但直行货梯及六部防火卷帘尚未安装，且整栋大楼一直未经有关部门验收。马忠为此不能开业。于是马忠向甘肃省高级人民法院起诉，要求基隆公司按约交付房屋；安装直行货梯及防火卷帘；支付违约金等。基隆公司则辩称：房屋已于1996年5月交付马忠；合同约定马忠应于1996年7月30日前付清房款余额142.5万元，但其未付，应承担违约责任；售给马忠的2 700平方米的房产不包括配套设备、安装、土建造价，实际每平方米售价应为5 500元，因此，双方应补签订第二份协议才能营业。另五楼大厅东西两侧各有两部升降电梯，可供载人载货，已代替直行货梯；防火卷帘是义务安装等。

甘肃省高院审理后认为：马忠与基隆公司签订的《房屋买卖合同》有效。马忠依约支付房款，基隆公司至今未按约交付房屋，构成违约。基隆公司提出要签第二份协议，补交配套、设备安装、土建费等与合同约定相矛盾，基隆公司提出五楼商场东西两侧各有电梯可载人载货，不再修建直行货梯理由不成立。故判决：一、基隆公司继续履行原合同；基隆公司应购买安装一部供五楼商场使用的直行货梯和六部防火卷帘。二、基隆公司承担违约金（滞纳金），每日按房款的0.3‰交滞纳金给马忠，期限自合同约定房地产交付的日期（1996年5月30日）至基隆公司全面履行合同为至。违约金与马忠应付房款余额相抵结算。

➢ 法理评析

上述两个案例中，开发商均是在房屋验收未合格的情况下交付的房屋或钥匙。案例7.26中，双方约定将经综合验收合格后的商品房交付给购房户使用。案例7.27中，双方在合同中约定："1996年5月30由基隆公司将房地产正式交付给马忠。"开发商在交钥匙时无法提供经验收合格的证明。在双方当事人对交付房屋没有特别约定的情况下，合同中所约定的房地产或商品房应理解为具备使用条件的房屋。因为根据《建设工程质量管理条例》第16条的规定以及《建筑法》第61条的规定："建筑工程竣工经验收为合格后，方可交付使用；未经验收或验收不合格的，不得交付使用。"这是法律的强制性规定。案例7.26与案例7.27中，房地产公司均交付的是未经验收或验收未合格的房屋，或者至少是开发商不能提供合同中约定的商品房综合验收证明，也就是开发商不能证明自己的商品房是合格的。马忠所购买的房屋——基隆大厦的工程质量至法院诉讼终结也未经质量监督机构进行核定验收，也未办理竣工交付使用的相关手续。因此，案例7.26中的商品房与案例7.27中的大厦工程不具备交付使用条件。开发公司即便交付钥匙或将毛坯房交付装修的行为，均不能认定为房屋的交付使用。对迟延交付的，开发公司应承担违约责任。二案例所不同的是，当事人选择了不同的处理方法，案例7.26中，黄女士选择了退房，而案例7.27中的马忠选择了要求基隆公司违约赔偿的方式，法院的判决是正确的。

六　房屋所有权证迟延与不能办证之责任

房屋所有权证是房地产权利人享有房地产物权的法律依据与凭证。因此，买卖双方在签订买卖合同后，为实现签订合同的目的，买方支付房款，卖方交付房屋，并办理房地产权属转移登记，这是买卖双方的最主要的权利与应履行的义务。所有权证取得时间是所有权转移的标志，对买卖双方都具有重要的意义。登记机关在办理登记后，应当给权利人颁发不动产权属证书。一旦发生产权纠纷，权属证书可以起到确权的作用。但在现实中，经常有购房者入住数年还拿不到房屋产权证的情况，直接影响了购房人行使房屋所有权。因此，应加强对出卖人办理房产证责任的追究。

《城市房地产管理法》第 60 条规定："房地产转让或者变更时，应当向县级以上地方人民政府房产管理部门申请房产变更登记，并凭变更后的房屋所有权证书向同级人民政府土地管理部门申请土地使用权变更登记，经同级人民政府土地管理部门核实，由同级人民政府更换或者更改土地使用权证书。"《物权法》第 9 条规定："不动产物权的设立、变更、转让和消灭，经依法登记，发生效力；未经登记，不发生效力，但法律另有规定的除外。"法律对不动产转移都明确规定登记为物权转移的条件。换言之，房地产未经登记，不发生物权变动的效力。因此，迟延办理房地产权证以及不能办证，对购房人权利将是一种极大的损害，可能直接导致合同目的无法实现。为此，最高人民法院《关于审理商品房买卖合同纠纷案件适用法律若干问题的解释》第 18 条、19 条对出卖人迟延办证与办证不能，作出了承担违约责任与买方可解约的规定。第 18 条规定："由于出卖人的原因，买受人在下列期限满未能取得房屋权属证书的，除当事人另有约定外，出卖人应当承担违约责任：①商品房买卖合同约定的办理房屋所有权登记的期限；②商品房买卖合同的标的物为尚未建成房屋的，自房屋交付使用之日起 90 日；③商品房买卖合同的标的物为已竣工房屋的，自合同订立之日起 90 日；合同没有约定违约金或者损失数额难以确定的，可以按照已付购房款总额，参照中国人民银行规定的金融机构计收逾期贷款利息的标准计算。"第 19 条规定："商品房买卖合同约定或者《城市房地产开发经营管理条例》第 33 条规定的办理房屋所有权登记的期限届满后超过一年，由于出卖人的原因，导致买受人无法办理房屋所有权登记，买受人请求解除合同和赔偿损失的，应予支持。"这两条规定对于购房人尽快取得房屋产权证、有效维护自己的合法权益有着十分重要的意义。但最高法院的解释对不及时办理房屋产权证的违约责任的规定力度还不够大。因为购房人在取得房屋后，大多对房屋进行了装修，且在房价不断上涨的情况下，买受方主动提出解除合同的情形是很少的，虽解除合同可以提出赔偿损失，但这种损失不仅包括了装修房屋的损失，再购房屋涨价的差价损失，还包括了大量的人力、物力与精力的投入。而出卖人赔偿的损失中大多不包括再购房屋与现房的差价损失部分。因此，对于仅按照已付购房款总额，参照中国人民银行规定的金融机构计收逾期贷款利息的标准计算是不足以补偿购房者的损失的。为此，建议加大对违约者的处罚力度。购房者可以请求已购房款一倍的赔偿额，以促使出卖人及时履行其义务。

买受人在规定的时间内不能取得房屋所有权证的原因是多方面的，但主要有以下几种原因：一是房地产开发商土地使用手续不全。如在农村集体所有的土地上建造的房屋，根据我国现行法律规定，农村集体所有的土地在未办理土地征用手续之前，是不能直接进入市场流通的。二是房地产开发公司未支付全部土地使用权出让金。支付土地使用权出让金是土地使用权受让者的主要义务，在受让人没有按约履行全部义务之前，土地管理部门是限制办理土地使用权变更手续的。三是房地产开发公司违章建设，没有按规划部门批准的规划许可证上的要求进行建设。例如，规划部门批准建 12 层的，开发公司擅自建 18 层，违建部分自然无法办证。四是房地产开发公司不能提供规定的资料，如房屋综合验收合格证明等。五是其他原因。如房地产开发公司没有将代收的公共物业维修基金上缴，没有将抵押权注销等。六是购买人没有将自己的资料如身份证等资料及时交上。可见，迟延办证或办证不能，主要原因在于开发公司。

房地产所有权的取得是以取得房屋所有权证还是以申请办理房屋所有权证登记时间为准，对此我国《物权法》第 14 条规定："不动产物权的设立、变更、转让和消灭，依照法律规定应当登记的，自记载于不动产登记簿时发生效力。"第 16 条规定："不动产登记簿是物权归属和内容的根据。"同时，第 17 条规定："不动产权属证书是权利人享有该不动产物权的证明。不动产权属证书记载的事项，应当与不动产登记簿一致；记载不一致的，除有证据证明不动产登记簿确有错误外，以不动产登记簿为准。"因此，房地产权属转移时间是自记载于不动产登记簿时发生效力。

➢ 案例 7.28

李女士为来南京做生意的安徽人，于 2006 年 7 月购买南京某开发公司商品房一套，该房屋的土地为农村集体土地性质，但开发商隐瞒承诺并于购房协议上明确该房是可以办理"两证"的正规商品房。于是李女士购买了其中一套三室一厅 90 多平方米的房子，开发商收取李女士全部房款 24 万以及代办"两证"的手续费 300 元。然而，2007 年 5 月，开发商通知李女士无法办理"两证"，由于政府相关部门不给办证，故所收的办证费如数退还，如果购房者提出退房，则开发商全额退还购房款，并适当支付利息。李女士认为：开发商为违约行为，并给其造成了损失，使其失去了购买别处商品房的机会，为此，其将付出比原来更高的价格购买别处商品房，开发商应承担赔偿责任。

➢ **案例 7.29**

李先生在 2003 年向法院起诉状告开发商未按合同规定期限办理产权证，因此要求开发商赔偿其损失。经法院审理查明双方在合同中约定："该房屋交付后 60 天内，甲乙双方应按有关规定准备完备的资料，协助对方办理该房屋产权交易过户及申领有关权证手续。"开发商已按合同约定在房屋交付后 60 天内将办理产权证的相关材料递送给房产局，而李先生因长期出差在外且其所留的电话无法联系上，因此未能办理产权证的原因是李先生未在规定时间内提交身份证明与合同等相关材料。法院经过审理驳回李先生的诉讼请求。

➢ **法理评析**

房屋产权证不是能在短时间内可以办理下来的，这有多方面因素的影响，有开发商的原因也有购房者自己的原因。

案例 7.28 中，李女士不能办理房屋所有权证的原因是由于开发商在农村集体土地使用权上开发的房屋。根据《房地产管理法》的规定，集体土地未经征收不能出让转让。在农村集体土地使用权上进行房地产开发，产权证自然无法办理下来。开发商与购房人签订的购房协议无效，李女士不能取得房地产权证书。当然，开发商故意隐瞒其未取得销售许可证的情形，并在购房协议中约定可以办理"两证"，则开发商应承担违约责任与赔偿责任，包括赔偿不超过已付购房款一倍的损失。

案例 7.29，由于购房者自己的原因，导致无法取得所有权证的，则购房者将自己将承担责任。办理产权证是合同双方的事情，购房者如不能及时向房产局提供身份证明与合同等应由购房者提供的相关证件，导致产权证不能办理下来，只要开发商履行了自己的义务，开发商是没有责任的。李先生因长期出差在外且其所留的电话无法联系上，因此李先生未能办理产权证的原因是其未在规定时间内提交身份证明与合同等相关材料。因此，法院驳回李先生的诉讼请求的判决是正确的。

七 第三人善意取得制度之适用

在签订房屋买卖合同后，办理房地产权转移登记前，很可能存在出卖方将房屋卖给一个不知情的善意第三人且第三人已办理产权过户登记的情况。为此引发先买受人因不能取得不动产物权与出卖方和第三者间的纠纷。对于出卖方的故意行为，前面已有关于"一房二卖"法律责任承担之论述，不再重复累述。对于第三人，其权利如何获得保护，关系到不动产市场交易秩序的建立与交易安全。

（一）不动产善意取得制度的立法规定与相关理论

《物权法》第 106 条规定：“无处分权人将不动产或者动产转让给受让人的，所有权人有权追回；除法律另有规定外，符合下列情形的，受让人取得该不动产或者动产的所有权：（一）受让人受让该不动产或者动产时是善意的；（二）以合理的价格转让；（三）转让的不动产或者动产依照法律规定应当登记的已经登记，不需要登记的已经交付给受让人。受让人依照前款规定取得不动产或者动产的所有权的，原所有权人有权向无处分权人请求赔偿损失。当事人善意取得其他物权的，参照前两款规定。”最高人民法院《关于贯彻执行〈中华人民共和国民法通则〉若干问题的意见（试行）》第 89 条关于共同共有财产善意取得的规定，“共同共有人对共有财产享有共同的权利，承担共同的义务。在共同共有关系存续期间，部分共有人擅自处分共有财产的，一般认定无效。但第三人善意、有偿取得该财产的，应当维护第三人的合法权益，对其他共有人的损失，由擅自处分共有财产的人赔偿。”

（二）不动产善意取得制度设立的意义

（1）善意取得制度是保护不动产交易安全和交易秩序的需要，是《物权法》中设立的新制度。在不动产交易市场，从事交换的当事人往往并不知道对方是否有权处分财产，也很难对市场上出售的不动产逐一查清。如果受让人善意取得不动产且已登记过户取得不动产所有权以后，由于转让人的无权处分行为而使交易无效，并让受让人返还财产，则不仅要推翻已经形成的财产权属和财产关系，而且使当事人在从事交易活动时，随时担心买到的不动产有可能要退还。此时，虽然保护了真实所有人的利益，但由此损害的不止是一个善意第三人的经济利益，更重要的是动摇了人们对市场交易安全的信心，进而影响交易秩序的稳定。法律保护财产静态的安全为主还是动态安全为主这是一个法律价值取向的问题。在一个以交易维系的社会里，法律不仅要保护财产的静态安全，更要保护动态的交易秩序和交易信心。因此，保护善意第三人利益已成为市场经济社会物权变动时应遵循的一般原则。善意取得制度是通过限制财产所有权人的追及权和一定程度上牺牲所有人的利益来实现维护商品交换的安全和良好秩序的目的。据此，房屋作为不动产进行买卖更需要保护其交易安全和交易秩序，故应当适用善意取得制度。《物权法》第 106 条的规定体现了这一精神。

（2）从各国的规定来看，许多国家都明确规定不动产可以适用善意取得制度。例如《瑞士民法典》第 973 条第 1 款规定：“出于善意而信赖不动产登记簿的登记，因而取得所有权或其他权利的人，均受保护。”《德国民法典》第 926 条也有类似规定。另外，我国台湾地区 1993 年完成的“民法物权编部分修文草案”第 759 条第 2 项规定：“因信赖不动产登记之善意第三人，已依法律行为为物权变动之登记者，其变动之效力，不因原登记有无效或撤销之原因而受影响。”充分体现了所有人权益与社会商品流转秩序两种利益权衡后的取舍。

（3）我国司法解释实际上已间接承认不动产的善意取得制度。最高人民法院《关于贯彻执行〈中华人民共和国民法通则〉若干问题的意见（试行）》第 89 条规定，“共同共有人对共有财产享有共同的权利，承担共同的义务。在共同共有关系存续期间，部分共有人擅自处分共有财产的，一般认定无效。但第三人善意、有偿取得该财产的，应当维护第三人的合法权益，对其他共有人的损失，由擅自处分共有财产的人赔偿。”该条中共有财产实际上就是源于共同共有房屋的买卖纠纷。据此，司法解释实际上已间接承认不动产的善意取得制度。

（三）不动产善意取得的构成要件

正是由于不动产善意取得是无处分权人的人处分了所有权人的财产，而由第三者取得该不动产，因此，对这种取得必须具备一定的条件。除客体物为不动产外，不动产善意取得基本上与动产善意取得的构成要件相同，具体如下：

（1）标的物需为不动产。不动产的概念，按照最高人民法院《关于贯彻执行〈中华人民共和国民法通则〉若干问题的意见（试行）》第 186 条所作的解释：“土地、附着于土地的建筑物及其他定着物、建筑物的固定附属设备为不动产。”不动产的范围，《担保法》第 92 条规定：“本法所称不动产是指土地以及房屋、林木等地上定着物。”因此，理论界普遍认为，在我国法律上不动产的范围以该条的规定为准，即不动产包括土地、房屋和林木等地上定着物。

（2）让与人须为无权处分的人。让与人须没有处分不动产的权利。如果让与人享有让与不动产的权利，不存在善意取得适用问题。所谓无权处分，是指让与人无处分权而从事了法律上的处分行为。这种法律上的处分主要是指通过买卖、设定抵押等行为使所有权发生转让。常见的无权处分有以下几种情形：一是无所有权的情形，如承租、保管或借用人对承租或保管、借用的不动产转让给他人；二是所有权受到限制的情形，如某一共有人未经其他共有人的同意，而将共有财产处分给他人；三是代理人擅自处分被代理人的财产的情形，如代理的情况下，也有可能发生无权处分的情况。

（3）受让人须通过有偿的法律行为，以合理的价格让取得不动产的所有权。善意取得制度是为了保护交易安全而设定的，因而唯有在受让人与让与人之间存在交易行为时，法律才有保护的必要，也才存在善意取得的问题。因此受让人取得的财产必须是通过买卖、交易、债务清偿、出资等具有交换性质的法律行为实现的。如果通过继承、馈赠等行为取得不动产的，则不能产生善意取得的效力。构成善意取得的交易行为应是一种有偿交易，取得财产的受让人应当支付了一定的代价，无偿则不发生善意取得问题。

(4) 受让人受让不动产时须为善意。善意是相对于恶意而言的，善意是指不知情，即不知或不应知道让与人转让财产时，没有处分该项财产的权利。也就是说，受让人误信财产的占有人（如承租人、借用人、管理人或使用人）是所有人或者具有处分他人财产的权限。根据善意取得制度，取得财产的第三人在取得财产时应为善意，如果受让人为恶意，则不适用这一制度。由于善意只是受让人取得财产时的一种心理状态，这种状况很难为局外人得知，因此，确定受让人是否具有善意，应考虑当事人从事交易时的客观情况。如果根据受让财产的性质、有偿或无偿、价格的高低、让与人的状况以及受让人的经验等可以知道转让人无权转让，则不能认为受让人具有善意。受让人在让与人交付财产时必须是善意的，至于以后是否为善意，并不影响其取得所有权。如果受让人在让与人交付财产以前具有恶意，则可以推定其接受财产时为恶意。

(5) 转让的不动产依照法律规定已经登记。适用善意取得制度，必须具备法律行为的其他一切生效要件。如该交易行为本身无效或可撤销，则不能发生善意取得。同时，不动产的买卖必须具有一般不动产买卖的形式要件，即必须缔结不动产买卖合同、交付标的物并进行过户登记。只有履行完登记手续的善意受让，才可以取得所有权。如不动产尚未进行登记，也不发生善意取得问题。

➢ 案例 7.30

王某与张某做钢材销售生意，后因张某拖欠货款 18.9 万元，王某在索要无果的情况下起诉到人民法院，要求张某给付货款 18.9 万元和本案的诉讼费用。法院开庭审理后查明，原被告间的买卖有合同和供货发票为证，张某经法院传唤无合法理由拒不到庭。法院遂依法作出缺席判决，判令张某一次性给付王某货款并承担本案的诉讼费用。判决书发生法律效力后，因被执行人张某没有主动履行法律文书确定的义务，权利人王某于 2002 年 5 月 12 日向法院申请强制执行。在案件执行过程中，由于被执行人张某下落不明，法院于是在被执行人张某无人居住的住所张贴了搬迁公告，公告称如到期仍不履行法律文书确定的义务，则依法强制执行。并且依法委托房地产中介事务所对被执行人张某的房屋进行评估，评估价值为 72 600 元。拍卖中因无人竞买，法院再次张贴拍卖公告，并将房屋底价降为 42 000 元。2002 年 11 月，案外人周某以 42 000 元的价格买受了该房屋，法院于同日制作了变卖裁定书。至此本案执行完毕。2003 年 2 月，在本案执行完毕后，被执行人张某以原审法院对其房屋进行评估、拍卖过程中有漏估、错评现象，损害了其合法权益向上级人民法院反映。经上级人民法院调查，查明张某的宅基地为国有划拨土地，而评估时误当作集体土地进行了估价，使被执行人张某的合法权益受到损失。鉴于案件执行完毕后发生的特殊情况，执行法官对案外人周某买受该房屋是否适用善意取得制度出现了分歧，对是否适用善意取得制度产生了分歧意见，主要形成以下两种观点，现分述如下：第一种观点是否定说。案外人周某是基于人民法院在委托评估机构评估时出现误差的情况下，以不合理的低价买受被执行人的房产，不属于善意取得规定的范畴，应当依法执行回转，保护被执行人的合法权益。第二种观点是肯定说。本案中案外人周某买受人民法院依法变卖的房产是出于善意，且本人没有过失，应该适应善意取得制度。

➢案例 7.31

甲某因拖欠乙方借款，乙方诉请到法院，法院判决根据乙方申请，对甲方的房产采取诉讼保全措施。甲方为逃避还款义务，将该房产卖给丙方，并与丙方签订了房屋买卖协议。最后，法院判决甲方还款。判决生效后，甲方不履行判决，亦无其他财产可供执行，乙方申请人民法院对法院已采取诉讼保全措施的甲方房产拍卖受偿。丙方提出其与甲方已签订了房屋买卖协议，并已支付购房款，其为为善意第三人，权益受法律保护。

➢案例 7.32

2003 年 6 月甲拆迁分得两套房屋，因当时不具备领房产证条件故未取得房产证。同年 10 月，甲将其中一套房屋出卖给乙，乙付清了房款，甲也交付了房屋。因甲尚未领到房产证，故一直未过户。后房屋涨价，甲要求乙再付房款 5 万元，遭乙拒绝。2004 年 12 月，甲领取了两套房屋的房产证，将已出卖的一套房屋抵押贷款后，一直不归还借款，银行向法院起诉，要求甲归还借款，对抵押的房屋行使优先受偿权。而乙则认为该房屋已出卖并交付使用，甲再抵押无效，银行则认为其基于登记的公信力，已签订抵押合同并已办理登记手续，故抵押合同有效。

➢法理评析

案例 7.30 中，案外人周某买受的是经人民法院依法变卖的房产。被执行人张某提出要求周某返还房产，理由是评估机构的评估错误，张某所使用的宅基地属国有划拨土地，是有价格的，而评估机构将此作为集体土地评估，是没有价格的，评估的结果自然不同。法院依据错误的评估结论进行变卖房屋，侵害了其合法权益。故要求周某返还房屋。周某是否应返还通过法院拍卖程序购得的房屋？本案中评估机构的错误，是否应由受拍人来承担？很显然，买受人周某通过拍卖取得房屋，在主观上既无恶意也无过失，周某不可能知道也没有必要去了解法院拍卖时房产的真实所有权的状况。评估机构的错误也不能转嫁到案外买受人的身上。本案的房产属于不动产，周某可以适用不动产善意取得制度而保有房产，理由如下：

（1）买受人周某是基于人民法院的变卖，依法支付价款买受被执行房产的，至于评估机构的评估错误以及人民法院依据错误的评估报告变卖被执行人的财产，并不能成为否定买受人善意取得的依据。如果执行回转将会严重损害买受人的合法权益，使市场经济交易安全受到冲击。

(2) 周某是通过有偿的法律行为而取得不动产的所有权，以合理的价格受让的，至于法院以低于评估价拍卖转让，对于周某来说，是不知道且没有必要知道的。因此，其在主观上是善意的，不存在恶意低价受让问题。

(3) 周某根据法院的判决书，已办理了过户登记手续，取得了不动产所有权。

基于上述理由，周某根据善意取得制度取得对该不动产的物权，至于法院委托评估错误而造成张某权利受益，则由法院与评估机构共同承担赔偿责任。

案例 7.31 中，如果丙方为善意第三人，即其不知该房产权已受限制，已支付全部房款，且已办理房产转移登记的，则从保护善意第三人角度出发，该房产所有权归丙方所有。法院应对甲方卖房款采取强制执行措施，不得对善意第三人的房产进行拍卖。如果丙方尚未办理房产转移登记，则因为甲丙买卖协议无效，不适用不动产善意取得制度规定，法院应对甲方房产执行拍卖强制措施，以实现乙方的债权。

案例 7.32 中，作为买受人的乙同样没有办理产权登记，即使其已实际占有房屋，但作为善意第三人的银行，其与甲设定抵押权，银行是无法也不可能知道甲与乙的购房合同，且双方办理了抵押登记。因此，抵押行为是有效的，银行与乙的一般债权相比，具有优先受偿权。《物权法》也规定："当事人善意取得其他物权的，参照前两款规定。"乙虽然事实上占有房屋，但并未取得房屋的物权，不符合善意取得制度的要件。故不能对抗善意第三者银行的抵押权。其只能作为一般债权在银行优先受偿后对剩余款项受偿。

案例 7.31 与 7.32 中，乙虽然签订房屋合同，且已交付房款，但由于未办理登记，则其物权尚未实现，不得对抗第三人之物权行为。虽具有债权，但在现实中，往往因为甲无财产可供执行，乙即便得到法院对甲的胜诉判决，也很可能无法换回其损失。这是不动产物权登记制度的负面作用与效果。为此，《物权法》设立了一个预告登记制度以弥补其不足，即买受方与出卖方签订合同后，可约定办理预告登记，经过预告登记，可保证将来物权的实现，并产生对抗第三人的效力。

八 房地产买卖合同之解除

根据最高人民法院《关于商品房买卖合同的司法解释》的规定，购房人在下列情形下可以要求解除合同：

(1) 商品房买卖合同订立后，出卖人未告知买受人又将该房屋抵押给予第三人。

(2) 商品房买卖合同订立后，出卖人又将该房屋卖给第三人。

(3) 因房屋主体结构质量不合格不能交付使用，或者房屋交付使用后，房屋主体结构质量经核验确属不合格。房屋主体结构质量问题指的是承重墙、梁、柱等因地基基础的沉降超过允许变形值，钢筋混凝土构件发生变形、裂缝，砖石结构没有足够的强度和刚度等质量问题，并经工程质量监测机构重新核验，确属主体结构质量不合格的（当然，对于一般的门窗、墙壁等方面存在的质量问题，除非双方有明确约定，否则，购房人无权仅据此退房）。

(4) 因房屋质量问题严重影响正常居住使用的。

(5) 出卖人交付使用的房屋套内建筑面积或建筑面积与商品房买卖合同约定面积不符，面积误差比绝对值超出 3%的。

(6) 出卖人迟延交付房屋，经催告后在三个月的合理期限内仍未履行的。

(7) 商品房买卖合同约定的办理房屋所有权登记期限届满后超过一年，由于出卖人的原因，买受人无法办理房屋所有权登记的。

(8) 开发商擅自变更规划、设计的，或者经规划部门批准的规划变更、设计单位同意的设计变更导致商品房的结构型式、户型、空间尺寸、朝向变化，以及出现其他影响商品房质量或者使用功能情形的（开发商未能在变更确立之日起 10 日内，书面通知购房人的，购房人有权退房）。

(9) 商品房买卖合同约定，买受人以担保贷款方式付款、因不可归责于当事人双方的事由未能订立商品房担保贷款合同并导致商品房买卖合同不能继续履行的（出卖人应当将收受的购房款本金及其利息或者定金返还买受人）。

(10) 因商品房买卖合同被确认无效或者被撤销、解除，致使商品房担保贷款合同的目的无法实现、当事人请求解除商品房担保贷款合同的。

(11) 双方当事人约定的解除合同情形的发生（购房人除了享有以上法定退房权力外，还可以通过签订购房合同及补充协议为自己设定比较广泛的解除合同的权力，这就是购房人的约定退房权）。

出卖人在下列情形下可以解除合同：

(1) 买受人迟延支付购房款，经催告后在三个月的合同期限内仍未履行的；

(2) 商品房买卖合同约定，买受人以担保贷款方式付款、因当事人一方原因未能订立商品房担保贷款合同并导致商品房买卖合同不能履行的。

九　房地产买卖合同违约双倍赔偿之适用

下列情形下，由于出卖人的原因而导致房屋买卖合同无效、被撤销、解除，出卖人不仅应承担返还购买人已付购房款及利息、赔偿损失，还应承担不超过购买人已付购房款一倍的赔偿责任：

（1）商品房买卖合同订立后，出卖人未告知买受人又将该房屋抵押给第三人的；

（2）商品房买卖合同订立后，出卖人又将该房屋出卖给第三人的；

（3）故意隐瞒没有取得商品房预售许可证的事实或者提供虚假商品房预售许可证明的；

（4）故意隐瞒所售房屋已经抵押的事实；

（5）故意隐瞒所售房屋已经出卖给第三人或者为拆迁补偿安置房屋的事实。

最高人民法院《关于商品房买卖合同的解释》第 7 条规定：拆迁人与被拆迁人按照所有权调换形式订立拆迁补偿安置协议，明确约定拆迁人以位置、用途特定的房屋对被拆迁人予以补偿安置，如果拆迁人将该补偿安置房屋另行出卖给第三人，被拆迁人请求优先取得补偿安置房屋的，应予支持。

本章小结

房地产买卖相关法律问题是房地产法律中最为重要的内容。房地产买卖过程是一个复杂的过程，其中充满了欺诈与陷阱，每一环节与细节都可能引发法律纠纷。房地产买卖合同是确定买卖双方当事人享受权利、履行义务以及违约责任承担的重要依据。一份有效的买卖合同对当事人才具有法律约束力。房地产买卖合同的主体必须合格，必须体现双方当事人真实意愿，内容符合国家法律，并采取书面合同的形式。房地产买卖合同签订后，买卖双方应严格按合同履行各自的义务，否则应承担相应的法律责任。对于房屋买卖合同履行过程中出现的出卖方改变小区规划、交付的房屋面积与合同约定不一致、交付的房屋产生质量问题，以及房屋交付时间的确定、房屋产权证的办理以及一房二卖等情形，立法与最高法院的司法解释作了相应的规定，通过法律救济以达到权利的实现。通过本章的学习，可以对房地产买卖相关法律有一个系统的了解与把握。

思考题

1. 商品房售楼书、售楼广告是要约还是邀请要约？
2. 房地产买卖的有效条件有哪些？
3. 房屋买卖合同约定面积与实际交付面积不一致时应如何处理？
4. 房地产优先购买权的适用条件是什么？
5. 房地产买卖中适用双倍违约赔偿的情形有哪些？

参考文献

1. 金俭：《房地产法研究》，科学出版社，2004年版。

2. 王伯庭：《房地产疑难问题法律解析》，吉林人民出版社，2002年版。

3. 最高人民法院民事审判庭编写：《最高人民法院民事案件解析——房地产案件专集》，法律出版社，1999年版。

第八章　商品房预售与包销

内容提要

通过本章的学习，了解我国商品房预售条件与程序，掌握商品房预售合同签订程序与合同内容，了解预售合同当事人的权利义务。

本章学习重点与难点：

商品房预售许可证取得条件；预售合同当事人的权利与义务；预售合同备案登记与不动产预告登记的关系；预购商品房再转让条件；不可抗力；情势变更与预售合同的履行；商品房包销的性质认定。

商品房预售是从我国香港地区引进的一种房地产销售方式，又称为“楼花”买卖。商品房预售是我国近年来房地产市场发展的产物，其对于解决开发建设资金的不足起了重要的作用。它与现房买卖一起已成为我国商品房市场中两种主要的房屋销售形式。

第一节　商品房预售条件与程序

一　商品房预售的概念与特征

➢案例 8.1

甲某于 2002 年 3 月 15 日与某房地产开发公司签订一商品房预售合同。合同签订前，甲某与该房地产开发公司签订了认购书，并交付定金 1 万元。合同约定：合同签订之日，甲某付总房款45万的30%，即13.5万元；2002年8月15日前付房价的40%，即18万元；2002年1月1日前付清剩余房款，即13.5万元。在全部付清房款时，定金转为房款或返还。房屋于2003年2月1日交付。房屋产权证于房屋交付后三个月内，由开发公司协助甲某办理。双方对违约责任均作了规定。

商品房预售指房地产开发公司与购房者约定，由购房者交付定金或预付款，而在未来一定日期拥有现房的房产交易行为。商品房预售与现房买卖相比具有以下特征：

（1）商品房预售是一种附期限的远期交易行为。商品房买卖双方在买卖合同中约定了一个期限，在将来的一定期间内交付房屋。有人将预售合同称为“远期交货合同”正是反映了房屋预售的这一特征。商品房的预售与现房的销售最大的区别在于签订买卖合同时，预售的商品房尚不存在。但商品房的预售合同内容却与现房买卖合同内容几乎相同，房屋买卖合同的主要条款如房屋的价格、面积、房屋交付的方式、付款方式、履行地点、违约责任无实质性的区别。有人将商品房预售合同认定为房屋委建合同。房屋委建合同属于加工承揽的一种，是以完成约定的任务为目的的合同。它是委托方委托承建方按照委托方要求承建房屋，房屋委建往往由委托方提供原材料，同时委托方是该房屋所占用范围土地的使用权人。但商品房预售的买受人均无此特征，买受人既不提供原材料，在签订商品房预售合同时也不占有土地使用权，在房屋建设过程中，对建设方的建设也无权干预，因此，商品房预售不是房屋委建。也有人把商品房的预售称为房屋的期货交易，以区别于现房买卖。商品房的预售与期货交易是有区别的。在预售商品房中，商品房虽尚未建成，但房屋的数量、规格、质量标准、价格及交付时间都已在预售合同中约定，而期货买卖的价格不是事先约定的，而且也无法约定，它是在期货交易所当场叫卖或类似叫卖性质的计算机联网终端程序公开成交时确定的，当事人交易的目的不在于实物交付，而只是避免价格风险或赚取风险利润。且按国际惯例不动产一般不是期货交易的标的物。因此，商品房的预售在性质上不是期货买卖，而应属于远期交易行为或附期限的交易行为。

（2）商品房的预售具有较强的国家干预性。由于商品房的预售尚不同于房屋的实质性买卖，它购买的仅仅是房地产开发销售部门的一纸承诺，真正的房屋交接尚未形成，但预购人已支付房款。对于购买人来说将冒着很大风险。因此，有必要加强对商品房预售市场的规范。我国对楼花市场一向持慎重的态度，不仅对商品房预售的条件资格及程序作了规定，而且还要求实行预售合同登记备案制度，即双方签订《商品房预售合同》后，还应向当地房地产管理部门办理登记备案手续，体现了商品房预售具有较强的国家干预性。

二 商品房预售的条件

商品房预售不同于现房买卖，它是在房屋尚未建造完工时就已将该房予以出售，并收取房屋的预付款，因而对购买者来说，将冒着商品房能否如期按质按量交付的风险。因此，对房地产开发企业的商品房预售应严格规范，否则，购买者的利益将可能受到侵犯。

➢ **案例 8.2**

某市一房地产开发集团在其已获得土地使用权的一土地上拟建造豪华别墅，在设计图刚出来时就在某大报上刊登山庄设计立体照片预售广告，首批推出 88 幢豪华别墅，以 8 折优惠承诺一次性预收全额购房款。4 天之内销售房屋一空。第二轮 88 幢 9 折优惠又紧接着推出，但购买者到现场一看，还是水稻在田。

➢ **案例 8.3**

张某是律师，为结婚买房，考察了多个楼盘，对其中一“世纪花园”楼盘较为感兴趣，于是与开发商进行了商谈。为确保购买的楼盘是合法的，他要求开发商出示“五证”：营业证、土地使用权证、建设工程规划许可证、销售许可证、施工许可证。该开发商售房小姐将这些证明一一复印给张某。张某在取得这些证明后，与售楼小姐就该楼盘的买卖进行了进一步的商谈。

为确保购买双方的合法权益，房地产开发企业预售商品房必须具备一定的条件。《城市房地产管理法》第 44 条规定：“商品房预售，应当符合下列条件：①已交付全部土地使用权出让金，取得土地使用权证书；②持有建设工程规划许可证；③按提供预售的商品房计算，投入开发建设的资金达到工程建设总投资的 25%以上，并已经确定施工进度和竣工交付日期；④向县级以上人民政府房产管理部门办理预售登记，取得商品房预售许可证明。商品房预售人应当按照国家有关规定将预售合同报县级以上人民政府房产管理部门和土地管理部门登记备案。商品房预售所得款项，必须用于有关的工程建设。”最高人民法院《关于审理商品房买卖合同纠纷案件适用法律若干问题的解释》第 2 条规定：“出卖人未取得商品房预售许可证明，与买受人订立的商品房预售合同，应当认定无效，但是在起诉前取得商品房预售许可证明的，可以认定有效。”

（一）预售人必须已全部交付土地使用权出让金，取得土地使用权证

土地使用权证是合法使用土地的重要凭据，只有在取得了土地使用权证的土地上进行的开发建设，进行房地产经营才是合法有效的，否则，其开发建设与经

营行为均为无效。而土地使用权证的取得是以交付全部土地使用权出让金为前提的，没有交付或没有全部交付或没有按期交付出让金的，即使签订了土地使用权出让合同的，也仍不能得到土地使用权。因此，预售商品房必须是以全部交付土地使用权出让金，并取得土地使用权证为前提条件。

（二）预售人持有建设工程规划许可证

我国《城市规划法》规定：城市的基础设施和房屋建设，都应服从城市规划的要求，每一项工程建设在实施前均应获得规划部门的批准，取得建设工程规划许可证。如果没有取得建设工程规划许可证而从事的建设即属违法建设，其后果可能是被强制拆除。房地产开发建设必须符合城市规划要求，并根据城市规划用地范围和规划设计要点进行开发建设。为保护预购人的合法权益，商品房预售必须符合这一要求，持有城市规划部门核发的建设工程规划许可证。

（三）预售人已完成一定比例的投资

为防止预售人在自己根本没有资金或根本没有投入的情况下，通过预售合同收取预购人的房款，在其自身毫无投入的情况下，很可能将预购款用于其他经营，使预购人的利益受到极大损害，并可能无法获得赔偿。为防止这一情形的发生，根据《城市房地产管理法》的规定，商品房预售人必须按照提供预售的商品房计算，已达到了工程建设总投资的 25%以上，并且已经确定了施工进度和竣工交付的日期。

（四）预售人已经取得商品房预售许可证

《城市房地产管理法》规定，商品房预售实行许可证管理制度。预售人在预售前，应向县级以上人民政府房产管理部门办理预售登记，取得商品房预售许可证明。建设部《城市商品房预售管理办法》第 7 条规定：申请办理商品房预售许可证，应当提交以下证件及资料：开发经营企业的营业执照；建设项目的投资立项、规划、用地和施工等批准文件或证件；工程施工进度计划；投入开发建设的资金已达到工程建设总投资的 25%以上的证明材料；商品房预售方案，该方案应说明商品房的位置、装修标准、交付使用日期、预售总面积、交付使用后的物业管理等内容及预售商品房的总平面图；需向境外预售商品房的，应当同时提交允许向境外销售的批准文件。

商品房预售必须符合上述四个条件，凡不符合条件的，县级以上人民政府房产管理部门将责令其停止预售活动。没收违法所得，可以并处罚款。

以上四个条件是预售行为合法有效的前提，也应是预售合同有效的条件。《最高人民法院关于审理商品房买卖合同纠纷案件适用法律若干问题的解释》第2条规定："出卖人未取得商品房预售许可证明，与买受人订立的商品房预售合同，应当认定无效，但是在起诉前取得商品房预售许可证明的，可以认定有效。"这一规定，一方面表明：预售商品房必须严格按国家法律规定的条件进行。另一方面主要是考虑房地产开发建设有一个开发周期以及必须与行政管理部门如规划部门、城建部门、土地管理部门办理各种手续的过程，由于这一过程的完成并不完成取决于开发商，有时与行政管理部门的工作效率或工作程序有很大关系。因此，往往在开发商（出卖人）与购买者签订合同时，项目已获批准，仅仅出卖方尚未取得如规划许可证、销售许可证之类的证明文件。如果一概认定在签订合同时，未取得预售许可证的，不管以后是否取得或补办取得，合同均认定为无效的话，很可能使本来对社会和个人均无实际损害而可以完成的交易落空，不仅增加社会交易成本，浪费资源，也很可能使购买人的真正购房目的与愿望不能实现。这不是我国立法的本意。因此，在买卖双方发生纠纷诉讼到法院前，如果开发商已取得预售许可证明的，则可以认定合同有效。如果在诉讼时还不能取得许可证明，则说明该房地产建设项目存在问题，开发商的预售行为将被认定为无效。

➢ **案例 8.4**

济南天发房地产（集团）总公司与山东省木材集团总公司房屋预售纠纷案

1995年3月30日，济南天发房地产（集团）总公司（以下简称天发公司）与山东省木材集团总公司（以下简称木材公司）签订《商品房购销合同》。约定：天发公司将其开发建设的济南市纬北小区3号楼建筑面积5 800平方米房屋预售给木材公司，每平方米2 400元，共计房款1 400万元，由木材公司委托设计建筑图纸并承担设计费用。同日，双方又签订《购房供材协议书》作为购房合同的附件，约定由木材公司以进口美国红松、进口胶合板抵作天发公司部分购房款。合同签订后，木材公司分别于同年7月、8月、12月共支付43万元，并于1995年、1996年分12次提供给天发公司价格为10 390 071元的木材、胶合板。天发公司在建设施工中，将部分桩位打偏，后根据设计单位的整改意见，进行了整改。原告木材公司提出被告迟迟不施工，开工后工程存在严重的质量问题，198根桩打偏103根，在施工中又强行修改图纸，故请求法院解除购房合同、退还购房款共计10 820 071元并支付利息与设计费。被告天发公司认为，工程逾期是原告违约所致，原告不但逾期付款、迟延交付设计图纸，而且提供的图纸与合同规定的设计标准不符。在施工过程中，虽部分桩基偏移，但已进行整改，整改后的质量符合规范要求等。

法院经审理后发现：天发公司与木材公司签订合同时，只办理了建设工程规划许可证，没有取得土地使用权证，没有办理预售许可证。法院认为，当事人双方签订的《商品房购房合同》、《购房供材协议书》均为无效合同。天发公司在无土地使用权证的情况下与木材公司签订《商品房购房合同》、《购房供材协议书》，对于合同无效应负主要责任，天发公司应返还木材公司的购房款并赔偿因合同无效所造成的经济损失。木材公司在签订合同时未审查天发公司的预售条件，对于合同的无效也负有一定责任，已支付的设计费及经济损失应由自己承担。

➢ 法理评析

商品房预售，预售方必须具备以下几个条件。即已支付土地使用权出让金，取得土地使用权证；持有建设工程规划许可证；按预售的商品房计算投入的建设资金已达到25%以上，并已确定竣工日期与交付使用日期；取得预售许可证。本案中，天发公司既没有取得土地使用权，也没有取得预售许可证，至诉讼时仍未取得土地使用权证，因此，双方签订的购房合同无效。主要责任在于天发公司，但木材公司也应承担审理不严的责任。合同被确认无效后，按无效合同处理原则即双方返还财产。

三　商品房预售的程序

（1）商品房预售人符合预售条件，在取得商品房预售许可证后，应同购买者签订商品房预售合同。在实际操作中，签订商品房预售合同前，房地产开发商往往与预购人先签订认购书或订购单等，并收取定金或订金、认购金。

（2）预售合同签订后，由商品房预售人按照国家规定将预售合同报县级以上人民政府房产管理部门和土地管理部门登记备案。预售方不得将已预售的房屋重复出售。但预售房屋的登记备案不是预售合同生效的必要条件。最高人民法院《关于审理商品房买卖合同纠纷案件适用法律若干问题的解释》第6条明确规定："当事人以商品房预售合同未按照法律、行政法规规定办理登记手续为由，请求确认合同无效的，不予支持。当事人约定以办理登记备案手续为商品房预售合同生效条件的，从其约定，但当事人一方已经履行主要义务，对方接受的除外。"作为预购人，在签订合同后，为保证将来取得该房地产物权，根据《物权法》的规定，可以办理预告登记。

（3）商品房竣工验收合格后，预售方应凭土地使用权证书向县级以上地方人民政府房产管理部门申请登记，领取房屋所有权证书，并按预售合同办理房屋交付手续。预售的房屋交付后90日内，承购人凭《房屋预售合同》及房屋交付凭证到县级以上人民政府房地产管理部门和土地管理部门办理权属登记手续。房产管理部门办理产权过户登记手续，交纳有关税费。

预售合同备案登记的程序：《城市房地产管理法》第 44 条第 2 款规定，商品房预售人应当按照国家有关规定将预售合同报县级以上人民政府房产管理部门和土地管理部门登记备案。建设部《商品房预售管理办法》第 10 条进一步规定了预售登记备案程序：商品房预售，开发企业应当与承购人签订商品房预售合同。预售人应当在签约之日起 30 日内持商品房预售合同向县级以上人民政府房地产管理部门和土地管理部门办理登记备案手续。商品房的预售可以委托代理人办理，但必须有书面委托书。如果预售人不按规定办理预售合同备案登记，房地产管理部门可以对其进行警告、责令停止预售、责令补办手续、吊销商品房预售许可证，并可处以罚款。因此，备案登记应为开发企业作为出售方的一项行政义务，并不影响合同的民事效力。

第二节　商品房预售合同

一　商品房预售合同的主要内容

预售商品房，预售方应与购买方签订书面合同。合同的内容是确定双方当事人权利义务的依据。预售双方当事人均应按合同约定的内容履行义务，否则，将承担相应的法律责任。合同主要条款包括：

(1) 双方的名称、地址，如果是法人组织的，必须由法人代表签名。

(2) 标的。即预售商品房的坐落位置、编号、土地使用权证、土地使用权取得方式、土地使用权出让年限、土地用途、建设工程规划许可证文号、商品房预售许可证文号。

(3) 面积。预售商品房的面积。面积应以平方米来计算，并明确是建筑面积（分列套内建筑面积与共摊共用面积）还是使用面积或其他面积。因为这些面积的概念所代表的内容是不同的。同时在合同中还应明确房屋面积的误差范围及约定面积与交付面积不一致时的处理方式。如属花园别墅的应约定花园面积及误差的处理。花园产权证的取得方式。此外，对购买的商品房所占用的土地使用权的比例或范围也需明确。

(4) 房屋建筑结构、户型、楼层朝向，层高，并附房屋的平面图。注明如改变结构或户型的处理原则。

(5) 价款即房屋的价金。如每平方米多少元，不仅应标明单价，还应标明总价，对超出允许的误差范围的部分的价格进行约定。

(6) 交付方式和期限。既包括预售款的支付方式即在什么时候支付多少，分一次付清还是分期付清，每次付款的数额，也包括房屋交付的方式，交付使用的期限。

(7) 房屋使用性质。是住宅用房、办公用房还是经营用房或其他。

(8) 房屋产权转移的方式、期限以及超过期限的责任承担。

(9) 附属设施。水、电、气、安全设施、通信、网络等配套设施的安装条件，交付与开通时间以及装修标准、价格、质量等应明确约定。

(10) 物业管理。合同中应明确在房屋竣工交付使用后，提供的物业管理公司名称、并就物业管理的服务内容、收费标准等进行约定。

(11) 公共设施的使用与权属归属。如小区会所、地下车库、室外车库的车位使用与费用、游泳场所、网球场所、图书馆等的归属与使用、室外环境等。

(12) 违约责任。规定一方违约则他方有权请求违约赔偿，直至解除合同。如房地产开发公司未能按原定日期完成房屋建设，且耽误相当时间的，或落成的房屋实际使用面积与售楼书所列的实用面积相差太远的，或落成后房屋的材料与售楼书相差甚远，则购买方可提出违约赔偿或解除合同。

(13) 合同争议的解决。双方当事人可在合同中约定通过诉讼途径或通过仲裁途径，如果选择仲裁的，应明确仲裁机构；否则，仲裁机构将不予受理。

(14) 合同附件以及双方约定的其他条款。

➢ 案例 8.5

季女士花 70 万元购买位于南京某开发区房地产开发公司的一套别墅，签订合同前，季女士在售楼经理和售楼小姐的陪同下，看中了一套四联排别墅，号码为 A033。于是季女士与开发公司签订了房屋买卖合同，但契约上写为 A032，售楼经理解释说，原号码是工程编号，由西向东编的；合同上是新编号，由东向西编。最终以蓝图上红框为准。契约蓝图上用红框圈出的 A033 房即季女士看中的 A032 房。三个月后，季女士按约去接受新房时才发现，A033 房竟是她看中的房的旁边一套，不是原先看中的在蓝图上标出的那套。于是她拒绝接收这套别墅，而开发公司以种种借口推诿责任。认为是由于工作疏忽导致的差错，且两套房型完全一样，只是前后位置相差一点，不同意退房。

➢ 法理评析

商品房预售合同签订后，双方当事人应严格按合同约定履行。由于商品房买卖的标的物是特定物，在交付时，必须以特定物交付，除买受方同意，不得以其他房屋包括套型相同的、同一区域的房屋交付。季女士与开发商约定的房屋应以合同蓝图上标明的为准。因此，开发商应按约履行，而不得以其他房屋交付。否则季女士有权解除合同并要求双倍定金返还、违约赔偿以及赔偿损失。

➢ 案例 8.6

王女士购买某房地产开发公司建在市繁华地段的商品房一套，双方合同约定商品房的性质为住宅。双方签订合同并按约履行了合同。开发商将房屋交付王女士，王女士也如期交付房款。王女士入住后，将该住宅改为经营美容院。物业管理公司以住宅楼不得从事经营，开设美容院与住宅房性质不符为由向法院起诉，法院判决王女士败诉。

➢ 法理评析

买卖双方当事人应按合同约定的房屋用途使用房屋。王女士购买的房屋性质为住宅，则不能擅自改变用途。虽然房屋所有权人有权任意处分与使用自己所有的房屋，但必须符合国家法律与政策及不损害其他房屋所有权人的利益。住房用途改变为经营用房，首先可能损害相邻房屋所有权人或小区住房所有权人的利益，住房区内由于商业经营而吸引顾客，安全、噪声、环境等问题将接踵而来。其次损害国家利益及社会利益。房屋的用途与房屋所占用范围的土地使用权的用途一致，改变房屋用途，不仅涉及国家土地出让金问题，因为不同用途的土地使用权出让金不同。土地用途如果经批准改变，需调整土地出让金，而且房屋用途改变涉及社会利益，其与城市规划有密切关联。房屋用途改变需经城市规划部门批准。

二 商品房预售合同当事人的权利与义务

（一）预购人的权利（即预售人的义务）

1. 知晓预售商品房真实情况的权利

由于预售的商品房尚于处在建状态，购买人只能凭预售方的广告宣传来估测该商品房的情况。因此，购买人有权了解楼宇的真实情况，如建筑材料的等级、设备与配套设施的标准等一些不能通过目测所能了解的情况以及产权有无瑕疵，如在建的商品房有无设定抵押，有无一房二卖等情况，预售方应当在预售前告知预购人，购买方有获得真情的权利。如果预售方隐瞒不告，或告知不实的，应承担违约责任。

2. 依约获得商品房所有权

买方购买预售的商品房，其目的不是为了购买房地产开发公司的一纸承诺，而是为了在约定的将来某个日期获得房屋的所有权。因此，按合同约定的时间取得房屋所有权是买方重要的权利之一。为此，在商品房竣工验收合格后，预售方应凭土地使用权证书向县级以上地方人民政府房主管理部门申请登记，领取房屋所有权证书，并按预售合同规定，办理房屋交付手续。购买方凭房屋预售合同及房屋交付凭证到房地产管理部门办理产权过户登记，交纳有关税费，取得商品房所有权。此外，购买方所获得的这一商品房的所有权必须是完整的无瑕疵的所有权。预售方负有对商品房产权的瑕疵担保的义务，以保证购买方所获得的商品房所有权不受任何人的追索。

3. 转让权

预购方与预售方签订预售商品房合同后，预购人有权转让预售的商品房，尽管该商品房尚未建成，但预购人依法享有转让权。

4. 抵押权（按揭权）

预售商品房的按揭就是指商品房的预购人以其已预付部分房款的尚未竣工的商品房的全部权益作为担保，向银行等金融机构取得贷款以支付购房余款的一种融资购楼方式。预售房的按揭制度符合国际通行做法，为解决开发资金以及为中低收入人购房提供了一条新路。

5. 违约救济权

当预售人违约，或质量不符合约定，或数量未达到合同约定，或未按合同约定交付房屋或者办理产权登记时，购买人有权解除合同或请求违约赔偿，以获得法律上的救济权。

（二）预售人的权利（即购买方的义务）

1. 依约获得商品房价款的权利

这是预售方的主要权利与目的之一。预售方出售其开发的商品房的首要目的就是获利，以弥补其对商品房开发与投入的损失以及取得开发利润。因此，作为预购人的首要义务就是依约付款。

2. 违约补偿

当购买人怠于给付房款时，出卖人在一定的条件下，可主张迟延期间的利息损失赔偿或解除合同。

三 商品房预售合同备案登记与不动产预告登记制度

《城市房地产管理法》第 44 条规定，商品房预售人应当按照国家有关规定将预售合同报县级以上人民政府房产管理部门和土地管理部门登记备案。《物权法》第 20 条规定："当事人签订买卖房屋或者其他不动产物权的协议，为保障将来实现物权，按照约定可以向登记机构申请预告登记。预告登记后，未经预告登记的权利人同意，处分该不动产的，不发生物权效力。预告登记后，债权消灭或者自能够进行不动产登记之日起 3 个月内未申请登记的，预告登记失效。"商品房预售合同备案登记与不动产预告登记制度有何区别呢？

（一）不动产预告登记的含义

不动产预告登记是《物权法》的新规定。它是指当事人签订买卖房屋或者其他不动产物权的协议后，为保障将来实现物权，按照约定向登记机构申请预告登记。预告登记后，出卖方未经预告登记的权利人同意，处分该不动产的，不发生物权效力。

不动产预告登记与不动产登记是有区别的。表现在：不动产登记都是指不动产物权在已经完成的同时所进行的登记；而不动产预告登记则是为了保全将来发生的不动产物权而进行的一种登记；其次，不动产登记导致不动产物权的设立或变更转移，而预告登记作出后，并不导致不动产物权的设立或变动，只是使登记申请人取得一种请求将来发生物权变动的权利。其三，不动产登记取得的物权，没有时间上的限制，而预告登记而产生的请求权，对后来发生与该项请求权内容相同的不动产物权的处分行为，具有排他效力，但是，其有三个月的时间限制。即预告登记后，如果债权消灭或者自能够进行不动产登记之日起三个月内未申请登记的，预告登记失效。因此，预告登记与不动产登记是有区别的，可以说预告登记是为不动产登记作准备的。

（二）不动产预告登记的性质

在我国主要存在三种观点：第一种观点认为预告登记介于债权与物权之间，兼具物权与债权的性质；第二种观点认为预告登记的权利是一种具有物权性质的债权，或者可以说是一种准物权；第三种观点认为预告登记的权利性质是债权，是使被登记的请求权具有确保将来只发生该请求权所期待的法律结果，其实质是限制现时登记的权利人处分其权利。

从各国法律规定来看，预告登记使登记的不动产物权变动的请求权具备了对抗第三人的效力，即具备了物权的排他效力。因此，预告登记是债权被物权化的一种具体体现。经过预告登记的不动产，债权人对不动产物权变动的请求权可以对抗第三人。因此，从预告登记的性质上说，预告登记是债权物权化的一种具体表现。所谓债权物权化，是指债权具备了物权的某些效力。

由于预告登记制度赋予买受人的请求权具有了物权的排他效力，这就确保了出卖人不得滥用其权利，以法定方式强化了诚信原则的实现。不动产预告登记制度有利于交易安全，为了防止交易过程中的欺诈行为，保证交易活动正常进行，交易双方充分了解交易客体的权属状况是基本前提，如权利人是否真正享有物权、物权的负担状况如何、物权的存续期限等。如果缺乏信息公告制度，当事人势必会投入精力和费用去调查、了解，不仅增大交易成本阻碍交易关系，而且会给欺诈行为提供机会。不动产预告登记制度本身就是物权公示的种类之一，通过预告登记可以告知潜在的交易方，该不动产上已设立具有排他性权利的事实，从而达到维护交易安全的目的。

（三）商品房预售登记、商品房预售合同备案登记与预告登记辨析

《城市房地产管理法》第 44 条第 2 款规定：商品房预售，应当符合下列条件：①已交付全部土地使用权出让金，取得土地使用权证书；②持有建设工程规划许可证，取得土地使用权证书；③按提供预售的商品房计算，投入开发建设的资金达到工程建设总投资的 25%以上，并已经确定施工进度和竣工交付的日期；④向县级以上人民政府房产管理部门办理预售登记，取得商品房预售许可证明。商品房预售人应当按照国家规定将预售合同报县级以上人民政府房产管理部门和土地管理部门登记备案。该条规定中涉及两个登记：商品房预售登记以及预售合同登记备案。这两个登记与《物权法》中的预告登记并非同一登记，其作用、功能不同，相互之间不能替代。

商品房预售登记以及预售合同的备案登记不属于预告登记，不具有预告登记的对抗第三人效力功能。无论是商品房预售登记还是预售合同的备案登记都不应也不可能产生对抗第三人的效力。其理由如下：

第一，商品房预售登记是国家为了保护预购人的权益并规范预售人的预售行为，规定当预售人具备一定条件的情况下，预售人方可取得预售许可证。预售房屋必须满足《城市房地产管理法》第 44 条第 2 款的规定。可见，预售登记，是预售人取得预售许可证的前提。此时，预售方与预购方之间尚不存在商品房预售合同。而《物权法》第 20 条规定的预告登记，是指出售方已具备出售条件，与购买方签订房屋买卖协议后，由买卖双方按照约定向登记机构申请的预告登记。

第二，商品房的预售登记不产生对抗第三人的效力。预售登记取得预售许可证，是预售方的行政义务，如未取得预售许可证而进行预售的，县级以上人民政府房地产管理部门将责令其停止预售活动，没收违法所得，或并处罚款。其与债权物权化的预告登记对第三人的对抗效力无关。

第三，预售合同的备案登记不产生具有对抗第三人的物权效力。《城市房地产管理法》第 44 条第 2 款规定：商品房预售人应当按照国家规定将预售合同报县级以上人民政府房产管理部门和土地管理部门登记备案。商品房预售合同的备案登记制度，与预告登记在性质上是不同的。预售合同的备案登记是商品房预售人将商品房预售合同进行登记备案。立法目的与预告登记一样，是为了防止出售方“一房二卖”或“一房多售”损害预购人的权益。但预售合同的备案登记，法律规定是预售人办理的，县级以上人民政府房产管理部门和土地管理部门通过对预售合同的登记备案管理，达到监督检查、宏观调控的目的。但如果预售人未尽此义务，则对预购人权利，尤其是其将来物权的实现是一种威胁。因为，这种预售合同备案登记仅仅是政府对预售行为管理的一种措施，不具备债权保全的对抗效力。因而其与预告登记制度存在根本上的差异。预告登记是预购人的权利，当然也同时增强了预购人的责任。

《物权法》新设立的预登记制度具有保障将来实现物权的作用。但是，预告登记不能代替《房地产管理法》中的预售登记与预售合同备案登记。如果预售人不具备预售商品房的条件而从事预售活动，如尚未取得土地使用权证等，则最终将对预购人产生不利的后果，因为即便预购人进行了预告登记，但因为出售方不具备出售条件而最终无法取得不动产物权。商品房的预售登记与合同备案制度是国家对预售市场的必要的干预与管理，国家不能放弃对预售市场的这一管制。最高人民法院《关于审理商品房买卖合同纠纷的解释》中规定，出卖方故意隐瞒没有取得预售许可证的事实或者提供虚假商品预售许可证明的，由预售者承担不超过已付购房款一倍的赔偿款的惩罚责任。

四 预购商品房的再转让

（一）预购商品房再转让的概念与意义

预购商品房的再转让即商品房预购人将购买的未竣工交付的商品房再进行转让的行为。这一概念意味着预售商品房转让的标的物必须是尚未竣工的、正在建设中的预售商品房。如果转让时，商品房已经建成，预购人已经取得房屋所有权，则这时的转让就不是预售商品房的转让而是房屋的买卖。对预购的商品房能否再转让问题，在实践中争议较大，很大一部分人对此持否定态度。其实，预购的商品房再转让其实质是预购房屋合同债权的转移，即在不变更债的内容的前提下，改变债的主体，由预购者将原预售房屋合同的债权转让给第三者。对转让预购商品房所获取的收益应一分为二看待，不能一概认为就是牟取了非法利益。房地产投资具有投资大、收效慢、风险大的特点。一方面，一部分预购人由于工作、生活等情况的变化，确需要转让预购的商品房；另一方面，不排除一部分人对房地产的投资，以获取利益。炒家进入房地产市场进行风险投资，既可为房地产开发聚集资金，又可活跃房地产市场。根据风险投资原则，在炒家承担了部分建房资金的风险后，其转让债权所获取的投资收益应受到法律保护。我们所要禁止的只是那些“买空卖空”，倒卖合同的非法牟利的行为。我国《城市房地产管理法》对预售商品房的再转让问题规定由国务院另行规定。这一规定实际上是对预售的商品房再转让的认可。

（二）预购的商品房再转让的条件

预购的商品房的标的物是正在建设、尚未竣工的商品房，其所有权尚未产生。预购人虽交付了预购款，但仍不享有商品房的所有权，因此，预购商品房的再转让，预购人处分的不是商品房的所有权，而是预购人的权利或义务。根据预购人转让时已履行预售合同义务的程度，可分为商品房预售合同债权的转让、债务的转让以及债权、债务的转让三种形式。

（1）预购人转让预售合同的债权须通知预售人。债的转让包括债权的转让、债务的转让以及债权债务一并转让三种。当预购人已全部履行预售合同义务时，预购人转让预售的商品房，则是债权的转让。我国《合同法》第 80 条规定：“债权人转让权利的，应通知债务人，未经通知，该转让对债务人不发生效力。”通知只是程序上的问题，债权人转让债权，不必经债务人的同意。债务人在民事法律关系中仅为民事义务的承担者，如果原债权人和新债权人没有异议，债务人向谁履行都是可以的。从世界各国立法来看，债权人不经债务人同意而自由转让债权已成为通例。如《德国民法典》第 398 条规定：“债权人得通过与第三人订立的契约，将债权转于第三人。”《日本民法典》第 466 条第（1）项规定：“债权可以让与。但是，其性质不容许让与者，不在此限。”同时，《德国民法典》第 1689 条规定：“在对于第三人的债权、权利或诉权的转让中，让与人向受让人交付权利证书时，即认为已履行交付的义务。”《南京市房地产交易管理办法》第 21 条规定：“预购的商品房在登记备案后竣工前再转让的，当事人应当自转让合同签订后 10 日内，向市、县房管机关申请办理变更备案登记手续。并应符合下列规定：1、未付清购房款的，预购人应征得预售人的书面同意；2、已付清购房款的，应由预购人书面通知预售人。未按前款规定转让的，转让合同对预售人无效。”根据我国《合同法》以及参照各国民法的规定，当预购人已全部支付清购房款时，转让预购的商品房的，则只需通知预售方这一转让行为即可。

(2) 预购人在没有全面履行预售合同义务的情况下转让预购的商品房的，须事先征得预售人的同意。我国《合同法》第 84 条明确规定：“债务人将合同的义务全部或部分转移给予第三人的，应当经债权人同意。”在商品房预售合同的转让中，以预售人事先同意作为预购人权利义务转让的前提是为了避免预购人借权利义务转让之机，逃避债务，另一方面也可保证预售人对新受让方的资信情况加以确认，使原预售合同能得以顺利履行。因此，在预购人没有全部支付或只部分支付购房款的情况下，转让预购的商品房必须征得预售人的同意。

(3) 预售商品房的转让有效的前提是商品房预售合同有效。商品房预售合同无效，预售商品房的转让也无效。最高人民法院《关于审理房地产管理法施行前房地产开发经营案件若干问题的解答》中规定：“商品房的预售合同无效的，预售商品房的转让合同，一般也应当认定无效。”这是因为预售商品房转让是基于商品房预售合同有效前提下进行的，如果预售合同无效，原购房人不能实现取得房屋的目的，再受让人也就根不可能取得。预售合同的转让自然也无效。

(4) 预售商品房的转让必须签订转让合同，不必重新签订新预售合同。因为转让人将预售的商品房转让给受让方，只是预售合同主体的变更，而预售合同的内容即权利义务并没有改变。新购买人取代了原预购人的地位而已。但转让方与新受让方之间的权利义务，应当以合同形式确立下来，因此，预售商品房的转让必须签订转让合同，但不必重新签订预售合同。

➢ 案例 8.7

2000 年 9 月，李先生在北京市某小区以按揭贷款方式购买了一套预售商品房，并签订了商品房预售合同。合同约定：李先生应于合同签订后 15 日内向小区的开发商支付首付款 12 万元人民币，再向工行按揭贷款 27 万元人民币，贷款期限为 20 年，购房款总额为人民币 39 万元。合同约定预售房于 2001 年 9 月 19 日交付使用。然而，在合同签订后 3 个月，李先生因出国需要，准备转让该预售的商品房。经与王先生协商，李先生同意将其所购房屋转让给王先生。李先生所购的预售的商品房可以转让吗？如何转让才能使转让行为合法有效？

➢ 法理评析

本案涉及的是按揭预售商品房转让的法律问题。银行给预购人提供按揭后，对于开发商而言，已取得全部购房款，李先生转让该预售的商品房只需通知开发商即可。但由于该预售的商品房在办理按揭购房时，房地产开发商与购房者贷款提供了保证，其对购房者的银行借款承担连带责任。在李先生未还清贷款前，未经开发商及银行的书面同意而擅自转让该商品房，那么，就会给开发商及银行带来风险，因而，当李先生在转让预售的商品房给王先生时，应征得开发商与贷款银行的同意，并且转让所得应优先偿还银行借款后，方可办理预售商品房的转让手续。

第三节 商品房预售合同的履行

在房地产开发建设，商品房预售合同的履行中，由于房地产开发时间与周期较长，在建设过程中，经常有一些意想不到的情形发生，如不可抗力、情势变更等，使当事人签订合同的基础发生动摇，正常理解与适用这些法律原则对于正确妥善处理纠纷，具有重要的现实意义。

一 不可抗力与商品房预售合同的履行

（一）不可抗力与责任归责

不可抗力是民事免责的一项重要原则。所谓不可抗力是指不能预见、不能避免并且不能克服的客观情况，一般包括自然灾害如水灾、火灾、地震、台风、海啸等以及社会原因如战争等。不可抗力独立于人的行为之外，并且不受当事人意志所支配，在各国法律中都是免责事由。我国《民法通则》第153条对不可抗力作了如下定义："不能预见、不能避免并不能克服的客观情况。"《合同法》第117条规定："因不可抗力不能履行合同的，根据不可抗力的影响，部分或者全部免除责任，但法律另有规定的除外。当事人迟延履行后发生不可抗力的，不能免除责任。本法所称不可抗力，是指不能预见、不能避免并不能克服的客观情况。"第118条规定："当事人一方因不可抗力不能履行合同的，应当及时通知对方，以减轻可能给对方造成的损失，并应当在合理期限内提供证明。"因此，因不可抗力不能履行合同的，可根据不可抗力的影响，部分或者全部免除责任。

（二）"SARS"与预售合同的履行

2003年初以后几个月发生的"SARS"疫情是否属于不可抗力，当事人对"SARS"带来的影响是否可根据不抗力而免除责任这个问题值得探讨。"SARS"

属于不能预见、不能避免的情况。如此大规模的突如其来、不知病因、没有特效药且致命的疫情，是人们在疫情发生前不能预见也不能避免的情况。但是否属于不可克服的客观情况应视具体情况而定，不能一概而论。首先，“SARS”发生后，对我国经济、人们的生活确实造成了一些消极影响，但毕竟不是所有行业，主要是对旅游、运输、餐饮等行业影响较大，但一般也只是造成生意清淡、营业额减少，不至于使企业倒闭。其次，“SARS”并非造成合同当事人当然不能履行合同。虽然一些合同的当事人在履行合同时遇到一些困难，但仍可通过一些变通的方式继续履行。在合同履行中遇到不能预见、不能避免和不可克服的客观情况，但不会导致当事人不能按合同履行，此种事件不应被视为不可抗力。对于房地产行业，房屋买卖合同的履行，“SARS”是否属不可抗力，应视具体情况而定。由于建筑工地的空气流通性好，如果当地政府并未要求所有工地停工，只是要求各施工工地加强防控制措施。那么，应该说，“SARS”对建筑行业、对房地产的影响就不是不可克服的客观情况。房地产开发商就不可以“SARS”为借口拖延履行合同。只有经市卫生行政部门确定为受“SARS”污染的建筑工地，防疫部门要求工地关闭、消毒而因此停工，造成工期延误的；或开发公司内部员工患“SARS”，公司因此而被隔离，继而影响公司管理层面正常运作的，则属于“不可克服的情形”，可以作为抗辩的理由。但如果仅仅因为民工私自回家或供货商延缓供货而造成工期延误的则不属于“不可抗力”，属于公司内部的管理问题。如果供货商的产品属于疫区，且被卫生防疫部门禁止运入的，则应提供相应的证据。是否属于“不可抗力”尚需权威部门作出认定，法律规定提出受不可抗力影响的一方，负有举证责任。这是为防止以“不可抗力”为借口，拖延履行合同义务。

➢ 案例 8.8

甲某于 2001 年 9 月在镇江购买了一处住房，甲与房地产开发商在房屋买卖合同中约定，开发商于 2003 年 9 月交房。但至 2003 年 12 月开发商仍未交付房给甲，甲某提出开发商应承担违约责任，但开发商以“SARS”等原因作为解释，不愿意支付违约金。

➢ 法理评析

本案中，如果经权威部门认定确属“SARS”造成的工期延误而耽误了楼盘交付的，作为受“不可抗力”影响的开发商可以全部或部分免责，但开发商仍负有一定的责任。首先是告知义务，开发商要及时通知客户，以减轻客户的损失，客户也享有延缓付款的权利。其次是举证责任，开发商负有举证的义务，要出示权威部门的鉴定证明。不可抗力影响时间长短也需要权威部门认定，不可以无限期地延长。最后，积极补救的义务。出现不可抗力情形之后，开发商仍应该采取补救措施，以防止损失的扩大。如果未采取措施或措施不力而造成损失扩大的，则开发商要对扩大部分的损失承担责任。如果开发商不能出示权威部门的证明，则对于延期交房应承担违约责任。对于当事人迟延履行后发生不可抗力的情形，则不能免除责任。

➤ **案例 8.9**

某房地产开发商与购房人约定 2003 年 5 月 5 日交房，直到 5 月 5 日，开发商还没有取得竣工备案表。现房地产开发商以“SARS”为借口，延期交房。此开发小区并不属于疫区，对非因不可抗力之原因及合同约定之原因，延期交房属于违约。法律将不予支持开发商的要求。买方可通过法律途径追究开发商的违约责任。

➤ **法理评析**

本案中，2003 年 5 月 5 日交房时间，开发商尚未取得《竣工备案表》，即使没有“SARS”的影响，开发商也交不了房。同时，此开发小区并不属于疫区，对非因不可抗力之原因及合同约定之原因，延期交房属于违约。因此，开发商不得以“SARS”为借口，逃避其违约责任。法律将不予支持开发商的要求。买方可通过法律途径追究开发商的违约责任。

二　情势变更在商品房预售中运用

情势变更原则是合同履行的一项重要原则。我国《合同法》虽未确立这一原则，但情势变更在经济生活中却难免发生。尤其是在房地产开发与商品房预售合同的履行中经常发生。因此，对这一原则的研究仍具有重要的意义。

（一）情势变更原则的概念

情势变更原则是指合同有效成立后履行完毕前，因不可归责于双方当事人的原因发生情势变更，致订立合同的基础动摇或丧失，若继续维护合同原有的效力则显失公平，允许当事人请求变更合同或解除合同。该原则是公平合理、诚实信用、等价有偿等原则的体现。该原则的适用，有利于经济秩序与建筑市场秩序的稳定。预售商品房买卖合同签订后，在商品房交付之前有一段时间，短则数月，长则数年，在此过程中可能因种种原因发生对预售合同的履行产生重大影响的客观情况，当事人可据此要求解除合同或变更合同。这里所指当事人解除与变更合同，只是一种权利，即当事人既可解除或变更合同也可以不提出这一主张。

（二）情势变更原则的适用

情势变更原则的适用对当事人权利与义务的行使毕竟是一种变更或限制，因此，其在商品房预售合同履行中适用时必须具备一定的条件。

1. 有情势变更的事由

情势是指订立合同时作为合同基础和环境的客观情况。发生情势变更的事由主要有下列几种：①国家法律修改。如果合同订立时并没有违法，只是在订立合同后，由于国家法律的变更使预售合同无法继续履行。②国家政策调整。例如，国家房地产税费发生调整，而一方当事人要求调整合同价格。③地方政府的行政干预行为。例如，某房地产开发公司在市西区开发建设商品房小区，并与预购人签订了预售合同。但在合同履行过程中，政府决定将住宅开发小区移至市东区，正在兴建的商品房所在地的行政划归郊区，原定的小区内配套建设项目也相应取消。预购人提出降低房价或解除合同，应予以支持。当然，这里的行政干预是指依法进行的城市规划的调整。否则，行政干预无效。

2. 情势变更的发生不可归责于合同当事人

双方或一方当事人对情势变更的发生有过错的，不适用情势变更原则。因一方有过错发生情势变更致对方不能履行合同或履行显失公平的，对方可以进行抗辩，拒绝履行或要求过错方承担损失。因一方过错发生情势变更使自己不能履行或履行显失公平的，仍应依约履行，如果对情势变更的发生，双方均有过错，则依双方过错大小各自承担损失。

3. 情势变更是当事人在签订合同时不可预见不可避免的客观情况

所谓不可预见并不可避免的情况指以具有签订该类合同所需的专业知识及思维正常的人在当时情况下不可能预见为准。对于当事人应当预见而没有预见或虽预见但自信可以避免而不采取积极的预防措施而产生的情况，则不适用该原则。

4. 情势变更事由须发生在预售合同有效成立后至履行完毕前这一段时间内

签订合同前已发生的以及履行完毕后发生的，均不适用该原则。合同签订是以既有的情势为基础的，因此，合同签订前发生的变更，不存在情势发生变更问题。合同履行完毕后发生的情势变更，则对合同的履行没有影响。问题是，在债务人迟延履行期间发生了情势变更，是否适用该原则？以及合同签订后发生了情势变更的事由，但当事人不知道，而继续履行了合同。事后当事人是否可主张适用情势变更？前一种情况下，虽合同未履行完毕，但未履行完毕是由于一方或双方当事人的原因而造成的。因此，如果由于一方违约造成迟延履行而发生情势变更的，违约方或过错方不适用该原则，由违约方或过错方承担情势变更造成的不利后果。但无过错方可适用该原则以维护自己的合法权益。如双方违约或双方均有过错造成迟延履行，则也不适用该原则，损失由双方共同承担。因为在双方均有过错情况下适用该原则是违反情势变更原则设立的目的的。且对合同当事人不公平，并会鼓励违约，影响合同的正常履行，破坏经济秩序的稳定。后一种情况，在签订合同后，履行完毕前发生了情势变更情形，但由于当事人不知道，而履行了合同，事后视为当事人放弃了主张适用情势变更原则的权利。情势变更原则设立的目的，就是因为合同签订后，签订合同时的情势发生了重大变更，使合同无法履行或虽履行，会给当事人产生显然不公的影响。这种合同无法履行，当事人不可能不知道，而且也没有理由不知道。现当事人已经履行，说明虽情势发生变更，但不影响其合同的履行，至少影响不大，可以履行。而且没有及时主张是由于当事人自己的原因，不能让别人为他的过失承担责任。因此，上述两种情况下，都不适用情势变更原则。

5. 情势变更致合同的履行显失公平的后果

如果虽有情势变更事由的发生，但未出现导致合同的履行产生显失公平的后果，则亦不能适用情势变更原则。《合同法》第 54 条对显失公平的适用的前提是在合同签订时显失公平，而非合同履行后显失公平。因此，如果不适用情势变更原则，也不能就此适用显失公平条款予以免责。

以上 5 个条件必须同时具备，缺一不可，在处理预售的商品房合同纠纷时，要从严掌握。就当前法律规定来说，我国《合同法》并未将情势变更原则列入。因此，在司法实践中尚不能适用该原则。在此仅作为学术探讨，以期将来获得在法律上的认可。

（三）情势变更与不可抗力及经营风险的区别

1. 情势变更与不可抗力

由于不可抗力与情势变更均要求有不可预见、不可避免并不可克服的情形发生时才可适用该原则，故两者常发生重合，并难以区分。但两者仍有不同之处：

（1）两者性质不同。不可抗力为法定免责事由，适用于违约责任和侵权责任；而情势变更原则仅是合同履行中的一项原则，仅在具有合同关系的双方当事人履行合同过程中适用。

（2）发生的事由、范围不同。不可抗力主要是指人力不可抗拒的自然力，如洪水、地震、海啸等以及社会原因如战争等。不可抗力一旦影响合同的履行，即成为当事人免责的事由。而情势变更的事由范围更广泛一些，主要为不可克服的人为影响，包括经济形势的突变、国家政策的转变等情形。

(3) 后果不同。不可抗力的事由发生后，导致的是合同不能履行，或不能及时履行。而情势变更事由发生后，其后果不是不能履行而是履行后将造成显失公平。

(4) 承担的责任不同。只要符合不可抗力的构成要件，一方当事人可当然地免除违约责任。但情势变更事由发生后，只是解除或变更合同，并不当然免除当事人的责任。

2. 情势变更与经营风险

只要有市场存在，就存在竞争，有竞争就有风险。应区分情势变更与正常的市场经营风险：

(1) 经营风险在当事人在签订合同时应当而且可以预见，以及依靠个人的经营能力是可以避免的。而情势变更是当事人在签订合同时不能预见、不可避免且不能克服的情形。

(2) 产生的事由不同。情势变更一般是因国家法律、政策的重大变化，或政府的行政行为所引起的。经营风险在市场经营的任何环节均存在，整个社会经济状况的变化或其他经营者的原因、或经营者自身等原因都可能带来经营风险，作为经营者应当考虑或预测到。

(3) 后果不同。情势变更的后果是当事人可以请求解除或变更合同，而经营风险的发生，当事人不能以此为由主张解除合同或变更合同，否则将承担违约责任。

第四节　商品房包销

商品房包销作为一种新类型的促销方式在我国房地产市场中得以运用，一方面促进了商品房销售，另一方面也给房地产市场带来了诸多法律问题。目前我国立法对商品房包销没有规定。但现实中，商品房包销纠纷却广泛存在。因此，加强对商品房包销行为的法律研究，具有重要的意义。鉴于司法实务的需要，最高人民法院《关于审理商品房买卖合同纠纷案件司法解释》(以下简称《解释》) 对此作出规定。该《解释》第 20 条规定：“出卖人与包销人订立商品房包销合同，约定出卖人将其开发建设的房屋交由包销人以出卖人的名义销售的，包销期满未销售的房屋，由包销人按照合同约定的包销价格购买。但当事人另有约定的除外。”第 21 条规定：“出卖人自行销售已约定由包销人包销的房屋，包销人请求出卖人赔偿损失的，应予以支持，但当事人另有约定的除外。”第 22 条规定：“对于买受人因商品房买卖合同与出卖人发生的纠纷，人民法院应当通知包销人参加诉讼；出卖人、包销人和买受人对各自的权利义务有明确约定的，按约定的内容确定各方的诉讼地位。”然而这些仅针对司法实务中出现的问题的规定，尚需要在法理上进一步探讨，并通过立法进一步加以明确。

一 商品房包销市场成因分析

房地产开发商开发商品房的目的就是为了获利，而实现这一目的途径就是将其开发建设的房屋通过各种渠道销售出去。开发商销售渠道主要有以下几种：一是直接营销渠道，即由开发商直接将房地产销售给买受人，没有中介商介入。大多房地产开发商都是通过这一途径出售其开发的房地产。其优点是直接且最大限度地获得房地产利润：由于没有中介商的介入，因此，房地产开发利润全由房地产开发商收取。缺点是资金回笼慢，具有风险性：一旦房地产卖不出去或不能及时售出，则开发商将陷入资金不能回收的困境，甚至破产。二是间接销售渠道，即房地产开发商将开发的房地产通过中介商再卖给买受方。该渠道又有两种方式，一是代销方式，二是包销方式。所谓代销就是由一中介商代理房地产开发商将商品房售出，代销商的代理行为在开发商授权范围内进行，包括售房价格、佣金数额、代理期限等都是由开发商与代理商协商后规定下来的，代理商不得擅自改变。而商品房包销则不同，它是由开发商与中介商约定在一定期限内，由包销商负责代理销售一定数量房地产，若没有完成销售任务，则包销商将按双方约定的包销价将未销售的房屋购买下来，即俗称“买断销售”。包销模式是开发商面对其不可预计的房地产市场走向的时候所作出的一种资金风险转嫁。对开发商而言，这种营销方式的优点是：将本应由其承担的营销风险转而由销售商承担，可并可在短期内回收投资。缺点是：房地产开发利润的一部分将由包销商获取，且如果房地产销售行情好的情况下，包销商可能赚取更多的利润。房地产开发商有“为人作嫁衣”的感觉。然而，风险与获利是一对孪生姐妹，风险越高，获利也可能越多。而且，随着销售代理竞争的日益加剧，开发商希望将房屋一次性全部或大部分售出，而商品房销售的代销商或中介商则积极性有限，因为商品房销售不完，代理商或中介商不用承担责任，将代销的商品房返还开发商即可。为调动中介商的积极性，通过买断销售或包销形式，可充分调动中介商的积极性，中介商可根据市场行情及时调整售房价，避免风险，并在市场行情好的情况下，抬高房价，从而可赚取更多的利润。包销是房地产开发与房地产销售中，房地产开发商与中介商可选的一种较优的销售模式。包销在我国香港、台湾等地区极为盛行，深受房地产开发商与房地产销售商的青睐。可以说，商品房包销是社会专业化分工的必然结果。

二 商品房包销的概念与法律特征

（一）商品房包销概念与特征

《辞海》对“包销”有如下定义：包销是指一个企业根据一定条件收取另一个企业的全部或部分产品，是对外贸易经营方式之一。出口商将一种或一类商品在一定时期内对一定地区的出口，交给外国商人承包销售的一种经营方式。商品房包销实际上就是将这种经营方式移植到房地产市场。学术界对商品房包销的概念有几种不同的表述：①房屋包销是开发商与包销商之间就特定商品房的销售约定结算的基价，包销商在一定期限内享有某些销售代理权利，并保证在约定的期限届满买入剩余房屋的一种合同。②商品房包销，是指房地产开发商与包销商之间就特定商品房的销售进行协商，由包销商以一定的价格条件和付款条件，在规定的期限内向开发商买入全部商品房的一种商业经营行为。③商品房包销是包销商与开发商之间构成的一种特殊的承包销售商品房的行为，是包销商以开发商的名义或同时以自己作为包销商的名义，在约定的包销期限内对外承包销售开发商的一定数量的商品房，并按约定支付包销价款，获取销售差价利益，包销期届满，由包销商承购未售完的商品房的行为。④商品房包销是开发商与包销人之间订立商品房包销合同，约定开发商以包销基价，将其开发建设的已建成并符合出售条件的房屋或尚未建成但符合预售条件的期房，交由包销人以开发商名义进行销售，包销期满，对包销人未销售的房屋由包销人按照合同约定的包销价格购买的行为。商品房包销必须是开发商将符合销售条件的现房或符合预售条件的预售商品房包销给包销商，如果缺乏这一前提，包销行为就是无效的。前三种表述均未表达这一层含义。同时，由于商品房是一种特殊商品，作为不动产，开发商不可能像一般商品那样批发给包销商。因为在签订包销协议时，往往开发商自己也尚未取得预售商品房的所有权，作为包销商自然也不能取得商品房的所有权，加上我国商品房的销售有其主体条件的限制，根据房地产登记与管理的特殊要求，只有开发商有权销售其建设的房屋，故包销人必须以开发商的名义进行销售。因此，签订商品房销售合同时，包销商只能以开发商的名义而不能仅以自己的名义进行销售。因此，所谓商品房包销是指开发商将其开发建设的符合销售或预售条件的现房或期房，交由包销人并以开发商名义进行销售，包销期满，对包销人未销售的房屋由包销人按照合同约定的包销价格购买的行为。

（二）商品房包销的法律特征

尽管学术界各学者对商品房包销的表述不尽相同，或表述不够完整，但从这些概念来说，商品房包销应包含以下几个特征：

1. 合作与配合性

房地产开发商与商品房包销商的关系是一种合作与配合的关系。商品房包销商需要以开发商的名义进行销售；需要开发商的配合与购买方签订商品房买卖合同；需要开发商的协助办理房屋的所有权登记，使购买者取得房屋所有权证明。开发商需要包销商在一时期限内尽快出售房屋；需要尽早回收开发资金；需要转嫁商品房销售风险。因此，开发商与包销商之间的特殊的销售关系是一种相互合作、相互配合和互惠互利的关系。

2. 包销价格固定性

商品房包销不论包销的商品房是否售出，也不论商品房在何时售出，包销商均要按合同约定的时间与数额向房地产开发商付款。包销房款是按每平米一个固定数额，开发商不干预商品房销售的售价，如果包销商能以高于包销价出售，则超出部分的差价归包销商，如果包销商只能以包销价甚至低于包销价的价款出售，则损失部分由包销商自行承担。这一特征也是商品房包销与商品房代销之间的重要区别之处。商品房代销，销售价格是由开发商决定的，代销商只能在此权限范围内进行销售。

3. 风险性

商品房市场行情随时都会发生变化，在包销期限内，如果包销人未按包销合同约定将房屋全部售出，则剩余的房屋由包销人按照包销价承购。由此，开发商与包销商之间的包销关系就转化为一种买卖关系。此外，除不可抗力等情形发生，不论商品房是否能够售出，包销商必须定期向开发商支付确定额度的商品房价款。即便包销方以低于包销价的价格出售，不足部分也应由包销人向开发商补足，从而承担包销风险。这一特征也是商品房包销与商品房代销之区别之处。商品房代销，代理人不需要承担销售风险。销售人是根据开发商的定价组织销售，按销售业绩取得佣金，并将代销款交给开发商。如代销的商品房并无售出，则在期限届满后，将未售出部分房地产返还开发商。

4. 附期限性

商品房包销是一种附期限的民事行为，即在包销合同中，开发商与包销人约定包销期限，包销人应在此期限内付商品房包销款，否则，承担迟延履行的违约责任。一旦期限届满，则包销人的包销行为结束。如果包销人未在期限内售完包销的商品房，则包销人应将未售出的房屋购进。

三 商品房包销行为的法律性质

由于在我国法律上对包销行为没有作出规定，因此，学术界对包销的法律性质也就说众说纷纭。归纳起来主要有五种观点：

第一种观点认为，商品房包销属买卖性质，即开发商与包销商之间的包销合同是买卖合同。包销人因包销合同而取得包销房屋的所有权。因此，商品房包销人可以以自己的名义对外销售，可以自由定价，其对外销售不受开发商意志的限制，开发商对包销人的房屋销售行为不直接承担民事责任，开发商只对其与包销人之间的包销行为负责，对包销人与买受人之间的买卖不负责任，而包销人对其与买受人之间的销售合同承担民事法律责任。根据《合同法》第 130 条的规定："买卖是出卖人转移标的物的所有权与买受人，买受人支付价款的行为。"买卖的目的一是使标的物所有权转移于买受人，二是使标的物转移于买受人。而商品房包销，包销人并不是为了取得商品房的所有权，而是为了赚取差价。同时，商品房包销时，开发商往往还没有取得房屋所有权，尤其是预售商品房的包销行为。即使开发商已取得商品房所有权，包销商也不愿通过转卖商品房来增加买卖环节（二次买卖），增加税费（这样做就失去了包销的意义）。更不愿投入全部购房资金，先买进后出售，而是参与到一次买卖中，使开发商的销售权通过包销的形式得到转让，既减少买卖环节，又减少资金的投入，还能与开发商分享商品房销售利润。因此，包销实际上是包销人购买开发商对商品房的销售权，而不是购买开发商的商品房。因此，包销行为不是买卖行为，与商品房买卖的目的与法律特征不符。

第二种观点认为，包销商与开发商之间的包销行为是一种特殊的附条件的买卖行为。其特殊性在于它与一般的买卖行为有所不同，它是间接买卖与直接买卖的结合，是代理行为和协助买卖行为的结合。具体有三种情况：一是如在包销期内，包销房全部售出，则包销商与开发商之间的买卖关系因包销代理行为的完全成而一并完全，间接买卖则代替了直接买卖。二是如在包销期限内，包销房全部未售出，则包销商与开发商之间的买卖关系因包销行为的不发生而直接完成，由包销商直接买进全部包销房。三是如在包销期限内包销房部分售出，则售出部分的包销房是通过包销来间接完成包销商与开发商之间的买卖关系，而余下的部分包销房则按包销协议的约定，由包销商从开发商手中直接完成买卖关系，双方办理包销的买卖手续。

第三种观点认为，商品房包销行为属代理性质。认为商品房包销人与开发商之间的商品房包销行为是一种代理行为。根据《民法通则》第 63 条关于代理的规定：代理是指代理人在代理权限内，以被代理人的名义为民事法律行为，由此而产生的法律后果由被代理人承担。商品房包销是以开发商的名义，在这一点上与代理一致，但包销人有权根据市场行情自由地对商品房定价，即不受包销价的限制这一点是否与代理人在代理权限范围内从事民事行为相违？笔者认为不相违，只要包销人与开发商约定一个基价，明确包销人可以自由定价，超过部分归包销人，不足基价部分由包销人补足的话，包销人的自由定价应当认定是在代理人授权的范围内进行。关键在于包销与代理不同的是，代理期限届满，包销人若没有售出全部包销的商品房，其应按包售价购进未售出的商品房，这与一般的民事代理特征不符。一般民事代理期限届满，不管代理人是否实现被代理人的要求，代理行为结束，代销商品应返还被代理人。

第四种观点认为，商品房包销性质不确定，包销合同归无名合同。这种观点认为以上三种观点均有不当之处，没有必要一定要将包销合同归属于哪一类。无名合同是随着社会经济生活发展而形成的合同，如劳务合同、搬迁合同，包销合同也是如此。对于无名合同应当参照当事人意思自治原则和合同目的，适用与该合同相近似的有名合同的法律规定处理，没有近似的有名合同的，根据《合同法》第 8 条的规定，适用《合同法》的原则和民法原理处理。笔者认为：包销行为是一种新型的经营方式，但我们不能因此而不对该行为加以定性。当事人有合同约定的自然根据约定处理，即使是有名合同也是以当事人意思自治为主的。问题在于当当事人没有约定或约定不明时，即使适用相似的有名合同，也要指出哪一个有名合同与商品房包销合同相似。当没有相似的有名合同时，按民法一般原则处理的规定只是一种权宜之计，是迫不得已的做法，在法制进一步完善的今天，有必要对类似新行为在法律上加以定性。

第五种观点认为，商品房包销属代理与买卖两合性质，认为商品房代销既不是一种单纯的代理行为，也不是一种单纯的买卖行为，而是一种兼具代理与买卖特征的新型民事法律行为。在包销期内，包销人只能以开发商的名义对外销售商品房，商品房买卖合同的出卖人是开发商，包销人以开发商代理人的身份出现，开发商与包销人之间存在的是代理销售关系；包销期满，包销人必须按约定购入尚未售出的商品房，包销人的代销行为结束，买卖合同开始履行，这时，开发商与包销人之间存在的是买卖关系。

商品房包销应是一种特殊代理行为。对商品房包销性质的确定，不仅应考虑开发商与包销人之间的关系，还应考虑商品房购买人与包销商、开发商之关系。因为商品房的销售不仅是开发商与包销商之间的关系，更主要的是商品房的最终承受方是购买方。因此，在确定性质时，应对三者的关系加以综合考虑，而不能仅从开发商与包销商的角度来确定性质。理由如下：

（1）商品房包销在包销期内符合代理的主要特征。代理是指代理人以被代理人的名义，在代理人授权的权限范围内，从事民事法律行为。代理的主要特征：①代理人以被代理人的名义实施民事法律行为。商品房包销行为与之相符，包销人是以开发商的名义从事商品房销售。包销人与购房人签订商品房买卖合同时，是以开发商为出卖人。②代理人在代理权限范围内从事民事法律行为。所谓代理权限，就是被代理人赋予代理人的职权范围，权限范围可大可小。商品房开发商为了调动包销人的积极性，赋予包销商只要交付开发商一个约定的商品房基价，包销人可以自由定价，超过部分归包销人，不足基价部分由包销人补足这一权限，则包销人的自由定价应当认定是在代理人授权的范围内进行，与代理的性质特征不相违。③有人认为，代理人赚取的是代理佣金，而包销人赚取的是商品房的销售差价，因而与代理特征不符。这实际上是对佣金的理解不同而已，佣金可以是一个确定值，由代理人支付，也可以以销售差价作为佣金。只要双方认可的任何佣金数额或支付方式均不影响代理的性质。④代理所产生的法律后果由被代理人承担。虽然开发商将商品房包销给包销人销售，但商品房买卖合同的当事人仍是开发商与买受人，商品房买卖合同的后果仍是由开发商承担。这与代理的特征一致。

（2）将商品房包销行为性质定为代理有利于保护商品房买受人的合法权益。如果认定包销为买卖性质，则一旦购房人与开发商发生纠纷，开发商可以称其对包销人与买受人签订的合同不承担责任，而包销人又可称商品房合同的出卖人为开发商，买卖合同的后果由开发商承担，最终受害的将是购买者。而包销合同在包销期内确定为代理性质，一旦购房人与包销人或开发商发生纠纷，则商品房买卖合同的出卖方理应承担责任，包销人作为开发商之特殊代理人，其对自己在规定的权限范围内从事的代理行为也应承担责任。

（3）商品房包销行为之所以称为特殊代理是便于分清一般代理与特殊代理（或称无风险代理与风险代理）之间的关系。所谓无风险代理即是一般的民事代理，只要代理人在代理权限范围内从事民事法律行为，如商品房销售按开发商确定的价格进行销售，按销售情况向开发商付款，即使没有实现被代理人委托的事项，没有将商品房售出，也不承担任何风险，至多得不到代理佣金而已。代理期届满，将代理销售的商品房返还开发商，即人们常称的商品房代销。而特殊代理或风险代理则是代理人在包销期限内必须承担定期定额向开发商支付商品房包销价，即使销售价格低于包销底价，代理人也得补足，并在期限届满时以包销价承购未售出部分的商品房。这种承购是基于风险代理而产生的，而不是一般的商品房买卖关系而产生的。正因为此，承购价是包销价而非商品房市场价。最高人民法院《关于审理商品房买卖合同纠纷案件的司法解释》第 20 条规定的："出卖人与包销人订立商品房包销合同，约定出卖人将其开发建设的房屋交由包销人以出卖人的名义销售的，包销期满未销售的房屋，由包销人按照合同约定的包销价格购买。但当事人另有约定的除外。"也正是反映了商品房包销作为风险代理的特征。

➢ 案例 8.10

1998 年 11 月 20 日，原告 A 房地产开发公司与被告 B 物业管理有限公司签订《商品房买断合同》。合同约定：被告 B 独家购买属于原告 A 开发公司的 8 500平方米住宅小区，买断价格为每平方米 2 200 元；销售过程中，原告给被告开具独家销售委托书，其他公司及个人无权再出售此物业，被告负责制定推广计划，并承担推广费用，为便于被告销售物业，原告应向被告提供一切与售房有关的资料及证明文件，被告所收房款应按期返还原告；被告为表示合作诚意及操作信心，于签订协议后 5 个工作日内向原告支付首期房款 200 万元人民币；自正式销售起 7 个月内，被告将全部房款付清；原告保证该项目的工程进度及工程质量，否则被告返款时间依次顺延。双方签订合同后，原告交被告的房屋总面积 7 973 平方米，被告自 2000 年 5 月开始销售房屋。原告认为被告应给付购房款 17 541 612元，但直至 2001 年 5 月只支付了 12 421 660 元，尚欠房款5 119 959 元。因此，原告诉至人民法院，要求支付尚欠房款，并支付逾期付款违约金。被告则辩称，原告的项目工程始终不能正常运行，绿化、配套均不到位，原告违约，要求驳回原告的诉讼请求。

四　关于包销人的主体资格问题

房地产开发商的商品房在有包销人从事销售的情况下，存在三方法律关系主体，开发商、包销人以及购买方。我国法律对商品房销售主体的规定是必须符合销售条件的销售人才可进行经营商品房销售。对于开发商作为出卖人，只要其符合销售条件，如具有土地使用权证、建设规划许可证、销售许可证、施工证以及投入建设资金达其销售商品房总额的 25%以上，已确定竣工日期与施工进度的，其销售就是合法的。包销人在销售商品房过程中，必须具备什么条件，我国法律没有规定。包销是一种特殊的代理行为。包销人是以开发商的代理人的身份，以开发商的名义从事销售活动的，因此，只要开发商具有商品房的销售资格，以及包销合同是出于包销人与开发商的真实意思表示，则不论包销人是个人还是公司，是有房地产开发经营资格的还是无房地产开发经营资格的，均不影响包销合同的效力，也不影响商品房销售合同的成立。如果将包销行为认定为买卖行为，则就涉及包销人的房地产经营资格问题，同时也将直接影响到包销人与购房人签订的商品房销售合同的效力问题。

➢ 案例 8.11

香港房地产商黄国栋与上海益发房地产发展有限公司商品房包销合同纠纷案

1994 年 3 月，上海益发房地产发展有限公司（以下简称益发公司）在香港几家报纸上刊登上海市长宁区番禺路 118 弄至 138 弄“太子公寓”预售广告，宣称“展期内八折优惠，可代安排银行按揭”。香港房地产商黄国栋看到这则广告后，于 1994 年 3 月 22 日与益发公司签订了太子公寓包销协议及附件。协议中约定：益发公司将自己开发经营的上海市长宁区番禺路 118 弄至 138 弄“太子公寓”B 座（现为一号楼）32 外单位及 12 个露天车位交由黄国栋包销，总价款为 7 829 948 美元；黄国栋先分四期付清价款的 50%，另外 50%于房屋交付使用通知书发出后 14 天内付清；益发公司负责联络安排银行提供不低于楼价 50%的抵押贷款给予楼宇买受人；黄国栋有权代表益发公司与各买受人签署楼宇认购协议，然后由益发公司及时与每一单位或车位的买受人办理正式购房手续，签署正式房屋买卖合同；若买受人安排楼宇价款余额经银行贷款，则银行按揭贷款部分直接由银行拨归益发公司开立于银行之账户。协议附件六《付款办法》中还约定：购房人楼价余款 50%于房屋交付使用通知书发出后 14 天内付清或办理银行按揭。协议签订当日，黄国栋即支付两笔房屋包销款，一笔为 2 199 896 港币，一笔为 90 556.27 美元。以后又支付了四笔房屋包销款，计 27 359 924.25 港币。1995 年 3 月 22 日，黄国栋致函益发公司，提出益发公司自协议签订后一直未能履行协议书第 4 条约定的义务，即负责联络安排提供不低于楼价 50%的抵押贷款与楼宇买受人，以致一年来无法将楼宇在市场上出售，从而使包销协议无法履行。因此，益发公司应承担违约责任。益发公司则回函认为，协议中第 4 条之责任是在楼宇交付使用时才需要履行。由于双方各执一词，同年 3 月 29 日，黄国栋诉至法院，请求判令益发公司返还已支付的包销款，并赔偿损失。

法院审理时有两种意见：一种意见认为，在我国法律、行政法对包销、按揭无明确规定，特别是无禁止性规定的情况下，益发公司与黄国栋签订的包销协议约定太子公寓部分房屋采取包销和按揭的方式进行销售，是双方真实意思的表示，不违反我国法律的基本原则，应认定有效。另一种意见认为，我国法律、法规对包销合同、按揭方式、个人包销商品房虽无明文规定，但个人从事外销商品房包销业务违反“外销房个人不得销售”之规定，该合同属无效。法院最终采纳了第一种意见即商品房包销合同有效，判决双方的包销合同有效，但同时终止履行，益发公司返还黄国栋已支付的包销款。

五 商品房包销当事人的权利与义务

根据最高人民法院《关于商品房买卖合同纠纷案件司法解释》第 20 条、21 条的规定，在商品房包销法律关系中，开发商与包销人各自享有权利并承担相应的义务。

（一）开发商的权利（包销人的义务）

（1）按合同约定的期限取得约定的商品房包销价款。这是开发商的主要权利，也是其将商品房交给包销人销售的目的。因此，不论包销人是否出售商品房，开发商均有权按包销合同约定的时间与数额取得商品房包销价款。包销人应按约支付包销款。

（2）商品房包销期限届满，有权要求包销人以商品房包销价承购其未售出部分的商品房。

（二）开发商的义务（包销人的权利）

（1）将商品房合法销售的资格证明交付包销人。因为包销人是以开发商的名义进行销售的，因此，开发商应当将其具有合法销售资格的证明交付给包销人，使包销人地位与销售行为合法化。

（2）按包销合同及商品房销售合同约定的时间交付合格的房屋。

（3）不得自行销售已经约定由包销人包销的房屋，否则，包销人有权要求开发商承担赔偿责任。这个损失应当包括开发商销售房屋超出包销价格的溢价；包销人可能产生的其他损失，如包销人的广告损失以及对房屋的装修及先期对房屋的投入损失；还包括包销人的可得利益损失等。如果开发商自行出售包销人已经售出的房屋，且包销人也已将包销款支付给开发商的，则开发商应返还包销款。

（4）合同约定的包销期限届满，由包销人将未售出的商品房退还给开发商的，开发商应当接受。在这种情况下，包销商没有包销风险。开发商不得要求包销人以包销价承购未售出部分的商品房。但如果合同对包销期届满，未售出部分的商品房未约定的，则由包销人承购。

六 商品房包销当事人的诉讼地位

在商品房包销法律关系中，存在三种法律关系：开发商与包销商的包销关系；开发商与商品房买受人的买卖关系；包销人与买受人的商品房销售关系。对于第一种关系，即如果包销人与开发商发生法律纠纷，则可以根据其包销合同解决。对于第二种关系，虽然商品房的买卖合同是通过包销商推销达成的，买受方的房款也是交付给包销人的，但从合同关系上说，商品房买卖法律关系的当事人仍是开发商与买受人。因此，一旦发生法律纠纷，开发商与买受方是当然的诉讼当事人中。第三种关系即包销人与买受人之间的关系。包销人与买受人从合同的角度上讲，虽无直接的买卖关系，但由于商品房买卖实际上是由包销人和买受人完成的，且购房款也是由包销人取得的，因此，当商品房买卖合同发生纠纷时，买受人往往只将包销人作为被告起诉，从合同的角度上讲是不当的。因为商品房买卖合同的出卖方是开发商，而不是包销商。因此，应首先将开发商作为第一被告。至于包销人在诉讼中的地位，由于包销商作为开发商的特殊代理人，其是否完成了代理职责以及是否在代理权限内进行代理，有待包销商自己申辩，因此，法院应通知包销商作为第三人参加诉讼。最高人民法院《关于商品房买卖合同纠纷案件司法解释》第 22 条规定："对于买受人因商品房买卖合同与出卖人发生的纠纷，人民法院应当通知包销人参加诉讼；出卖人、包销人和买受人对各自权利义务有明确约定的，按照约定的内容确定各方的诉讼地位。"问题的关键在于包销商是作为有独立请求权的第三人还是无独立请求权的第三人？司法解释用的是"通知"一词。根据《民事诉讼法》第 56 条的规定："对当事人双方的诉讼标的，第三人认为有独立请求权的，有权提起诉讼。对当事人双方的诉讼标的，第三人虽然没有独立的请求权，但案件处理结果同他有法律上的利害关系，可以申请参加诉讼，或者由人民法院通知他参加诉讼。"这里的"通知"只用在无独立请求权的第三者身上，因此，人民法院通知包销人参加诉讼，包销人的身份只能是无独立请求权的第三人。因此，在诉讼中，无论包销人参加原告或参加被告一方进行诉讼，他都不是原告或被告，而是具有独立诉讼地位的一种诉讼人参加诉讼，虽然其参加诉讼是为了维护一方当事人的主张，但实质上是维护其自身的利益。因为无论是原告胜诉还是被告胜诉，都将对其与开发商之间的包销关系产生影响，包销人与开发商的权利义务关系将依据判决而进行调整。最高法院的司法解释似乎仅规定了包销人作为无独立请求权的第三人的地位，而对于包销商是否存在作为有独立请求权的第三人存在的可能未作出规定。事实上，当开发商即出卖人与买受方因买受方不支付房款或迟延付款而进行诉讼的情况下，笔者认为包销人可以作为具有独立请求权的第三人参加诉讼。因为在包销人已向开发商支付全部包销款的情况下，包销人有权获得全部购房款；在包销人未向开发商全部支付包销款的情况下，购房款中的一部分是开发商依据包销合同应获得的包销款项，但另一部分是包销商应得的溢价利益。不论哪种情况，包销人都可以作为有独立请求权的第三人提起诉讼请求，主张自己的利益。

本章小结

商品房预售不同于现房的买卖，具有较强的国家干预性。为确保买卖双方的合法权益，预售商品房必须具备一定的条件：作为预售方的开发商必须取得预售许可证方可进行预售活动，签订预售合同。预售合同内容是预购人将来利益的实现与纠纷处理的依据，因此，必须具体详细。预售方对预售合同的备案登记与预购人的对预购房屋的预告登记可以确保预购人将来物权之实现。预售商品房的再转让需符合法律规定。预售合同履行过程中，对于出现诸如不可抗力、情势变更等情况，将使当事人签订合同的基础发生动摇。因此，正常理解与适用这些法律原则对于正确妥善处理纠纷，具有重要的现实意义。商品房包销作为一种新类型的促销方式在我国房地产市场中运用，一方面促进了商品房销售，另一方面也给房地产市场带来了诸多法律问题。对商品房包销的法律性质、包销人主体资格以及商品房包销当事人的权利与义务的认定与理解对处理商品房包销纠纷具有重要的作用。

思考题

1. 商品房预售与现房买卖的区别是什么？
2. 商品房预售的条件是什么？
3. 预售合同的备案登记与不动产预告登记的关系如何？
4. 预购商品房再转让必须具备什么条件？
5. 不可抗力在商品房预售合同履行中的归责原则是什么？
6. 商品房包销当事人的诉讼地位如何？

参考文献

1. 金俭：《房地产法研究》，科学出版社，2004 年版。
2. 最高人民法院民事审判第一庭编写：《最高人民法院关于审理商品房买卖合同纠纷案件司法解释的理解与适用》，人民法院出版社，2003 年版。
3. 唐德华：《土地房地产案例实录与解析精要》，研究出版社，2002 年版。
4. 伍家德：《试论商品房包销行为的若干法律问题》，《上海审判实践》，1998 年第 2 期。
5. 陈福民：《商品房包销行为初探》，《法学》，1999 年 11 期。

第九章　房地产抵押与按揭

内容提要

通过本章的学习，要了解房地产抵押、按揭的概念特征，在此基础上掌握房地产抵押权的设定、房地产抵押范围、房地产抵押当事人的权利义务、房地产抵押权的实现条件及房地产按揭合同的法律实务。

本章学习重点与难点：

房地产抵押登记；房地产抵押合同内容；房地产抵押人的权利与义务；房地产抵押范围；抵押权实现的特殊规定；房地产按揭的法律属性。

第一节　房地产抵押与抵押权的设立

一　房地产抵押的概念及法律特征

房地产抵押，是指抵押人以其合法的房地产以不转移占有的方式向抵押权人提供债务履行担保的行为。债务人不履行债务时，抵押权人有权依法以抵押的房地产拍卖所得的价款优先受偿。抵押是为担保债权实现而设立的法律制度，它以成立于抵押之前的债权为存在基础，债的行为中的债权人就是抵押权人；抵押人，一般是债务人，也可以是债务人之外的第三人；抵押权人就拍卖抵押的房地产所得价款优先受偿的权利就是抵押权。

房地产抵押除具有一般抵押所共有的特征，如从属性、价值性、不可分性、物上代位性等之外，还具有一些特殊的属性：

（1）房地产抵押的标的具有复杂性。根据用作抵押的财产的类别，抵押可以分为不动产抵押、动产抵押和权利抵押。一般的抵押，其标的或者是不动产，或者是动产，或者是权利，是单一的。房地产抵押的标的既包括不动产，也包括权利，是复合客体。作为房地产抵押标的不动产，是抵押人拥有所有权的房地产，即房屋及其他建筑物、林木、果园等土地定着物。作为房地产抵押标的权利，是指抵押人拥有的存在于他人不动产上的权利，如地上权、用益权等。在我国，由于实行土地公有制，用于房地产抵押的权利主要是土地使用权。

（2）房地产抵押是要式抵押。房地产抵押的要式性首先表现在抵押人和抵押权人应当签订书面抵押合同。房地产抵押的设定，可以由抵押人和抵押权人单独订立抵押合同，也可以在原债权文书中写明，无论采取哪种方式，都必须采取书面形式。这是因为，抵押合同是一种从合同，抵押权的实行与否有赖于主合同的履行状况，抵押关系不能即时清结。同时，房地产抵押标的额大，性质复杂，也不适于采用口头合同的形式设立。房地产抵押的要式性其次表现在房地产抵押要办理登记。各国法律都对房地产抵押采取登记原则，我国也不例外。《城镇国有土地使用权出让和转让暂行条例》第 35 条规定："土地使用权和地上建筑物、其他附着物抵押，应当依照规定办理抵押登记。"《城市房地产管理法》、《物权法》也有相同规定。《担保法》则明确了办理抵押物登记的部门："①以无地上定着物的土地使用权抵押的，为核发土地使用权证书的土地管理部门；②以城市房地产或者乡镇、村企业的厂房等建筑物抵押的，为县级以上地方人民政府规定的部门；③以林木抵押的，为县级以上的林木主管部门；④以航空器、船舶、车辆抵押的，为运输工具的登记部门；⑤以企业的设备或其他动产抵押的，为财产所在地的工商行政管理部门。"

（3）房地产抵押有时间限制。我国实行的是土地公有制，土地不得买卖，但土地的使用权可以依照法律的规定转让。为了既保证土地所有权不被削弱，又充分利用土地的经济价值，我国法律只允许国有土地依法出让，且对土地使用权出让的时间作了限制。由于房地产交易中土地使用权出让行为所设定的权利义务具有承接性，因此，以出让方式取得土地使用权的，转让房地产后，其土地使用权的使用年限为原土地使用权出让合同约定的使用年限减去原土地使用者已经使用的年限后的剩余年限。同样，以土地使用权作抵押的也应受到土地使用权时间的限制，即以土地使用权作为抵押的期限应当在土地使用权出让期限内。因为土地使用权期满后，是否续期《物权法》第 149 条作了不同规定：住宅建设用地使用权期间届满后，自动续期；非住宅建设用地使用权期间届满后的续期，法律另行规定。但由于我国对土地使用权和房屋所有权采取"连动"原则，以依法取得的国有土地上的房屋作抵押时，该房屋占用范围内的国有土地使用权同时抵押。因此以房屋作抵押的，也应在土地使用权的期限内设定抵押权。

二 房地产抵押权的设立

房地产抵押权的设立是指房地产抵押人为保证债务到期履行，以其合法的房地产作为抵押担保物同债权人签订房地产抵押合同并进行登记的行为。因此，房地产抵押权的设立，必须同时具备两个条件：一是签订房地产抵押合同；二是必须进行房地产抵押登记。

（一）房地产抵押合同的签订

房地产抵押权的设立是一种民事法律行为，必须符合订立合同的有效条件：

（1）当事人必须合格。房地产抵押合同双方必须具备完全的民事行为能力，同时房地产抵押人必须是对抵押的房地产有处分权限的人，即抵押的房地产为其合法所有。因为房地产抵押权的设立是一种民事处分行为，所以，不论是债务人或第三人，在设立房地产抵押权时都必须对抵押房屋有处分权。此外，房地产抵押权人则必须是原债权人。因为房地产抵押权是为担保原债权而设立的，它随债权的成立而成立，随债权的消灭而消灭，在我国不允许抵押权脱离原债权而存在。

（2）抵押合同必须是房地产抵押双方当事人真实的意思表示。

（3）房地产抵押合同的内容必须合法。抵押合同内容违反我国法律行政法规强制性规定的，则抵押行为无效。

（4）房地产抵押合同必须采用书面合同的形式。《担保法》第38条规定：抵押人和抵押权人应当以书面形式，订立抵押合同。抵押合同为要式合同。

➢ 案例9.1

甲公司以自有的厂房作抵押，向乙银行贷款500万元，并办理了抵押登记手续。后乙因故将其对甲所享有的债权转让给了丙资产管理公司，但对于如何处理抵押权，甲、乙、丙三方未作出约定，登记簿上记载的抵押权人一直为乙。由于甲到期未向丙偿还贷款本息，丙遂申请法院实现其抵押权，但甲认为丙不享有抵押权。

➢ 法理评析

抵押权作为一种担保物权，具有从属性，依附于其所担保的债权，不得与其所担保的债权相分离而单独转让。《物权法》第192条规定：“抵押权不得与债权分离而单独转让或者作为其他债权的担保。债权转让的，担保该债权的抵押权一并转让，但法律另有规定或者当事人另有约定的除外。”就本案而言，乙将其债权转让给丙，至于抵押权应如何处置，当事人之间并无约定，因而应认为抵押权也一并转让给丙。

至于丙取得抵押权是否以登记为生效要件，理论界有不同的认识。笔者认为，不应以登记为生效要件，一旦乙享有的债权依法转让给丙，乙所享有的抵押权也随之由丙取得。否则的话，在债权转让之后，抵押权移转登记之前，就会存在无担保债权的抵押权，背离了抵押权的从属性。最高人民法院《关于审理涉及金融资产管理公司收购、管理、处置国有银行不良贷款形式的资产的案件适用法律若干问题的规定》第 9 条规定："金融资产管理公司受让有抵押担保的债权后，可以依法取得对债权的抵押权，原抵押权登记继续有效。”因此，本案中尽管未办理抵押权移转登记手续，也不会影响丙作为抵押权人的地位，债务人甲到期不还款付息，丙有权申请法院实现其抵押权。

实践中还有几种情况须注意：①如果乙将其债权转让给丙，同时约定抵押权不转移，则抵押权由于失去了被担保债权而归于消灭；②如果乙、丙约定抵押权转移给丙，而乙保留债权，此种约定违反了《物权法》第 192 条的规定，应属无效，抵押权仍然由乙享有；③如果乙将其债权转让给丙，而将其抵押权转让给丁，则债权转让有效，抵押权转让无效，抵押权归于消灭；④如果乙将其债权的一部分转移给丙，除当事人另有约定外，乙、丙二人均享有抵押权，实现抵押权时由乙、丙按照各自债权的比例就抵押物的变价受偿。

（二）房地产抵押合同的内容

房地产抵押合同，即指债务人或第三人以不转移占有的方式将房地产或房地产权利作为债权的担保而与债权人达成有明确抵押权利义务关系的协议。

合同的双方当事人为抵押权人和抵押人。抵押权人是被担保债务的债权人；抵押人通常为被担保债务的债务人，也可以是第三人。

订立抵押合同应当采取书面形式，可以由双方单独订立，也可以是双方在主合同中达成的抵押担保条款，或者是双方有关设立抵押担保的信函、传真件等书面材料。

根据我国《合同法》、《担保法》的有关规定，房地产抵押合同应当载明如下主要条款：

（1）房地产抵押双方当事人的姓名或名称。

（2）被担保的主债权种类、数额。房地产抵押合同的订立就是为了担保债权的实现，因而抵押合同中必须明确主债权的种类和范围。主债权的数额就是指抵押权所担保的债权全额。这一条款的确定一方面可以保护抵押人的合法权益，防止抵押权人对抵押房地产无限额地行使抵押权，另一方面，在存在几个房地产抵押权的情况下，可确保其相互之间的次序利益。

（3）债务人履行债务的期限。债务人履行债务的期限是指主债关系的债务人向债权人履行债务的时间期限。债务人履行债务期限的到来，为抵押权人行使抵押权的前提条件。因此，该条款是判断债务人是否履行到期债务的时间标准，也是确定抵押权得以实现的时间标准。

（4）抵押房地产的名称、面积、质量、评估价及地址等内容。抵押房地产价值的确定，应以现存价值为基础，因为房地产市场行情变化较大，对抵押的房地产将来价值的精确估算将是件十分困难的事。对房地产价格的评估可由房地产评估机构进行。

（5）抵押担保的范围。在债务人不履行债务的情况下，债务人不仅不能实现其主债权利益，往往还会因此遭受其他损失。例如，债务人不能按期履行金钱给付时，债务人将产生利息损失，债务人因违约应支付违约金、赔偿金等。因此，这涉及房地产抵押所担保的范围，是主债权还是除主债权外还包括其他债权，对此，我国《担保法》允许当事人在抵押合同中约定。《担保法》第 46 条规定抵押担保的范围包括主债权及利息、违约金、损害赔偿金、实现抵押权的费用。抵押合同另有约定的依约定。

（6）抵押双方当事人认为需要约定的其他事项。

（三）房地产抵押登记

所谓抵押登记是指特定登记机关根据当事人的申请，将抵押的有关情况记载于特定簿册中的行为。抵押登记作为物权变动的一种公示方式，具有维护交易安全、加强担保效力、预防权益纷争等社会功能，因而成为抵押权制度的一项重要内容。

抵押登记与物权法上的不动产登记既有一定的从属关系，又不完全等同。在以不动产为基础构建抵押权制度的一些国家和地区，抵押登记就是不动产登记的一种，适用统一的登记规则；但依我国《担保法》和《物权法》的规定，抵押制度对不动产和动产一体适用，因而有不动产抵押登记与动产抵押登记之分，并对动产抵押登记确立了若干特别规则。

1. 抵押登记的效力

《物权法》除于第二章对不动产登记的效力作了一般性规定外，还在抵押权一章中对抵押登记的效力作了进一步规定，确认房地产等不动产抵押登记为抵押权的成立要件。

《物权法》第 187 条规定：“以本法第一百八十条第一款第一项至第三项规定

的财产或者第五项规定的正在建造的建筑物抵押的，应当办理抵押登记，抵押权自登记时设立。”依此规定，以建筑物和其他土地附着物、建设用地使用权、以招标、拍卖、公开协商等方式取得的荒地等土地承包经营权以及正在建造的建筑物抵押的，经登记后债权人才对抵押财产享有抵押权，即登记是抵押权的成立要件。作为成立要件，它意味着：登记决定抵押权的有无；登记的记载内容决定抵押权的内容；登记的时间决定抵押权的发生时间及抵押权人与其他抵押权人的关系。

与《担保法》第 41 条“抵押合同自登记之日起生效”规定相比，《物权法》的上述规定直接揭示了抵押登记与抵押权的关系，而非与抵押合同的关系，并与《物权法》第 15 条“未办理物权登记的，不影响合同效力”的规则相照应。

为维护当事人的正当利益，最高人民法院《关于适用〈中华人民共和国担保法〉若干问题的解释》（以下简称《担保法解释》）第 59 条针对登记过程中可能出现的特殊情况，对登记要件规则作了如下变通规定：“当事人办理抵押物登记时，因登记部门的原因致使其无法办理抵押物登记，抵押人向债权人交付权利凭证的，可以认定债权人对该财产享有优先受偿权。但是，未办理抵押物登记的，不得对抗第三人。”该规定既体现了对当事人意思的尊重，又兼顾了第三人的利益。

2. 抵押登记机关和登记程序

关于物权登记机关，各国（地区）模式不一，有的由行政机关负责不动产登记事务（如日本、美国、我国台湾地区），有的则由法院负责物权登记（如德国、瑞士）。《担保法》对不同财产的抵押登记机关作了具体规定；《物权法》则规定，“国家对不动产实行统一登记制度。统一登记的范围、登记机构和登记办法由法律、行政法规规定”（第 10 条第 2 款），但相关制度尚未建立。根据《担保法》第 42 条及《物权法》第 189 条的规定，我们的抵押登记机关因抵押财产的类别不同而不同：①以无地上定着物的国有土地使用权（建设用地使用权）抵押的，登记机关为核发土地使用权证书的土地管理部门（以“四荒”土地承包经营权抵押的，可参照适用这一规定）；②以城市房地产或者乡（镇）、村企业的厂房等建筑物抵押的，登记机关为县级以上人民政府规定的部门；县级以上人民政府对登记部门未作规定，当事人在土地管理部门或者房产管理部门办理了抵押物登记手续的，人民法院可以确认其登记的效力（《担保法解释》第 60 条）；③以林木抵押的，登记机关为县级以上林业主管部门；④以船舶、航空器、机动车抵押的，登记机关为交通运输工具的登记部门（以正在建造的船舶、航空器抵押的，亦同）；⑤企业、个体商户、农业生产经营者以其动产抵押的，登记机关为抵押人住所地的工商行政管理部门。

关于登记程序，《担保法》仅于第 44 条规定："办理抵押物登记，应当向登记部门提交下列文件或者其复印件：①主合同和抵押合同；②抵押物的所有权或者使用权证书。"《物权法》除了第二章第一节对不动产登记作了一般性规定外，对抵押登记程序未作具体规定，尚待专门立法予以规制。一般而言，抵押登记的程序可分为申请、审查、登记（发证）三个阶段。登记机关在收到当事人的申请和有关文件后，应当对其进行审查。审查的主要内容包括：抵押合同的条款是否符合法律规定，抵押物的所有权或者使用权证书是否合法有效，抵押人对抵押物是否享有处分权等。经审查，上述内容均符合法定要求的，即应予以登记。

➢ 案例 9.2

甲房地产开发公司在市郊取得了一块土地用以房地产开发，为解决资金困难问题，甲以该块土地的建设用地使用权作抵押，向乙银行贷款 1 000 万元，并办理了建设用地使用权抵押登记手续；第二年甲在该土地上建造了一栋写字楼，甲将该写字楼抵押给丙银行贷款 3 000 万元，并办理了建筑物抵押登记手续。后来，甲到期未向乙、丙偿还贷款本息，乙、丙遂诉至法院，要求实现抵押权。法院将该写字楼及建设用地使用权一并拍卖，成交价为 3 000 万元（经评估，其中写字楼价值 2 500 万元，建设用地使用权价值 500 万元），但对于如何分配拍卖所得的价款，乙、丙之间发生了争执。

➢ 法理评析

我国实行土地的社会主义公有制，城市土地属于国家所有，建筑物所有权人必须同时享有建设用地使用权，才不至于使自己的房屋成为"空中楼阁"，倘若建设用地使用权与该土地上的建筑物所有权主体不一致，便会产生权利冲突，引发纠纷。为保障建设用地使用权与建筑物所有权主体的一致性，《物权法》在抵押权一章设置了两项规则：

其一，设立抵押权时应一并抵押。《物权法》第 182 条规定："以建筑物抵押的。该建筑物占用范围内的建设用地使用权一并抵押。以建设用地使用权抵押的，该土地上的建筑物一并抵押。抵押人未依照前款规定一并抵押的。未抵押的财产视为一并抵押。"这便是所谓的"地随房走、房随地走"规则。《物权法》第 183 条还规定："乡镇、村企业的建设用地使用权不得单独抵押。以乡镇、村企业的厂房等建筑物抵押的，其占用范围内的建设用地使用权一并抵押。"

其二，实现抵押权时应一并拍卖。针对建设用地使用权在设立抵押后，该土地上又新增建筑物的情况，《物权法》第 200 条规定："建设用地使用权抵押后，该土地上新增的建筑物不属于抵押财产。该建设用地使用权实现抵押权时，应当将该土地上新增的建筑物与建设用地使用权一并处分，但新增建筑物所得的价款，抵押权人无权优先受偿。"换言之，抵押权人可以将新增的建筑物变价，但不享有优先受偿权。

本案中，甲、乙之间签署了抵押合同，且办理了抵押登记，乙依法享有抵押权。根据《物权法》第 201 条的规定，乙所享有的抵押权的客体为建设用地使用权，不及于该土地上后来兴建的写字楼。

甲、丙之间也签署了抵押合同，办理了抵押登记，丙依法享有抵押权。尽管抵押合同、抵押登记的标的物均为写字楼，但根据《物权法》第 182 条的规定，丙所享有的抵押权不仅及于写字楼，而且及于该写字楼占用范围内的建设用地使用权。

综上所述，本案中写字楼的抵押权人为丙，丙可就写字楼的变价 2 500 万元优先受偿。而建设用地使用权的抵押实际上属于重复抵押，乙、丙均为抵押权人，《物权法》第 199 条规定："同一财产向两个以上债权人抵押的，拍卖、变卖抵押财产所得的价款依照下列规定清偿：①抵押权已登记的，按照登记的先后顺序清偿；顺序相同的，按照债权比例清偿；②抵押权已登记的先于未登记的受偿；③抵押权未登记的，按照债权比例清偿。"由于乙的抵押权登记在先，因而尽管乙、丙对建设用地使用权均享有抵押权，但乙应先于丙就建设用地使用权的变价 500 万元优先受偿。

三　房地产抵押合同之禁用条款——流抵押

流抵押契约又称绝押契约，指当事人双方在设立抵押权时约定的、在债务人不履行到期债务时，由债权人取得标的物的契约（条款）。流押契约禁止制度来源于质权制度中的流质契约禁止制度。

《物权法》第 186 条规定："抵押权人在债务履行期届满前，不得与抵押人约定债务人不履行到期债务时抵押财产归债权人所有。"这一规定，确立了"禁止流押契约（条款）"规则，《担保法》第 40 条有相同规定。

在大陆法系国家民法中，大多只在质权部分设置禁止流质契约的规定，但学者普遍认为在抵押制度中也存在这一问题，故而有关流质契约禁止的规定同样适用于抵押合同。确立流质（流押）禁止规则的目的主要在于维护债务人的利益，在一定情形下也可以起到维护债权人利益的作用。其原理在于：抵押财产的市场价格在抵押合同订立时与抵押权实现时往往存在差异，加之债务人往往出于融资的急迫需要而接受债权人提出的苛刻条件（以高于债权价格的财产设押）。如果承认流质（流押）契约，则要么使债务人利益受损（若抵押权实现时抵押财产的市场价格明显高于被担保债权数额），要么对债权人自身不利（若其市场价格明显低于被担保债权数额），难免出现不公平的结果，故须从立法上予以禁止。

根据《担保法解释》第57条的规定，在适用“禁止流押契约（条款）”规则时，须注意以下两点：其一，抵押合同若设有流押条款，则该条款（内容）因违反法律禁止性规定而失效，但该内容的无效不影响抵押合同其他部分内容的效力，即不影响抵押权的有效成立和合法行使。其二，债务履行期届满后抵押权人未受清偿时，抵押权人和抵押人可以协议以抵押物折价取得抵押物，亦即在对抵押物进行估价的基础上，经双方协商以抵押物冲抵全部或部分债权。法律对此种代物清偿协议并不予以禁止，不应与流押条款混为一谈。但该条同时规定，该协议损害顺序在后的担保物权人和其他债权人利益的，人民法院经当事人请求，可以适用《合同法》第74条、75条关于债权人撤销权的规定予以处理。

➢ **案例 9.3**

原告蒋某经人介绍将私有房屋出典给某典当商行。典价为5万元，估价为15万元，典期为6个月。双方签订当票一张，当票注意事项规定“超过期限未来本典当商行办理手续，所当物品归本典当商行所有。”同时又签订典当补充协议，规定“典当成交后，先扣2个月利息，每月利息为1 750元，如不按时交息，利息加倍，如需续当，先交回本金和利息，赎回后，重新办理典当手续。”随后，原告到公证处办理了公证手续。按照补充协议，该典当商行先扣了2个月利息，付给原告46 500元款项，后原告又交纳了2个月利息，现欠2个月利息。1989年3月17日典期届满，原告未办理回赎。次日，典当商行通知原告当物已变成绝卖，原告要求回赎，典当商行不允，并告诉原告只能用15万元回赎，而后双方多次协商也未能解决，原告便开始要价30多万元出卖该房。4月19日，典当商行雇佣保安人员接管了出典房屋，又于同年5月18日登报公告拍卖该房。原告起诉到人民法院要求回赎出典房屋。

一审法院经审理认为，当票注意事项中规定的“典期届满不办理续当手续，所当物品归被告人所有”这一规定是指一般物品，作为不动产的房屋是不符合房屋典当有关法律规定的，也是显失公平的。当票上未写“绝卖”字样，所以原告要求回赎房屋，典期虽然届满，但未超过10年，应准予回赎。故法院判决：准予原告回赎房屋，原告应支付被告本金5万元，2个月利息3 500元，加罚2个月利息3 500元，共计57 000元。一审法院判决后，被告典当商行不服，以要求原告给付5万元典金，3个月共计9 000元保管费，以及按7%计算月息加罚息（每月支付数额为3 500元）为由提起上诉。

二审法院经审理认为，此案一审将案由定为“房屋典当纠纷”不妥，应改为“抵押贷款纠纷”，因为此案的法律关系实质上应认定为房屋抵押贷款关系，且双方未到房地产主管部门办理房地产抵押登记手续，抵押权未设立，作民间借贷关系处理，讼争房屋归原告所有，如其不能清偿债务，则可变卖该房，债权人从所得价款中优先受偿。

➢ **法理评析**

本案是由房地产典当引起的典型纠纷，针对这种纠纷，现行政策和法律尚无明确而具体的规定，但有一点在司法实践中是明确的，即目前典当商行所从事的典当业，如果是以房地产作为抵押的，尽管当票上写的是房屋典当，但其实质是房屋抵押借款，不按房屋典当处理，而应按抵押贷款的有关规定处理，若未依法办理抵押登记手续，依《物权法》规定应认定抵押权未设立。作普通的债权债务处理，结合案件具体情况，合情合理地解决。另外，本案中，对典当商行先扣利息的做法，不应予以支持。二审人民法院的处理是较恰当的。

第二节　房地产抵押范围

房地产抵押范围是抵押合同标的是否合法的关键问题，我国法律从多方面作了详细规定，不仅规定了可以抵押的范围，而且明文规定了禁止抵押的内容。

一　可以设定抵押权的范围

（一）依法取得的房屋所有权连同该房屋所占用范围内的土地使用权，可以设定抵押权

1. 房地产本身

以房地产作抵押的，根据其标的物可以大致划分为两种即土地使用权抵押和房屋所有权抵押。以土地使用权作抵押的，其地上建筑物、其他附着物随之抵押；如果以房屋所有权作抵押的，则其占用范围内的土地使用权也同时抵押。关于此点，《城镇国有土地使用权出让和转让暂行条例》、《城市房地产管理法》、《担保法》、《物权法》都有明确规定。之所以这样规定，是因为如果仅以土地使用权或房屋所有权作抵押，则债权人行使抵押权对抵押物进行拍卖，将使土地使用权和房屋所有权分属两个主体，造成土地使用权人和房屋所有权人行使权利的不便，从而降低土地使用权或房屋所有权拍卖的价格，不利于债权人的利益。

2. 附属物

附属物即从物，是与主物相对而言的。主物和从物是两个相互独立的物，同时二者又相互结合。主物是在其中起主要作用的物，从物是其中处于附属地位起

辅助和配合作用的物。在法律或合同没有相反规定时，主物的所有权转移，从物也随之转移。因此，在房地产抵押中，如果法律或合同没有特别规定，则抵押权的效力不仅及于房地产自身，还及于房地产的附属物；不仅及于设定抵押权时已存在的附属物，还及于设定抵押权后产生的附属物。房地产的从物既包括动产，也包括不动产，如房前屋后的少许树木，房屋里的门、窗、取暖设施、照明设施、通讯设施等。

3. 从权利

房地产的从权利，如相邻权等，因从属于房地产并使房地产具有必要的效能而为房地产抵押权的效力所及。

4. 孳息

房地产抵押的效力及于抵押权开始进入实现阶段后到抵押标的处分为止房地产所产生的孳息。房地产抵押不转移对作为抵押标的物的房地产的占有，这样既维护了债权人的权益，又充分发挥了抵押物的使用价值。在抵押权实现前，抵押人有权使用房地产并获取利益，房地产所产生的孳息由抵押人享有。抵押权开始进入实现阶段后，作为抵押物的房地产由人民法院扣押或以其他方式保全，抵押权人有权将该房地产拍卖或变价优先受偿，当然有权收取抵押物的孳息，并以其偿还债权。房地产抵押权的效力不仅及于房地产的天然孳息，如果树所结果实等，而且及于房地产的法定孳息如房租等。《担保法》第 47 条规定："债务履行期届满，债务人不履行债务致使抵押物被人民法院依法扣押的，自扣押之日起抵押权人有权收取由抵押物分离的天然孳息以及抵押人就抵押物可以收取的法定孳息。"但根据我国法律，抵押权人未将扣押抵押物的事实通知应当清偿法定孳息的义务人，抵押权的效力不及于该孳息。

房地产抵押时，有以下几个问题值得注意：

（1）正在建造的房屋可否作为抵押物？对此问题学术界曾有争议，有的学者认为，尚未完全完工的房屋，只要足以遮风避雨，能够成为某种经营场所，具有经济上的使用目的，即可成为抵押物；有的则认为，在建房屋因未建成，当事人尚未取得所有权登记，不存在独立的使用价值和交换价值，因而不能抵押。对此问题，《担保法解释》第 47 条作了肯定回答，"以依法获准尚未建造或者正在建造中的房屋或者其他建筑物抵押的，当事人办理了抵押物登记，人民法院可以认定抵押有效"，《物权法》第 180 条第 1 款第 5 项也予以了肯定。

（2）未办理权属登记的建筑物（主要指房产）能否设定抵押？原则上，此类房产适用处分要件主义，即合法建造者于工程完成时起享有房产所有权，但处分（包括抵押）该不动产时，未经登记，不发生物权效力。《物权法》第 31 条规定：

"依照本法第二十八条至第三十条规定享有不动产物权的，处分该物权时，依照法律规定需要办理登记的，未经登记，不发生物权效力。"

（3）以房地产抵押时，该房占用范围内的建设用地使用权是否应同时抵押？对此，《物权法》第 182 条规定："以建筑物抵押的，该建筑物占用范围内的建设用地使用权一并抵押。以建设用地使用权抵押的，该土地上的建筑物一并抵押。抵押人未依照前款规定一并抵押的，未抵押的财产视为一并抵押。"《物权法》第 183 条规定："乡镇、村企业的建设用地使用权不得单独抵押。以乡镇、村企业的厂房等建筑物抵押的，其占用范围内的建设用地使用权一并抵押。"上述规定，确立了"房地不分"的强制性抵押规则。

（4）房屋的一部分可否作为抵押物？通说认为，如果该部分具有独立性，即具有独立的交换价值，可作为抵押物。所谓独立性，应依一般交易观念决定，即使有物理上的独立性，但依一般的交易观念不能为交易上的转让时，不能作为抵押物。我国也有学者认为，若房屋经适当分割而具有独立的使用价值，并能以独立的物的形态进行流通，其权利人以房屋的一部分进行抵押亦未尝不可。但实现抵押权后，该部分房屋的取得人应就该部分为独立的房产登记，以对其权利进行确认。

（5）房屋的共有人可否以其应有部分设定抵押？依通说，按份共有人有权处分其共有份额，也可以其不动产共有份额为自己或其他人债务设定抵押，但应书面通知其他共有人（共同共有人无此权利）。此外，在抵押权人行使抵押权时，其他共有人作为利害关系人应享有替代清偿权（同等条件优先购买权）。但以拍卖方式实现抵押权时，仍应由拍卖时出价最高的应买人获得抵押物（共有份额）。

（6）农村的私房可否抵押？在《物权法》颁行前，理论界对此有不同观点。否定说认为，《担保法》第 37 条第 2 项规定耕地、宅基地、自留地、自留山等集体所有的土地使用权不得抵押，根据"房地不分"原则，农户住房不得与宅基地相分离而单独抵押；且农村私有住房使用集体所有的土地无需支付土地使用费，若用于抵押则其实行时必然会损害集体的利益。肯定说认为，《担保法》第 37 条第 2 项所禁止只是宅基地的土地使用权抵押，而没有禁止村民以其所有的房屋设定抵押，况且我国法律允许村民出让其所有的房屋，宅基地使用权随着房屋一起转让，也不会影响集体的利益，因此自然允许将住房抵押。还有学者认为，农村私房设定抵押权，已经有了三重限制：一是《土地管理法》第 62 条第 4 项规定，农村村民出卖、出租住房后，再申请宅基地的，不予批准。二是 1998 年修订《土地管理法》时，规定宅基地使用权仅能让与集体组织成员，如果转让给村外人员的，该受让人必须在本村落户并符合申请宅基地的条件；抵押权实现时，其受让人也为集体组织成员，不会损害集体利益。三是《土地管理法》第 62 条第 1 项规定，农村村民只能有一处宅基地，且面积不得超过省、自治区、直辖市规定的标准，如果再禁止农村私房抵押，实无必要。对此问题，《物权法》仍未作明确规定，但从其关于宅基地使用权抵押的规定看，对农村私房抵押问题实际上仍采取了基本否定的立场。

（二）依法通过出让方式取得的土地使用权，可以设定抵押权

土地所有权，划拨的国有土地使用权，耕地、宅基地、自留地、自留山等集体土地使用权（除法律允许的除外）不得设定抵押。通过出让形式受让的土地使用权抵押是指土地使用权受让人以土地使用权作为履行债务的担保，当土地使用权受让人不能按期履行债务时，债权人享有从拍卖土地使用权的价款中优先受偿的权利的一种担保形式，它是以一定权利作为抵押权标的的。以出让方式取得的土地使用权上设立抵押权时应注意以下几点：

（1）土地使用权抵押时，其地上建筑物，其他附着物随之抵押。反之，地上建筑物及其附着物抵押时，土地使用权随之抵押。

（2）土地使用权抵押，抵押的目的主要是通过抵押而获得贷款，并用抵押所得贷款用于土地的开发，从而达到利用土地及使土地增值的目的。因而土地使用权抵押不同于其他财产抵押，一般财产抵押包括房屋抵押是通过抵押实现与抵押标的无关的其他目的，而土地使用权的抵押是作为促进土地增值而运用的。

（3）以土地使用权设立抵押时，若地上尚未建有房屋或其他附着物，抵押合同签订后，地上新增房屋则不属于抵押财产的范围。那么，对于房地产抵押合同签订后，土地上新增的房屋是否包括在抵押权范围内？《城市房地产管理法》第51条明确规定："房地产抵押合同签订后，土地上新增的房屋不属于抵押财产。需要拍卖该抵押的房地产时，可以依法将土地上新增的房屋与抵押财产一同拍卖，但对拍卖新增房屋的所得，抵押权人无权优先受偿。"笔者认为，这里新增房屋应理解为是在原抵押房屋之上或与原抵押房屋相连接新增加的房屋，由于它们是在抵押合同签订之后建立的，因此，抵押合同对它们不发生效力，不属于抵押财产，但由于它们与原抵押房屋具有不可分割性，分割后会影响其本身价值，因此，当抵押权人行使抵押权时，可以将新的房屋与原抵押房屋一同拍卖，但抵押权人对该部分拍卖所得无权优先受偿，因为它不属于抵押财产。如果在土地上新增的房屋是在原抵押房屋之外独立存在的，则它们既不属于抵押财产，且抵押权人也无权将其拍卖。但由于土地与地上建筑物不可分离，因此，当需要拍卖该抵押的房地产时，可以依法将土地上的新增房屋与抵押的土地使用权一同拍卖，但对拍卖新增房屋所得，抵押权人无权优先受偿。

（三）抵押人依法承包并经发包人同意的荒地、荒沟、荒丘、荒滩等荒地的土地使用权可以设定抵押

《担保法》第 34 条、《物权法》第 180 条之所以规定“四荒地”可以设立抵押，主要是为了有利于“四荒地”的开发与利用，同时确保在承包经营范围内或符合发包人意志的范围内开发、利用土地，减少浪费。

（四）乡（镇）村企业的土地使用权不得单独抵押，以乡（镇）村企业的厂房等建筑物抵押的，其占用范围内的土地使用权同时抵押

《担保法》第 36 条、《物权法》第 183 条的规定主要是为了保护农业用地，减缓土地的非农业化使用。

我国立法对农村集体土地使用权抵押采取了严格限制的态度，仅限于“四荒地”以及厂房等建筑物所占用范围的土地使用权，目的在于防止农村耕地的流失，保障农民的基本生存条件，同时，为了有利于“四荒地”的利用，搞活农村集体经济，又允许一定范围的集体土地使用权的抵押。这种立法宗旨对稳定农村经济、保护农民利益也起到一定的积极作用。

二　不得抵押的房地产

为了维护社会主义公有制和社会公共利益，我国《担保法》和《物权法》在规定可抵押的财产的同时，规定下列房地产不得抵押。

（一）非房屋合法所有权人或非享有经营管理权人不得将房地产设立抵押权

享有房地产经营管理权的主要是指国有企业，其经国家授权对国有的财产享有一定的处分权，国有企业对国家授权经营的房地产设立抵押时，必须经县级以上人民政府国有资产管理部门或财政部门批准。房地产所有权人可以对其享有的房地产设立抵押。但共有房地产所有权人在设立抵押时，必须经全体共有权人的书面同意。非房地产所有权人设立的房地产抵押行为是无效行为。

（二）以共有的房地产抵押的，抵押人事先未征得其他共有人的书面同意的不得抵押

《城市房地产抵押管理办法》第 19 条规定：“以共有的房地产抵押的，抵押

人应当事先征得其他共有人的书面同意。”

➢ **案例 9.4**

张氏姐妹共有一套位于草场门一带的商品房，由于姐姐想把手里经营的商铺扩大，急需资金，而向朋友借钱尚有较大的资金缺口，便偷偷把与妹妹共有的房子向银行抵押并获得了 30 万元的贷款。妹妹得知姐姐的抵押行为后，认为损害了自己的利益，且银行也侵犯了其利益，于是向法院提出诉讼。

➢ **法理评析**

所谓共有，它是两个或两个以上的人（公民或法人）对同一项财产享有的财产权，表现有共同共有及按份共有两种。共同共有与按份共有的最显著的区别在于：共同共有人对于共有财产的全部，不分份额地、平等地享有所有权。只要共同共有关系存在，共有人对共有财产就享有共同的权利、承担共同的义务。而按份共有，因该财产可以分割，共有人可以处分属于自己的份额，并不因此损害其他共有人的权益，所以在按份共有关系中，共有人是可以处置自己的份额的，但其他共有人在同等条件下享有优先权。本案属于共同共有的情况，即处置（包括转让、抵押以及租赁等）房地产时，共有人的同意为处置有效的必要条件。根据《城市房地产管理法》、《城市私有房屋管理条例》的有关规定，房地产共有人在未征得其他共有人同意下处置房地产的，而登记部门由于过错给予这种处置以登记的，则其他共有人可以主张抵押合同无效，要求撤销抵押证书，同时向房地产行政管理部门请求赔偿，以保护其权利。因此，本案中，妹妹可以请求主张抵押合同无效。银行在没有审查清房屋所有权证为姐妹共有的前提下，就贷款给姐姐，银行应承担审查不严的责任。

（三）土地所有权不得抵押

在我国，土地专属于国家或集体所有。《宪法》第 10 条规定，任何组织或个人不得侵占、买卖、出租或者以其他形式非法转让土地。《土地管理法》第 2 条重申了这一规定，这就意味着土地所有权不得抵押，而《担保法》和《物权法》则予以明确规定。

（四）耕地、宅基地、自留地、自留山等集体所有的土地使用权，不得抵押但法律规定可以抵押的除外

这一限制是为了保护耕地，保障农业生产和农民生活的稳定。作为例外，抵押人可以以依法承包的荒山、荒沟、荒丘、荒滩等荒地的土地使用权抵押（《担

保法》第 34 条第 1 款第 5 项，《物权法》第 180 条第 1 款第 3 项)，以乡镇、村、企业的厂房等建筑物抵押的，其占用范围内的建设用地使用权一并抵押（《担保法》第 36 条第 3 款，《物权法》第 183 条)。前者的目的在于更好地发挥“四荒”土地的经济效用；后者的目的主要在于防止建设用地使用权与房屋所有权主体不一致，避免权利冲突，同时更好地发挥抵押担保的融资功能。

（五）学校、幼儿园、医院等以公益为目的的事业单位、社会团体的教育设施、医疗卫生设施和其他社会公益设施不得抵押

这一限制的目的主要是防止和避免公益设施的流失，保障公益事业的发展，维护社会公共福利。对这一规定的理解和适用，关键在于对公益目的单位和公益设施的界定。就前者而言，除本条直接列举者外，还包括公共图书馆、博物馆、体育场、青少年宫、文化宫、影剧院、敬老院、青少年基金会、残疾人福利基金会等公益性事业单位和社会团体，至于是公立还是民办，在所不问；就后者而言，应限于上述单位或团体直接服务于公益目的的设施，如学校的教学楼、实验室、学生宿舍，医院的门诊楼、住院部、救护车，图书馆的藏书楼、阅览室等，如系该单位、团体的非公益设施，如行政用车、经营性门面，则不在禁止抵押之列。

（六）所有权、使用权不明或者有争议的财产不得抵押

这一限制的目的在于保护真实权利人的合法权益，切实保障抵押权人的抵押权。所有权、使用权不明，意味着抵押人对抵押物并不享有处分权，如将其抵押，则构成对他人财产权的侵害；对于债权人而言，其“抵押权”也因标的物可能被真正权利人追索而得不到保障；若抵押物的所有权、使用权存在争议，亦同此理，因其权属处于不确定状态，一旦抵押，则将来可能引发法律上的纠纷和争讼（所谓争议，应理解为抵押物的权属已处于某一未结争讼程序中，包括诉讼和仲裁)，当事人的权益也得不到保障。

（七）依法被查封、扣押的财产不得抵押

扣押是指司法机关或行政机关依法对特定财产予以封存、扣留，禁止该财产被转移或处理的保全措施或执行措施，如人民法院依法对被执行人的房产予以查封。依法被查封、扣押的财产，尽管其所有权未发生转移，但因权利人不得行使其处分权，因而不能以此为抵押物进行抵押。不过，在设定抵押权后财产被采取查封、扣押等保全措施或者执行措施的，抵押权的效力不受影响。

（八）法律、行政法规规定不得抵押的其他财产

这主要是指依照《物权法》以外的其他法律、行政法规的规定不能用于抵押的财产。例如，《文物保护法》第 24 条规定："国有不可移动文物不得转让、抵押。建立博物馆、保管所或者辟为参观游览场所的国有文物保护单位，不得作为企业资产经营。"

➢ 案例 9.5

1997 年 10 月，上海市某食品厂向上海市某工商银行房地产信贷部申请贷款时，用该厂的办公厂房作抵押物向本市某区房地产交易管理所办理抵押登记。房地产交易管理所明知为抵押物的办公厂房已被上海市某中级人民法院查封、扣押，仍办理了抵押房屋《他项权证》并收取抵押登记费 3 000 元。某食品厂凭《他项权证》贷款 18 万元。借款合同期满后，该厂既未偿还贷款本金，又未支付银行利息，房地产信贷部于 1999 年 3 月向上海市某区人民法院提起诉讼。

➢ 法理评析

这是一起典型的违法办理抵押登记的案件。

房地产抵押权的设定是当事人以房地产抵押为担保方式，依法定程序设定房地产抵押关系的有关行为。当事人设定房地产抵押关系必须遵守国家法律和有关房地产行政法规，必须遵守自愿、公平、等价有偿和诚实信用的原则。

房地产抵押权的客体要求抵押的房地产必须具备合法性：①抵押物必须是抵押人自己依法享有所有权或经营权的房地产。抵押人不得把不属于自己的或非法占有的房地产作为抵押物。②抵押物必须是法律、法规允许抵押的房产、法律法规禁止或限制流通的房产不得设立抵押。《担保法》第 37 条第 5 项明文规定："依法被查封、扣押、监管的财产不能抵押"。也就是说，抵押人必须对抵押物享有处分权，而依法被查封、扣押的财产所有权人不具有处分能力。

房地产抵押的设定也是一种要式行为。需要经过抵押登记，抵押权才成立。《物权法》第 187 条作了明文规定。本案中，该食品厂作为抵押物的厂房是已经被法院查封的房产，而这些情况房产交易管理所是明知的，对于不合格的抵押物仍给予以登记，明显属于违法行为，房产交易所应对自己的过错承担连带责任。

房地产交易所在办理房地产有关登记时，随意登记现象常常发生。如在为当事人办理《他项权证》时随意估价，对法律规定不能抵押的房产仍予以抵押登记，对无效产权证明仍予以办理《他项权证》等。其结果是既损害了申请人对方当事人的利益，也破坏了房地产交易秩序与稳定。同时房地产交易所自身也要承担相应的法律责任。《物权法》第 21 条对不动产登记错误法律责任作了明确的规定。

第三节　房地产抵押当事人的权利与义务

房地产抵押当事人的权利与义务是指在房地产抵押期间房地产抵押人与抵押权人各自应享有的权利和应承担的义务。

一　房地产抵押人的权利与义务

（一）抵押人的权利

（1）保留房地产抵押物的占有权、使用权。房地产抵押的标的是不动产，它是以不转移占有的方式向抵押权人提供债务履行担保的行为。因此，房地产抵押人对抵押房地产仍享有占有、使用、收益和处分的权利，在不影响房地产抵押权的前提下，房地产抵押人可任意使用抵押的房地产，但当事人约定不能使用的除外。此外，抵押人有继续使用收益抵押物的权利。抵押物被拍卖之前的天然孳息、法定孳息仍归抵押人所有，但法律或当事人另有约定的除外。

（2）可在同一房地产抵押物上设定数个抵押权。但抵押人不得就同一抵押物的同一担保价值再设定抵押权，即当抵押的房地产价值与被担保的债权额相等时，抵押人不能就同一房地产再设立抵押权，否则其行为无效。当抵押的房地产的价值高于被担保的债权的数额时，房地产抵押人可就其余额再次设定抵押权。这是为了保护房地产抵押人的利益，更大限度地发挥房地产的经济效益。

➢ 案例 9.6

甲为了从乙处获得一笔金额为 20 万元的借款，应乙的要求将自己价值 20 万元的房产作抵押。双方签订抵押合同，并办理了抵押登记。之后，甲又向丙借款 10 万元，应丙之要求，甲又将该房产抵押给丙，也办理了抵押登记。后甲到期还不了乙丙的借款，乙提出对抵押的房地产实现优先受偿，丙也依抵押合同要求受偿。

➢ 法理评析

该事例中涉及两个抵押关系，甲与乙以及甲与丙的抵押。然而，只有甲与乙的抵押权才受法律保护，甲与丙的抵押关系不受法律保护。我国《担保法》第 35 条规定：抵押所担保债权不得超出其抵押物的价值。财产抵押后，该财产的价值大于所担保债权的余额部分，可以再次抵押，但不得超出其余额部分。

《担保法解释》第51条规定：抵押人所担保的债权超出其抵押物价值的，超出部分不具有优先受偿的效力。由于甲与乙设定抵押权后，乙所担保的债权与其抵押物的价值已等同。如果甲又将同一担保物设定抵押，则属于超值抵押，将因违反国家法律规定而无效。因此，甲丙的抵押因违反法律规定而无效，丙无权主张优先受偿，但作为一般债权，其可向甲主张还款。《担保法》之所以规定不得超值抵押，就是为了保护抵押权人不至于因为抵押人的超值抵押，使抵押权落空。

(3) 对抵押物一定的处分权。抵押权设定后，抵押人对抵押物仍享有一定的处分权，即出租与转让的权利。由于设定抵押权的目的在于以抵押物的交换价值清偿债务，因此，不妨碍交换价值实现的租赁应在允许之列，抵押人可以将抵押物出租给第三人使用，抵押的房地产出租对房地产抵押权不产生影响，抵押权人在债权逾期未清偿时仍能就抵押物拍卖所得价金优先受偿。至于转让，抵押权设定后，抵押人并没有丧失抵押物的所有权和使用权，因此，抵押人可以将抵押物转让给第三人。第三人得到的是一个设有抵押权的房地产。但为保护抵押权人行使权利，抵押物转让时，抵押人需要事先征得抵押权人的同意。非经抵押权人同意而将抵押物转让他人的行为无效。最高人民法院《关于贯彻〈中华人民共和国民法通则〉若干问题的意见（试行)》第115条第1款规定："抵押物如由抵押人自己占有并负责保管，在抵押期间，非经债权人同意，抵押人将同一抵押物转让他人，或者就抵押物已设置抵押的部分再作抵押的，其行为无效。"抵押权的转让原则上不影响抵押权的存在，抵押房地产被转让后，仍然是抵押权的标的物，抵押权人仍可对其行使权利，这是由房地产抵押权的排他性、追及性决定的。

（二）抵押人的义务

(1) 负有保持抵押物完整性的义务。由于房地产抵押是以不转移抵押房地产的占有为前提的，因此，房地产抵押人负有保持抵押房地产完整的义务，应采取各种必要措施防止抵押房地产的毁损与灭失，维持抵押房地产价值的完整。《物权法》第193条作了规定，抵押人的行为足以使抵押财产减少的，抵押权人有权加以制止，如果抵押人对抵押物的侵害行为致使抵押物价值减少时，抵押人应恢复原状或提出与抵押物减少的价值相应的担保。抵押物灭失、毁损的，抵押人应以其他财产代替抵押物。如果抵押物的灭失、毁损非抵押人之责任，抵押权人可在抵押人可得赔偿范围内要求抵押人提出担保，抵押人也可以转让赔偿或补偿请求权予抵押权人而免责，即由抵押权人行使物上代位权。

(2) 抵押人负有保证抵押权人充分实现抵押权的义务。在遇到下列情况下必须做到：①如果以预售房屋合同设定抵押的，办理抵押事项必须符合预售房屋的有关规定。②以按份共有的房地产设定抵押的，抵押人应书面通知其他共有人，并以其个人所占的份额为限。③以已出租的房地产设定抵押时，抵押人应将租赁情况如实告知抵押权人，并通知承租人。抵押合同签订后，原租赁合同继续有效。④以已设置房地产抵押的剩余价值再次设定抵押权时，抵押人应事先将原已经设置房地产抵押权的情况告知抵押权人。⑤以属于国有资产的房地产设置抵押时，须经企业主管部门审查，并经同级国有资产管理部门批准。此外，为保证抵押权人充分实现抵押权，当有第三人对抵押物提出追索或抵押被列入强制执行范围时，抵押人应及时将情况通知抵押权人，并负有出庭作证保证抵押物不受追索及被强制执行的义务，保证抵押人可以从抵押财产中优先受偿。

二　房地产抵押权人的权利与义务

（一）房地产抵押权人的权利

1. 抵押权保全权

抵押权设定后，抵押物仍由抵押人占有、使用。在抵押权实现前，若抵押物的价值因抵押人的行为而减损，则势必影响抵押权人优先受偿权的充分实现。为此，法律应赋予抵押人防止抵押物价值减少或采取补救措施的请求权，也称抵押权保全权。

（1）抵押物价值减少防止权。《担保法》第 51 条第 1 款前段规定："抵押人的行为足以使抵押物价值减少的，抵押权人有权要求抵押人停止其行为。"《物权法》第 193 条第 1 款规定："抵押人的行为足以使抵押财产价值减少的。抵押权人有权要求抵押人停止其行为。"根据上述规定，抵押权人行使抵押物价值减少防止权应符合以下条件：①须为抵押人的行为。对于第三人的加害行为，抵押权人不得主张这一权利。至于抵押人的行为是故意或过失、作为或不作为（前者如砍伐林木、拆毁建筑物，后者如疏于看管、怠于维修），均非所问。②抵押人的行为足以使抵押财产毁损或者价值减少。这里并不要求毁损或价值减少实际发生，但必须证明抵押人的行为将导致这一结果。③抵押人有过错。《担保法》第 51 条第 2 款规定："抵押人对抵押物价值的减少无过错的，抵押权人只能在抵押人因损害而得到的赔偿范围内要求提供担保。抵押物价值未减少的部分，仍作为债权的担保。"④抵押权人只能请求抵押人停止其行为，不得迳行实施保全行为。

（2）恢复价值或补充担保请求权。《担保法》第 51 条第 1 款后段规定："抵押物价值减少时，抵押权人有权要求抵押人恢复抵押物的价值，或者提供与减少的价值相当的担保。”《物权法》第193条后段规定：“抵押财产价值减少的。抵押权人有权要求恢复抵押财产的价值，或者提供与减少的价值相应的担保。抵押人不恢复抵押财产的价值也不提供担保的，抵押权人有权要求债务人提前清偿债务。”根据上述规定，抵押权人行使恢复价值或补充担保请求权的条件，是抵押物因抵押人的行为已发生价值减少，其内容是恢复抵押物的原有价值（恢复原状）或者提供与减少的价值相当的担保（该担保不以抵押为限，也可为质押或保证）。原则上，抵押权人应择一行使恢复价值请求权或补充担保请求权，但二者也存在互补关系，特定条件下也可一并主张，如仅通过行使恢复价值请求权尚不足以完全恢复受损价值时，仍可就不足部分要求提供担保。

2. 抵押权处分权

抵押权作为一种非专属性财产权，原则上应允许自由处分。抵押权的处分主要包括抵押权的转让和供担保、抵押权的抛弃和抵押权顺序的处分几种方式。

（1）抵押权的转让和供担保。抵押权具有从属性、不可分性，原则上不得与其所担保的债权相分离而单独转让或为其他债权作担保，《担保法》第50条对此作了明确规定。但是，抵押权不妨与债权一同转让于他人而继续作为该债权的担保。因此，《物权法》第192条规定：“抵押权不得与债权分离而单独转让或者作为其他债权的担保。债权转让的。担保该债权的抵押权一并转让，但法律另有规定或者当事人另有约定的除外。”

（2）抵押权的抛弃。抵押权的抛弃是指抵押权人放弃其就抵押物优先受偿的担保利益，可分为绝对抛弃和相对抛弃。绝对抛弃是指抵押权人为一切债权人的利益而抛弃其抵押权，实际上是抵押人与抵押权人解除抵押合同，抵押权人成为普通债权人，对抵押物不再享有优先受偿权，这种抛弃须由抵押权人向抵押人作出抛弃的意思表示，并履行抵押权注销登记手续。相对抛弃是指在债务人除抵押权人之外尚有两个以上无担保债权人的情况下，抵押权人仅为特定债权人的利益抛弃抵押权（日本民法有此规定），在相对抛弃情形下，抵押权人并不丧失抵押权，只是使同一债务人的特定债权人（可以为一人，也可为数人，但不能是全体）与自己处于同等地位，即对其放弃优先受偿权，对于其他债权人并无影响。例如，甲对乙的某项财产享有抵押权，而乙同时对丙、丁、戊负有无担保债务，此时甲若表示为乙的所有债权人（或指明为丙、丁、戊）的利益抛弃抵押权，即为绝对抛弃；若表示仅为丙或丙和丁的利益而抛弃抵押权，则为相对抛弃。我国《物权法》第194条规定，抵押权人可以放弃抵押权，但未区分绝对抛弃与相对抛弃。

抵押权的抛弃一般为绝对抛弃，但也不应禁止抵押权的相对抛弃。为防止债权人与债务人恶意串通损害其他物上担保人的利益，《担保法解释》第75条第1

款规定："同一债权有两个以上抵押人的，债权人放弃债务人提供的抵押担保的，其他抵押人可以请求人民法院减轻或者免除其应当承担的担保责任。"

（3）抵押权顺序的处分。抵押权的顺序是指同一抵押物上存在数个抵押权并形成重叠关系，即抵押物的价值不足以使各抵押权人同时充分受偿时，各抵押权人优先受偿的先后次序。抵押权顺序的处分，即抵押权人对这种顺序利益的处分，包括转让、抛弃和变更，《物权法》第 194 条第 1 款对抵押权顺序的抛弃和变更作了规定。

抵押权顺序的转让是指同一抵押人的先次序抵押权人将其抵押权的先次序让与后次序抵押权人。抵押权顺序的转让一般应符合以下条件：让与人和受让人为同一抵押人的抵押权人（前者为先次序抵押权人，后者为后次序抵押权人）；让与人与受让人间须有次序让与的合意；须办理登记，让与自登记时起生效。抵押权顺序的转让无须抵押人同意，但应对主债务人为抵押权顺序让与的通知。

抵押权顺序的抛弃是指抵押权人放弃其顺序利益，即同一抵押人的先次序抵押权人为后次序抵押权人的利益而抛弃起优先受偿的利益。抵押权顺序的抛弃也有绝对抛弃和相对抛弃之分，前者对抛弃前成立的一切后次序抵押权均发生效力，后顺位抵押权人的顺位依次递进，而抛弃人的抵押权则处于最后顺位；后者则仅对同一债务人的特定后次序抵押权人发生效力，使其受益（抛弃人与承受抛弃利益的抵押权人成为同一顺位的抵押权人，按比例共享抛弃人应得的清偿额），对其他后顺位抵押权人的位次和利益不发生影响。《物权法》第 194 条规定抵押权人可以放弃抵押权的顺位，应认为包括绝对抛弃和相对抛弃。抵押权顺序抛弃可依抛弃人一方的意思表示进行，但应办理登记。

抵押权顺序的变更是指同一抵押人的数个抵押权人将其抵押权的顺位互为交换。例如，抵押人甲先后为乙、丙、丁设定抵押权，现乙与丁协议将各自抵押权顺位交换，丁由此取代乙成为第一顺位抵押权人，乙则成为第三顺位抵押权人。抵押权顺序的变更须由抵押权人之间达成变更合意并办理变更登记，同时须经其他利害关系人（如保证人、其他抵押权人）的同意，否则对其不发生效力。对此，《物权法》第 194 条中作了如下规定："抵押权人与抵押人可以协议变更抵押权顺位以及被担保的债权数额等内容，但抵押权的变更，未经其他抵押权人书面同意，不得对其他抵押权人产生不利影响。债务人以自己的财产设定抵押，抵押权人放弃该抵押权、抵押权顺位或者变更抵押权的，其他担保人在抵押权人丧失优先受偿权益的范围内免除担保责任。但其他担保人承诺仍然提供担保的除外。"

3. 优先受偿权

抵押权人于债务人不履行到期债务或者发生当事人约定的实现抵押权事由时，有权以抵押物的价款优先受偿（《物权法》第 195 条第 1 款）。优先受偿权是抵押权的实质内容，也是抵押权人享有的最根本的权利。抵押权人的优先受偿权主要体现在以下几个方面：一般情况下，抵押权人优先于普通债权人受清偿；抵押物被查封、被执行时，抵押权优先于执行权；抵押人被宣告破产时，抵押权优先于一切债权，抵押财产不列入破产财产；先顺位抵押权人得就抵押物的价款优先于后顺位抵押权人受清偿权表现在：首先，其优先于其他普通债权人受偿；其次，其优先于后设定抵押权的其他债权人受偿。

4. 处分抵押权的权利

抵押权人有权对其抵押权进行处分，如抛弃或转让。但抵押权人转让其抵押权时必须与债权一同转让，否则无效。

（二）房地产抵押权人的义务

（1）不得干涉房地产抵押人正当地对房地产行使占有、使用、收益和处分的权利。

（2）在债务人清偿债务后，抵押权人负有尽快解除房地产抵押，并到登记机关办理注销登记的义务。

（3）抵押实现后，抵押权人负有将清偿其债权所余价款归还抵押人的义务。

第四节　房地产抵押权的实现

一　抵押权的实现条件

抵押权的实现也称抵押权的实行，是指抵押权人在特定条件下对抵押物行使优先受偿权的行为。如前所述，抵押权的核心内容是优先受偿权，故抵押权的实现是抵押权人行使其抵押权的主要表现。抵押权的实现，应具备以下条件：

其一，抵押权有效存在。抵押权如尚未成立（如未依法登记）、被认定为无效或者被撤销，则不发生实现问题。

其二，债权已到期而未受清偿，或当事人约定的实现抵押权的情形已发生。《担保法》第 53 条第 1 款仅规定为“债务履行期届满抵押权人未受清偿”，而《物权法》第 195 条第 1 款则规定为“债务人不履行到期债务或者发生当事人约定的实现抵押权的情形”，其表述更为周全。这里的债权仅指本债权，而不是由此所生的利息债权；债权未受清偿，既包括全部债权未受清偿，也包括部分债权未受清偿。《担保法解释》第 71 条第 1 款、第 72 条作了如下规定：“主债权未受全部清偿的，抵押权人可以就抵押物的全部行使其抵押权。”“主债权被分割或者部分转让的，各债权人可以就其享有的债权份额行使抵押权。主债务被分割或者部分转让的，抵押人仍以其抵押物担保数个债务人履行债务。但是，第三人提供抵押的，债权人许可债务人转让债务未经抵押人书面同意的，抵押人对未经其同意转让的债务，不再承担担保责任。”

其三，未超过除斥期间。关于抵押权等担保物权的除斥期间（即抵押权有效存续的期限），《担保法》未作规定，《担保法解释》第 12 条规定为：“当事人约定的或者登记部门要求登记的担保期间，对担保物权的存续不具有法律约束力。担保物权所担保的债权的诉讼时效结束后，担保人在诉讼时效结束后 2 年内行使担保物权的，人民法院应当予以支持。”而《物权法》第 202 条则规定：“抵押权人应当在主债权诉讼时效期间行使抵押权；未行使的，人民法院不予保护。”据此，抵押权的除斥期间即主债权的诉讼时效期间（因而成为可变期间），当事人不得就此另行约定。

二　抵押权的实现方式

《物权法》第 195 条规定：“债务人不履行到期债务或者发生当事人约定的实现抵押权的情形。抵押权人可以与抵押人协议以抵押财产折价或者以拍卖、变卖该抵押财产所得的价款优先受偿。协议损害其他债权人利益的，其他债权人可以在知道或者应当知道撤销事由之日起一年内请求人民法院撤销该协议。抵押权人与抵押人未就抵押权实现方式达成协议的，抵押权人可以请求人民法院拍卖、变卖抵押财产。抵押财产折价或者变卖的，应当参照市场价格。”依此规定，抵押权的实现可从以下两方面把握：其一，从途径上说，抵押权的实现可分为协议实现和诉讼实现，二者之间不存在依存关系，抵押权人既可与抵押人协商解决，也可径行请求法院裁判；其二，从方法上说，抵押权的实现可采取折价、拍卖和变卖三种方式（诉讼实现仅限于拍卖和变卖）对抵押物加以处置，使债权人优先受偿。

（一）折价

所谓折价，即以物抵债，指在双方协议的基础上，抵押人以抵押财产折价，以该价款偿还债务，抵押权人取得抵押财产的所有权。如果抵押财产所折价款超过其所担保的债权数额，超过部分归抵押人所有；若所折价款不足以清偿所担保债权，则不足部分转为普通债权由债务人清偿。

由于折价的方式仅涉及抵押关系双方当事人，他人往往无从知晓，故可能损害其他利害关系人（如后顺位抵押权人和其他普通债权人）利益，因此应为其设定一定的条件：其一，须由抵押权人与抵押人达成有效的折价清偿（代物清偿）协议，抵押权人或抵押人不能单方决定。该协议只能在债务清偿期届满、抵押权实现条件成就后订立，否则属于法律禁止的“流押契约”，不具法律效力。其二，不得损害其他债权人利益。例如，双方协议以明显不合理的低价将抵押财产折价转移于抵押权人，则构成对其他债权人（无论是否抵押权人）利益的侵害。对此，《担保法解释》第 57 条第 2 款规定：“债务履行期届满后抵押权人未受清偿时，抵押权人可以与抵押人协议以抵押物折价取得抵押物。但是，损害顺序在后的担保物权人和其他债权人利益的，人民法院可以适用合同法第七十四条、第七十五条的有关规定。”《物权法》一方面规定“抵押财产折价或者变卖的，应当参照市场价格”，另一方面赋予受害的其他债权人撤销权。其三，如果抵押财产属于国有资产，应按照相关规定进行资产评估以确定其价值，不得任意定价。

抵押物折价的法律后果，是债权人取得抵押财产的所有权，而其债权则在折价范围内全部或部分消灭。如果折价抵偿后仍有剩余债务，则由债务人继续清偿，抵押人不再负担保责任；如果所折价款高于债权数额，则超出部分归抵押人所有，债权人应向抵押人偿付。

（二）拍卖

拍卖是指以公开竞价的方式将特定物品或者财产权利转让给最高应价者的买卖方式。由于拍卖具有公开、公平的特性和法定的程序保障，能够最大限度地实现抵押财产的价值，对抵押当事人和利害关系人均较为有利，因此成为各国民法普遍适用的实现抵押权的最佳方法。

根据不同的划分标准，拍卖可分为自行拍卖与委托拍卖、法定拍卖与意定拍卖、强制拍卖与任意拍卖、有底价拍卖与无底价拍卖、定向拍卖与非定向拍卖等类型。对抵押财产的拍卖采取何种方式，《物权法》未作限制性规定，根据抵押权是协议实现还是诉讼实现，抵押财产的拍卖也包括任意拍卖和强制拍卖两种方式。

基于当事人协议而实行的拍卖，属于任意拍卖。此种拍卖既可以是自行拍卖，也可以是委托拍卖，但有关法律、法规要求实行委托拍卖的（如对国有资产的拍卖），应从其规定，任意拍卖应依我国《拍卖法》规定的条件和程序进行。

因抵押权人向法院申请拍卖抵押财产、法院依照民事诉讼法中的强制执行程序进行的拍卖，即为强制拍卖。具体而言，当事人就抵押权的实现没有协商一致的，抵押权人可以向法院提起关于确认抵押权和拍卖抵押物的诉讼，在获得胜诉且判决生效后，如果抵押人仍不履行，则抵押权人有权申请人民法院依强制执行程序拍卖抵押财产。

根据《民事诉讼法》及最高人民法院《关于执行工作若干问题的规定》、《关于人民法院民事执行中查封、扣押、冻结财产的规定》、《关于人民法院民事执行中拍卖、变卖财产的规定》等司法解释，作为法院强制执行手段的抵押财产拍卖应遵循以下要求：①人民法院拍卖抵押财产，应当委托具有相应资质的拍卖机构进行，不得自行组织拍卖；②对于被执行人及其所抚养的家属生活所必需的居住房屋人民法院可以查封，但不得拍卖；③拍卖抵押财产时，应当委托依法成立的资产评估机构进行价格评估，对于财产价值较低或者其价格依照通常方法容易确定的，或者双方当事人及其他债权人申请不作评估的，可以不进行评估；④拍卖应当确定保留价，即只能采取底价拍卖；⑤拍卖不得侵害共有人、承租人的优先购买权。

抵押财产拍卖的法律后果主要表现在：①财产所有权移转拍定人。如系任意拍卖，其所有权变动以登记或交付为要件；如系强制拍卖，则自拍卖成交时转移；②如果抵押人为第三人，则拍卖完成后，抵押人取得对债务人的追偿权；③若拍卖财产存在瑕疵，给买受人造成损害，拍卖人、委托人未说明的，买受人有权向拍卖人要求赔偿；属于委托人责任的，拍卖人有权向委托人追偿；如系强制拍卖，则应由法院承担国家赔偿责任。

（三）变卖

变卖是指以一般买卖形式出卖抵押物以使债权受偿的方式。与拍卖相比，变卖具有方便、快捷、成本低的优点，但也因缺乏公开性而蕴含道德风险。因此，尽管此种方式既适用于抵押权的协议实现，也适用于诉讼实现，但在实行过程中应受到一定的限制：其一，采取变卖方式处置抵押财产的，应当参照市场价格；其二，当事人协议采取变卖方式的，其变卖不得损害其他债权人利益（如定价过低）；其三，除非经当事人及有关权利人同意，法院原则上不得采取变卖方式。抵押财产变卖后，其价款超过债权数额的部分归抵押人所有，不足部分由债务人清偿。

三　抵押权实现的特殊规定

（一）重复抵押情形下抵押权的实现

重复抵押即一物多抵，指抵押人以同一抵押财产向多个债权人抵押，被担保的债权总额超过抵押财产的价值。在此情形下，拍卖、变卖抵押财产所得价款不足以清偿各抵押权人的所有被担保债权，因此必须确立该价款的清偿规则。

根据《担保法》第 54 条、《物权法》第 199 条的规定，同一财产向两个以上债权人抵押的，拍卖、变卖抵押财产所得的价款依照下列规定清偿：①抵押权已登记的，按照登记的先后顺序清偿；顺序相同的，按照债权比例清偿。②抵押权已登记的先于未登记的受偿。③抵押权未登记的，按照债权比例清偿。上述规定，确立了已登记者优先清偿、登记在先者优先清偿和未登记者按比例清偿的抵押物价款清偿规则。

此外，《担保法解释》第 77 条、78 条对一物多抵作了如下补充规定："同一财产向两个以上债权人抵押的，顺序在先的抵押权与该财产的所有权归属一人时，该财产的所有人可以以其抵押权对抗顺序在后的抵押权。""同一财产向两个以上债权人抵押的，顺序在后的抵押权所担保的债权先到期的，抵押权人只能就抵押物价值超出顺序在先的抵押担保债权的部分受偿。顺序在先的抵押权所担保的债权先到期的，抵押权实现后的剩余价款应予提存，留待顺序在后的抵押担保债权。"根据上述规定，顺序在先的抵押权并不因抵押权发生混同（如抵押权人购得抵押财产）而消灭，而是作为所有人抵押权继续存续，顺位在后的抵押权人仅能对抵押财产在抵偿顺位在先的抵押权人（现为所有人）的债权后的余额主张权利，或在该在先抵押权消灭后主张权利。若顺序在后的抵押权所担保的债权先到期，抵押权人也有权申请拍卖、变卖抵押财产，但只能从扣除在先抵押权所担保债权数额之后的部分价款中受偿，如无剩余，则无从受偿。

（二）土地承包经营权、乡镇建设用地使用权抵押后抵押权的实现

《物权法》第 201 条规定："依照本法第一百八十条第一款第三项规定的土地承包经营权抵押的，或者依照本法第一百八十三条规定以乡镇、村企业的厂房等建筑物占用范围内的建设用地使用权一并抵押的。实现抵押权后，未经法定程序，不得改变土地所有权的性质和土地用途。"本条是关于"四荒"土地承包经营权和乡镇、村企业建设用地使用权抵押的特别规定，旨在维持农村土地权属关系和承包经营关系的稳定，保障乡镇集体经济的发展，维护农民的基本权益。所谓"未经法定程序，不得改变土地所有权的性质"，主要是指在抵押权实现后，未经法定程序（征收程序）不得将集体所有土地变更为国有土地；所谓"不得改变土地用途"是指抵押权实现后，原"四荒"土地仍须用于农业生产，原乡镇、村企业的厂房等建筑物占用范围内的建设用地仍须作为工业用地，未经法定审批程序不得改作他用。

（三）划拨取得的建设用地使用权抵押后抵押权的实现

《担保法》第56条规定："拍卖划拨的国有土地使用权所得的价款，在依法缴纳相当于应缴纳的土地使用权出让金的款额后，抵押权人有优先受偿权。"根据这一规定，以划拨取得的建设用地使用权抵押的，在抵押物拍卖后，抵押权人并不能就其价款全额优先受偿，而只能在依法向政府有关部门交纳相当于该幅土地的建设用地使用权出让金后，就其余额优先受偿。本条规定的立法目的是维护国家的土地所有人权益，防止国有资产流失。

第五节　房地产按揭

一　房地产按揭的概念与特征

按揭最早起源于英国，即英美法中的mortgage，它是英国普通法中的一种以转移担保物所有权于债权人为特定物的担保制度。至于"按揭"这个词，则是mortgage粤语的音译，并由中国香港地区传入内地。房地产按揭是国内外广泛开展的一种房地产业务。简而言之，房地产按揭是指购房者向银行贷款来支付房款，并就所购房屋为贷款设定担保的行为。房地产按揭业务是由中国香港地区传入内地的。但由于中国香港地区与内地实行两套不同的法律体系，加上我国尚无明确的规范按揭制度的法律，按揭在被内地法律制度吸纳过程中发生了一些变化，不完全等同于香港地区的做法。同时按揭这个词也仅是作为商业术语来使用，而不是一个法律术语。实务中则用"个人住房担保贷款"或"住房抵押贷款"等称谓来代替"按揭"。

尽管我国法律将按揭视同抵押处理，但按揭与一般意义上的房地产抵押相比，仍有其特殊性。它表现在：

1. 主体不同

由于按揭主要适用于房地产的买卖，其主体为卖房人、购房人和获准开展按揭业务的商业银行。而房地产抵押适用所有形式的债务担保，其有关法律关系的主体为债权人或抵押权人、债务人和抵押人。按揭的债权人或按揭权人只能是进行按揭业务的商业银行。抵押中的债权人可以是银行，也可以是非银行金融机构，或其他享有债权的人。按揭的按揭人一定是购房人，但抵押中的抵押人可以是债务人，也可以是债务人以外的其他享有房地产权的人。

2. 主合同的法律性质不同

尽管按揭和抵押的主合同均属债务合同，且按揭和抵押均是主债务合同的从合同，但按揭的主合同是贷款合同，而抵押的主合同可以是贷款合同，也可以是买卖合同，或加工承揽合同、或建设工程合同等其他一切形式的债务合同。

3. 涉及的法律关系不同

按揭涉及三种法律关系：购房人与开发商或其他卖房人之间房屋买卖关系，购房人与商业银行之间的借贷关系，以及购房人与银行之间的抵押担保关系。有的按揭还会存在开发商与商业银行的保证担保关系，从而使按揭涉及的法律关系达到四种。而一般意义上的房地产抵押主要涉及两种法律关系：债权人与债务人之间的主合同关系和抵押人与抵押权人、债权人之间的抵押担保关系。

4. 标的物的范围不同

房地产抵押合同的标的是抵押人已经拥有的土地使用权和房屋所有权，按揭合同的标的可以是现有的土地使用权和房屋所有权，也可以是与预售楼有关的权益，即是正在形成的不动产物权的期待权。

5. 登记和设定的方式不同

房地产抵押依法进行抵押登记，房地产证上载明抵押设定的日期、债权金额、抵押范围等，抵押权人取得他项权证书。按揭登记时，标的物已取得产权的，产权过户后进行类似于抵押登记的按揭登记，产权证交商业银行保存，在按揭款付清后发还给按揭人（购房人）；标的物未取得产权的，预售合同和按揭贷款合同交房地产登记部门备案登记，备案登记后的预售合同和按揭贷款合同由商业银行保存，在按揭款付清后发还按揭人。按揭期间取得产权证的，产权证由银行保存，在按揭款付清后发还按揭人。

预售合同和按揭贷款合同的备案登记也叫预售登记，是对当事人依合同取得的请求权的一种保全措施，实践中的预售登记已经赋予这些请求权以准不动产物权的性质。对预售合同进行预售登记，购房人对正在建设中的房屋虽然尚未取得物权，却能将对正在形成中的不动产的请求权的内容和顺位予以记载，以排斥顺位在后的对同一标的物转让、抵押、查封等，切实保护购房人的权益。对按揭贷款合同进行预售登记，可以保全商业银行对购房人请求权的请求权，以防止购房人的请求权未经按揭权人的同意而另行处分，并排斥他人侵害该请求权。

6. 实现的方式不同

在按揭房屋取得房地产权证之前，按揭的标的不是所购房屋，而是对所购房屋的请求权。因此，在发生按揭合同纠纷时，按揭权人不是通过处分房屋来实现自己的按揭权，而是通过处分按揭人的请求权来实现自己的按揭权。对发展商来说，按揭权人有代位行使按揭人在购房合同的有关权利的权利。比如，在按揭人不能按期偿还按揭贷款或失去供款能力时，按揭权人则可依按揭合同取得相关代位权，代位行使按揭人依购房合同产生的对发展商的请求权，或继续履行购房合同的义务以取得房屋产权，最终将房屋产权变现以抵押按揭人余下债务，或直接处分该请求权，以处分该请求权之所得抵偿按揭人余下债务。

所以，发展商参加按揭关系的意义不仅在于向按揭银行提供按揭人归还按揭款的保证担保，还在于为按揭银行将来代位行使按揭人在购房合同的请求权给予承诺和确认。

7. 承担担保责任的方式不同

在一般房地产抵押中，抵押人以自己拥有的房地产承担担保责任，抵押人在承担担保责任后丧失的是相应的不动产物权。在按揭的法律关系中，按揭人通常不是以自己拥有的房地产承担按揭责任，而是以自己拥有请求权的、实际为发展商拥有的房地产承担按揭责任，按揭人在承担按揭责任后丧失的不是相应的不动产物权，而是对相应的该不动产物权的请求权。

二　现房按揭

现房按揭是指购房者以所购现房向贷款银行设定物的担保，在还款期限届至而购房者不能返还贷款时，贷款银行得以行使抵押权而使其债权获实现的融资购房方式。

就其过程而言，先由银行代为交付约定数额的房款，然后开发商即与购房人办理产权过户手续，接着购房者与银行办理产权抵押登记，该房产证经背书记载抵押事项后，交银行保管。可见，购房者是以其拥有所有权的现有房产为其债务提供担保的，实质上是我国《担保法》所规定的抵押行为。在这个过程里，发生了三个法律关系：一是购房者与银行之间的借贷法律关系，二是购房者与开发商之间的买卖法律关系，三是购房者与贷款银行间的担保法律关系。这三个法律关系既独立又存在联系，只有共同存在才能促成房产交易的实现。借贷法律关系解决了购房者的资金困难，为房产买卖关系的成立提供了条件。买卖过程中房屋产权的转移使得担保法律关系成为可能，担保法律关系的成立降低了银行的贷款风险，反过来又促成了借贷法律关系的发生。

以房屋为标的物设定担保物权的“按揭”与传统的房地产抵押相比是不尽相同的。首先，现房按揭仅发生在购房过程中，它所担保的是银行借贷给购房者的购房款项，它所担保的债权在时间上先于债务人之房屋产权存在。传统的房地产抵押担保的债权的发生一般与房主取得房屋产权的行为无关，并且房主对房屋的产权先于债权而存在。其次，目前我国经营住房按揭贷款业务的组织仅限于商业银行，故按揭权人（抵押权人）限于商业银行。传统的房地产抵押中，抵押权人不限于银行，自然人、法人或其他组织皆可能成为抵押权人。再次，按揭业务中，必须由贷款者作为按揭人（抵押人）在自己所购房屋上设定按揭权（抵押权），而在一般的借贷关系中，可由借款人之外的第三人以自己的房地产为借款人的债务提供担保。

三　楼花按揭

（一）楼花按揭的概念

所谓的楼花按揭，是指银行、预购人、开发商在商品房预售中共同参加的一种融资活动，即由预购人依约向开发商支付部分房款，其余房款以银行贷款垫付，同时预购人就房屋所有权的请求权设定担保，并于房屋建成后在该房屋上设定抵押权而代替原担保的融资购房方式。

楼花按揭中，先后存在两种担保制度。在实际操作中，可将其分为两个阶段。在第一阶段，预购人依其与开发商签订的《商品房预售合同》交付首期房款后，即与银行办理按揭贷款手续，以该款项垫付剩余房款。然后，预购人在《商品房预售合同》上背书设定担保（实质上是质押担保）并将该背书事项到房管部门备案，然后将合同之影印件交由贷款银行保有。在第二阶段，房屋竣工后，由开发商协助预购人去当地房地产主管部门办理产权过户手续，以便购房人及时取得《土地使用权证书》和《房屋产权证书》，并与银行办理房屋抵押手续。这两种不同的担保方式以房屋竣工、办理产权过户登记为界，并且按照我国内地实践中的做法：房屋一旦建成，在房产上，设定抵押担保。而原来的质押担保，在预购人取得房屋所有权，造成房屋所有权之期待权消灭的事实后，已没有存在的可能。

就法律关系而言，楼花按揭中存在着三个主体、三种法律关系。即开发商与预购人之间的房屋买卖关系、预购人与银行间的借贷法律关系、预购人与银行间的贷款担保关系，有的还存在开发商与商业银行间的保证担保关系。这些关系相互联系，共同构成完整的楼花按揭法律关系。

（二）楼花按揭的法律属性

如前所述，按揭作为英美法系中的一种担保制度，在我国找不到与其相对应的制度。目前我国还没有调整房地产按揭的法律，而实务中楼花按揭这种方式普遍存在，发生的纠纷不少，在这种情况下，对楼花按揭的性质进行研究，争取用我国现有的担保理论对其进行整合与吸纳，这是很有意义的。

关于楼花按揭，已有一些法律工作者尝试着对其进行定性。有人认为，楼花按揭与抵押基本相同，并未超出抵押的范围，是一种不动产抵押方式。也有人认为，它更符合权利质押的特征。如前所述，实践中楼花按揭是分两阶段对银行债权进行担保的，在其中的第二阶段，由于购房者已取得房屋的产权，并办理了抵押登记手续，这完全符合我国《担保法》关于不动产抵押权的规定，将其认定为抵押当属无疑。所以问题是在楼花按揭的第一阶段，对银行债权所采取的担保究竟是不动产抵押还是权利质押。

依我国现行法律制度，不宜将楼花按揭中房屋未竣工前之担保方式视为不动产抵押。依抵押权理论，抵押权支配的是抵押物的交换价值，抵押权依法通过折价或拍卖、变卖抵押物并以其价款优先受偿的方式实现。所以，抵押物至少应符合两个条件：具有交换价值且属于可流通物。在房屋建成前，房屋不具有物的形态，无交换价值可言，债权人（银行）亦无实现价值受偿之可能，从这个角度看，此时尚不能以抵押方式设定担保。

在楼花按揭过程中，预购人依《商品房预售合同》履行完主要义务后，享有要求开发商依约按期按质交付房屋的请求权，即享有商品房所有权之请求权。

这种请求权属于债权。因而在房屋所有权之请求权上，虽不能设立抵押担保，却可以设定债权质权。关于债权上可否设定质权，我国《担保法》没有明确将债权列举为质物。但有许多学者将《担保法》第 75 条第 4 款“依法可以质押的其他权利”中之“其他权利”解释为包括债权在内。《物权法》第 223 条也规定了：“法律、行政法规规定可以出质的其他财产权利。”另外，法国、德国等大陆法系国家及深受其影响的日本和我国台湾地区的民法上也认为原则上债权上可设立质权。再者，随着社会经济的发展，允许在债权上设定质押，也是有利于充分利用财产，加快流通的。鉴于上述几点，应当认为债权可成为质押的标的。

在楼花按揭实践中，预购人在将《商品房预售合同》登记备案后，在其上背书记载担保事项并经有关部门登记备案后，将该合同之影印件（债权凭证）交由贷款银行保有，应视为设定了债权质押。若购房者未能依按揭贷款之约定偿还贷款时，银行有权直接收取债权，向开发商请求移交房屋，并得于取得房屋所有权后为所有权人之种种处分行为。所以说，在楼花按揭中，可以认为以房屋产权移转为界，在这之前设定的是质押担保，在这之后设定的是抵押担保。这也就使得按揭这种由我国香港地区传入的房地产融资方式，在我国现行法律制度下能够合理地存在。相应地，法院在处理楼花按揭纠纷时，可以分别适用《担保法》中关于质押和抵押的规定。需要注意的是，按揭与抵押存在诸多相同之处，但并不完全相同，它们之间还是存在十分明显且重要的区别的，具体分析如下：

（1）担保标的物的范围不同。根据《担保法》、《物权法》的相关规定，可以设定抵押权的标的物为抵押人依法所有的不动产、特定的动产以及依法有权处分的不动产、特定动产和土地使用权等用益物权。而按揭担保的标的物的范围较抵押而言，更为宽泛。原则上，一切可以转让的财产及财产性权利均可以设定按揭。具体讲，包括动产、不动产以及各种财产性权利。其中财产性权利既包括债权、票据权利，也包括股份债权及商标权、专利权、著作权中的财产性权利部分以及尚在形成过程中的权利。

（2）担保物的占有使用形态不同。在抵押权中，抵押物的占有使用并不转移到抵押权人手中。而在按揭中，担保物的占有使用虽然绝大部分仍由按揭人享有，但并未禁止按揭权人对担保物行使占有。

（3）设定方式不同。在抵押中，抵押人将其依法享有所有权或者处分权的抵押物的交换价值的支配权转让给抵押权人。抵押权的效力在于一旦经过依法设定就对抵押人就抵押物的权利行使产生限制。在按揭中，按揭人是将担保标的物的权利转移给按揭权人，而保留完全履行债务后的赎回权。如果按揭人怠于清偿债务，按揭权人则确定地取得担保物的权利。

（4）实现方式不同。抵押权的实现方式主要是通过拍卖等程序就抵押物变价而使抵押权人得到优先受偿。而在按揭中，按揭权的实现方式更为灵活，既可以通过变价以价款来优先受偿，也可以通过就担保物估价而使按揭权人取得担保物权利的方式实行。

（5）是否能够订立流担保约款不同。流担保约款在抵押中成为流抵押约款，在质押中成为流质押约款。在典型担保物权中均命令禁止流担保约款。根据《担保法》第 40 条规定，禁止当事人订立流抵押约款。但在按揭中，因其设定方式与抵押迥然不同，所以对流担保约款并无禁止。

四 房地产按揭合同主要内容

房地产按揭合同，有时也叫购房抵押合同，它可以是一个独立的合同文本，作为从属于购房借款合同的法律文件；也可以是一些相对独立的合同条款，作为购房借款合同的一部分。当与按揭有关的规定和与借款有关的规定出现在同一合同文本中时，该合同文本被称为按揭借款合同，或叫购房抵押借款合同。后一种叫法在“抵押”之前加上“购房”二字，以示其与一般意义上的房地产抵押的区别。独立的按揭合同与相对独立的按揭条款之间只要其内容完整，在法律效力上并无分别。

（一）按揭的标的

按揭的标的必须是按揭人依购房合同所购之房屋，合同应载明该房屋所处之具体位置、楼层、房号、面积等。房屋未建成的，应写明房屋预售契约之编号。

（二）按揭担保的范围

按揭合同应写明按揭所担保的债权的范围，一般包括按揭款的本金、利息、罚息和实现债权的费用等。

（三）按揭的期限

按揭是房地产抵押的一种特殊形式，在主债务未受清偿时，本不受约定期限之限制，但实践中的按揭合同多设期限条款，即将期限设定自按揭合同登记之日起，到主债务受清偿之日止。

（四）按揭权人之权利

1. 优先受偿权

无论按揭标的是合同权益，还是不动产物权，在实现按揭权时，按揭权人均有优先受偿权。在因房屋发生毁损而获得赔偿时，所获赔偿是按揭标的的代位物，按揭权人对代位物同样有优先受偿权。

2. 对按揭人的处分权的限制权

为保护按揭权人之权益，合同应订明按揭权人对按揭人的处分权的限制权。如果按揭人欲转让其在购房合同的权益，应先征得按揭权人的书面同意。按揭所购房屋一般以自用为目的，如确需出租他人使用，按揭人不仅应征得按揭权人的书面同意，还应告知承租人有关按揭的事实，以便按揭权人在处分按揭房屋时，有关租赁合同能及时解除，出租人也能及时迁出该按揭房屋。

3. 物上请求权

当按揭房屋受到来自按揭人或第三人的妨碍，或其行为足以减损按揭房屋的价值时，按揭权人有权要求加害人停止侵害、排除妨碍和赔偿损失。按揭合同应对按揭权人的物上请求权明确确认。

4. 检查权

按揭权人有权在合理的时间以合理的方式检查按揭房屋的物理状况。

5. 其他知情权

如果有重要事件影响按揭人的支付能力，如发生对按揭人不利的诉讼或仲裁，或有重大事件影响发展商的施工进度，如发展商的银行账户被法院查封、工程建设出现技术难题等，按揭权人均有权获得有关当事人的书面通知，以便了解事件真相及其相关后果。

（五）按揭人之义务

1. 接受按揭之义务

按揭人得同意将其房屋或有关合同权益用于按揭，在其不能偿还按揭款时，接受按揭权人行使按揭权。

2. 保管义务

按揭人应妥善保管按揭房屋，不得为并不得允许他人为有可能减损按揭房屋之价值、并最终损害按揭权人利益之行为。按揭人一般还须为所购房屋购买财产保险。

3. 接受处分权限制之义务

按揭人在将按揭房屋转让或出租或另设抵押时，应事先征得按揭权人书面同意。

4. 告知义务

在有重大事件影响按揭人的支付能力时，按揭人应及时将事件告知按揭权人。

5. 承认发展商的回购权

若按揭人不能按时支付按揭款，除按揭权人可行使有关按揭权外，发展商也可以选择代按揭人支付余下按揭款，从而代替按揭人取得其对按揭房屋的有关权益。此时，发展商应对按揭人已经支付的按揭款予以适当补偿。该补偿行为在实践中被称作“回购”行为。

（六）担保人之权利与义务

在按揭合同中，发展商作为担保人，既不是按揭人，也不是按揭权人，却又有相对独立的权利与责任，突显出按揭合同不同于一般房地产抵押合同的鲜明特征。

1. 担保按揭人还款的责任

按揭合同中一般要求发展商作出书面承诺，在按揭人不能按期偿还按揭款时，发展商承担相应的担保责任。此承诺之性质为一般保证，责任的性质为补充责任，即在按揭权人实现按揭权以后，其债权仍不足以清偿的，发展商有责任对按揭人的余下债务予以清偿。

发展商的保证担保，连同按揭人的按揭担保，使按揭权人发放的按揭贷款得到双重还款保证。

2. 确认和保护按揭权人利益的责任

由于发展商是购房合同中的当事人，且按揭房屋在办理产权之前实际上为发展商所拥有，故无论按揭的标的是合同权益，还是一种不动产物权，按揭权人欲实现其按揭权必有赖于发展商的配合。发展商的有效配合既利于按揭权的顺利实现，也利于保护按揭权人的权益在按揭期内不受侵犯。

3. 专款专用的责任

依按揭之惯例，按揭权人发放的按揭贷款并不直接付给借款人（按揭人），而是直接付给发展商，以便发展商用于按揭房屋的建设。由于贷款的使用直接影响按揭房屋的建设和按揭权的实现，故按揭合同应要求发展商专款专用，不得将资金挪作他用。

4. 按时和按房屋买卖合同规定的条件建造房屋和交付使用的责任

此责任虽在房屋买卖合同中有明确规定，但在按揭合同中作出规定仍有重要意义。因为，在发展商不按时、不按质交付房屋时，既违反了对购房人（借款人、按揭人）的合同义务，也违反了对贷款人（按揭权人）的合同义务。

5. 回购责任

有时按揭合同还规定在按揭人失去还款能力时，发展商有责任将已售出的房屋回购，然后由发展商继续履行对按揭权人的还款义务。

实际上，即使按揭合同没有回购条款，如果购房人失去还款能力，发展商在向按揭权人履行了担保义务后，反过来可向购房人主张债权，在收回房屋和向购房人作出适当补偿后，其结果与依回购条款履行回购责任的结果往往相差无几。

6. 办理登记和向按揭权人交付权证的责任

由于按揭保留了普通法中按揭的向权利人交付权证的做法，发展商必须向按揭人承诺办理或协助办理按揭登记手续或房屋所有权证的申领手续，并保障将权证交按揭权人保管，直到按揭人履行完毕还款义务为止，方可交还按揭人。

（七）违约责任

1. 违约事由

当事人须在按揭合同中约定特定条件，在该特定条件发生时，按揭权人有权处分按揭房屋和要求发展商承担责任。

（1）按揭人未按期供款。合同一般约定按揭款系逐月支付，如果按揭人累计数月未按期供款，或拖欠之供款达到特定数目，即构成按揭人违约。

（2）发生特定事由致使合同无法履行。如按揭人死亡或被宣告死亡后无人代其供款，按揭人因失业而无支付能力等。

（3）按揭人有其他违反合同义务和损害按揭权人利益之行为。如按揭人未尽保管义务，从事损害房屋价值之行为，或未服从按揭权人对其处分权之限制，擅自将按揭房屋另设抵押或转让给他人，从而损害按揭权人之利益者。

（4）发展商未按时、按质建造和交付房屋。此事由在现存多种合同范本中较少规定。但如果按时、按质建造和交付房屋是发展商对按揭权人的担保义务之一部分，则在发展商不按时和不按质建筑和交付房屋时，按揭权人当然有权追究发展商的违约责任。由于延期交楼和“货不对板”是购房合同中最主要的两种违约形式，且该违约形式不仅危害购房人的利益，也严重不利于按揭权人的利益，因此，将延期交楼和“货不对板”作为按揭权人追究发展商违约责任的事由有利于强化对发展商的开发行为的约束。

2. 按揭房屋之处分

按揭合同中对按揭房屋的处分的规定主要是处分方式和所得价款的分配顺序的约定。在协议折价、变卖和拍卖三种处分方式中，协议折价一般不适用于按揭房屋的处分，因为按揭权人作为商业银行只有在极特殊的情况下（如在按揭房屋设办事机构）才会接受以协议折价方式取得该按揭房屋。按揭房屋的处分以变卖和拍卖方式为主。

处分所得价款的分配顺序与处分抵押物后的分配顺序相似，在支付处分费用、代扣应缴税费后，处分所得主要用于偿还按揭人对按揭权人的债务。处分所得不足以偿还债务时，应由发展商承担补充责任，处分所得偿还债务后尚有余额的，余额交还按揭人。

3. 担保人的补充责任

有的按揭合同规定发展商对按揭人的债务承担连带清偿责任，这种作法不妥。既是按揭合同，就应以按揭担保和按揭房屋的处分为主导，以发展商的担保责任为补充。若让发展商承担连带清偿责任，则按揭合同成可有可无之物，既无特色，也无意义。而且，设立按揭制度和签订按揭合同，旨在改善购房人之个人融资能力，以未来之物尽其所用，提高其生活质素，其前提是对其未来生活添加一定负担，以实现利益与责任的均衡。如果发展商须对按揭人的债务承担连带清偿责任，在发生违约事由时，按揭权人必置按揭权于不顾为自己实现债权的便利而向发展商主张债权，此结果不仅有舍本求末之虞，也不符合按揭制度之目的。故发展商的担保责任是补充责任，只有在按揭房屋处分所得不足以偿还债务时，发展商才就其不足部分承担责任。

➢案例 9.7

1997 年 9 月 6 日，天竺公司与王某签订北京丽斯花园旭日四路房屋认购书，约定王某购买北京丽斯花园旭日四路 4 号房屋，房价款总计 809 720 美元。1998 年 7 月 26 日双方签订北京市外销商品房预售契约及补充协议，约定：王某所购房屋建筑面积 482 平方米（该面积为暂测面积，待房屋竣工后以北京市房屋土地管理局实测面积为准），房屋售价每建筑平方米为 1 679 917 美元，总价款为 809 720美元。在房款支付上，王某于签署认购书或之前付清定金 3 880 美元；于 1997 年 9 月 15 日或之前付清 117 578 美元；于 1997 年 11 月 15 日或之前付清 80 972美元；于 1998 年 1 月 15 日或之前付清 80 972 美元；于 1998 年 2 月 15 日或之前付清 40 486 美元；于发展商发出房屋交付使用通知书之日起 14 天内付清楼价余款 485 832 美元。如王某逾期付款，应自各自约定付款之日起至实际付款之日止，按延期交付房价的 1‰/日支付违约金。同时约定，天竺公司须于 1998

年 6 月 30 日前将房屋交付王某，如未按期交付房屋，自房屋应交付之日第 2 天起至实际交付日止，按房价款总额的 1‰/日支付违约金。

上述协议签订后，王某于 1997 年 9 月 6 日支付购房款定金人民币 31 800 元；同年 10 月 10 日支付购房款人民币 250 000 元；1998 年 10 月 13 日支付购房款人民币 100 000 元；1998 年 11 月 6 日支付购房款人民币 1 328 126.84 元，其余房款尚未支付。

2000 年 3 月 15 日，天竺公司以王某逾期支付购房款造成违约并拖欠物业管理费为由起诉至一审法院，请求判令王某支付尚欠购房款人民币 4 030 000 元及该部分延期付款违约金人民币 1 761 110 元；王某辩称：因天竺公司承诺凡属前 30 名买家所购之房应予八折优惠，我为前 30 名买家之一，但天竺公司未予八折优惠，要求以八折优惠的标准重新确认房价款；我同天竺公司约定了按揭付款方式，现天竺公司未为我办理按揭，致我无法如期支付房价款，不购成违约；天竺公司就此辩称：王某不属于前 30 名买家，所购之房不享受八折优惠；我公司同王某所签协议约定以分期付款方式支付购房款，而非按揭付款方式。

➢ **法理评析**

楼花按揭，是指银行、预购人、开发商在商品房预售中共同参加的一项融资活动，即由预购人依约向开发商支付部分房款，其余房款以银行贷款垫付，同时预购人就房屋所有权的请求权设定担保，并于房屋建成后在该房屋上设定抵押权取代原担保的融资购房方式。

在楼花按揭中，先后存在两种担保制度。在实际操作中，可将其分为两个阶段。在第一阶段，预购人依其与开发商签订的商品房预售合同交付首期房款后，即与银行办理按揭贷款手续，以该款项垫付剩余房款，其后预购人在商品房预售合同上背书设定担保（实质上是质押担保）并将该背书事项于房管部门备案，然后将合同之影印件交由贷款银行保有。在第二阶段，房屋竣工后，由开发商协助预购人去当地房地产主管部门办理产权过户手续，以便购房人及时取得土地使用权书和房屋产权证书。这两种不同的担保方式以房屋竣工、办理产权过户登记为界，并且按照我国内地实践中的做法，房屋一旦建成，应当在房产上，设定抵押担保。而原来的质押担保，在预购人取得房屋所有权，造成房屋所有权之期待权消灭的事实后，已没有存在的可能。

就法律关系而言，楼花按揭中存在着三个主体、三种法律关系，即开发商与预购人之间的房屋买卖关系、预购人与银行间的借贷法律关系、预购人与银行之间的贷款担保关系，这三种关系相互联系，共同构成完整的楼花按揭法律关系。

本案在天竺公司与王某签订的预售契约中根本没有涉及按揭法律关系中必不可少的第三方当事人——银行，更不要说在预售契约中以书面形式确定按揭法律关系中当事人之间的权利义务关系，另外，王某也没有提供其与天竺公司关于按揭付款形式的书面约定。相反，当事人在预售契约中明确约定由王某分期向天竺公司支付购房款，因此，王某辩称“我同天竺公司约定了按揭付款方式，现天竺公司未为我办理按揭，致我无法如期支付房价款，不构成违约”不成立。

本章小结

本章将房地产抵押与按揭列入一章编写，意在比较研究。本章在介绍房地产抵押概念、抵押权设立、房地产抵押范围、房地产抵押合同的订立、房地产抵押权实现方式、房地产按揭等基本理论的基础上，对抵押权的登记效力、房地产抵押范围、房地产抵押合同当事人权利与义务、房地产抵押权实现方式作了理论探讨。学习本章知识，需要结合《物权法》规定对房地产抵押范围、抵押权的设立与登记、抵押权实现方式等作深入思考。

思考题

1. 房地产抵押与房地产按揭的法律特征有何不同？
2. 我国法律对房地产抵押的登记机关、登记程序、登记效力的规定是什么？
3. 房地产抵押范围有哪些？实践中有哪些问题值得注意？
4. 禁止抵押的房地产有哪些？
5. 抵押权人的权利与义务有哪些？
6. 抵押权的实现方式及其特殊规定是什么？
7. 房地产按揭当事人的权利与义务有哪些？

参考文献

1. 高富平、黄武双：《房地产法学》，高等教育出版社，2003 年版。
2. 金俭：《房地产法研究》，科学出版社，2004 年版。
3. 符启林：《房地产法》，法律出版社，2004 年版。
4. 蔡耀忠：《中国房地产法研究》(第 1 卷)，法律出版社，2002 年版。

第十章　房地产租赁

内容提要

通过本章学习，了解房地产租赁的主要种类、基本特征；掌握我国立法和政策对房地产租赁合同的成立、效力、变更与终止以及房地产转租等问题的规定。

本章学习重点与难点：

房地产租赁的概念与特征；房地产租赁合同的成立；房地产租赁双方当事人的权利和义务；承租人的优先购买权；买卖不破租赁原则以及房地产租赁合同的变更与终止；房地产转租等内容。

第一节　房地产租赁概述

一　房地产租赁的概念和基本特征

（一）房地产租赁的概念

房地产租赁是房地产交易的主要形式之一，是指出租人将房地产在一定期限内交付承租人使用、收益，由承租人向出租人支付租金并在租赁关系终止时返还所租房地产的法律行为。将房地产交付他人占有、使用并收取一定租金的一方，称出租人。支付一定租金，占有他人房地产为使用、收益行为的一方，称承租人。

房地产是人类生产、生活必须具备的物质条件。房地产租赁是促进房地产利用的重要途径。通过租赁，出租人得以在保有最终处分权的同时充分实现闲置房地产的收益；承租人则无须获取房地产的所有权就可以享有房地产的使用价值，从而满足自己在一定时期内临时使用房地产的需要。在现代社会中，房地产租赁还兼具信用和融资等功能，对社会经济的发展发挥着十分重要的作用。

（二）房地产租赁的基本特征

1. 房地产租赁的标的物为特定房地产

房地产租赁的标的物通常是特定房地产。我国房地产交易中贯彻“房地一体”的原则。土地使用权出租时，土地上的建筑物、构筑物及其附属设施随之出租；反之，出租建筑物时，基地的使用权亦随之出租。实践中，也存在土地或土地使用权单独出租的情形，但并不常见。

作为租赁标的物的房地产是特定物而非种类物。除非双方另有协议，出租人应当向承租人提供合同中约定的房地产，租赁关系终止后，承租人应将原房地产交还出租人，均不得用其他房地产替代。因此，房地产租赁为特定之债。

2. 房地产租赁只转移房地产的占有权和使用权

区别于土地使用权的转让和房屋的买卖，房地产租赁是以房地产的使用、收益为目的的契约。在房地产租赁关系中，出租人向承租人转移的只是占有、使用房地产并获取收益的权利。出租人对租赁房地产享有的其他权利，包括建筑物的所有权以及土地所有权或土地使用权始终属于出租人。在租赁关系存续期间，出租人仍然保有其收益权和处分权，租赁关系终止后，出租人对房地产的所有权的各项权能将恢复到原有状态。但如果出租人对租赁房地产的权利附有期限，如土地使用权，出租人只能在剩余期限内恢复其权利。

3. 房地产租赁是双务有偿的法律行为

在房地产租赁关系中，出租人和承租人各自享有权利并相互承担义务。出租人负有将房地产交付承租人占有、使用的义务，同时享有向承租人收取租金的权利。承租人有权占有、使用租赁房地产，同时负有按期支付租金的义务。

4. 房地产租赁是有期限的法律行为

房地产租赁中，承租人对房地产占有和使用的权利是有期限的。租赁期限通常在租赁合同中明确约定。根据我国《合同法》第 241 条的规定，租赁期限最长不能超过 20 年，超过部分无效，但双方可继续续约，续约次数不受限制。承租人在租赁期限内对房地产的占有和使用受到法律的保护，租赁期满后，承租人应返还承租的房地产，不得无故拖延。

如果合同中没有约定租赁期限或约定不明确的，视为不定期租赁。当事人可以随时解除合同。但出租人解除合同的应当在合理期限前通知承租人。

5. 房地产租赁关系是一种债权法律关系，受到法律的特殊保护

房地产租赁法律关系中，承租人享有的权利又称为租赁权或承租权。传统观点认为租赁权是承租人基于租赁双方的约定而对他人所有之物为使用、收益的权利，本质上属于债权。因此，房地产租赁关系是一种债权法律关系。

实践中，为了稳定租赁关系，保护承租人对租赁房地产的占有和利用，各国法律均对房地产租赁予以不同程度的特别保护。我国法律对房地产租赁的特别保护主要体现为：①在租赁期限内，出租人非有法律允许之正当理由不得任意收回租赁房地产；②租赁关系获得了一定的对抗第三人的效力，主要表现为"买卖不破租赁"原则，即租赁房地产的所有权在租赁期间发生所有权变动的，原租赁关系仍然有效；③在租赁期限内，出租人对租赁房地产的处分权受到一定限制，主要表现为出租人在租赁期间转让租赁房地产的，承租人在同等条件下享有优先购买权；④在住宅租赁中，承租人在租赁期间死亡的，与其生前共同居住的人可以按照原租赁合同租赁该房屋；⑤租赁期限届满后，承租人继续使用租赁房地产，出租人没有提出异议的，原租赁合同继续有效，但租赁期限为不定期。

此外，依据我国《物权法》第 245 条的规定，租赁房地产被侵占或妨害的，承租人有权直接请求侵占人或妨害人返还原物，排除妨害或消除危险，对因侵占或妨害造成的损害，有权请求赔偿。

二 房地产租赁的种类

依据不同的标准，可以将房地产租赁分为不同种类。不同种类的房地产租赁所承载的个人利益与社会利益迥然不同，在立法和政策上亦呈现出较大的差异。

（一）房屋租赁、土地使用权租赁和土地租赁

我国现行法律中并没有对房地产租赁作出统一规定，而是分别在相关立法中规定了房屋租赁、土地使用权租赁和国有土地租赁。对于这些租赁除适用房地产租赁的一般规范外，还需注意法律特别规定（如《合同法》第 230 条、234 条对房屋租赁的特别规定）和特别法（如《城市房地产管理法》）等规范的适用。

《城市房地产管理法》第 52 条的规定，“房屋租赁是指房屋所有权人作为出租人将其房屋出租给承租人使用，由承租人向出租人支付租金的行为”。房屋租赁以利用土地上已经存在的建筑物或其他附着物为直接目的，是我国国有土地范围内房地产租赁最主要的形式。

《城镇国有土地使用权有偿出让和转让暂行条例》中专章规定了“土地使用权出租”。该条例第 28 条第 1 款的规定：“土地使用权出租是指土地使用者作为出租人将土地使用权随同地上建筑物、其他附着物租赁给承租人使用，由承租人向出租人支付租金的行为。”但是，以出让方式取得国有土地使用权，未按土地使用权出让合同规定的期限和条件投资开发、利用土地的，土地使用权不得出租。以划拨方式取得国有土地使用权随同地上建筑物，出租人应将房屋租金中的土地收益上缴国家。土地使用权出租，承租人享有租赁土地使用权。在现行法规中租赁土地使用权被认为是在土地上设立的一种他项权。

《土地管理法实施条例》第 29 条确认了国有土地租赁制度，并将其认定为国有土地有偿使用的法定方式之一。目前，规范国有土地租赁的主要依据是 1999 年国土资源部发布的《规范国有土地租赁若干意见》（以下简称《国有土地租赁意见》）。“国有土地租赁是指国家将国有土地出租给使用者使用，由使用者与县级以上人民政府土地行政主管部门签订一定年限的土地租赁合同，并支付租金的行为”。国有土地租赁主要适用于存量土地，即土地转让、场地出租、企业改制和改变土地用途的情况。新增建设用地主要仍采取出让方式，出租只是作为补充。经营性房地产开发用地不得实行土地租赁。国有土地承租人所取得的租赁土地使用权在内容上与土地使用权极为接近，依法可以转租、转让和抵押。

（二）定期租赁和不定期租赁

依据房地产租赁是否定有明确的租赁期限，可以分为定期租赁和不定期租赁。租赁是有期限的法律行为，但法律并未强制规定租赁合同必须有明确的租赁期限。当事人定有明确期限的，为定期租赁；未约定期限的即为不定期租赁。

区分两者的意义在于，定期租赁关系通常在租赁期限届满时消灭。在租期内，双方特别是出租人无法定理由不得解除合同。不定期租赁各方只需提前通知，即可随时终止合同。

（三）公有房屋租赁与私有房屋租赁

根据房屋所有权性质不同，可以分为公有房屋租赁和私有房屋租赁。公有房屋是指国家或集体所有的房屋，其中，国有房屋又分为直管公房和自管公房两种形式。前者是指由国家房产管理部门统一管理的房屋，后者是由机关、团体和全民所有制企事业单位自行管理的房屋。私有房屋是指个人所有的房屋。

长期以来，我国公房租赁是计划经济体制下公房分配制度的法律形式，带有很强的政策性和福利性，法律和政策对公房租赁的干预较多。私房租赁的双方当事人是平等的民事法律关系的主体，其租赁关系的建立、变更和终止主要遵循民法和合同法的一般规则。

（四）住宅租赁与非居住用房租赁

根据房地产租赁的目的和用途，可以分为住宅租赁和非居住用房租赁。前者是指以居住生活为目的的租赁，后者通常是指以从事生产、经营活动为目的的房地产租赁。

住宅是人们维持正常生活所必需的生活资料，因此法律对其租赁适用特殊的政策，以保障承租人的居住利益。例如，《合同法》第 234 条规定，与承租人生前共同居住的人可以在承租人死亡后继续按原合同租赁该房屋，此条规定并不适用于非居住用途的房屋。

（五）普通住宅租赁和廉租房租赁

普通住宅租赁是指公民或法人将其拥有的住宅出租给承租人，由承租人向出租人按市场价格支付租金的行为。

廉租房租赁制度是指政府提供补贴以低于市场价格的租金向符合条件的低收入家庭出租住宅的制度。这是国家为建立社会化的住宅保障体系，解决社会低收入家庭的住宅需求而采取的一种带有社会保障性质的措施。在我国，廉租房的租赁除适用租赁的一般规范外，主要应依据 1999 年《城镇廉租住房管理办法》和 2004 年《城镇最低收入家庭廉租住房管理办法》。

区别于普通住宅租赁，廉租房的租赁具有以下特点：①出租人是各地人民政府的房地产行政主管部门；②承租人是符合法律规定标准的最低收入家庭；③租金实行政府定价，具有社会福利的性质，低于同类住房的市场价格；④租赁实行申请审批制度；⑤承租人家庭年收入超过当年最低收入标准的，丧失继续承租的资格，应当及时报告，并按时腾退承租房屋。

第二节　房地产租赁合同

一　房地产租赁合同的概念和特征

房地产租赁合同是出租人和承租人签订的将房地产在一定期限内交付承租人使用、收益，由承租人向出租人支付租金并在租赁关系终止时返还所租房地产的协议。它具有如下特征：

(1) 房地产租赁合同为有名合同。我国法律对房屋租赁合同、国有土地租赁合同和土地使用权租赁合同有专门规定。

(2) 房地产租赁合同为双务、有偿合同。房地产租赁合同中当事人互负债务，房地产租赁合同为有偿合同，因此可以准用买卖合同的规定。我国《合同法》第 174 条规定："法律对其他有偿合同有规定的，依照其规定；没有规定的，参照买卖合同的有关规定"。尤其是出租人的担保责任，除法律另有规定外，一般认为应当适用出卖人担保责任的规定。

(3) 房地产租赁合同原则上为要式合同。房地产租赁的期限一般较长，租赁双方权利义务也较复杂，为保障交易安全，法律通常都要求房地产租赁合同必须采取书面形式。

我国《合同法》第 215 条规定，期限为 6 个月以上的租赁合同应当采用书面形式，未采用书面形式的，视为不定期租赁。《城市房地产管理法》第 53 条规定，房屋租赁出租人和承租人都应当签订书面的租赁合同，并未区分租赁期限的长短。因此依据《合同法》第 10 条的规定，房屋租赁即使期限为 6 个月以下，或为不定期，仍属于法律、行政法规规定采用书面形式的情形，应当采用书面形式。此外，土地使用权租赁合同和期限为 6 个月以上的国有土地租赁合同也应采用书面形式。

(4) 房地产租赁合同为诺成合同。房地产租赁合同自双方意思表示达成一致时即可成立。除需满足法律规定的形式要求外，并不以租赁房地产的实际交付为成立的条件。因此，出租人在租赁合同订立后未如期交付租赁房地产的，承租人有权请求出租人按约交付。如果出租人就同一房地产与两人以上分别订立租赁合同，其中一人已受领交付，另一承租人无法请求交付租赁物时，可请求出租人承担违约责任。

(5) 房地产租赁合同为继续性合同。在房地产租赁中，出租人和承租人的义务并不因一时性的履行而消灭，而是在租赁期间内持续的履行才能达成合同的目的。出租人应当在租赁期间保持租赁物符合约定的用途，承租人应按约定的方法或租赁物的性质使用租赁物并妥善保管之。

二 房地产租赁合同的成立

《合同法》第 10 条规定：当事人订立合同，有书面形式、口头形式和其他形式。法律、行政法规规定采用书面形式的，应当采用书面形式。当事人约定采用书面形式的，应当采用书面形式。第 215 条规定："租赁期限六个月以上的，应当采用书面形式。当事人未采用书面形式的，视为不定期租赁。"第 36 条规定："法律、行政法规规定或者当事人约定采用书面形式订立合同，当事人未采用书面形式，但一方已经履行主要义务，对方接受的，该合同成立。"

因此，房地产租赁合同采用口头及其他非书面形式的，或原拟采用书面形式但尚未签署的，只要一方当事人已实际履行合同主要义务，如出租人已交付房屋或承租人已给付租金，且对方接受，合同即告成立。

《城市房地产管理法》第 53 条规定："房屋租赁，出租人和承租人应当签订书面租赁合同，约定租赁期限、租赁用途、租赁价格、修缮责任等条款，以及双方的其他权利和义务，并向房地产管理部门登记备案。"建设部《城市房屋租赁管理办法》第 13 条规定："签订、变更、终止租赁合同的，当事人应当向房屋所在地的市、县人民政府房地产管理部门登记备案。"对房屋租赁实行备案登记制度主要是房地产行政部门为了加强对房屋租赁的统一归口管理而作的规定，当然，该规定也成为出租人应尽的行政义务或合同义务。但此义务并非是租赁合同生效的条件。将租赁合同的备案登记作为租赁合同生效的要件，是混淆了合同生效条件与合同义务和合同管理之间的关系。如果租赁双方当事人约定将租赁合同的备案登记作为该租赁合同的生效要件，则另当别论。

三 房地产租赁当事人的权利与义务

（一）出租人的权利与义务

出租人的权利主要为收取租金及监督承租人合理使用房屋的权利。按合同约定收取租金是出租人的一项基本权利，也是其出租行为之目的。私有房屋租金由租赁双方当事人根据市场行情协商确定。公有住宅出租以及廉租房的租金，国家和各地人民政府房地产管理部门订有标准，当事人双方应遵守规定。对于租用房屋从事生产、经营的，租金的确定根据市场行情协商议定。合同确定的租金，承租方应按约定规定的期限、地点交纳，不得无故拖欠。否则出租方有权要求承租方承担违约责任，情节严重的，还可终止合同或请求人民法院强制其交纳。同时，出租人也承担相应的义务：

1. 交付租赁房地产，保持租赁房地产符合约定的用途

《合同法》第 216 条规定，出租人应当按照约定将租赁物交付承租人，并在租赁期间保持租赁物符合约定的用途。所谓交付，是指移转占有租赁房地产。房地产租赁为特定之债，出租人不得以替代物为替代交付。交付应在约定的期限内完成，没有约定交付期限的，应在合理期限内交付。

出租人违反该项义务的，将发生以下法律后果：①出租人不能按期交付的，应承担迟延履行的责任，造成承租人损失的应予赔偿；②出租人不能如约交付并保持房地产符合约定用途的，应负瑕疵担保责任；③承租人可主张双务合同中的履行抗辩权，拒付租金；④因不可归责于承租人的事由，致使租赁物全部或部分损失的，承租人有减少租金的请求权；⑤前项情形中致使合同目的不能实现的，或租赁物危及承租人安全和健康的，承租人有权解约。

2. 修缮义务

我国《合同法》第 220 条规定，除当事人另有约定外，出租人应当履行租赁物的维修义务。第 221 条规定，租赁物需要维修时，承租人可以催告出租人在合理期限内维修。如果出租人未履行维修义务的，承租人可自行维修，维修费用由出租人负担。对于房屋租赁，《城市房屋租赁管理办法》第 21 条规定："出租住宅用房的自然损坏或合同约定由出租人修缮的，由出租人负责修复。不及时修复，致使房屋发生破坏性事故，造成承租人财产损失或者人身伤害的，应当承担赔偿责任。租用房屋从事生产经营活动的，修缮责任由双方当事人在租赁合同中约定。"《城市私有房屋管理条例》第 19 条规定："修缮出租房屋是出租人的责任。房屋出租人对出租房屋确实无力修缮的，可以和承租人合修，承租人付出的修缮费用可以折抵租金或由出租人分期偿还。"

3. 出租人担保责任

出租人对租赁房地产的担保责任可以分为两大方面：权利瑕疵担保和物之瑕疵担保。

(1) 权利瑕疵担保。出租人就交付的标的物，负有保证第三人不得向承租人主张任何权利的义务。第三人主张的权利可以是所有权、共有权、用益物权或担保物权。但出租人承担权利瑕疵担保责任须满足以下条件：首先，该项权利的主张须妨害承租人对租赁屋的使用收益，出租人才承担权利瑕疵担保责任。其次，第三人主张的权利须在租赁物交付前发生。如果该项权利在租赁后发生的，无论是所有权还是抵押权，并不会妨碍承租人继续占有租赁房地产并使用收益。因此，不产生出租人承担担保责任的问题。再次，承租人在合同订立时知道或应当知道第三人对租赁房地产享有权利的，出租人不承担权利瑕疵担保责任。最后，第三人主张权利的，承租人应当及时通知出租人。

对于权利瑕疵担保的效果，根据《合同法》第228条的规定，承租人可以视第三人权利主张妨碍其使用、收益的程度，要求减少或不支付租金。

(2) 物之瑕疵担保。租赁房地产如存在瑕疵，出租人应当承担物之瑕疵担保责任。但应注意以下几点问题：首先，瑕疵发生的时间。由于租赁为继续性合同，因此只要租赁房地产的瑕疵发生在租赁关系存续期间，均可请求出租人承担担保责任。而买卖合同为一次性契约，出卖人仅在交付时或质量保证期内承担担保责任。其次，救济的方式。出租人违反物之瑕疵担保义务，承租人可以要求出租人修理、请求减免租金或解除合同。此外，承租人人身和财产造成损害的，亦可请求损害赔偿。但由于房地产租赁合同中租赁物为特定物，具有不可代替性。

4. 增添物与费用偿还义务

1) 必要费用与增添物的返还

所谓必要费用是指维持租赁房地产处于适用状态而必须支付的费用，主要是指维修费和为使房地产达到约定用途的要求而必须支出的装修和改造费用。必要增添物是指维持租赁房地产处于适用状态而必须增添之物，如维修材料和改造过程中添设之物。租赁期间，为维护租赁房地产而付出的维修费等必要费用应由出租人承担。承租人承担的可请求出租人返还。对于必要增添物，法律并未明确规定。因其在维修过程中已成为房地产保持用途不可或缺的部分，通常因添附而为出租人取得，因此应由出租人在必要费用中折价偿还。

2) 有益费用与增添物的返还

所谓有益费用是指并非维持租赁房地产处于适用状态而必须支付，但其支出增加了房地产价值的费用，主要是指经出租人同意，承租人对租赁房地产支出的改善和增设费用，如装潢、装修费等。所谓有益增添物是指经出租人同意，承租人为改善和增设租赁房地产而添设之物，如装修材料或增加的设备。我国法律并未明确规定出租人对有益费用和增添物的偿还义务。对有益费用和增添物的分担和归属，当事人可以通过协议约定；双方没有约定的，依据不当得利的民法原理，在租赁关系终止时，出租人应偿还有益费用。对于增添物的归属，依据添附的民法原理，增添物与房地产可以分离的，承租人可请求返还原物；增添物与房地产不可分离的，或虽可分离但一旦分离将破坏其本身价值的，其所有权因附和而归属出租人，出租人对承租人予以等价之补偿。

5. 负担税费义务

房地产出租而形成的税费，由出租人交纳，除非双方在合同中另有约定。

（二）承租人的权利与义务

承租人的权利主要是取得租赁房屋的使用权及享受优先购买权和优先承租权。承租人租赁房屋的目的是为了使用房屋，因此，出租方应依约提供房屋给承租方。此外，在租赁期限内，出租人出卖房屋的，在同等条件下，承租人有优先购买权。《合同法》第 230 条规定："出租人出卖租赁房屋的，应当在出卖之前的合理期限内通知承租人，承租人享有以同等条件优先购买的权利。"此外，当出租人出售出租的房屋时，在承租期限内，承租人的租赁权不受影响。房屋租赁合同期满，出租方继续出租的，承租人有优先承租权。承租方在享受权利的同时，也应尽相应的义务：

1. 按照合同约定使用房屋的义务

承租方应按合同约定使用房屋。如没有约定，又未达成补充协议，则应按照租赁物的性质进行。如果承租人未按约定或租赁物性质使用租赁物，致使租赁物遭受损失的，应负损害赔偿责任，且出租人可以终止租赁合同。

《城市房屋租赁管理办法》第 24 条的规定，承租人违反约定或租赁物性质使用收益的行为主要有：①擅自转租；②擅自转让、转借他人或擅自调换使用；③擅自拆改结构或改变用途；④公有住宅用房无正当理由闲置 6 个月以上；⑤将承租房屋用于违法活动。

对于上述违反约定适用的情形，《管理办法》规定出租人有权终止合同，收回房屋，造成损失的由承租人赔偿。根据《合同法》第 219 条与第 94 条的规定，应解释为：违约使用收益的行为使租赁物遭受损失的，出租人有权径行解除合同；租赁物未遭受损失的，出租人应催告承租人停止违约使用收益的行为，经催告承租人仍继续违反时，出租人始得终止合同。

➢ **案例 10.1**

承租人消极不使用租赁房地产是否违约

某甲承租某乙私人所有的一处住宅居住，但在长达一年的时间内，虽按期给付租金，但从未居住。某乙能否请求解除合同？

➢ **法理评析**

某乙不能请求解除合同。《城市房屋租赁管理办法》第 24 条规定，公有住宅用房无正当理由闲置 6 个月以上的，出租人可以解除合同。但本案属于私有住宅租赁，根据租赁法的一般原理，违反约定使用方法是指不仅不依约定方法使用，而且积极地进行约定方法之外的使用，如果仅仅只是消极的不作为，通常并不构成违约。如果承租人按期支付租金并尽到妥善保管的义务，出租人不能请求解除合同。

2. 支付租金的义务

租金是承租人使用、收益租赁房地产的对价。对于租金的给付形式法律并未明文限制。租金的数额，基于契约自由的原则，原则上得由当事人自由约定。

租金的支付期限，根据《合同法》第 226 条的规定，承租人应按照约定的期限支付租金。双方未约定支付期限或约定不明的，应依合同条款或交易习惯确定。仍不能确定的，因租赁合同为继续性合同，法律规定采租金后付主义。租赁期限不满 1 年的，应当在租赁期间届满时支付；租赁期间为 1 年以上的，应当在每届满 1 年时支付，剩余期间不满 1 年的，应当在租赁期间届满时支付。租金后付的，期间未届满之前，出租人无权请求承租人支付租金。

对于承租人未按约支付租金的法律后果，根据《合同法》第 227 条的规定，出租人可以请求承租人在合理期限内支付，经催告仍未履行的，出租人可以解除合同。该条在适用中应注意以下要件：①出租人应催告承租人并给予一定的履行宽限期。未定合理期限催告承租人履行的，出租人不得径行终止合同。②对于房屋租赁，《城市私有房屋管理条例》第 21 条和《城市房屋租赁管理办法》第 24 条均明确规定拖欠租金累计 6 个月以上的，出租人有权终止合同。从保护承租人的立法目的出发，应解释为对出租人解约权的限制。即承租人虽有迟延支付租金的事实，但拖欠租金累计未满 6 个月的，出租人不能解约。

3. 保管租赁房地产的义务

承租人应当妥善保管租赁物，因保管不善造成租赁物毁损、灭失的，应当承担损害赔偿责任。但是按照约定的方法或者租赁物的性质使用租赁物，致使租赁物受到损失的，属于自然损耗，则承租人可以免责。

法律还规定了承租人应履行的附随义务，例如第三人主张权利的，承租人应及时通知出租人。此外，租赁房地产及其附属设施如有修缮之必要，承租人应及时通知出租人，并采取必要措施防止损失的扩大。对于出租人履行维修义务，或对房地产进行必要的检修，承租人有容忍配合的义务。

4. 返还租赁房地产的义务

租赁期限届满，承租人应当返还租赁物。返还的租赁物应当符合按照约定或租赁物性质使用后的状态。房地产租赁为不可替代物租赁，承租人应返还原房地产，不得以他处房地产替代。

5. 经出租人同意改善或增设他物的权利与不得擅自改造的义务

承租人经出租人同意，可以对租赁物进行改善或者增设他物。对租赁房地产进行改善是为了更好地使用该房屋。因此，法律允许经出租人同意的改善租赁房地产或增设他物。法律同时要求承租人为改善或增设的，必须经过出租人的同意。承租人未经同意擅自为改善或增设的，出租人可以要求承租人恢复原状或者赔偿损失。承租人在改善和增设中擅自拆改结构或改变用途的，出租人有权终止合同。

6. 经出租人同意转租的权利与不得擅自转租的义务

（略）

四　房地产租赁的担保

出租人能否留置承租人的财产以及出租人能否要求承租人押租金的问题是在房屋租赁中经常出现的问题。

（一）出租人的留置权

留置权是一种法定担保物权，它直接依法律的规定而产生，而不是依当事人的协议设立。我国《民法通则》第 89 条第 4 项规定：“按照合同约定一方占有对方的财产，对方不按照合同给付应付款项超过约定期限的，占有人有权留置该财产，依照法律的规定以留置财产折价或者以变卖该财产的价款优先得到偿还。”《担保法》第 84 条规定：“因保管合同、运输合同、加工承揽合同发生的债权，债务人不履行该债务的，债权人有留置权。法律规定可以留置的其他合同，适用前款规定。当事人可以在合同中约定不得留置物”。由此可见，《物权法》生效前，我国法律中规定的留置权的适用范围主要是保管、运输、加工承揽三种典型合同。对于租赁合同，因为法律没有明确规定，自然无留置权的适用可言。租赁双方之间的非合同之债，如侵权、无因管理和不当得利也不适用留置权。

《物权法》第 18 章规定了留置权。第 230 条规定：“债务人不履行到期债务，债权人可以留置已经合法占有的债务人的动产，并有权就该动产优先受偿。”第231条规定：“债权人留置的动产，应当与债权属于同一法律关系，但企业之间留置的除外。”第232条规定：“法律规定或当事人约定不得留置的动产除外。”

与《担保法》相比，《物权法》大大扩展了留置权的适用范围。留置权的适用不再限于合同之债的范围，适用留置权的合同亦无需法律明确规定。除法律规定或当事人约定不得留置的情况之外，只要债权人合法占有的债务人的动产与债权属于同一法律关系即可成立留置权。

➢案例 10.2

某甲出租沿街商铺给某乙，租期终止后，某甲收回商铺，发现某乙有一些设备存放于商铺中未搬出，由于某乙尚有数月租金未付，某甲遂留置这些设备，要求某乙偿还拖欠租金。问题：本案中某甲是否有权留置某乙的设备？

➢法理评析

(1) 若某甲或某乙为非企业之普通民事主体，则某甲无权留置某乙的设备。因为虽然某乙欠租，某甲对某乙享有到期债权，并占有某乙所有之设备。但此时某甲对某乙所有动产并非基于租赁合同关系产生，也就是说债权人留置的动产，并非与债权属于同一法律关系，某甲对某乙的动产的占有，属于无因管理。因此，某甲对债权租金不能在某乙设备上成立留置权。某乙请求某甲返还设备，某甲可要求某乙偿付为保管这些设备而付出的费用，如果某乙拒绝，则此时无论双方是否为企业，某甲均可行使留置权，因为某甲此时对设备的占有与其保管费用返还请求权同属于一个法律关系，即某甲无因管理了某乙的设备。

(2) 若某甲和某乙均为企业，则某甲可留置某乙的设备。根据《物权法》第231条但书之规定，企业间留置，债权人留置的动产不必与债权属于同一法律关系，只要求留置动产与被担保债权具有一定的关联性即可。

(3) 如果某乙设备并非存放于商铺，而是未经某甲同意安装附着在建筑物上，某甲拆除设备后将其留置，要求某乙赔偿损失。此时无论双方是否为企业，某甲亦均可行使留置权，某乙未经某甲同意增设他物属于侵权行为，给某甲造成损害，应承担损害赔偿责任。某甲留置的设备与其担保的侵权损害赔偿之债属于同一侵权法律关系。

(二) 押租金问题

所谓押租金，又称押租或押金，是我国民间对租赁保证金的习惯称谓，是指租赁合同成立时，为担保承租人的租金债务的履行和租赁期间可能发生的损害赔偿责任的承担，根据合同约定由承租人或第三人交付出租人一定数额的保证金。在实践中，为保证债权实现而要求承租人交纳押金或保证金的情况并不鲜见。一些地方性立法中也认可了约定租赁保证金的做法。当事人自行约定押租或其他形式的保证金，以保证承租人租金债务和损害赔偿责任的履行应属于私法自治的范畴。当然，为保障承租人利益，可将其数额限定在合理范围之内。

五　房地产租赁合同的变更

（一）约定变更

在房地产租赁合同中约定变更条款的，当事人可以依据约定条款变更合同的内容。合同履行的过程中，当事人协商一致的，可以变更合同的内容。

（二）请求变更

因重大误解而订立合同的，或在订立合同时显失公平的，当事人一方有权请求变更合同；一方以欺诈、胁迫的手段或者乘人之危，使对方在违背真实意思的情况下订立的合同，受损害方有权请求变更合同。应注意上述变更须请求人民法院或者仲裁机构为之，在人民法院或仲裁机构依法变更前，双方仍应履行。

（三）基于法定事由变更

根据我国现行法律的规定，在下列情形中，虽无双方协议，并无须通过请求法院或仲裁机构，亦可发生合同变更的效果。

1. 租金的变更

出租人维修租赁物影响承租人使用的，或因第三人主张权利，致使承租人不能对租赁物使用收益的以及因不可归责于承租人的事由，致使租赁物部分或者全部毁损、灭失的，承租人可以要求减少租金或者不支付租金。

2. 租期延长

出租人维修租赁物影响承租人使用的，应当相应延长租期。

3. 出租人的变更

租赁物在租赁期间发生所有权变动的不影响租赁合同的效力。因此，出租人可能因继承或让与等原因发生变更，但承租人的租赁权对新的所有人仍有约束力。

4. 承租人的变更

承租人在房屋租赁期间死亡的，与其生前共同居住的人可以按照原租赁合同租赁该房屋。此时，出租人不得解除合同。但承租人生前共同居住的人有权选择是否继续履行合同。

六 房地产租赁合同的终止

（一）租赁期间届满

一般而言，租赁期间届满租赁关系即为终止。但租赁期限届满，承租人继续使用租赁物，出租人没有提出异议的，原租赁合同继续有效，此时租赁为不定期租赁。任何一方均可随时终止租赁。

（二）合同的解除

1. 不定期租赁合同的解除

对于不定期租赁，任何一方当事人都可以随时解除合同，但出租人解除合同应当在合理期限之前通知承租人。

2. 定期租赁合同的解除

定期租赁合同，除双方协商一致，或具有法定事由外，不得随意解除。根据我国相关法律规定，将双方解除合同的法定事由归纳如下：

承租人解约的法定事由包括：①租赁物危及承租人安全或健康的；②出租人有修缮义务，经催告仍不修缮的；③租赁物部分或全部毁损致使租赁目的不能实现的；④因第三人主张权利致使承租人不能对租赁物使用、收益的；⑤原承租人死亡，生前共同居住人不再继续租赁房屋的。

出租人解约的法定事由包括：①承租人未按约定使用租赁物，致使租赁物受到损失的；②承租人擅自转租的；③承租人擅自转让、转借或调换的；④承租人擅自拆改房屋结构或改变用途的；⑤承租人逾期不支付租金达到 6 个月以上的；⑥公有住宅房屋无正当理由闲置 6 个月以上的；⑦利用承租人房屋进行违法活动的；⑧承租人故意损坏承租房屋的。

为维护租赁关系的稳定，保护承租人利益，各国立法均对出租人解除合同的权利加以特别限制，非有法定理由，并依法定的程序，出租人不能解除合同。

➢ **案例 10.3**

未经合法程序收回闲置承租公房，是否应承担违约责任？

孟某原系苏州胜利无线电厂职工，1992 年单位分房入住桃花坞大街 216 号公房，领取了苏州市直管公有住房租赁证，租赁面积为 37.93 平方米，租赁期限为 1997 年 8 月 5 日至 2000 年 12 月 31 日。1999 年，原告搬离后，该房空置。2004 年 1 月，孟某发现该房已被拆迁，儿媳沈某从虎丘区动迁办借出桃坞房管所于 1999 年 8 月 18 日出具的情况说明一份，内容为“桃花坞大街 216 号原住户孟某该房因长期空置，而且长期不付房租，该房于 1999 年 2 月收回另行安排”。实际上，桃坞房管所于 1999 年 3 月还收取了孟某交纳的租金。2001 年 1 月，桃坞房管所另行安排他人何某承租该房，后该房被拆迁，何某的女儿赵某领取了拆迁安置补偿款 64 221.71 元，并获得定销商品房准购证，赵某持有该准购证，以每平方米 1 890 元的价格购买了官渎花苑 57.08 平方米的定销商品房一套。为此，孟某将苏州市金阊区房产管理局、古城置业公司以及赵某告上了法庭，要求被告赔偿原告财产损失 165 920.51 元。法院支持了原告的主张。

➢ **法理评析**

法院认为，原告提供的交纳租金凭证证明桃坞房管所于 1999 年 3 月收取了原告交付的租金。被告古城置业公司主张桃坞房管所 1999 年 8 月 18 日出具的材料是发给原告的一份通知，告知原告已经收回房屋，但该材料的文义并不能反映其是一份通知，先收回房屋后通知当事人也不符合一般程序，故没有任何证据证明桃坞房管所向原告发过解除合同的通知。桃坞房管所在未解除合同的情况下，单方收回房屋，构成违约，应当对原告承担继续履行租赁合同的责任，但因房屋已被另行出租并在拆迁中拆除，致使合同不可能继续履行，由于公房使用权已经具有市场价值，若合同继续履行原告本可将之用于市场交换而获得市场价值，故在履行不能的情况下，桃坞房管所应当赔偿原告公房使用权的现行市场价值。

（三）租赁房地产全部毁损、灭失

租赁房地产全部毁损、灭失的，租赁合同的标的物消灭，租赁关系当然消灭。但一般情况下，租赁房地产之建筑物完全毁损，灭失的，其原使用范围内的地基仍然存在。承租人是否可主张租赁合同就该土地使用权继续有效？法律规定，除非合同明确规定承租人对土地有独立的使用权，如国有土地租赁合同或土地使用权租赁合同。一般房屋租赁合同中，承租人对建筑物使用范围内土地的使用权应以建筑物存在为条件，建筑物全部毁灭的，租赁合同终止。

（四）租赁房地产被依法征收拆除

（略）

第三节　房地产转租

一　房地产转租的概念

房地产转租，英美法中称为 sublet，是指房地产承租人不脱离租赁关系，将承租房地产的部分或全部在一定期限内交付第三人使用、收益，并由第三人支付租金的行为。

在房地产转租法律关系中，原租赁合同可称为初租合同，其出租人和承租人在转租关系中仍称为出租人和承租人，承租人又可称为转租人。第三人称为次承租人。承租人与次承租人签订的租赁合同，称为转租合同。房地产转租法律关系中，在出租人与承租人之间原租赁合同继续有效存在的前提下，承租人与次承租人之间成立新的租赁合同。基于原租赁合同和转租合同的约定和法律的特别规定，出租人、承租人和次承租人三方当事人间形成一定的法律关系，最终达到使第三人得以使用、收益租赁房地产的效果。

二　房地产转租合同的成立与生效

房地产转租合同属于租赁合同，因此，对房地产租赁合同特征的论述同样适用于转租。房地产转租合同也应采用书面形式，未采用书面形式的，成立不定期租赁。是否登记备案并不影响转租合同的成立与生效。

（一）所有权人同意的转租

转租合同必须经原出租人同意。所谓出租人同意，在性质上属于授权行为，一经出租人做出单方意思表示即生效：①表示同意的方式，根据《城市房屋租赁管理办法》第 28 条的规定，对于房屋转租，必须采用书面的方式，但《合同法》中并未作特别要求，因此，采取明示或作为的默视等方式也视为同意。②同意的时间，同意的意思表示，可以在合同订立时或在此前做出，也可以事后追认。③同意的内容，可以是概括的同意，即只要出租人表示可以转租即可。也可以是部分同意，如承租人要求全部转租，但出租人只同意转租房地产之部分的。对于转租合同的具体条款，除租赁期限、使用用途等对出租人权利有重大影响的条款外，原则上只要对出租人无害，并不需要逐一特别批准。④转租的对象，法律并无特别规定。

（二）未经原出租人同意的转租

未经原出租人同意的房地产转租合同是否成立和生效，学说和实务中均存在不同观点，其中主要的观点有：①违法无效说。我国相关立法中明确规定房地产承租人擅自转租的，其租赁行为当然无效。②效力待定说。认为擅自转租构成广义的无权处分，但并非当然无效，而是处于效力待定状态，经权利人追认的该合同有效，未追认的合同无效。我国许多学者认同效力待定说。③成立有效说。认为只要承租人和次承租人达成协议，虽未经出租人同意、默认或者事后追认的，转租合同仍可认定有效，但出租人可以解除原租赁合同。转租未经同意的，次承租人不能有效取得合法的租赁权，不能对抗原出租人，但与转租人之间发生债权的效力。第一种观点忽略了原出租人的事后追认问题，考虑不够全面。第三种观点事实上赋予了无处分权人以处分权，因而有失偏颇。转租合同被认定无效，在当事人间同样会产生债权债务效力。而第二种观点正好弥补了第一、第三种观点的不足，既赋予了出租人的事后追认权，同时也限制了承租人（转租人）的擅自行为。

三　房地产转租的法律后果

（一）合法转租的效力与后果

1. 转租合同与原租赁合同的关系

首先，转租合同的内容要受到原租赁合同的制约。转租合同的租赁期限不得超出原租赁合同，《城市房屋租赁管理办法》第 29 条规定：“转租合同的终止日期不得超过原租赁合同的终止期限，但出租人与租赁双方协商约定的除外。”实践中，出租人与次转租人约定租赁期限超出原租赁期限的，超出部分实际属于次承租人与出租人达成的新的租赁合同。出租人同意承租人超出原租赁合同期限转租的，应视为双方对原租赁合同的变更。此外，转租合同中对于使用用途等重要事项的约定也应符合原租赁合同。但转租合同内容与原租赁合同相冲突，对承租人和次承租人仍有效力，次承租人得请求承租人履行，承租人履行不能的，应承担违约责任。但未经出租人特别同意的，不能对抗出租人。

其次，原租赁合同的效力决定转租合同效力。次承租人的租赁权的权源为承租人的租赁权。原租赁合同变更或消灭，势必影响到承租人租赁权的内容和存在，进而使次承租人的租赁权的基础发生变化或丧失。此时，如果原租赁合同的解除和终止是由承租人过失所致，次承租人可以要求其承担违约赔偿责任。但次承租人不得以转租赁合同对抗出租人。

2. 对出租人的效力

原租赁合同中的权利和义务对出租人仍然有效。转租合同因出租人的同意而合法，但并不直接产生约束出租人的效力。不过，对于经出租人特别同意的转租合同条款，从保障次承租人的信赖利益出发，应对出租人有效。例如，出租人特别同意改变使用用途或延长转租期限的。此外，还有以下问题应加注意：

（1）出租人对转租收益的分享。《城市房屋租赁管理办法》第 27 条第 2 款规定："出租人可以从转租中获得收益。"转租收益是指房屋转租租金扣除承租人交纳租金后的剩余部分。一般而言，转租收益是承租人向出租人交纳租金的资本化收益，在合法转租中，该项收益理应归承租人享有。《合同法》规定原租赁合同继续有效，因此除按原定标准交纳租金外，承租人并不需要为转租向出租人支付其他费用。但实践中，原租赁租金与转租租金间相差很大，尤其是在公房租赁中，由于公房租赁长期实行福利租金政策更是与市场租金相差悬殊。在这些情况下，出租人适当分享转租收益是符合法律的公平理念的。但对转租收益的分享，应由出租人和承租人在平等协商的基础上协议为之。如果没有约定，出租人不得要求分享收益。

（2）出租人的返还请求权。在原租赁合同和转租合同同时终止后，出租人可以依据原租赁合同请求承租人返还租赁房地产。由于此时，租赁房地产通常处于次承租人的占有之下，出租人也可以直接请求次承租人返还。此时，出租人系基于房地产产权人的身份行使物上请求权。

3. 对承租人的效力

转租关系中，除当事人另有约定外，承租人享有并承担转租合同规定的出租人的权利和义务，并且应当履行原租赁合同规定的承租人的义务，并继续享有原租赁合同规定的权利。虽然承租人权利义务的履行方式有所变化，如承租人对租赁物使用收益权利不再是直接行使，而是通过次承租人向其支付租金实现，承租人对次承租人的修缮义务一般通过要求出租人履行修缮义务实现，承租人对出租人的通知和保管义务的履行则依赖于次承租人履行其通知保管义务。但这并不影响承租人分别依据原租赁合同和转租合同，对出租人或次承租人独立行使权利、履行义务和承担责任，如租赁房地产需要维修的，承租人依据转租合同有修缮义务，其有权依据原租赁合同请求出租人修缮，但出租人未履行修缮义务的，依转租合同，承租人应承担修缮义务，不得以原租赁合同中的约定，对抗次承租人的维修请求权。除此之外，还有以下问题须加以说明：

（1）承租人因次承租人造成的损失对出租人的赔偿责任。《合同法》第224条规定次承租人对租赁物造成损失的，由承租人承担责任。但次承租人对租赁物损失没有过失的，承租人是否应当赔偿，《合同法》没有明确规定。笔者认为次承租人对租赁物的使用并未违反原租赁合同约定或租赁物的性质的导致租赁物价值贬损的属于“损耗”，而非损失，承租人不应赔偿。

（2）承租人有权保有转租收益。根据《合同法》第225条的规定，在租赁期间占有、使用租赁物获得的收益，归承租人所有，但当事人另有约定的除外。虽然该项法律没有明确规定允许他人占有、使用是否属于占有使用的合法方式，但为保护承租人利益，我们认为应解释为经出租人同意的转租是占有、使用租赁物的一种特殊方式。转租收益除当事人另有规定外，应归属承租人。

4. 对次承租人的效力

次承租人根据转租合同的约定和法律的规定享有承租人的权利，履行承租人的义务。虽然法律并未明确规定次承租人和出租人之间的关系，但依相关民法理论，次承租人对出租人应负有一定的义务，同时也享有一定的权利。

（1）容忍出租人保存房地产行为的义务。出租人对租赁房地产进行正常检修、维护和必要的维修改造时，次出租人应负容忍配合的义务。

（2）转租合同和原租赁合同同时终止后，返还房地产的义务。通常情况下，转租合同终止后，次承租人应依据转租合同向承租人返还房地产，但原租赁合同同时终止，且出租人直接向其为返还请求时，次承租人可以将房地产直接返还出租人。次承租人向出租人返还的，其向承租人返还的义务当然免除。

（3）次承租人能否享有优先购买（受让）权。出租人出售租赁房地产时，次承租人享有优先购买权。因为在转租合同得到出租人同意的情况下，次承租人与承租人同属房地产的合法承租人，当然享有该房屋的优先购买权。而基于对次承租人实际占有的保护，其优先购买权应先于承租人。但在承租人部分转租的场合下，此时则应认为承租人的优先购买权应先与次承租人。

（4）次转租人能否再为转租。次转租人转租应同时得到承租人和出租人的同意才可以转租。因为法律对转租加以限制，其目的就在于保证任何第三人只有得到出租人的同意，才可以对出租人的财产为使用和收益。

（二）擅自转租的法律后果

1. 擅自转租对原租赁合同效力的影响

根据《合同法》第224条第2款的规定，承租人未经出租人同意转租的，出租人可以解除合同。可见，擅自转租并不使原租赁合同当然无效，而是构成出租人解除合同的法定事由。出租人解除合同的，原租赁合同终止而丧失效力。在出租人未解除合同前，原租赁合同仍属有效。对于擅自转借，转让或互换，虽然各有差异，但均发生出租人同意外的第三人占有使用租赁房地产的效果，应解释为出租人同样有权解除合同。

2. 擅自转租的相关问题

(1) 擅自转租中租金的归属，对此有三种观点：一是擅自转租合同因违法而无效，擅自转租收益属于非法所得，应予没收；二是擅自转租属于广义的无权处分，擅自转租构成对他人财产权的侵害，转租收益构成不当得利，应返还出租人；三是转租收益不构成不当得利。原租赁关系中，承租人以租金为对价而为使用收益，出租人对租赁物已无使用收益的权能，因此承租人违法转租而并未致出租人受损害，转租收益不构成不当得利。

擅自转租合同并非当然无效，并且即使合同违法无效，收益也应在当事人间分配，作为对遭受损害方的补偿，而不应予以没收。在出租人对原租赁合同行使解除权之前，转租合同是有效的，向次承租人收取租金并非没有法律上的理由，并不构成不当得利。因此，在出租人解除合同前，承租人有权享有转租收益。在出租人解除合同后，承租人丧失收取租金的权利，向次承租人收取的租金构成不当得利，应返还出租人。

(2) 擅自转租中，出租人是否有权要求次承租人返还房地产。出租人可以依据《物权法》第242条，请求次承租人返还，次承租人应负返还责任。此时，依转租合同，次承租人可以向承租人主张违约的损害赔偿或请求其承担权利瑕疵担保责任。

➢案例 10.4

黄某承租了中国工商银行垦利县支行所有的27间房屋，在租赁合同中对转租问题未做约定。2002年4月20日，在中国工商银行垦利县支行（以下简称支行）不知情的情况下，黄某与袁某签订了一份《房屋租赁协议》，将承租的中国工商银行垦利县支行一楼房屋三间租给袁某使用。双方约定：袁某租用黄某一楼房屋三间，租期为三年，自2002年5月1日起至2005年3月28日止。合同到期房屋自然收回。黄某按约履行了合同，交付了房屋，但袁某违反合同关于2004年3月28日前一次性交纳房屋租赁费16 000元的约定，不交纳租赁费。黄某向袁某索要，但袁某称，该租赁房屋系黄某转租，该行为未经中国工商银行垦利县支行同意，也未到房产部门办理登记备案，黄某无权出租房屋，其与黄某签订的转租合同无效，黄某应向其承担损害赔偿责任。黄某无奈，向法院起诉，请求确认合同有效，并要求袁某向其支付租金16 000元。

➢法理评析

承租人与次承租人之间的租赁合同成立有效。袁某是否有理由拒缴租金呢？

在转租合同中，承租人应对次承租人承担权利瑕疵保证责任。如果袁某在租赁期间，支行主张房屋权利的，影响到袁某对租赁的房地产使用时，可以要求减免租金。在有确切证据证明支行可能就标的物主张权利的，也可以中止支付租金，要求黄某提供适当担保。但本案中袁某在订立合同时知道或应当知道支行对租赁房地产享有权利，则承租人黄某不再承担权利瑕疵的保证义务。此外，租赁合同为继续性合同，次承租人因支行主张权利而要求减免租金的，应以支行的主张致使次承租人不能对租赁物使用收益为条件，对于已经履行的部分，次承租人已经完成使用、收益，则不能以支行主张为由拒不支付。因此，对于已经履行部分的租金，袁某应当支付。对于剩余期间的租金，依据上述理由，袁某可视不同情况或解除合同或要求租金减免。如果黄某的转租得到支行事后的追认，则袁某不得拒付租金。

本章小结

房地产租赁是房地产交易的主要形式之一，是指出租人将房地产在一定期限内交付承租人使用、收益，由承租人向出租人支付租金并在租赁关系终止时返还所租房地产的法律行为。房地产租赁的标的物为特定物。房地产租赁只转移房地产的占有权和使用权。房地产租赁是双务有偿有期限的法律行为。房地产租赁关系是一种债权法律关系，但受到法律的特殊保护。

依据不同的标准，可以将房地产租赁分为不同种类。包括：房屋租赁、土地使用权租赁和土地租赁；定期租赁和不定期租赁；公有房屋租赁与私有房屋；住宅租赁与非居住用房租赁；普通住宅租赁和廉租房租赁。不同种类的房地产租赁所承载的个人利益与社会利益迥然不同，在立法和政策上亦呈现出较大的差异。

房地产租赁合同自双方意思表示达成一致即可成立。除需满足法律规定的书面形式要求外，并不以登记备案为成立和生效的条件。

房地产租赁法律关系中，出租人、承租人以及转租法律关系中的转租人与次承租人均应按法律与合同约定享受权利并承担相应的义务。

思考题

1. 房屋租赁合同的有效条件有哪些？

2. 出租人和承租人各自有什么权利和义务？

3. 在承租人未经出租人同意转租的情况下，原租赁合同和转租合同各自的效力如何？

参考文献

1. 史尚宽：《债法各论》，中国政法大学出版社，2001年版。
2. 铃木禄弥：《物权的变动与对抗》，渠涛译，社会科学文献出版社，1999年版。
3. 程惠瑛：《房地产开发与交易——房地产法原理与实务》，复旦大学出版社，1998年版。
4. 符启林：《房地产法》（第3版），法律出版社，2004年版。
5. 高富平、黄武双：《房地产法学》（第2版），高等教育出版社，2006年版。
6. 林诚二：《民法债编各论》（上），中国人民大学出版社，2007年版。
7. 王泽鉴：《债法原理》（第一册），中国政法大学出版社，2001年版。
8. 王利明：《民商法研究》（第二辑），法律出版社，1999年版。
9. 金俭：《房地产法研究》，科学出版社，2004年版。
10. 黄松有：《〈中华人民共和国物权法〉条文理解与适用》，人民法院出版社，2007年版。
11. 李延荣、周珂：《房地产法》（第2版），中国人民大学出版社，2005年版。
12. 程信和、刘国臻：《房地产法》，北京大学出版社，2001年版。
13. 马原：《城市房地产管理法条文精释》，人民法院出版社，2003年版。
14. 王泽鉴：《债法原理》（第二册），中国政法大学出版社，2002年版。

第十一章　物业管理与服务

内容提要

通过本章的学习，了解我国物业管理与服务基础知识，业主团体与责权，物业服务企业与责权，住宅小区公用部分与配套设施所有权归属与管理及物业管理法律责任等内容。

本章学习重点与难点：

业主、业主大会、业主委员会的权利和义务；物业服务企业的权利和义务、物业服务合同及其内容；住宅小区车位、车库、物业管理用房所有权、绿地所有权等公用部分与配套设施所有权的归属与管理。

第一节　物业管理与服务概述

一　物业及物业管理的概念

“物业”是房地产领域中单元性的房地产概念的别称。物业一词强调“单元性”与“空间环境性”。物业的单元性是指人们可根据经济上或管理上的需要，将有特定四至范围的建设用地和房屋及其固定附着物确定为一宗独立（单独、个别化）财产，以便确权、交易、使用或管理。“空间环境性”主要是指特定四至范围的建设用地和房屋及其固定附着物范围构成的特定空间环境。在这个空间范围内，人们进行生活、生产等活动，也是物业业主权益维系的重要对象与场所。因此，物业是指一定建设用地范围内具有特定四至界限的各类房屋等建筑物及相配套的固定附属设备、公用设施、公共场地和其他定着物，以及该房屋土地范围构成的空间环境。

物业管理有广义和狭义之分。广义的物业管理是对资产、财产的管理，如对生产资料、生产工具等的管理都属于的物业管理的范畴。通常我们所讲的物业管理，即狭义的物业管理，是指业主通过选聘物业服务企业，由业主和物业服务企业按照物业服务合同约定，对房屋及配套的设施设备和相关场地进行维修、养护、管理，维护物业管理区域内的环境卫生和相关秩序的活动。

物业管理是顺应房地产综合开发而发展起来的产物，它适应了社会主义市场经济的发展，适应了住房制度改革。物业管理的对象是物业，服务对象是人，是集管理、经营、服务为一体的有偿劳动。物业管理属于第三产业，是一种服务性行业。物业管理的性质比较明确，主要是“服务性”的，寓管理、经营于服务之中。物业管理就是为了维护区分所有建筑的现状，并发挥其使用价值而实施的一切行为，包括对建筑物的保存、改良、利用、处分以及对社区秩序的保障等等。对于产权多元化房产的管理模式，物业管理体现出它的优越性，它将分散的社会分工汇集起来统一管理、服务，发挥集团效益，以适应市场经济的模式与要求。比如，清洁卫生、保安值勤、水电供给、园林绿化、市政道路等，每个产权人或租住人只需要与一家物业服务企业发生联系，就可以解决有关房屋和居住环境中的日常维修事务，只需要缴纳一定的服务费用，便可以获得物业服务公司所提供的周到和满意的服务。

二 物业管理的分类

（1）根据使用功能的不同，物业管理可分为居住物业管理、写字楼物业管理、工业物业管理以及其他类型的物业管理。

居住物业管理：主要以居住物业为管理或服务对象，包括物业的前期管理，房屋与设备管理、维修，居住物业的安全管理与物业环境、质量的管理。居住物业管理又可分为住宅小区管理、高层住宅与多层住宅以及别墅的管理。

写字楼物业管理：主要包括楼宇主体和与之相配套的设施、设备、场地、绿地等。

工业物业管理：包括厂房和与之相配套的设施、设备、厂地、绿地等的管理。

其他类型的物业管理：包括商业、旅游业用房的管理。包括楼宇主体及与之配套的设施、设备、厂地、景区、绿地等。

（2）根据物业服务企业介入的阶段不同，可分为前期物业管理和售后物业管理。

三　物业管理的宗旨与原则

（一）物业管理的宗旨

物业管理属于第三产业，它的指导思想应该是：以服务为宗旨、以经营为手段、以效益为目的。所谓以服务为宗旨，就是在物业管理全过程中突出“服务”二字，管理也是服务。物业管理的宗旨具体地体现在以下两点：

1. 创造一个整洁、舒适、安全、宁静、优雅的工作与生活环境

随着社会生产力的发展，人们生活水平的提高，人们对住房的要求已经从有房住、住得下提高到要住得好。所谓住得好，并不是单纯的房屋大，或者布局满意，更重要的是要有优美的外部环境、良好的管理服务等“软件”来保证房屋的使用、配套设备正常运行。良好的物业管理可以创造出方便、舒适、安静、祥和的居住环境，生活在这样的环境中，有利于人们在紧张工作之余，充分享受生活的乐趣，陶冶情操。

2. 提高物业的价值，使物业发挥最大的使用效能

从财富积累的角度讲，经常性维修与保养，会延长物业的经济使用寿命，充分发挥使用价值，起到增值作用。如果缺乏良好的物业管理，就会导致物业内部设施运行不良，加快物业损耗速度，使物业使用价值未到预定设计期限，就停止使用，造成社会财富的巨大浪费。良好的物业管理可提高物业的价值。

（二）物业管理的主要原则

物业管理是一个系统工程，是由许多子系统构成的全方位管理的总体系。物业管理的规范化就其内容来讲比较完善，应包括：房屋修缮、环境卫生、园林绿化、市政设施、社会治安、车辆保管、电器设备、家庭服务等。在诸多的服务之中，要想使物业管理达到高效益、高水平、服务规范化，必须树立以下一些原则：

1. “用户至上、服务第一”原则

物业管理全过程存在人、财、物、科技、信息等许多要素，其中，人是最重要的。物业管理的对象是物业，服务对象是人，是通过为客户服务顺利获得社会效益、经济效益的。用户是上帝，服务是根本，树立“用户至上，服务第一”的思想，用优良的服务满足人们日益增长的物质文化、精神要求。

2. 两权分离原则

财产所有权与经营权分离，是社会主义市场经济的重要原则，是发展社会主义市场经济中物业管理的必由之路，这是一个客观规律。物业管理的所有权属于业主或使用人（住户），再由业主或使用人成立的管理委员会经过招标、选择、委托给物业服务公司行使和操作。

3. 综合管理原则

传统的行政管理模式，清洁卫生、环境绿化、房屋维修、道路车辆管理等项工作分由多家部门操作，职责不清，这种管理方式远远不能适应社会主义社会的发展、人们生活需要的满足。只有让物业服务公司根据法规规定，实施统一管理，做到分工明确，责任落实，才能使物业管理走上健康发展的轨道。物业服务公司强化综合管理职能后，可消灭相互扯皮现象，使居民买房放心，不动产能实现保值增值。

4. 有偿服务原则

有偿服务是符合社会主义市场经济规律的，体现的是社会主义的分配原则，满足区域内不同层次用户的需求。通过收取物业管理费使物业管理经费有固定的来源，并形成良性循环。

5. 服务竞争原则

市场经济就是要鼓励竞争、优胜劣汰。物业管理本身要创造条件走向市场，参与竞争。目前就全国成立起来的物业服务公司所进行的工作来看，绝大多数还是处在“谁开发、谁管理”的局面，这样不利于调动物业服务公司的积极性，不利于实现社会化、专业化的管理，不能适应市场经济竞争机制。对小区的物业管理应采用招标的方式，让更多社会上的专业物业服务公司来公平竞争，承包管理，从而提高管理档次和服务水平。

6. 管理“三效益”原则

所谓“三效益”是指社会效益、环境效益、经济效益。社会效益在于通过管理治安、交通、维修、卫生、绿化、社区文化等，通过多功能的服务管理，解决居民对生活、生产、教育娱乐等方面的要求、从而促进小区在社会生活中的积极作用，有利于发展和睦的家庭关系，处理人际关系，特别是邻里关系。环境效益主要是指小区内的环境，如绿化、雕塑、活动空间的整体性，治安与居民交往的协调，与城市环境的融洽等。良好的物业管理可以创造一个整洁、舒适、安全、优雅的生活环境。经济效益指通过提供物业服务，使物业服务企业获得经济上的利益。

四　物业管理与房地产开发的关系

（一）房地产开发是物业管理的前提和必要条件

房地产开发为物业管理提供了条件，这种条件包括两部分内容：一是开发商提供了物业的公共设备、设施、场地和配套服务设施，这些是物业管理服务的对象和提供服务的物质基础；二是开发商提供了办公用房等，这些是物业管理服务的工作条件。这些条件有些是建筑规划或相关法规规定必须提供的，但有些项目或规定项目的具体配置是发展商根据市场情况和本身的经营理念自愿提供的。

（二）物业管理为房地产提供了品牌支撑

从房地产开发的角度看，物业管理提供了某种意义上的“售后服务”，其服务方式、服务内容和服务质量无疑是客户选择商品的重要因素。由于物业管理关系到生活方式和生活质量，且与房地产的保值和增值密切相关，加上物业本身的价值较高和物业消费的长期性和必需性，使得物业管理服务相比其他产品的“售后服务”，其重要性更大，需要在商品选择时给予更多的关注。所以房地产开发商为了配合物业的销售，增强消费者的信心，在物业管理上非常注重，甚至于愿意补贴物业管理，以此来提升自己的品牌。

（三）物业管理与房地产开发之间的矛盾

随着社会的进步，经济的发展，物业管理与房地产开发的矛盾逐渐显现并引起社会的重视。比如，房地产开发企业与物业服务企业割不断的“母子关系”，使物业管理的市场化运作程度不够，物业服务企业在经营和运作上受到制约，缺少独立性和经营自主性，影响专业化水平的提高。历史遗留问题纠缠不清，涉及房地产建设过程中的设计问题、工程质量问题、配套设施问题、设备选型问题、装修材料问题、销售时的承诺问题等，两者之间的责任往往界定不清，而物业服务企业经常代为受过但又无力解决问题；物业管理财务上不独立，运作不透明，使各方的权益得不到保障等。

要解决两者之间的矛盾，根本出路在于两者的分业经营。所以，《物业管理条例》第 24 条规定："国家提倡建设单位按照房地产开发与物业管理相分离的原则，通过招投标的方式选聘具有相应资质的物业服务企业。"所以，今后物业管理的运作应朝这个方向努力。

第二节　业主团体与责权

一　业主

（一）业主的概念

业主，即物业的主人，在一般意义上是指物业的所有权人。我国《物业管理条例》第 6 条将业主界定为房屋的所有权人。"业主"一词伴随着我国房地产业的迅速发展成为人们对物业产权人的一种习惯称谓，现已被我国法律所确认。业主既是业主个体自治法律关系的基本主体，又是业主团体自治法律关系的构成主体，业主和依法成立、接受业主委托从事物业管理活动的物业服务企业一起共同构成了物业管理法律关系的主体。

（二）业主的权利

业主签订物业服务合同并据此享受物业服务的目的在于最大限度地维护业主的合法权益，业主的基本权利就是依法享有所拥有物业的各项权利并参与各项物业管理活动。根据我国《物权法》关于建筑物区分所有权的规定和《物业管理条例》第 6 条的规定，业主所享有的权利可以归纳为建筑物（物业）区分所有权、享受物业服务之权、物业监督管理权和其他权利四个方面。具体如下：

1. 建筑物（物业）区分所有权

建筑物区分所有权，是指多个区分房地产所有权人共同拥有一栋区分所有建筑物时，各区分房地产所有权人对建筑物内的住宅、经营性用房等专有部分享有所有权，对专有部分以外的共有部分享有共有和共同管理的权利的总称。所以建筑物区分所有权包括专有所有权、共有权和成员（管理）权三种权利。

2. 享受物业服务之权

（1）按照物业服务合同的约定，接受物业服务企业提供的服务。业主之所以同物业服务企业签订合同，其出发点和最终的目的均在于接受物业服务企业提供的全面服务。可见，依据物业服务合同的约定，全面接受物业服务企业提供的物业服务，便是业主在物业管理活动中享有的首要的、最基本的权利。当然，这种权利的产生、范围以及行使的方式取决于物业服务合同的具体约定。

（2）监督物业服务企业履行物业服务合同。由于物业服务企业的管理行为直接涉及到业主的切身利益，故业主对于物业服务企业的各种管理行为均有监督的权利。涉及一些重大、公共利益的事项时，业主应向业主委员会提出，由业主委员会与物业服务企业交涉，以便更好地维护业主的合法权益。

3. 物业监督管理权

（1）提议召开业主大会会议，并就物业管理的有关事项提出建议。业主大会由全体业主组成，是代表和维护业主物业管理区域内全体业主在物业管理活动中的合法权益的自治自律组织，亦是代表物业管理区域内全体业主在物业管理活动中的合法权益的群众团体和物业监督管理组织。物业管理活动的质量直接涉及业主的切身利益，因此，为了及时解决物业管理活动中有关业主公共利益的问题，以便更好地提高物业管理的水平，业主有权提议召开业主大会会议，并就物业管理的有关事项提出建议。

（2）提出制定和修改管理规约、业主大会议事规则的建议。管理规约由全体业主共同约定、共同遵守。业主大会议事规则是有关业主大会召开时应当遵循的会议程序、议事方式、决议形成要求等有关规则。可见，业主是否享有以及能否正常的行使制定和修改管理规约、业主大会议事规则的建议权，直接决定和影响业主的自治权能否得到充分有效的保护。

（3）参加业主大会会议，行使投票权。投票权也可称为表决权，它是指业主在物业管理活动中，根据拥有物业的所有权而取得参加业主大会会议、参与管理物业以及对业主大会所议或决定事项表达自己意愿的权利。投票权是物业所有权派生出来的一种权利，它与业主对物业所拥有的专有部分的建筑面积直接关联。

（4）选举业主委员会成员，并享有被选举权。业主通过行使选举权，以指明自己的代言人，传达自己的意思表示；同时，业主通过享有被选举权，有可能参加到业主委员会，从而行使更为直接的管理权。对于每一位业主来说，作为物业区域内的权利人，都享有平等的选举权和被选举权。

（5）监督业主委员会的工作。业主委员会委员的身份具有双重性：一方面，作为业主委员会的委员，其行为代表并维护业主的共同利益；另一方面，业主委员会的委员又是业主，在业主委员会中又具有个人利益。因此，如果对业主委员会的工作不予监督，个别委员有可能会怠于行使业主们委托的各项职责，或者出于个人利益的考虑，或者受到物业服务企业的不当行为的影响而做出有损于全体业主公共利益的行为。故业主享有监督业主委员会工作的权利，以保护其合法权益免受侵害。

(6) 对物业共用部位、共用设施设备和相关场地使用情况享有知情权和监督权。知情权是指物业所有人依法获取、知悉物业状况及其管理信息的权利，它是业主权利的重要组成部分，也是业主对物业实行民主管理的基本保障。物业服务企业是知情权的义务主体，其有义务就自己的管理内容和管理对象的状况向业主提供必要的信息。业主也有权监督物业共用部位、共用设施设备和相关场地使用情况。

(7) 监督物业共用部位、共用设施设备专项维修资金的管理和使用。物业服务企业对于专项维修资金必须专款专用，不得挪作他用或滥用。对此，业主有权监督物业服务企业的财务收支情况，但没有检查物业服务企业财务的权利。

4. 法律、法规规定的其他权利

(三) 业主的义务

按照《物权法》关于建筑物权分所有权、相邻关系的规定和《物业管理条例》第 7 条规定，业主在物业管理活动中的义务包括：基于专有部分和相邻关系的义务、基于物业服务合同的义务、作为团体成员的义务和其他义务四个方面。具体如下：

1. 基于专有部分和相邻关系的义务

《物权法》第 71 条规定：业主行使建筑物专有部分权利时不得危及建筑物的安全，不得损害其他业主的合法权益。同时，按照《物权法》有关相邻关系的规定，相互毗连或邻近的业主之间在行使业主权利时，依法应当给予他方方便或接受限制，从而需承担一定的义务。

2. 基于物业服务合同的义务

主要是按时缴纳物业服务费用。物业服务费用直接涉及物业的保养和维修，也影响到物业服务企业的形象和服务的质量。因此，业主负有按规定或约定及时缴纳物业服务费的义务。

3. 作为团体成员的义务

(1) 遵守管理规约、业主大会议事规则。管理规约对全体业主具有约束力，是正常实行物业管理的基础和基本准则，也是物业管理规章制度的有效组成部分。业主大会议事规则是确保业主大会正确行使职责的保障，也是正确实施物业管理的重要规章制度。无论是管理规约，还是业主大会议事规则，全体业主均有遵守的义务。例如，《物权法》第 77 条规定，业主不得违反法律、法规以及管理规约，将住宅改变为经营性用房。业主将住宅改变为经营性用房的，除遵守法律、法规以及管理规约外，应当经有利害关系的业主同意。

（2）遵守物业管理区域内物业共用部位和共用设施设备的使用、公共秩序和环境卫生的维护等方面的法律规定和规章制度。物业管理区域内的物业共用部位和共用设施设备的使用以及公共秩序和环境卫生的维护等方面，不仅涉及个人利益、其他业主利益和物业使用人的利益，而且涉及社会的公共利益。因此，关于物业管理区域内物业共用部位和共用设施设备的使用、公共秩序和环境卫生的维护等方面的规章制度，全体业主都有遵守的义务。《物权法》第 83 条规定：业主大会和业主委员会，对任意弃置垃圾、排放污染物或者噪声、违反规定饲养动物、违章搭建、侵占通道等损害他人合法权益的行为，有权依照法律、法规以及管理规约，要求行为人停止侵害、消除危险、排除妨害、赔偿损失。

（3）执行业主大会的决定和业主大会授权业主委员会作出的决定。按照《物权法》第 78 条和《物业管理条例》的规定：业主大会的决定代表了全体业主的意愿和要求，该决定的内容对全体业主有约束力，决定实施的法律后果亦由组成业主大会的全体业主来共同承担。而业主委员会是业主大会的执行机构，由业主大会授权业主委员会作出的决定和业主大会的决定具有相同的法律效力，全体业主均有遵守的义务。

（4）按照国家有关规定交纳专项维修资金。为了确保物业共用部分、公共设施设备的正常使用，以及发生毁损时能够得到及时的维修，就必须保证专项维修资金及时到位。因此，按照国家有关规定交纳专项维修资金，也是业主的最基本义务之一。

4. 法律、法规规定的其他义务

业主履行义务的目的是为了更好地享受权利。业主是物业服务的接受者和付费人，必然也在物业服务和管理中具有主导地位。然而，现实中却大量存在物业服务公司以主人自居，越俎代庖，侵害业主的权利的现象，根本原因就在于忽视了业主的所有权人的地位。

➢案例 11.1

陈女士于 2003 年 6 月购买了位于某市凤凰花园城的一套二手房，在合同中约定交房时卖方必须结清水、电、物管等相关费用。8 月陈女士搬入新居，到物业公司（鸿嘉物业）办理更名手续时才发现，前房主已欠缴两年多的物业

管理费，物业公司称，不管前面的费用是谁欠的，他们只认房主，陈女士必须先替原房主交清所欠费用，才能办理更名手续，物业公司也才能为其提供物业管理服务。陈女士找到卖主徐先生，徐先生表示，两年前该房漏水，当时管理小区的恒生物业公司来修了几次都没修好，便口头承诺可免收物管费，作为弥补，但没有留下文字凭证。如今恒生物业公司已换成了鸿嘉物业，新物管公司对这一说法并不承认。欠缴的物管费应该由谁付？两年多前的口头协议是否有效？

➢ **法理评析**

本案中，原房主所欠缴的两年多的物业管理费用，系前房主所负的债务，并非陈女士的债务，因此应当由前房主自行支付，陈女士对此并无法律上的还款责任。至于前房主与前物业公司间的口头协议，由于无其他有效证据印证，前物业公司又不认可，该口头协议无效。这里存在着谁该承担追缴物管费的责任问题，是物业公司还是陈女士？前房主所欠的物管费是从两年多前至陈女士人住前（2003 年 8 月份）所形成的，物业公司应当自行向前房主追缴所欠物业管理费，陈女士对此不应当承担追缴责任。物业公司作为独立经营的法人实体，应当对其经营行为承担责任和风险，对于欠缴物业管理费的业主，应当采用协商的方式请其补缴，在协商未果的情况下，也可以通过诉讼的方式向欠费业主追索欠款。但追缴并非法律上的义务或责任，而是法律上的权利，物业公司是否行使取决于其自身。作为新的业主陈女士入住后，物业公司无权不为陈女士办理更名及提供服务，否则侵犯了陈女士的权利。

二 业主大会

（一）业主大会的概念与特征

业主大会是由物业管理区域内全体业主组成的议事机构。依据《物权法》第 75 条和《物业管理条例》第 8 条的规定：业主可以设立业主大会，选举业主委员会；物业管理区域内全体业主组成业主大会。业主大会应当代表和维护物业管理区域内全体业主在物业管理活动中的合法权益。

业主大会是一种自行组成、自治、自律、自助的自治性组织。其主要特征如下：

（1）业主大会具有自治性。业主大会是自治性的组织，其成员是对物业依法享有所有权的人，进行的一切活动均为自我服务、自我管理、自我协商、自我约束。业主大会对内基于维护物业整体利益的需要从事一切活动，且不受外界人员的任何非法干预；业主大会对外基于其性质和宗旨不得组织和从事与物业无关的其他活动。

(2) 业主大会具有民主性。业主大会的成员为所有的业主，全体业主在业主大会中的法律地位是平等的。在业主大会的召开过程中，任何一个业主均有权根据自己意愿发表与物业管理有关的建议、看法和意见，以示业主大会的民主性。

(3) 业主大会具有代表性。业主大会所进行的一切行为和活动都代表着全体业主的合法权益；业主大会所作出的一切决议、制定的所有规章制度都是全体业主利益的反映。

(4) 业主大会具有公益性。业主大会是为全体业主整体利益服务的组织，其行为和活动有时可能与个别业主的利益冲突，但只要符合全体业主公共利益的，就应受到业主的支持和维护。

(二) 业主大会的设立

我国对业主大会的成立实行政府指导下的业主自治原则。同一个物业管理区域内的业主，应当在物业所在地的区、县人民政府房地产行政主管部门或者街道办事处、乡镇人民政府的指导下成立业主大会，并选举产生业主委员会。一般情况下，当物业管理区域内住宅区的入住率达到一定比例或房屋出售面积达到一定比例，或住宅出售满一定年限时，便具备了设立业主大会的条件。在此情况下，先由建设单位将房屋出售的建筑面积、出售时间、业主名单等材料报送物业所在地的区、县人民政府房地产行政主管部门，区、县人民政府房地产行政主管部门接到上述材料后，应当和街道办事处、乡镇人民政府一起，在一定时间内会同建设单位组织业主做好第一次业主大会成立的筹备工作，从而成立业主大会。

一个物业管理区域成立一个业主大会。物业管理区域是一个由业主委员会管理的物业的范围，通常情况下，它是一个由原设计构成的自然街坊或封闭小区。物业管理区域的划分，则应当考虑物业的共用设施设备、建筑物的规模、社区建设等因素。按照我国有关建设小区规划的规定，小区应配备居委会、学校、幼儿园、文化活动中心、综合服务商店、医疗服务站等，小区的水、电、气等公共设施一般情况下在小区交付使用前就已经建设完毕。所以，一个物业小区一般作为一个物业管理区域；面积较大的物业小区也可以依据物业的共用设施设备、建筑物规模、社区建设等因素划分为几个物业管理区域。

(三) 业主大会的职责

业主大会是业主行使业主权利的法律形式，业主大会一旦形成，便享有法律和全体业主赋予的职责。根据《物权法》第 76 条和《物业管理条例》第 11 条规定，下列事项由业主共同决定：

(1) 制定和修改业主大会议事规则。业主大会制定议事规则，就业主大会的议事方式、表决程序、业主委员会的组成和成员任期等事项作出约定。业主大会议事规则是业主大会得以顺利开展活动的基本保证。广大业主通过业主大会制定和修改业主大会议事规则，体现自己的意志，从而使得业主大会更好地为业主的利益服务。

(2) 制定和修改管理规约。管理规约是业主自治管理的规约，它是以特定业主集体的名义，由业主会议依据一定的程序进行制定、修改、补充和废止。因此，制定和修改管理规约是业主大会的重要职权。

(3) 选举业主委员会或者更换业主委员会成员。选举业主委员会通常是在首次业主大会和换届时进行。更换或罢免业主委员会的委员，只有出现个别委员不称职或侵犯全体业主的利益的情况，业主大会才有权根据规定程序予以更换或罢免。

(4) 选聘和解聘物业服务企业。物业服务企业直接涉及广大业主的合法权益，它与业主基于合同关系进行管理，而物业服务企业的选聘、续聘和解聘等事项亦由业主大会来决定。当然，通常具体物业服务合同的订立、变更和解除等则由业主大会授权业主委员会进行。

(5) 筹集和使用专项维修资金。专项维修基金属于业主所有，专门用于物业保修期满后物业共用部位、共用设施设备的维修和更新、改造，不得挪作他用。具体管理应坚持专户存款、专款专用、按幢设账、核算到户的原则。

(6) 改建、重建建筑物及其附属设施。而且，业主大会还可以制定、修改物业管理区域内物业共用部位和共用设施设备的使用、公共秩序和环境卫生的维护等方面的规章制度。

(7) 有关共有和共同管理权利的其他重大事项。

需要指出的是：在我国，普遍存在着业主大会被淡化的现象，表现为：业主大会形同虚设、不履行职责和职责被剥夺。因此，如何强化业主大会的职责意识，使其真正起到维护业主权利的作用，是今后业主大会法律建设的重要内容。

(四) 业主大会会议的召开

1. 业主大会会议的类型

业主大会会议分为定期会议和临时会议。业主大会定期会议应当按照业主大会议事规则的规定召开。经 20%以上的业主提议，业主委员会应当组织召开业主大会临时会议。召开业主大会会议，应当于会议召开 15 日以前通知全体业主。住宅小区的业主大会会议，应当同时告知相关的居民委员会。业主委员会应当做好业主大会会议记录。

2. 业主大会会议召开的方式

业主大会召开的方式主要有两种：一种是采用集体讨论的形式，即召集全体业主或业主代表，就物业管理所涉及的问题面对面的展开讨论，使每一个成员充分发表自己的意见，集思广益。另一种则为书面征求意见的方式，即给业主成员充分的时间，以书面形式收集意见，从而提高大会的效率并节约会议成本。但是，不论哪一种召开方式，都应当有物业管理区域内专有部分占建筑物总面积过半数的业主且占总人数过半数的业主参加。法律规定：业主可以委托代理人参加业主大会会议。

3. 业主大会的决定

业主大会决定是业主大会形成的直接结果，集中体现了业主的意思表示，因此，业主大会决定如何形成至关重要。根据《物权法》第 76 条第 2 款和《物业管理条例》第 12 条第 3 款规定：业主大会决定筹集和使用专项维修资金和改建、重建建筑物及其附属设施等事项，应当经专有部分占建筑物总面积 2/3 以上的业主且占总人数 2/3 以上的业主同意；决定其他事项，应当经专有部分占建筑物总面积过半数的业主且占总人数过半数的业主同意。业主大会或者业主委员会的决定，对业主具有约束力。当然，业主大会或者业主委员会作出的决定侵害业主合法权益的，受侵害的业主可以请求人民法院予以撤销。

三 业主委员会

（一）业主委员会的概念和特征

业主委员会是业主大会的执行机构，是依据管理规约或者法律的规定，在房地产行政主管部门或者街道办事处、乡镇人民政府的指导下成立的业主大会选举产生的，由业主代表组成的代表业主利益、监督物业服务公司工作和广大业主履行管理规约的民间性组织。

业主委员会具有以下法律特征：

（1）业主委员会是由业主大会选举产生的。业主委员会是业主大会的常设机构和执行机构，其行为应向业主大会负责。业主委员会的组成人员必须反映全体业主中绝大多数人的意见，故业主委员会的委员应由业主大会选举产生。

(2) 业主委员会的活动以对物业的自治管理为限。除签订物业服务合同外，业主委员会不能进行和从事与物业管理活动无关的任何经营性或非经营性活动。

(3) 业主委员会的根本任务是代表和维护全体业主的合法权益。业主委员会不是代表和维护部分业主的意志和利益。

(4) 业主委员会必须办理备案手续。业主委员会应当自选举产生之日起 30 日内，向物业所在地的区、县人民政府房地产行政主管部门和街道办事处、乡镇人民政府备案。

(二) 业主委员会的产生

依据我国《物业管理条例》的规定，同一个物业管理区域内的业主，应当在物业所在地的区、县人民政府房地产行政主管部门或者街道办事处、乡镇人民政府的指导下成立业主大会，选举产生业主委员会。业主委员会由主任、副主任和委员组成。根据物业管理区域内物业规模的大小，通常情况下，业主委员会的委员可设 5～15 人，也可由业主大会决定适当的增减，但最低不得少于 5 人。

业主大会在选举产生业主委员会时，应当推举那些热心公益事业、责任心强、具有一定组织能力的业主担任业主委员会委员。对于业主来说，业主委员会是代表业主从事外部与物业管理相关的所有事务的专门机构，业主委员会工作的好坏涉及每个业主的利益。实践表明，还必须考虑提高业主委员会的整体综合素质，即尽可能地吸纳各种具有相关专业知识，文化素质高，有一定实践经验且热心于物业管理和社区服务的人员，如建设、规划、设计等方面的专家，从事房地产经营的人员，从事管理工作的人员，政府行政工作人员，律师及其他法律工作者等加入业主委员会，以便更好地配合物业服务公司的服务工作，提高物业管理的水平，更好地维护广大业主的合法权益。

(三) 业主委员会的职责

《物业管理条例》出台以前，人们对业主委员会的职责范围争论较多，分歧也比较大。所以，《物业管理条例》第 15 条就对此作出了明确规定：业主委员会执行业主大会的决定事项，履行下列职责：

(1) 召集业主大会会议，报告物业管理的实施情况。召开业主大会会议时，业主委员会应当于会议召开 15 日以前，将业主大会召开会议的时间、地点、内容、方式以及其他事项予以公告或者送达每位业主。如果是住宅小区的业主大会会议，业主委员会还应当同时告知相关的居民委员会，以接受居民委员会的指导。会议由业主委员会筹备、召集和主持。会议期间，业主委员会应当向业主大会报告本物业管理区域内物业管理的实施情况，并做好大会会议记录，以备待查。

（2）代表业主与业主大会选聘的物业服务企业签订物业服务合同。选聘、续聘及解聘物业服务企业本是业主大会的职责，然而选聘、续聘及解聘物业服务企业合同的签订，则是由业主委员会代表业主来签订的。当然，业主委员会在签订所有与物业管理有关的合同时，必须代表和维护全体业主的合法权益，不得利用业主委员会委员的便利条件损害业主的利益。

（3）及时了解业主、物业使用人的意见和建议，监督和协助物业服务企业履行服务合同。业主委员会应当根据物业管理合同的规定，并结合物业服务企业的年度计划，除在业主大会上听取业主及相关部门的意见外，在日常工作中亦应广泛听取和了解广大业主及物业使用人的意见和建议。监督、检查物业服务企业的工作落实情况，并审核物业服务企业的各种年度报告。

（4）监督管理规约的实施。管理规约是全体业主共同约定、互相制约、共同遵守的有关物业的使用、管理、维护以及公共利益等方面的行为准则。管理规约是由业主大会制定的，但公约的实施以及在实施过程中的修改及补充则是业主委员会的一项主要任务。业主委员会尤其是对管理规约的实施负有监督的职责。

（5）业主大会赋予的其他职责

按照《物业管理条例》的规定：业主大会、业主委员会应当依法履行职责，不得作出与物业管理无关的决定，不得从事与物业管理无关的活动。业主大会、业主委员会作出的决定违反法律、法规的，物业所在地的区、县人民政府房地产行政主管部门或者街道办事处、乡镇人民政府，应当责令限期改正或者撤销其决定，并通告全体业主。业主大会、业主委员会作出的决定，应当告知相关的居民委员会，并认真听取居民委员会的建议。

（四）业主委员会的性质

关于业主委员会的法律性质，学界认识不一。实践中对此主要有两种意见：

（1）业主委员会为社团法人。从业主委员会从其权利和职责来看，它应为社会团体法人。依此观点，业主委员会必须具备社团法人的条件，即自然人自愿组成的从事非生产经营性业务活动的社会组织体。根据我国《民法通则》第 50 条的规定，社会团体法人设立程序与具备法人条件的事业单位相同。这就意味着业主委员会完全独立于各个业主，享有法律上的人格，并能够独立的享有和行使民事权利，独立的承担民事责任。然而，业主委员会事实上并不独立享有民事权利和承担民事责任。故该种观点不能成立的。

（2）业主委员会为非法人组织。该种意见认为，业主委员会是非法人组织，即它是一种没有取得法人资格的社会组织。对非法人组织的内部关系，按合伙人之间的关系对待；而以该组织的名义对外发生的外部关系，则按一个人或共同行为人为一方与其他民事主体发生的民事法律关系对待。如涉及纠纷诉讼事务时，业主委员会在取得全体业主授权后，可作为全体业主代表参加民事诉讼活动，其诉讼活动的结果也应归全体业主。通过法律、法规对业主委员会的解释，以及业主委员会的职责来分析，业主委员会的法律性质应为非法人组织。至于业主委员会的备案问题，应当明确该种备案仅为行政备案而非民事登记。

➢案例 11.2

原告：上海市丽锦房屋业主管理委员会

被告：上海集伟房地产开发公司

被告：上海金集房地产有限公司

1995 年 7 月起，原告所属各业主分别与被告上海市集伟房地产开发公司（以下简称集伟公司）签订上海市内销商品房出售合同，同时签订房屋使用、维修、管理公约。该公约载明，由被告集伟公司指定被告上海金集房地产有限公司（以下简称金集公司）进行物业管理，公约的有效期 15 年，试行 2 年，2 年后经管理委员会讨论总结修改。各业主在签约后，分别办理了入住手续，缴纳房屋维修基金、装修押金、8 年环卫费等费用，但未签订物业管理合同。业主入住后，发现被告金集公司管理的小区环境脏、乱、差，即向被告金集公司提出要求予以整改，同时在多家新闻单位予以曝光。1996 年 8 月，上海市徐汇区房产管理局批准设立上海市丽锦房屋业主管理委员会。同年 9 月，原告要求被告金集公司将房屋维修基金划入原告账户，退出小区管理，被告未予答复。于是原告向上海市徐汇区人民法院起诉，要求解除各业主与被告伟集公司签订的房屋使用、维修、管理公约，被告金集公司退出丽锦小区物业管理。被告集伟公司辩称：各业主自愿与其签订的房屋使用、维修、管理公约合法有效，不同意解除房屋使用、维修、管理公约。被告金集公司辩称：其是在工商登记核准的经营范围内对小区进行管理，虽在管理中存在不尽如人意之处，但通过公司内部整顿，现在小区的管理已有明显改善，故不同意原告的诉讼请求。

法院经审理后认为：原告所属各业主与被告集伟公司签订的房屋使用、维修、管理公约是双方当事人真实意思表示，对双方均具有约束力，公约规定的两年试用期已到，且被告金集公司在物业管理中确实存在管理不善之处。根据《上海市居住物业管理条例》规定，业主管理委员会有权选聘、解聘物业公司。故原告的诉讼请求应予支持。根据《中华人民共和国民法通则》第 84 条的规定，判决原告与被告集伟公司的房屋使用、维修、管理公约终止履行；被告金集公司退出该小区物业管理。

➢ 法理评析

业主委员会由业主大会或业主代表大会选举产生的常设代表组成，行使业主大会的权力，维护整个小区的物业管理活动的正常进行。业主委员会为非法人组织，它是一种没有取得法人资格的社会组织。如涉及纠纷诉讼事务时，业主委员会在取得全体业主授权后，可作为全体业主代表参加民事诉讼活动，其诉讼活动的结果也应归全体业主。本案中，虽然房屋使用、维修、管理公约是业主与被告金集公司签订的，但原告系代表各业主的自治管理组织，且《上海市居住物业管理条例》规定，房屋业主管理委员会有权选聘、解聘物业管理单位，故原告有权提出解除各业主与被告金集公司签订的房屋使用、维修、管理公约。况且公约规定的两年试用期已满，原告要求解除，理由正当。被告金集公司系由房屋使用、维修、管理公约中指定的物业服务公司，虽然原告及原告所属各业主未与被告金集公司签订物业管理合同，但已形成事实上的物业管理关系，且被告金集公司在管理中确实存在管理不善之处，既然房屋使用、维修、管理公约终止履行，那么由该公约规定的被告金集公司进行物业管理也应终止，金集公司应退出小区管理。故法院的判决是正确的。

四　管理规约

（一）管理规约的概念、特征

管理规约是全体业主对有关物业的使用、维护、管理共同作出的约定。管理规约是整个物业管理活动中一个极为重要的法律文件，即全体业主应该共同遵守的物业管理规章制度，具有公共契约的性质。管理规约与其他协议比较而言，具有以下法律特征：

1. 业主意思高度自治

管理规约是业主约定彼此之间相互遵守的民事协定，集中反映了全体业主的意思表示。该规约只要不违反国家法律强制性的规定，不违反社会公共利益和社会公德，不损害区分所有权人的利益，便可产生法律上的约束力。约定的义务由全体业主自觉遵守。管理规约实质上是民法上的私法自治原则在物业管理活动中的体现。

2. 订立、变更程序严格

由于管理规约是全体业主的意思表示，且与全体业主均有共同的利害关系，故管理规约应当在全体业主自愿和充分协商的基础上依照法律规定或全体业主的意愿来订立或变更。管理规约无论是订立还是变更，都必须通过业主大会按照严格的程序进行，并以书面形式形成。未经业主大会讨论通过，任何对管理规约的变更或补充均对业主不发生效力。

3. 业主自己执行

管理规约是全体业主的内部约束，对非业主并不发生任何法律效力，故管理规约完全依靠业主自己自觉遵守和执行，而无需国家强制力保证实施。当然，在司法实际中，有的管理规约采取了物业管理公约的形式，其内容涉及物业的开发商及物业服务公司等，在此情况下，物业管理公约不仅对业主具有约束力，而且对开发商及物业服务公司亦有约束力。

（二）管理规约的内容

《物业管理条例》第 17 条规定：管理规约应当对有关物业的使用、维护、管理，业主的共同利益，业主应当履行的义务，违反管理规约应当承担的责任等事项依法作出约定。具体来说，管理规约一般包含以下内容：

（1）物业的名称、区域范围、户数；

（2）共有部分与单独所有部分的划分；

（3）业主使用物业的方式及具体要求；

（4）各业主参与物业管理的权利；

（5）业主委员会的产生规则、业主委员会的权利义务、工作程序以及责任的承担；

（6）各业主配合物业管理的承诺；

（7）物业管理费用的分担以及物业收益的分配方法；

（8）管理规约的修改程序；

（9）违反管理规约的责任；

（10）业主认为需要明确的其他事项。

此外，管理规约应当尊重社会公德，不得违反法律、法规或者损害社会公共利益。

第三节　物业服务企业与责权

一　物业服务企业

物业服务企业，是指取得物业服务企业资质证书和工商营业执照，接受业主或者业主大会的委托，根据物业服务委托合同进行专业管理，实行有偿服务的企业。国家对从事物业管理活动的企业实行资质管理制度。同时，从事物业管理的人员应当按照国家有关规定，取得职业资格证书。现实生活中，物业服务企业的主要形式是物业服务公司。业主与物业服务公司之间是一种平等的民事法律关系，业主有权选聘物业服务公司对物业进行管理，双方协商物业管理的服务内容和收费标准，以合同的形式确定彼此的权利义务和责任，具有以下特点：

（1）物业服务企业具有独立的法人资格。物业服务企业不是事业单位，也不具备政府行政职能，其运行应遵循我国《民法通则》和《公司法》的规定，依照市场规则公平竞争。

（2）物业服务企业具有社会性。物业管理将分散的社会分工汇集起来，统一办理养护、修缮、清洁、保安、绿化等业务，每个业主面对一家物业服务企业，就能解决所有关于房屋和居住环境的日常事务问题，而不必分别面对各个不同的部门。这样既方便业主，又便于统一管理，有利于提高城市管理的社会化程度。

（3）物业服务企业具有专业性。物业管理涉及面广，需要为业主提供不同的服务，如水、电、机械、消防、保安、绿化等，为了保证服务的质量和效率，物业服务企业必须配备各种专业人才、专门的管理设备，制定科学规范的管理措施和工作程序。

（4）物业服务企业实行市场化经营。物业服务企业所提供的服务是有偿的，各种费用标准应当符合市场经济的要求。允许物业服务企业获取合理的利润，使物业服务企业走上“以业养业、自我发展”的道路，这样既减少了政府各主管部门的负担，也能使业主获得全方位、多层次、多项目的服务。

权利和义务是对等的一对法律范畴。物业服务企业在享有上述权利的同时，也应履行以下义务：履行物业服务合同，依法经营；接受业主委员会和业主的监督；重大的管理措施应提交业主委员会审议，并经其认可；接受房地产行政管理部门、其他有关行政主管部门以及物业所在地政府的监督指导。特别是在当前，强调物业服务企业的“仆人地位”和服务意识，对于改善我国的物业服务和管理水平，理顺物业管理中的法律关系具有重要作用。

二 前期物业管理

（一）前期物业管理的概念

前期物业管理是指在业主、业主大会选聘物业服务企业之前，由建设单位选聘物业服务企业实施的物业管理。

前期物业服务合同是在业主、业主大会选聘物业服务企业之前，建设单位选聘物业服务企业并与其签订的书面协议。前期物业服务合同最重要的特性是其具有过渡性。前期物业服务合同仅仅适用于业主大会选聘物业服务企业之前，其目的是为了在前期物业管理阶段规范发开发商、物业服务企业的权利义务关系，维护物业小区的秩序和业主的共同利益，保证业主大会的顺利召开，从而完成从前期物业管理向业主大会选聘物业服务企业进行物业管理的过渡。

（二）前期物业服务合同的内容

根据合同的意思自治原则，前期物业服务合同的内容应该由合同的双方开发商和物业服务企业协商决定，一般应该包括以下内容：

（1）物业的基本情况，包括物业名称、物业类型、总占地面积和总建筑面积、物业坐落位置、楼宇的数量及种类、公用设施和公用场所情况、物业管理配套用房的情况等。

（2）物业服务企业的介入时间、管理服务事项与委托管理服务期限。前期物业服务合同中应该明确物业服务企业何时介入前期物业管理，并根据物业服务企业的介入阶段约定其应该从事的管理服务事项。如共用设施、设备的维修、养护、运行和管理，公共环境的清洁、垃圾的收集、清运，交通与车辆停放秩序的管理和公共秩序的维护等。

（3）双方的权利义务。这是前期物业服务合同最重要的部分，应该明确约定开发商与物业服务企业各自拥有的权利与负担的义务。

开发商的主要的权利是监督物业服务企业的工作，其主要的义务是支付物业管理费用与为物业服务企业的工作提供必要的协助和便利，法律明确规定的开发商（建设单位）的义务有：

第一，业主依法享有的物业共用部位、共用设施设备的所有权或者使用权，建设单位不得擅自处分。

第二，在办理物业承接验收手续时，建设单位应当向物业服务企业移交下列资料：

竣工总平面图，单体建筑、结构、设备竣工图，配套设施、地下管网工程竣工图等竣工验收资料；

设施设备的安装、使用和维护保养等技术资料；

物业质量保修文件和物业使用说明文件；

物业管理所必需的其他资料。

第三，建设单位应当按照规定在物业管理区域内配置必要的物业管理用房。

第四，建设单位应当按照国家规定的保修期限和保修范围，承担物业的保修责任。

物业服务企业的主要权利是收取物业管理费并在其管理权限内有权决定管理的方法和采取相应的措施，其主要义务是按照合同的约定完成开发商委托的管理服务事项并接受开发商和业主的监督，而且，《物业管理条例》第 28 条规定：物业服务企业承接物业时，应当对物业共用部位、共用设施设备进行查验。

（4）前期物业管理的费用承担。开发商和物业服务企业应该明确约定前期物业管理费用的征收标准、计算方法、征收方式和承担的主体。同时对于某些开发商超出一般物业管理范围委托的事项，也应该明确约定费用承担的标准和方式。如果双方约定部分费用由业主承担，则该约定必须列入开发商与业主签订的物业买卖合同并经业主签署同意才能对业主产生拘束力。如果没有明确约定由业主承担物业管理费用，则前期物业管理的有关费用都应该由开发商来承担。

（5）对共用部分和共用设施的约定。在前期物业服务合同中可以对物业小区共用部分和共用设施的产权、使用和管理等事项作出约定。但是这种约定不能侵害业主的合法权益，开发商更不能在前期物业服务合同中处分属于业主的共用部分和共用设施，同时有关共用部分和共用设施使用和管理的约定必须包含在物业买卖合同中，并经过业主的签署承诺才能生效。

（6）违约责任。前期物业服务合同中可以约定开发商或物业服务企业一方不履行合同所应该承担的违约责任。

除此之外，开发商和物业服务企业还可以根据物业小区自身的状况在不违反法律法规强行性规定、不损害业主合法权益的情况下对一些特殊事项作出约定。

三 物业服务合同及其内容

（一）物业服务合同的概念

物业服务合同是业主委员会代表全体业主与物业服务企业就业主和物业服务企业双方在物业管理中的权利义务等物业管理事项进行约定的协议。在该合同中，当事人一方为业主及业主团体，即委托人；另一方为物业服务公司，即被委托人。合同目的：由物业服务公司提供物业管理服务，达到的业主希望物业保值增值、维护管理区域内环境的舒适、方便和安全有序目的；物业服务公司则通过提供物业管理服务，达到收取相应服务费用的目的。

（二）物业服务合同的内容

1. 物业的基本概况

物业的基本概况主要包括物业类型、坐落位置（坐落的市、区、路或街道及号码）、四至、占地面积和建筑面积（一般用平方米计算）。在合同中，一般将委托管理的物业构成细目作为附件附于合同之后。

2. 服务项目

物业服务项目从物的角度、社区环境角度、物的利用秩序角度，可以分为三类：从物的角度而言，包括对物业及其附属设施的维护、保养、修缮等事项；从社区环境的角度而言，包括区域的保安、绿化、清洁等事项；从物的利用角度而言，包括阻止物业使用人对自用部分进行危害整体利益使用的行为、阻止业主对共用部分进行妨害他人利用的行为等事项。

3. 服务质量

服务质量通过服务所达到的标准进行判断，物业服务合同应当规定物业服务企业实施物业服务所应当达到的标准。这些标准既可以是规定的，也可以是约定的，在国家或地方有规定的标准时，一般适用该标准；对于国家或地方没有规定的项目，双方可以约定。这些标准都是针对物业管理项目所做的具体规定，如房屋外观、设备运行、房屋及设施、设备的维修、养护、公共环境、绿化、交通秩序、保安、急修、小修、大修等方面要求达到的程度、管理人员的着装、服务态度等方面的要求以及业主对物业服务的满意率等。

4. 服务费用

依据《物业管理条例》的规定，物业服务收费应当由合同双方“遵循合理、公开以及费用与服务水平相适应的原则”，按照国务院价格主管部门会同国务院建设行政主管部门制定的物业服务收费办法，明码标价并在物业服务合同中明确约定。

5. 业主委员会的权利义务

业主委员会是业主大会的执行机构，代表着广大业主的利益，作为物业服务合同的签订者，在合同中享有监督、参与重大事项决定的权利，业主委员会应当履行配合物业服务企业工作、移交有关资料和管理用房、催缴管理服务费用等义务。具体的权利义务内容前已介绍。

6. 物业服务企业的权利义务

物业服务企业作为物业管理服务的提供者，承担着物业保值增值、维持区域环境卫生和治安秩序的职责，相应地也应当享有必要的权利。

7. 违约责任

在物业服务合同履行过程中，难免会出现一方违约的情况，这就涉及违约责任的问题。合同对违约责任的规定，使得双方能够有效率、有依据地解决双方的矛盾，有利于合同继续顺利地履行。对于具体的违约责任承担方式，双方可以在合同中协商确定，主要有继续履行，支付违约金、滞纳金，恢复原状，赔偿损失等。

8. 专项维修资金的管理与使用

双方可约定专项维修基金缴纳、管理和使用事项：专项维修资金由物业服务企业直接向业主收取，并由其对基金进行管理；或由业主委员会负责收取并对基金进行管理，或再交由物业服务企业管理；基金的使用应先由业主委员会或物业服务企业制定使用计划，经业主大会批准后方可实施。

9. 合同期限

合同期限即合同的起止日期，由业主大会、业主委员会和物业服务公司协商确定。

10. 双方约定的其他事项

物业服务合同中的服务项目和服务费用问题是物业服务企业责权的主要体现，下面我们就这两个问题作详细讨论。

四 物业管理服务的项目

（一）物业维修管理

物业维修管理，是指为了保障物业的正常使用，防止或消除物业发生损坏，物业服务企业依据物业服务合同和国家对物业维修管理的标准，对其经营管理的物业进行维护、修缮的技术管理。

物业维修管理，主要包括房屋安全与质量管理、房屋维修技术管理和房屋维修施工管理。

（1）房屋安全与质量管理。可以细化为以下两个方面：①房屋的质量等级鉴定。指依据有关法规对房屋进行质量等级鉴定，为房屋的管理、养护、修缮提供准确依据；②房屋安全检查。物业服务企业应经常组织技术人员对其经营管理的房屋进行安全检查，以便及时发现危险隐患，并采取措施抢修、排除故障，确保人身、财产安全。

（2）房屋维修技术管理。是指对房屋维修过程各个环节，按照国家的技术标准进行的管理，主要包含以下三个环节：房屋维修设计及施工方案的制定；维修施工质量管理；技术档案资料管理。

（3）房屋维修施工管理。包含以下几个方面：选择施工队伍；组织维修施工；负责施工调度、管理。

（二）物业设备管理

物业设备，是指附属于建筑物的各类设备的总称，是发挥物业功能、实现物业价值的物质基础。物业设备管理主要包括房屋建筑卫生设备管理和电气工程设备管理两类。

（1）房屋建筑卫生设备管理。包括给排水设备系统、燃气设备系统、供暖、供冷和通风设备系统的管理。

（2）电气设备管理。包括供电设备管理、弱电设备管理、运输设备管理、防雷设备管理。

但是，物业服务企业对上述房屋建筑卫生设备和电气工程设备的管理范围仅限于业主拥有产权并在物业服务合同中详细约定的内容。因为按照《物业管理条例》第52条的规定，供水、供电、供气、供热、通信、有线电视等单位，应当依法承担物业管理区域内相关管线和设施设备维修、养护的责任。

（三）物业环境管理

（1）污染防治。包括防止产生有毒有害气体和恶臭气体，防止排放有毒粉尘，防止随意排放污水，防止产生过大的噪声，以免影响物业区域内居民的正常生活。

（2）物业环境保洁服务管理。是指物业服务企业实施各种措施保护物业环境，防止环境污染。物业服务企业应负责物业区域内的日常生活垃圾的收集、分类和清运工作。

（3）物业环境绿化管理。是指在物业区域内空地和道路两旁种植花草树木或采取其他手段美化物业区域环境。

（4）物业安全管理。是指物业服务企业采取各种措施，以保障业主和使用人的人身财产安全，维持正常的生活和工作秩序。物业安全管理包括治安管理、消防管理和车辆管理。

➢案例11.3

1998年4月4日晚，民营企业家、浙江伟星集团总裁明丕白独自一人驾车回到深圳笔架山庄住宅区。当明丕白准备走上3栋2单元自己购买的303房时，遭到连续四天潜伏在2单元104号空置房的黄坷、冯俊杰抢劫并被杀害。次年10月，此案告破。2000年12月，两罪犯被依法枪决。随着案情的真相大白，明丕白家属认为笔架山庄的物业管理公司存在严重失职行为，对明丕白被害负有不可推卸的责任，遂一纸诉状告至法院，要求赔偿丧葬费、财物损失和收入损失等共计人民币139万余元。

深圳市罗湖区法院经过公开审理后认为，明丕白生前入住笔架山庄3栋2单元303房，按月交月物业管理费，自其入住时起，就与物业管理公司形成物业管理合同关系，物业公司负有保护住户人身、财产不受不法侵害的义务。而物业公司对空置房屋疏于管理，对出入的可疑人员未引起足够的注意，客观上已将住户置于极不安全的境地，因此，物业公司应承担没有全面、认真履行合同义务的违约责任。但明丕白身亡与财产损失系犯罪分子所为，在损失赔偿上，物业管理公司只承担次要责任。据此，罗湖区法院酌情判决物业公司赔偿被害人家属10万元。

➢ **法理评析**

《物业管理条例》第 36 条规定："物业服务企业应当按照物业服务合同的约定，提供相应的服务。物业服务企业未能履行物业服务合同的约定，导致业主人身、财产安全受到损害的，应当依法承担相应的法律责任。"本案中物业服务公司对住宅区内的空置房屋疏于管理，对出人的可疑人员未引起足够的注意，没有全面、认真地履行物业管理合同，客观上将住户置于极不安全的境地，因此，对业主的死亡及财产损失负有不可推卸的责任。法院的判决是正确的。

五 物业服务费用

（一）收取物业服务费用的原则和依据

按照《物业管理条例》第 41 条的规定，物业服务收费应当遵循合理、公开以及费用与服务水平相适应的原则，区别不同物业的性质和特点，由业主和物业服务企业按照国务院价格主管部门会同国务院建设行政主管部门制定的物业服务收费办法，在物业服务合同中约定。

所以，收取物业服务费用应遵循合理、公开原则和费用与服务水平相适应原则。而收取物业服务费用的依据主要有两点：一是要依据有关价格管理规定；二是应符合物业服务合同的约定。

（二）物业服务费用的缴纳义务人

业主是物业服务费用的缴纳义务人，业主应当根据物业服务合同的约定交纳物业服务费用。在业主将物业出租等由他人使用的情况下，业主与物业使用人约定由物业使用人交纳物业服务费用的，从其约定，业主负连带交纳责任。

已竣工但尚未出售或者尚未交给物业买受人的物业，物业服务费用由建设单位交纳。

物业服务企业可以根据业主的委托提供物业服务合同约定以外的服务项目，服务报酬由双方约定。

（三）物业服务费用的收缴权利人

物业服务企业有权依据物业服务合同向业主收取物业服务费，因此，物业服务费用的收缴权利人应为物业服务企业。

（四）专项维修资金

专项维修资金是由业主缴纳的专项用于物业保修期满后物业共用部位、共用设施设备的维修和更新、改造的一项特殊费用。专项维修资金属业主所有，不得挪作他用。

住宅物业、住宅小区内的非住宅物业或者与单幢住宅楼结构相连的非住宅物业的业主，应当按照国家有关规定交纳专项维修资金。

利用物业共用部位、共用设施设备进行经营的，应当在征得相关业主、业主大会、物业服务企业的同意后，按照规定办理有关手续。业主所得收益应当主要用于补充专项维修资金，也可以按照业主大会的决定使用。

物业存在安全隐患，危及公共利益及他人合法权益时，责任人应当及时维修养护，有关业主应当给予配合。

责任人不履行维修养护义务的，经业主大会同意，可以由物业服务企业维修养护，费用由责任人承担。

第四节　住宅小区公用部分与配套设施所有权归属与管理

《物权法》第 70 条规定："业主对建筑物内的住宅、经营性用房等专有部分享有所有权，对专有部分以外的共有部分享有共有和共同管理的权利。"《物业管理条例》第 27 条规定："业主依法享有的物业共用部位、共用设施设备的所有权或者使用权，建设单位不得擅自处分。"小区建筑物的共有部分包括：出入口、通道、楼梯、梁柱、共同墙壁、楼地板、屋顶以及共有设施、设备（如电梯、中央空调、管线等）。但是，对于车位、车库、绿地和管理用房的所有权归属问题，却多有争议。

一　车位、车库所有权归属

小区内的停车设施可分为露天的停车位和地下停车库，分别简称为车位和车库。因停车场引发的争论主要是因停车场所有权之归属不明造成的。各国对此规定各不相同。如在日本，法院与学术界观点不一。日本最高法院于昭和 56 年

(1984年) 6月18日判决认为：地下停车场属建筑物专有部分。理由就是停车场具有构造与利用上的独立性，符合专有部分的特征。既然认定停车场为专有部分，那么出售公司在未将停车场出售于区分所有权人时，屋内停车场归其所有当属无疑。但日本学术界则认为：如果开发公司欲保留停车场，应当经过公示，并作保留意旨之权利登记。只要其未提前作此保留的权利登记，则意味着其把什么都让渡出去了。即学术界认为停车场所有权归全体区分所有权人。美国关于室内停车场之权利、规则均规定在业主规约中，在房屋出售时就予以明确。法国根据《都市规划法》规定，在新建建筑物时，建筑者负有于建筑物基地内，为每一住房设计一停车空间之义务。几乎所有的这些空间均由单个区分所有权人享有所有权。只有那些共有停车场才被出租，其租金用于建筑物管理之需。可见，各国关于室内停车场所有权问题，一般均认定属于区分所有权人所有。

我国关于地下停车场问题，引发了许多纠纷。地下停车场不同于楼顶，其在结构与利用上具有一定的独立性，因而不属于法定共有部分。且目前大多数情况下，地下停车场之容积率并不计入建筑物总面积中，而停车场的建造则需要额外投资。因此，将地下停车场一律归住宅所有权人所有，也有失公平。在《物权法》的制定过程中，有关车位和车库的归属如何规定曾引起极大的关注。出台后的《物权法》对车位和车库所有权的归属与使用管理作了比较全面的规定。

首先，《物权法》强调，在建设区划内的车位和车库应该首先满足业主的需要。很多小区面临的问题是：车位、车库建成后，开发商将其高价卖给业主以外的人，导致业主最后买不到车位、车库，同时业主以外的人频繁进出小区，也带来管理上的问题。为了解决这个问题，《物权法》规定了小区车位车库首先满足业主需要的原则。车位车库建成后，开发商首先应当满足业主需要，在业主没有满足需要前，开发商与业主以外的人订立的车库或车位买卖合同应当是无效的。这个原则比优先购买权还要严格。优先购买权是在同等条件下有权优先购买，如果业主以外的人出价更高，就可以卖给业主以外的人。而按照这个原则，业主以外的人在出高价的情况下也不能购买。对车位、车库价格应当有适当的管理。政府现在对房价和车位的价格管理不够，把车位、车库的价格完全放手给开发商定夺，不符合实践的需要。

其次，对于建设区划内的车位和车库，开发商可以通过合同出售、出租给业主，或者赠与给业主，例如买房赠车库。《物权法》没有直接规定车库归业主共有，而是由双方根据约定来确定归属。一来在商品房买卖实践中，车位车库都是通过约定来确定归属的；二来这样规定有利于鼓励开发商修建车位车库。合同中没有明确约定，但是开发商在此前的广告中以附赠车库来宣传、且足以影响业主意图购买意图或者房屋价格的，应当认定存在赠与车库的约定。

再次，占用业主共有的道路或者其他场地用于停放汽车的车位，属于业主共有。这主要是针对事先在规划中并未规划为车位、但随着业主汽车拥有量大增，原有车位、车库不敷使用，而占用业主共有的道路或者其他场的车位而言的。这些车位应当归属于业主共有。

➢ **案例 11.4**

某房地产开发公司准备建造一住宅楼，欲建 15 层，一楼为地下车库，该公司在办完各种手续后即开始兴建楼房。2002 年底，该楼竣工。2003 年 2 月，该公司开始做广告售楼。2003 年 3 月起，陈某等人先后与该房地产开发公司订立了购房合同。

合同并未约定地下车库的归属问题，但是，2003 年 5 月，陈某等搬进该楼后发现该公司已经将该楼 30 多套住房连同地下车库一同卖于某钢铁公司。该钢铁公司在购得套房和车库后明确表示：因地下车库的车位仅供住在本楼的本单位职工使用，其他住户如需要停车要缴纳一定的停车费。陈某等人随后找到房地产公司询问，该房地产公司提出：因为在合同中并没有约定提供车位，所以，他们并不负责提供。陈某等人不服，遂向人民法院提起诉讼。

➢ **法理评析**

本案是涉及购房合同没有约定时，地下车库的归属和使用问题。

一方面，在地下车库的归属问题上，《物权法》第 74 条规定：“建筑区划内，规划用于停放汽车的车位、车库的归属，由当事人通过出售、附赠或者出租等方式约定。占用业主共有的道路或者其他场地用于停放汽车的车位，属于业主共有。”所以，除“占用业主共有的道路或者其他场地用于停放汽车的车位，属于业主共有”以外，其他的车位、车库的所有权归属应当是有约定按约定。在本案中，开发商与陈某等业主未就车库的归属作出约定，而开发商与作为业主的钢铁公司却有约定，因此，车库归属钢铁公司并无不当。

但是，《物权法》第 74 条同时也规定：“建筑区划内，规划用于停放汽车的车位、车库应当首先满足业主的需要。”对于该条款的理解，应当理解为首先满足全体业主而不是某些个别业主的需要。在本案中，开发商没有顾及陈某等业主对车库的“需要”，而是将全部车位处分给了某钢铁公司，侵犯了陈某等人依法享有的权利，开发商行为违法，应当承担相应的责任，如为陈某等人缴纳停车费等。

二　物业管理用房所有权归属

《物权法》和《物业管理条例》对此作出了明确的规定。《物权法》第 73 条规定：建筑区划内的其他公共场所、公用设施和物业服务用房，属于业主共有。

《物业管理条例》第38条规定：物业管理用房的所有权依法属于业主。所以，法律并不允许当事人就物业管理用房的所有权归属作不同于法律规定的约定。物业管理用房应该由全体业主所共有，任何单位和个人包括业主都不得占用或者改作他用。

关于物业管理用房的使用管理，法律规定：物业服务企业应当依照合同约定或法律的规定使用物业管理用房，不得用作其他用途，更不得转让给他人使用，除非经业主委员会同意，否则便视为侵权（或违约）行为，并承担相应的民事责任。物业服务企业应当合理使用和管理物业用房，由于自己的责任造成物业管理用房损坏的，应当承担赔偿责任。在物业服务合同终止时，物业服务企业应当将物业管理用房完好的交还给业主委员会。

➢案例11.5

原告：仙霞别墅（785弄）业主管理委员会

被告：上海市房屋土地管理局

第三人：上海新城房产企业公司

仙霞别墅是由上海市居住区第四开发公司建造（该公司从属于上海市居住区综合开发中心），由上海新城房产企业公司销售（该公司也从属于上海市居住区综合开发中心）。仙霞别墅785弄门卫室亦由上海市居住区第四开发公司建造，后由上海市居住区综合开发中心将该门卫室调拨给上海新城房产企业公司。嗣后，上海新城房产企业公司向被告上海市房屋管理局申请办理该门卫室的房屋所有权证。被告认定该门卫室系第三人取得合法建筑工程执照后建造。遂根据《城镇房屋所有权登记暂行办法》第8条、《上海市城镇房屋产权登记暂行办法》第6条第1项的规定，向第三人核发了沪房长字第25880号房屋所有权证。

原告仙霞别墅（785弄）业主管理委员会不服，于1997年1月28日诉至上海市长宁区人民法院。原告诉称：本市虹古路785号门卫室系仙霞别墅小区公建配套设施，该小区全体业主在购买仙霞别墅商品房时，已购买了小区建筑占地分摊面积，即系争的门卫室土地面积已由全体业主购买，故门卫室的产权应属于全体业主共有，被告将系争房屋的所有权证核发给第三人上海新城房产企业公司的具体行政行为是不合法的，请求予以撤销。被告上海市房屋土地管理局辩称：被告根据建筑工程执照及《城镇房屋所有权登记暂行办法》第8条规定，向新城房产企业公司核发虹古路785弄门卫室的房屋所有权证，核发证行为认定事实清楚、证据充分，请求维护其发证行为。第三人上海新城房产企业公司述称：全体业主在购买仙霞别墅商品房时，虽然购买了小区建筑占地分摊面积，但门卫室外的房屋建筑面积并未被小区业主购买。被告根据建房执照核发房屋所有权证的具体行政行为是合法有效的，请求予以维护。

法院经审理后认为：虹古路785弄门卫室作为仙霞别墅小区配套设施之一，

是该小区必需的物业管理服务用房，故该门卫室产权不应游离于仙霞别墅住宅的产权而单独核发。第三人因内部分工通过行政调拨取得仙霞别墅销售权，在出售仙霞别墅住宅后又受业主委托进行物业管理而继续占有、使用门卫室，法理上属于占有改变。因此，被告向上海新城房产企业公司核发房屋所有权证的行为缺乏法律依据，依法应予撤销。法院判决撤销上海市房屋土地管理局 1994 年 4 月 4 日核发给上海新城房产企业公司的沪房长字第 25880 号房屋所有权证。

➢ 法理评析

本案涉及物业管理门卫房所有权归属问题。虹古路 785 弄门卫室属于上海市居住区第四开发公司建造仙霞别墅地一并提出申请构筑的小区配套设施之一，是该小区必需的物业管理服务用房。对于小区配套设施的权属，《物权法》第 73 条规定：建筑区划内的其他公共场所、公用设施和物业服务用房，属于业主共有。《物业管理条例》第 38 条规定：物业管理用房的所有权依法属于业主。所以，法律并不允许当事人就物业管理用房的所有权归属作不同于法律规定的约定。也就是说，开发商在建造商品房出售时，必须无条件向小区提供必需的物业管理用房，作为小区的门卫室自然是小区必需的物业管理用房。因此，该门卫室产权不应游离于仙霞别墅住宅的产权而单独核发。第三人因内部分工通过行政调拨取得仙霞别墅销售权，在出售仙霞别墅住宅后又受业主委托进行物业管理而继续占有、使用门卫室，在法理上仅属于占有主体的改变。即使是其建筑，因门卫室属于公共配套设施，其所有权也应归属于全体业主，而非第三人。而被告上海市房屋土地管理局将该门卫室产权核发给第三人，其行政行为与法律相违，故法院撤销被告核发的房屋所有权证是正确的。

三　绿地所有权归属

《物权法》第 73 条规定：建筑区划内的绿地，属于业主共有，但属于城镇公共绿地或者明示属于个人的除外。所以，确定绿地所有权归属应按照以下几个规则：

首先，绿地应位于建筑区划内。建筑区划范围是规划部门确定的小区的区域范围。只有建筑区划范围内的物业才是小区物业管理的范围，也只有建筑区划范围内的物业才使用建筑物区分所有权制度来确定专有部分、共有部分等范围。建筑区划范围外的绿地一般的属于城镇公共绿地，在所有权归属上一般不存在疑问。我们所要讨论的绿地所有权归属的问题仅指建筑区划内的绿地范围。

其次，如果建筑区划内的绿地属于城镇公共绿地，则不属于小区业主共有。这里注意三个问题：一是建筑区划内的绿地是否属于城镇公共绿地是由城市规划部门依法对小区进行规划时确定和批准的，它并不是当事人自己任意确定的。二是建筑区划内的城镇公共绿地不得任意处分，即不能由当事人任意处分为业主共有或单独所有。城镇公共绿地的所有权由政府享有，任何人的处分行为都构成侵权。三是建筑区划内的业主可以对城镇公共绿地进行适当的使用，同时应尽必要的管护之责。

最后，对于建筑区划内的不属于城镇公共所有的绿地，可以因“明示”而属于个人所有；对于无“明示”的非城镇公共绿地，应当认定为由业主共有。所以，建筑区划内的绿地的所有权归属以业主共有为原则，以城镇公共所有或明示为个人所有为例外。建筑区划内的绿地的所有权归属之所以以业主共有为原则，是因为绿地所基于其上的土地使用权是全体业主共有，离开了土地，绿地将无处存在。

这个规则看起来似乎界限是清楚的，可这里的“明示”究竟是谁的明示？如果是开发商和购房人之间的明示，那么，他们之间的明示是否能够约束其他的区分所有权人以及是否可以处分其他区分所有权人的共有权？所以，在《物权法》出台后，人们对“绿地属于业主共有，但是明示属于个人的除外”中的“明示属于个人”在理解上产生了分歧和争论。比如，开发商在卖房的时候将一楼绿地附随于一层住宅一同发售，或将小区中的某一块绿地卖给了个人，是否均属于《物权法》中所说的“明示”？如果是这样，则将可能产生这样的后果：即开发商将原本属于小区所有业主的绿地所有权，通过约定变为个人的专有权的附属部分，从而侵犯其他的区分所有权人对绿地的权利。因此，《物权法》规定的“明示属于个人”应当理解为是出售前，规划设计中明示归附于某一单元房的，出售时又明示给个人的情形，而不是开发商卖给个人的；不存在约定处分小区共有绿地所有权和使用权的情况。

四 小区公用部分与配套公共设施的使用和管理

对小区公用部分与配套公共设施的管理，《物业管理条例》第 50 条规定：“物业管理区域内按照规划建设的公共建筑和共用设施，不得改变用途。业主依法确需改变公共建筑和共用设施用途的，应当在依法办理有关手续后告知物业服务企业；物业服务企业确需改变公共建筑和共用设施用途的，应当提请业主大会讨论决定同意后，由业主依法办理有关手续。”第 51 条规定：“业主、物业服务企业不得擅自占用、挖掘物业管理区域内的道路、场地，损害业主的共同利益。维修物业或者公共利益，业主确需临时占用、挖掘道路、场地的，应当征得业主委员会和物业服务企业的同意；物业服务企业确需临时占用、挖掘道路、场地，应当征得业主委员会的同意。”第 55 条规定：“利用物业共用部位、共用设施设备进行经营的，应当在征得相关业主、业主大会、物业服务企业的同意后，按照规定办理有关手续。业主所得收益应当主要用于补充专项维修资金，也可以按照业主大会的决定使用。”从上述管理条款的规定也可见，小区公用部分与配套公共设施所有权应归属于业主。业主要改变用途，只需通知物业服务企业，但物业服务企业要改变公用部分用途的，则必须提请业主大会讨论决定。物业管理区域内的道路、场地所有权归属业主，故物业服务企业不得擅自占用、挖掘，因维修物业或者公共利益，也应当征得业主委员会的同意。

第五节　物业管理法律责任

一　物业管理法律责任的概念和特征

（一）物业管理法律责任的概念

物业管理法律责任是指自然人、法人或国家公职人员由于违反物业管理法律规范行为而应当承担的法律后果。法律责任根据不同的标准可以作各种不同的分类，如以内容为标准可分为人身责任和财产责任；以责任的程度为标准可分为有限责任和无限责任；以责任主体为标准可分为个人责任和单位责任。我们依据引起责任的行为性质为标准，将物业管理法律责任分为划分为民事责任、行政责任和刑事责任。

（二）物业管理法律责任的特征

《物业管理条例》明确了物业管理中各方主体的法律责任，该条例规定的法律责任有如下几个方面的特点：

（1）行政责任、民事责任并存。物业管理本质上是一类特殊的民事关系，即其中的一方主体是广大业主，因此还存在着单个业主利益和全体业主共同利益的冲突，同时，物业服务企业的违法行为往往损害的是多数业主的利益，已经具有了公共利益的性质，所以，物业管理中的违法行为多数都构成民事违法和行政违法两个方面。《物业管理条例》在设定法律责任时，对行政责任和民事责任都作了相应的规定。

以规定民事责任的方式来实现国家行政管理的目的，是《物业管理条例》中法律责任规定的一个特点，体现了市场经济条件下国家行政管理的新理念。国家行政机关由直接的干预者变成宏观的管理者，通过为社会生活主体设定科学的行为规则、责任体系，让社会主体自己判断是非，对自己的行为负责。

（2）为了处理好行政处罚和承担民事责任的关系，《物业管理条例》在设定法律责任时遵循了以下原则：凡是能够通过承担民事责任解决的，不再设定行政处罚的原则；确实涉及违反行政管理规定，损害公共利益，需要给予行政处罚的，则优先保证民事责任的承担，以充分体现优先保护全体业主利益的原则。

（3）体现了业主自我管理、自我监督的原则。由于物业管理涉及单个业主和全体业主共同利益的矛盾，当业主的某些违法行为损害全体业主共同利益时，由业主先进行自我管理、自我约束，然后再承担法律责任。

二　物业管理民事法律责任

（一）业主的民事责任

（1）违反物业服务合同约定，业主逾期不交纳物业服务费用的，业主委员会应当督促其限期交纳；逾期仍不交纳的，物业服务企业可以向人民法院起诉。

（2）业主房屋可能危及毗连房屋和公共安全、小区观瞻时，业主不及时修缮，对此违法行为由业主委员会和物业服务企业批评教育，责令限期修缮，排除危险。如果业主拒不修缮的，业主委员会和物业服务企业可以进行修缮，所发生的费用由业主承担。已经造成损失的，违法业主应当赔偿损失。

（3）房屋共有人对危险房屋有治理义务，房屋共有人不按有关规定及时治理危险房屋，区分所有建筑物的共用部分造成损害的，与此共用部分有关的业主应当共同承担民事责任。

（4）业主在进行家庭居室装饰装修时有如下违法行为的，由业主委员会和物业服务企业予以制止、批评教育、责令限期改正，依照法律和依法制定的管理规约和共用部分使用规则等物业管理自治规则提请有关部门处理。如果造成损失的，违法业主应当赔偿损失：①在车辆、行人通行的户外施工，不安置警示标志；②在晚间居民正常的睡眠时间进行有噪声的房屋装修施工；③从楼上向地面或由垃圾道、下水道抛弃因装饰、装修居室而产生的废弃物及其他物品；④违规堆放、使用、清运易燃装饰材料，家庭居室装饰、装修所形成的各种废弃物，不按照有关部门指定的位置、方式和时间进行堆放及清运；⑤破坏或者拆改厨房、厕所的地面防水层，以及水、暖、电、煤气等配套设施；⑥任意刨凿顶板，不经穿管直接埋设电线或者改线；⑦随意增加楼地面净荷载，在室内砌墙或者超负荷吊顶、安装大型灯具及吊扇；⑧随意在承重墙上穿洞，拆除连接阳台门窗的墙体，扩大原有门窗尺寸或者另建门窗；⑨其他影响相邻居民正常生活、违反家庭装饰、装修法律规定的行为。

（二）物业服务企业的民事责任

（1）物业服务企业未取得资质证书从事物业管理的民事责任。未取得资质证书从事物业管理，给业主造成损失的，依法承担赔偿责任。

（2）物业服务企业聘用未取得物业管理职业资格证书的人员从事物业管理活动的民事责任。物业服务企业聘用未取得物业管理职业资格证书的人员从事物业管理活动，给业主造成损失的，依法承担赔偿责任。

（3）物业服务企业将一个物业管理区域内的全部物业管理一并委托给他人的民事责任。物业服务企业将一个物业管理区域内的全部物业管理一并委托给他人的，委托所得收益，用于物业管理区域内物业共用部位、共用设施设备的维修、养护，剩余部分按照业主大会的决定使用，给业主造成损失的，依法承担赔偿责任。

（4）未经业主大会同意，物业服务企业擅自改变物业管理用房的用途，有收益的，所得收益用于物业管理区域内物业共用部位、共用设施设备的维修、养护，剩余部分按照业主大会的决定使用。

（5）有下列行为之一，所得收益，用于物业管理区域内物业共用部位、共用设施设备的维修、养护，剩余部分按照业主大会的决定使用：①擅自改变物业管理区域内按照规划建设的公共建筑和共用设施用途的；②擅自占用、挖掘物业管理区域内道路、场地，损害业主共同利益的；③擅自利用物业共用部位、共用设施设备进行经营的。

（三）建设单位的民事责任

（1）未履行法定前期物业管理义务的民事责任。这是指建设单位作为新建房屋出售单位，违反《物业管理条例》关于前期物业管理的规定，不履行或不完全履行自己在物业管理方面依法应作为的义务所应承担的民事责任。

（2）不履行物业移交法定义务的民事责任。这是指建设单位在向物业服务企业移交物业时，未按《物业管理条例》第 29 条的规定移交该宗物业的工程建设资料所应承担的法律责任。

（3）建设单位擅自处分属于业主的物业共用部位、共用设施设备的所有权或者使用权，给业主造成损失的，依法承担赔偿责任。

三 物业管理行政和刑事法律责任

（一）业主的行政责任和刑事责任

（1）业主挪用专项维修资金的处罚。挪用专项维修资金的，由县级以上地方人民政府房地产行政主管部门追回挪用的专项维修资金，给予警告，没收违法所得，可以并处挪用数额2倍以下的罚款；物业服务企业挪用专项维修资金，情节严重的，并由颁发资质证书的部门吊销资质证书；构成犯罪的，依法追究直接负责的主管人员和其他直接责任人员的刑事责任。

（2）有下列行为之一的，由县级以上地方人民政府房地产行政主管部门责令限期改正，给予警告，并按照《物业管理条例》第65条的规定处以罚款；所得收益，用于物业管理区域内物业共用部位、共用设施设备的维修、养护，剩余部分按照业主大会的决定使用：①擅自改变物业管理区域内按照规划建设的公共建筑和共用设施用途的；②擅自占用、挖掘物业管理区域内道路、场地，损害业主共同利益的；③擅自利用物业共用部位、共用设施设备进行经营的。个人有上述行为之一的，处1 000元以上、1万元以下的罚款；单位有前款规定行为之一的，处5万元以上20万元以下的罚款。

（3）业主以业主大会或者业主委员会的名义，从事违反法律、法规的活动，构成犯罪的，依法追究刑事责任；尚不构成犯罪的，依法给予治安管理处罚。

（二）物业服务企业的行政责任

（1）物业服务企业拒不按照法律、法规规定移交有关物业资料的处罚。不移交有关资料的，由县级以上地方人民政府房地产行政主管部门责令限期改正；逾期仍不移交有关资料的，对建设单位、物业服务企业予以通报，处1万元以上、10万元以下的罚款。

（2）物业服务企业未取得资质证书从事物业管理的法律责任。未取得资质证书从事物业管理的，由县级以上地方人民政府房地产行政主管部门没收违法所得，并处5万元以上、20万元以下的罚款。以欺骗手段取得资质证书的，依照《物业管理条例》第65条规定处罚，并由颁发资质证书的部门吊销资质证书。

（3）物业服务企业聘用未取得物业管理职业资格证书的人员从事物业管理活动的行政责任。物业服务企业聘用未取得物业管理职业资格证书的人员从事物业管理活动的，由县级以上地方人民政府房地产行政主管部门责令停止违法行为，处 5 万元以上 20 万元以下的罚款。

（4）物业服务企业将一个物业管理区域内的全部物业管理一并委托给他人的行政责任。物业服务企业将一个物业管理区域内的全部物业管理一并委托给他人的，由县级以上地方人民政府房地产行政主管部门责令限期改正，处委托合同价款 30%以上 50%以下的罚款；情节严重的，由颁发资质证书的部门吊销资质证书。

（5）物业服务企业挪用专项维修资金的处罚。挪用专项维修资金的，由县级以上地方人民政府房地产行政主管部门追回挪用的专项维修资金，给予警告，没收违法所得，可以并处挪用数额 2 倍以下的罚款；物业服务企业挪用专项维修资金，情节严重的，并由颁发资质证书的部门吊销资质证书；构成犯罪的，依法追究直接负责的主管人员和其他直接责任人员的刑事责任。

（6）物业服务企业擅自改变物业管理用房用途的法律责任。未经业主大会同意，物业服务企业擅自改变物业管理用房的用途的，由县级以上地方人民政府房地产行政主管部门责令限期改正，给予警告，并处 1 万元以上、10 万元以下的罚款。

（7）物业服务企业在物业使用和维护中的违法行为的法律责任。有下列行为之一的，由县级以上地方人民政府房地产行政主管部门责令限期改正，给予警告，并按照《物业管理条例》第 66 条第 2 款的规定处以罚款：①擅自改变物业管理区域内按照规划建设的公共建筑和共用设施用途的；②擅自占用、挖掘物业管理区域内道路、场地，损害业主共同利益的；③擅自利用物业共用部位、共用设施设备进行经营的。个人有前款规定行为之一的，处 1 000 元以上、1 万元以下的罚款；单位有前款规定行为之一的，处 5 万元以上、20 万元以下的罚款。

（三）建设单位的行政责任

（1）建设单位违法选聘物业服务企业的行政责任。住宅物业的建设单位未通过招投标的方式选聘物业服务企业或者未经批准，擅自采用协议方式选聘物业服务企业的，由县级以上地方人民政府房地产行政主管部门责令限期改正，给予警告，并处 10 万元以下的罚款。

（2）建设单位擅自处分业主对于物业管理区域内共用部位、共用设施设备的所有权或者使用权时所应承担的行政责任。建设单位擅自处分属于业主的物业共用部位、共用设施设备的所有权或者使用权的，由县级以上地方人民政府房地产行政主管部门处 5 万元以上、20 万元以下的罚款。

（3）建设单位拒不按照法律、法规规定移交有关物业资料的处罚。不移交有关资料的，由县级以上地方人民政府房地产行政主管部门责令限期改正；逾期仍不移交有关资料的，对建设单位、物业服务企业予以通报，处 1 万元以上 10 万元以下的罚款。

（4）建设单位在物业管理区域内不按照规定配置必要的物业管理用房的处罚。建设单位在物业管理区域内不按照规定配置必要的物业管理用房的，由县级以上地方人民政府房地产行政主管部门责令限期改正，给予警告，没收违法所得，并处 10 万元以上、50 万元以下的罚款。

本章小结

物业管理是指业主通过选聘物业服务企业，由业主和物业服务企业按照物业服务合同约定，对房屋及配套的设施设备和相关场地进行维修、养护、管理，维护物业管理区域内的环境卫生和相关秩序的活动。业主是指物业的所有权人，业主大会是一种自行组成、自治自律自助的自治性组织，业主委员会则是业主大会的执行机构，业主大会和业主委员会的设立和产生应遵守法律的规定，并履行法定的职责。管理规约是全体业主对有关物业的使用、维护、管理，业主的共同利益，业主应当履行的义务，违反公约应当承担的责任等事项依法作出约定。管理规约是整个物业管理活动中一个极为重要的法律文件。物业服务合同是业主委员会代表全体业主与物业服务企业就业主和物业服务企业双方在物业管理中的权利义务等物业管理事项进行约定的协议。《物权法》和修订后的《物业管理条例》对住宅小区公用部分与配套设施（包括车位、车库、绿地和管理用房等）所有权归属与管理作了较为明确的规定。物业管理法律责任是指自然人、法人或国家公职人员由于违反物业管理法律规范行为而应当承担的法律后果，依据引起责任的行为性质为标准将物业管理法律责任分为划分为民事责任、行政责任和刑事责任。

思考题

1. 物业服务合同的内容有哪些？
2. 如何认定业主的身份以及业主的权利义务有哪些？
3. 业主大会的召开及业主大会的主要职责是什么？
4. 业主委员会如何产生并行使责权？
5. 小区公用部分与配套公共设施的范围有哪些？

参考文献

1. 金俭：《房地产法研究》，科学出版社，2004 年版。
2. 周珂：《物业管理法》，法律出版社，2004 年版。
3. 王利明：《民法学》，中国人民大学出版社，2006 年版。
4. 高富平：《房地产法新论》，中国法制出版社，2001 年版。
5. 李宗锷：《香港房地产法》，商务印书馆，1988 年版。
6. 关涛：《我国不动产法律问题专论》，人民法院出版社，1999 年版。
7. 上海高级人民法院组织编写：《98 上海法院案例精选》，上海人民出版社，1999 年版。
8. 陆敏：《物业管理实务指南与案例分析》，中国工商出版社，2003 年版。
9. 陈华彬：《现代建筑物区分所有权制度研究》，法律出版社，1995 年版。
10. 李春涛、蔡育天：《物业管理基础教程》（修订本），上海三联书店，1998 年版。
11. 王秀云：《物业管理概论》，高等教育出版社，2003 年版。

第十二章　房地产税费法律制度

内容提要

通过本章的学习，了解房地产税收的概念，掌握房地产税收的主要内容和房地产收费的有关规定，了解我国现行房地产税制与费制分别存在的问题及其完善措施。

本章学习重点与难点：

我国房地产税种的具体内容及其征收管理规定以及计算；房地产开发收费项目、房地产中介服务费与房地产交易费等内容与有关规定；我国现行房地产税制存在的问题及其完善措施。

第一节　房地产税收法律制度

一　房地产税收概述

（一）房地产税收的概念

房地产税收是指国家在房地产开发、流转、管理过程中，以房屋和土地为课税客体，依法强制地向房地产纳税义务人征收的税赋。

房地产税有广义和狭义两种理解。广义的房地产税是指房地产开发经营中涉及的税，包括城镇土地使用税、耕地占用税、土地增值税、房产税、契税、印花税、营业税、城市维护建设税、固定资产投资方向调节税（现已暂停征收）、企业所得税、个人所得税等。狭义的房地产税是指以房地产为课税依据或主要以房地产经营流转行为为计税依据的税，包括土地税和房产税，具体有耕地占用税、城镇土地使用税、土地增值税、房产税、契税、印花税和营业税。本书仅对狭义的房地产税进行分析。

（二）房地产税收的法律特征

房地产税收除了一般税收所共同具有的强制性、无偿性、固定性的特征以外，还有它自己所特有的、区别于其他税收的特性：

1. 纳税主体的多样性

房地产税的纳税主体既包括房地产的所有人（或经营管理人），又包括房地产投资建设人和房地产经营机构。

2. 征税对象的复杂性

房地产税的征税对象包括房地产，也包括与房地产有关的行为。

3. 征税目的的多重性

国家征收房地产税的目的，除了获得财政收入，调节社会分配外，还为了加强对房地产业的引导，推动其健康发展。

二　土地税法律制度

土地税主要包括耕地占用税、城镇土地使用税、土地增值税等。

（一）耕地占用税

耕地占用税，是指国家对占用耕地建房或从事其他非农业建设的单位或个人，按其实际占有耕地的面积所征收的一种税赋。其法律依据是由国务院发布并于 1987 年 4 月 1 日起施行的《中华人民共和国耕地占用税暂行条例》以及 1987 年 6 月 25 日财政部发布的《关于耕地占用税具体政策的规定》。依税收分类，耕地占用税属于货币税、从量税、财产税和地方税。国家开征该税种的目的，主要是为了合理利用土地资源，保护农用耕地。

1. 纳税义务人

耕地占用税的纳税义务人是占用耕地建房或者从事其他非农业建设的单位和

个人，但外商投资企业除外。

2. 征税对象

耕地占用税的征税对象包括建房和其他非农业建设占用的国有和集体所有的耕地。这里所称的“耕地”系指用于种植农作物的土地。占用前三年内曾用于种植农作物的土地，亦视为耕地。占用鱼塘、园地、菜地及其他农业用地建房或者从事非农业建设，也属于本税种征收之列。

3. 计税依据

耕地占用税以纳税人实际占用的耕地面积为计税依据，按照规定税额一次性征收。

4. 税率

耕地占用税适用地区差别定额税率，具体规定如下：

(1) 以县为单位（以下同），人均耕地在1亩以下（含1亩）的地区，每平方米为2～10元；

(2) 人均耕地在1～2亩（含2亩）的地区．每平方米为1.6～8元；

(3) 人均耕地在2～3亩（含3亩）的地区．每平方米为1.3～6.5元；

(4) 人均耕地在3亩以上的地区，每平方米为1～5元。

为了协调政策，避免毗连地区征收税额过于悬殊，保证国家税收任务的完成，财政部对各省、自治区、直辖市每平方米的平均税额分别作了核定，分成九类地区，每平方米征收标准分别为2.5～9元。

5. 减免税

经济特区、经济技术开发区和经济发达、人均耕地特别少的地区，适用税额可以适当提高，但是最高不得超过规定税额的50%。

下列经批准征用的耕地，免征耕地占用税：

(1) 部队军事设施用地；

(2) 铁路线路、飞机场跑道和停机坪用地；

(3) 炸药库用地；

(4) 学校、幼儿园、敬老院、医院用地。

农村居民占用耕地新建住宅，按规定税额减半征收。农村革命烈士家属、革命残废军人、鳏寡孤独以及革命老根据地、少数民族聚居地区和边远贫困山区生活困难的农户，在规定用地标准以内新建住宅纳税确有困难的，由纳税人提出申请，经所在地乡（镇）人民政府审核，报经县级人民政府批准后，可以给予减税或免税。

6. 征收与管理

耕地占用税由财政机关负责征收。土地管理部门在批准单位和个人占用耕地后，应及时通知所在地同级财政机关。获准征用或者占用耕地的单位和个人，应当自批准之日起 30 日内按照规定税额向财政部门一次性缴纳。土地管理部门凭纳税收据和征用批准文件划拨用地。

（二）城镇土地使用税

城镇土地使用税，是指对在城市、县城、建制镇和工矿区范围内使用国有土地和集体土地的单位和个人，按其实际占用的土地面积和规定的土地等级所征收的一种税赋。征收土地使用税的法律依据是国务院发布自 1988 年 11 月 1 日起施行的《中华人民共和国城镇土地使用税暂行条例》。依税收分类，城镇土地使用税属于货币税、从量税、财产税和地方税。国家开征该税种的目的，主要是为了合理利用城镇土地，调节土地级差收入，提高土地利用效益，并加强对土地使用的管理。

1. 纳税义务人

城镇土地使用税的纳税义务人是在城市、县城、建制镇、工矿区范围内使用土地的单位和个人，不包括外商投资企业、外国企业和外国人。

城镇土地使用税由拥有土地使用权的单位或个人缴纳。拥有土地使用权的单位或个人不在土地所在地的，其土地的实际使用人或代管人为纳税人；土地使用权未确定或权属纠纷未解决的，其实际使用人为纳税人；共有土地使用权的，共有各方都是纳税人，由共有各方分别纳税。

2. 征税对象

城镇土地使用税的征税对象是在城市、县城、建制镇、工矿区范围内国家所有和集体所有的土地：

（1）城市的征税范围为市区和郊区的土地；

（2）县城的征税范围为县人民政府所在地的城镇的土地；

（3）建制镇的征税范围为镇人民政府所在地的土地；

（4）工矿区的征税范围为经省、自治区、直辖市人民政府批准的大中型工矿企业所在地的土地。

城市、县城、建制镇、工矿区范围的具体征税范围由省、自治区、直辖市人民政府具体划定。

3. 税率

城镇土地使用税采用的是地区差别定额税率，每平方米土地年应纳税额为：

(1) 大城市 0.5～10 元；

(2) 中等城市 0.4～8 元；

(3) 小城市 0.3～6 元；

(4) 县城、建制镇、工矿区 0.2～4 元。

各省、自治区、直辖市人民政府则应当在上述所列税率幅度内，根据市政建设状况、经济繁荣程度等因素，确定所辖地区的适用税额范围。经济落后地区的土地使用税适用标准，经省级人民政府批准可以适当降低，但降低额不得超过国家规定的最低税额的 30%，经济发达地区则可适当提高，但须经财政部批准。

4. 减免税

下列土地免征土地使用税：

(1) 国家机关、人民团体、军队自用的土地；

(2) 由国家财政部门拨付事业经费的单位自用的土地；

(3) 宗教寺院、公园、名胜古迹自用的土地；

(4) 市政街道、广场、绿化地带等公共用地；

(5) 直接用于农、林、牧、渔业的生产用地；

(6) 经批准开山填海整治的土地和改造的废弃土地，从使用的月份起免纳土地使用税 5～10 年；

(7) 由财政部另行规定免税的能源、交通、水利设施用地和其他用地；

除上述外，纳税人缴税确有困难需要定期减免的，由省级税务机关审核后，报国家税务局批准。

5. 计税依据和应纳税额的计算

(1) 计税依据是纳税人实际占用的应税土地面积。

(2) 全年应纳税额＝实际占用的应税土地面积（平方米）×适用税额。

6. 征收与管理

城镇土地使用税由土地所在地税务机关征收。

城镇土地使用税按年计算、分期缴纳，具体纳税期限由省、自治区、直辖市人民政府确定。对新征用的耕地，因使用者在征地时已经缴纳了耕地占用税，其应缴纳的土地使用税自批准征用之日起满 1 年时开始征收；征用的非耕地，自批准征用次月起缴纳土地使用税。

（三）土地增值税

土地增值税，是指对转让国有土地使用权、地上建筑物及其附着物并取得增值收入的单位和个人，就其转让房地产所得的增值额征收的一种税。其法律依据是国务院发布于1994年1月1日起施行的《中华人民共和国土地增值税暂行条例》。1995年1月27日财政部发布了《土地增值税暂行条例实施细则》并于同日起施行。依税收分类，土地增值税属于货币税、从价税、财产税和地方税。国家开征该税种的目的，主要是为了更好地规范土地、房产的市场交易秩序，合理调节土地的增值收益，抑制通过土地投机以获取暴利的行为，从而维护国家权益。

1. 纳税义务人

土地增值税的纳税人是转让国有土地使用权、地上建筑物及其附着物并取得增值收入的单位和个人。

2. 征税范围

（1）转让国有土地使用权；
（2）国有土地使用权与地上建筑物及其附着物一并转让。

3. 税率

土地增值税实行四级超率累进税率：
（1）增值额未超过扣除项目金额50%的部分，税率为30%（速算扣除率为0%）；
（2）增值额超过扣除项目金额50%、未超过扣除项目金额100%的部分，税率为40%（速算扣除率为5%）；
（3）增值额超过扣除项目金额100%、未超过扣除项目金额200%的部分，税率为50%（速算扣除率为15%）；
（4）增值额超过扣除项目金额200%的部分，税率为60%（速算扣除率为35%）。

4. 计税依据

土地增值税的计税依据是纳税人转让房地产所取得的增值额。

转让房地产所取得的增值额＝转让房地产所取得的总收入－法定扣除项目金额。

纳税人转让房地产所取得的收入，包括货币收入、实物收入和其他收入。

计算增值额的法定扣除项目有 5 项：

(1) 取得土地使用权所支付的金额，包括取得土地使用权时支付的地价款、有关登记与过户手续费；

(2) 开发土地的成本、费用；

(3) 新建房及配套设施的成本、费用，或者旧房及建筑物的评估价格；

(4) 与转让房地产有关的税金，包括转让房地产时缴纳的营业税、城市维护建设税、印花税与教育费附加等；

(5) 财政部规定的其他扣除项目。

5. 应纳税额计算

应税所得＝转让房地产所取得的增值额

＝转让房地产所取得的总收入－法定扣除项目金额

应纳税额的计算有两种方法：

应纳税额＝（各级距增值额×适用税率）之和

应纳税额＝增值额×适用税率－扣除项目金额×速算扣除率

➢案例 12.1

某纳税人转让房地产所取得的收入是 200 万元，其扣除项目金额是 50 万元。请计算该纳税人应缴纳的土地增值税是多少？

➢解答 1

(1) 增值额＝200－50＝150（万元）

(2) 增值额与扣除项目金额之比＝150/50＝300%（超过扣除项目金额 200%了，应该分四级分别适用税率）

(3) 计算各级距税额：

①增值额未超过扣除项目金额 50%的部分，税率为 30%

增值额 ＝ 50(扣除项目金额)×50% ＝ 25(万元)

应纳税额 ＝ 25×30% ＝ 7.5(万元)

②增值额超过扣除项目金额 50%未超过 100%的部分，税率为 40%

增值额 ＝ 50×(100%－50%) ＝ 25(万元)

应纳税额 ＝ 25×40% ＝ 10(万元)

③增值额超过扣除项目金额 100%未超过 200%的部分，税率为 50%

增值额 ＝ 50×(200%－100%) ＝ 50(万元)

应纳税额 ＝ 50×50% ＝ 25(万元)

④增值额超过扣除项目金额 200%的部分，税率为 60%

增值额 ＝ 150－(50×200%) ＝ 50(万元)

应纳税额 ＝ 50 × 60％ ＝ 30(万元)

（4）纳税人应纳土地增值税＝7.5＋10＋25＋30＝72.5（万元）

➢解答 2

（1）增值额与扣除项目金额之比＝150/50＝300％

（增值额超过了扣除项目金额的 200％，税率为 60％）

（2）应纳税额＝增值额×适用税率－扣除项目金额×速算扣除率

＝150×60％－50×35％＝72.5（万元）

不难看出，第二种方法简便省时，易于计算。

6. 减免税

有下列情形之一的，免征土地增值税：

（1）纳税人建造普通标准住宅出售，增值额未超过扣除项目金额的 20％；

（2）因国家建设需要依法征用、收回的房地产的；

（3）对居民个人拥有的普通住宅，在其转让时暂免征收土地增值税（自 1999 年 8 月 1 日执行）。

7. 申报与征收管理

（1）纳税人应当自转让房地产合同签订之日起 7 日内向房地产所在地主管税务机关办理纳税申报，并在税务机关核定的期限内缴纳土地增值税。

（2）有下列情形之一的，按照房地产评估价格计算征收：①隐瞒、虚报房地产成交价格的；②提供扣除项目金额不实的；③转让房地产成交价格低于房地产评估价格，又无正当理由的。

（3）土地增值税由税务机关征收。土地管理部门、房产管理部门应当向税务机关提供有关资料，并协助税务机关依法征收土地增值税。

（4）纳税人未按照规定缴纳土地增值税的，土地管理部门及房产管理部门不得办理有关的权属变更手续，不得发放房地产权属证书。未经权属变更登记，转让房地产行为不受法律承认和保护。

三　房产税法律制度

房产税主要包括房产税、契税、印花税和营业税等。

（一）房产税

房产税，是就城镇范围的房产，以房产价值和租金收入为计税依据，对房屋所有人或使用人所征收的一种税赋。征收房产税的法律依据是国务院发布的于1986年10月1起施行的《中华人民共和国房产税暂行条例》。依税收分类，房产税属于货币税、从价税、财产税和地方税。

1. 纳税义务人

房产税的纳税义务人为在中国境内拥有房屋产权的单位和个人，房产税由产权所有人缴纳。不包括外商投资企业、外国企业和外国人。产权属于全民所有的，由经营管理的单位缴纳。产权出典的，由承典人缴纳。产权所有人、承典人不在房产所在地的，或者产权未确定及租典纠纷未解决的，由房产代管人或者使用人缴纳。

2. 征税对象

房产税的征税对象为城市、县城、建制镇和工矿区内的用于生产经营的房产。

3. 计税依据

房产税的计税依据有以下两种：

（1）依照房产原值一次减除10%～30%后的余值计算。没有房产原值作为依据的，由房产所在地税务机关参考同类房产核定。

（2）房产出租的，以房产租金收入为计税依据。

4. 税率

（1）依照房产余值计算缴纳的，税率为1.2%；

（2）依照房产租金收入计算缴纳的，税率为12%（2001年1月1日起，对个人按市场价出租居民住房，房产税暂减按4%的税率征收）。

5. 应纳税额计算（房产税按年计算征收，分期缴纳）

房产税应纳税额按以下公式计算：

（1）依房产余值计算：

应纳房产税额＝［房产原值－房产原值×（10%～30%）］×1.2%

（2）依房产租金收入计算：

应纳房产税额＝房产租金收入×12%

6. 减免税

下列房产免征房产税：

(1) 国家机关、人民团体、军队自用的房产；

(2) 由国家财政部门拨付事业经费的单位自用的房产；

(3) 宗教寺庙、公园、名胜古迹自用的房产；

(4) 个人所有非营业用的房产（即居民住房）（注：个人拥有的营业用房或出租房产应该照章纳税）；

(5) 经财政部批准免税的其他房产。

除上述房产外，纳税人纳税确有困难的，可由省、自治区、直辖市人民政府确定，定期减征或者免征房产税。

➢ 案例 12.2

某城市居民自有一栋旧楼房，共 20 间，其中 4 间用于生活居住，5 间用于开餐馆（房屋原值为 80 000 元），剩余的 11 间出租给某企业，每月收取租金 5 000 元。该地区规定按房产原值一次扣除 20%后的余值计税。请计算该居民当年应纳多少房产税？

➢ 解答

(1) 该居民用于生活居住的 4 间房屋，免征房产税

(2) 用于开餐馆的 5 间房屋

应纳房产税＝（800 000－800 000×20%）×1.2%＝768（元）

(3) 出租给某企业 11 间经营用房屋

应纳房产税＝5 000×12×12%＝7 200（元）

(4) 该居民全年应纳房产税＝768＋7 200＝7 968（元）

（二）契税

契税，是指在房地产权发生转移时，就当事人订立的契约，按照房产价的一定比例向不动产取得人一次性征收的税。其法律依据是国务院发布于 1997 年 10 月 1 日起施行的《中华人民共和国契税暂行条例》。依税收分类，契税属于货币税、从价税、财产税和地方税。

1. 纳税义务人

契税的纳税义务人是在我国境内转移房地产权属的承受人，包括土地使用权受让人及房屋的买方、受赠人或交换人。

2. 计税依据

依据房地产权属转移方式不同，契税的计税依据分成三种：

（1）国有土地使用权出让、土地使用权出售、房屋买卖，为成交价格。

（2）土地使用权赠与、房屋赠与，由征收机关参照土地使用权出售、房屋买卖的市场价格核定。

（3）土地使用权交换、房屋交换，为交换的土地使用权、房屋的价格的差额。

成交价明显低于市场价并且没有正当理由的，或所交换土地使用权、房屋的价格的差额明显不合理并无正当理由的，由征收机关参照市场价格核定。

3. 税率与应纳税额计算

契税适用比例税率3%～5%。其适用税率，由省、自治区、直辖市人民政府在该幅度内按照本地区的实际情况确定，并报财政部和国家税务总局备案。

契税应纳税额＝计税依据×适用税率

4. 减免税

下列情况免征或减征契税：

（1）国家机关、人民团体、军队单位承受土地、房屋用于办公、教学、医疗、科研和军事设施的，免征。

（2）城镇职工按规定第一次购买公有住房的，免税。但仅限于第一次购买公有住房，并且是在国家规定标准面积以内购买公有住房。超过国家规定标准面积的部分，仍应缴纳契税。

（3）因不可抗力灭失住房而重新购买住房的，酌情准予减征或免征。

（4）承受荒山、荒沟、荒丘、荒滩的土地使用权，用于农、林、牧、渔业生产的，免税。

（5）土地、房屋被县级以上人民政府征用、占用后，重新承受土地、房屋权属的，由省级人民政府确定是否减免。

（6）个人购买自用普通住宅，暂减半征收契税。

纳税人符合减征或免征契税规定的，应当在签订房地产权利转移合同后10日内，向土地、房屋所在地的契税征收机关办理减征或免征契税手续。

纳税人改变土地、房屋用途的，应当补缴已经减征、免征的契税。

5. 征收与管理

（1）契税征收机关为土地、房屋所在地的财政机关或者地方税务机关。具体征收机关由省、自治区、直辖市人民政府确定。

（2）契税纳税义务发生时间为纳税人签订土地、房屋权属转让合同的当天，或者纳税人取得其他具有土地、房屋权属转移合同性质凭证的当天。纳税人应当自纳税义务发生之日起10日内，向土地、房屋所在地的契税征收机关办理纳税申报，并在契税征收机关核定的期限内缴纳税款。

（3）土地管理部门在受理土地变更登记申请后，对土地权属及变更事项进行审核，对符合变更登记规定的，要求当事人出示契税完税凭证或免税证明。对未取得契税完税凭证或免税证明的，土地管理部门不予办理土地变更登记手续。

➢案例 12.3

某市甲公司：

（1）2005 年 5 月 3 日签订了一份财产转让合同，约定将其所属的 2 500 平方米的一片土地投资于 A 公司。5 月 7 日，甲在有关部门办理了房产转移手续，该片土地作价 50 万元。

（2）同年 6 月，该市政府决定征用包括甲公司一门市部房屋在内的 20 间房屋，并且该省规定所征用房屋的所有人重新购置房屋的契税自行负责缴纳。甲公司由于经营需要，重新购置了一处房屋 D，价值 150 万元。

（3）同年 10 月 20 日，甲公司由于发展需要，决定将新购置房屋 D 与 B 公司一房屋交换，经房地产评估机构评估 B 公司房屋价值 195 万元，甲公司房屋 D 的价值 150 万。经双方协商，甲公司补偿 B 公司差价 70 万元。

请计算甲公司应该缴纳多少契税（该市契税税率为 4%）。

➢解答

（1）将土地投资于 A 公司属于特殊方式转移房屋产权

应纳契税＝50×4%＝2（万元）

（2）购置房屋 D

应纳契税＝150×4%＝6（万元）

（3）交换房屋 D

应纳契税＝70×4%＝2.8（万元）

甲公司应纳契税＝2＋6＋2.8＝10.8（万元）

（三）印花税

印花税是国家对在经济活动中或经济交往中书立或领受特定凭证的单位和个人征收的一种行为税。其法律依据是《中华人民共和国印花税暂行条例》。

1. 纳税义务人

房地产印花税的纳税人是在我国境内书立、领受应税房地产凭证的单位和个人。就具体情况而言，房地产转让合同的纳税人是合同订立人，房屋租赁合同的纳税人是合同订立人，房地产权利许可证照（包括房屋所有权证和土地使用权证）的纳税人是领受人。

2. 征税对象

印花税的征税对象是书立和领受应税凭证的行为，主要包括以下几种：
（1）书立应税的合同或具有合同性质的凭证；
（2）书立产权转移书据；
（3）领受权利、许可证照；
（4）书立经财政部确定征税的其他凭证。

3. 计税依据

印花税的计税依据是应税凭证所记载的价款数额：
（1）房地产产权转移书据印花税的计税依据是书据所载明的金额；
（2）房屋买卖合同印花税的计税依据是买卖价款金额；
（3）房屋租赁合同印花税的计税依据是房屋租金数额；
（4）房地产权利证书的印花税是按件计收。

4. 税率

我国的印花税实行比例税率和定额税率两种税率。比例税率适用于房地产产权转移书据，税率为 5‰，房屋租赁合同税率为 1‰。定额税率适用于房地产权利证书，包括房屋所有权证和土地使用证，其税率均为每件 5 元人民币。

5. 印花税的缴纳

印花税实行“三自纳税”，由纳税人根据规定自行计算应纳税额，购买并一次贴足印花税票的缴纳办法。即纳税人按照应税凭证的类别和适用的税率自行计算应纳税额，自行购花，自行贴花。应纳税额较大或者贴花次数频繁的，纳税人可以向税务机关提出申请，采取以缴款书代替贴花或者按期汇总缴纳的办法。

印花税票应粘贴在应纳税凭证上，并由纳税人在每枚税票的骑缝处盖戳注销或者画销。应纳税凭证应于书立或领受时贴花。

（四）销售不动产营业税

营业税是在土地使用权转让和建筑物出售时，国家向土地使用权转让者和建筑物出售者征收的一种流转税。其法律依据是 1994 年 1 月 1 日施行的《营业税暂行条例》。

1. 纳税主体

销售不动产营业税的纳税主体是在中国境内转让土地使用权或销售建筑物及其他土地附着物的单位和个人。单位将不动产无偿赠与他人的，视同销售不动产，赠与人也是纳税人。

2. 计税依据是法定收入额，分为两种：

（1）营业收入额，包括纳税人向对方收取的全部价款和价外费用，不得从中扣除任何成本和费用；

（2）税务机关核定的营业额，当纳税人转让不动产价格明显偏低而又无正当理由时，或单位将不动产无偿赠与他人时，税务机关应依法核定其营业额。

3. 税率

销售不动产、转让土地使用权的营业税实行比例税率，税率为5%。

4. 征收与管理

转让土地使用权和销售不动产营业税，纳税义务发生的时间是纳税人收取营业收入款或者取得索取营业收入款凭据的当天。纳税人销售不动产应当向不动产所在地主管税务机关申报纳税；纳税人转让土地使用权的，应当向土地所在地主管税务机关申报纳税。

5. 减免

（1）对个人购买并居住超过一年的普通住宅，销售时免征营业税；

（2）个人购买并居住不足一年的普通住宅，销售时营业税＝（销售价－购入原值）×4%；

（3）个人自建自用住房，销售时免征营业税；

（4）企业、行政事业单位按房改成本价、标准价出售住房的收入，暂免征收营业税。

四　我国房地产税收政策的调整与房地产税制的完善

（一）我国房地产税收政策的调整

从1997年开始，国家果断采取积极措施，调整房地产税收政策，力图为房地产业的发展注入一支强心剂。这些立法新动向主要表现在两个方面：

(1) 出台鼓励消费的税收政策，对一般性商品房、普通住宅的消费不征税或减免税。

(2) 扩大内需、鼓励投资，对限制投资或不利于投资的税种做出调整，暂停征收或取消。例如，固定资产投资方向调节税，国家从 1999 年 7 月 1 日起减半征收，2000 年起暂停征收。再如，征收土地增值税，其目的主要是抑制过热的房地产交易及其投机行为、规范交易秩序，调节土地收益。现在经济背景发生了变化，已经到了研究其存废的时候了。日本曾经也有类似税收，但根据经济形势的变化已于 1992 年取消了该税收。

(二) 我国房地产税制的完善

税收有两大最重要原则，即税收公平原则和税收效率原则。从税收的基本原则出发，我国房地产税制应力求实现公平与效益的统一，充分发挥房地产税收的功能，促进市场公平竞争，保证整个房地产市场的健康有序运行。为此，要统一税法，公平税负，简化税制，合理分权，理顺分配关系，规范分配格局，促进国内市场与国际市场的接轨。适应社会主义市场经济的要求，应从以下几方面完善我国的房地产税制：

(1) 完善房地产税收法规，“有税收必有税法”，做到依法计征，减少行政干预，维护市场主体的独立性并充分发挥其主动性与积极性。

(2) 科学选择税种，简化税制。对于城镇土地使用税应加以废除，避免税费并举，重复课征，对房地产一级市场不再征税。

(3) 公平税负，使负担与受益具体一致，谁受益谁纳税，受益多负担多，受益少负担少，逐步解决按不同所有制、不同地区设置税种、税率，为市场主体的平等竞争创造条件。例如，现行房产税只对中国的企业和个人征收，对外商投资企业和外籍人员则一直沿用 1951 年政务院公布的《城市房地产税暂行条例》，这种内外两套税法的做法，造成了征税范围的不同，也导致了税负的不平，应该改变。又如，现行契税仍将国有企业、集体企业列为免税主体，现行耕地占用税也未对外商投资企业开征。种种弊端应及时纠正，以统一税法、公平税负、平等竞争。

(4) 科学计税，既要防止国有土地收益流失，又要防止不当加重纳税人的负担。土地增值税的计税依据是房地产的增值额，而房地产增值一般来自三个方面：城市人口增加、社会繁荣等引起的自然增值；政府对交通、通信等城市基础设施投资而引起的增值；投资者投资劳力、资本等引起的开发增值。对投资者来说，前两种增值是土地投资劳力、资本等引起的开发增值。前两种增值是土地增值税的课税对象，但对第三种开发增值课以土地增值税就极不合理。同时要合理设置税率，对现行税率过高的要适当调低，过低的要适当调高，既要考虑到经济的发展，又要适当照顾纳税人的实际负担能力，如现行契税的税率应适当调低。而印花税和耕地占用税的税率应适当调高，从而加大调节力度，充分发挥房地产税收在房地产市场中的杠杆调节作用。

(5) 加强房地产税收的征管工作。有了科学的房地产税收体系，尚应有健全的房地产税收的征收管理体制，加强调控力度，减少偷税、漏税、逃税、欠税、骗税现象的发生。首先，应完备房地产产权籍管理制度，防业房地产私下交易，增加房地产交易的公开透明。其次应健全房地产估价制度，完善房地产估价理论和评估方法，增强征管工作的可操作性，同时加强评估机构的建设。最后，应加大征管力度，抑制房地产投机行为，防止炒卖地皮，保证国有土地收益。

第二节　房地产收费制度

房地产费是指在房地产的开发、经营活动中发生的税以外的其他收费项目的总称。在房地产开发、经营过程中，除发生法定的税收外，还会发生如下一些合法的收费项目。

一　房地产开发活动中的收费

目前，我国在房地产开发活动中发生的收费项目主要有以下几项：

（一）市政公用设施建设费

市政公用设施建设费主要包括三种：

(1) 综合开发市政费，按商品房销售收入的15%计收。

(2) 分散建设市政费，其中住宅建设项目按纯住宅建筑面积每平方米价格的15%计收，并于开工前一次缴清。

(3) 分散建设生活服务设施配套建设费，此费按建筑面积每平方米价格之15%的标准收取。

（二）四源费

四源费是用来兴建自来水、污水、煤气、供热四项服务设施的费用。由于能源的价格低于其成本，政府部门每年要补贴大量资金来维持其简单再生产，为了缓解城市发展对能源的需求，筹集建设资金，政府向开发企业收取了四源费。

（三）其他费用项目

在房地产开发过程中，开发企业除按规定交市政公用设施建设费和四源费两项数额较大的收费之外，还会发生多种较小的收费项目，如城建综合开发项目管理费、房屋拆迁管理费、建设工程许可执照费、招投标管理费、土地权属调查地籍测量费、建设工程质量管理监督费、防洪费、绿化建设费、绿化补偿费等。

二 房地产中介服务费

房地产交易不同于一般的商品交换活动，它常常会涉及许多相关专业知识和一些专门技能。因此，房地产交易双方通常借助于专门的中介服务机构进行交易行为。房地产中介服务，是指房地产咨询、房地产价格评估、房地产经纪等活动的总称。在一方或双方委托中介服务机构来完成房地产交易时，就要支付中介服务性的费用。房地产中介服务费是发生在房地产交易活动中的一种重要的经营性服务收费。为了规范房地产中介服务及其收费行为，国家建设部发布了《城市房地产中介服务管理规定》、《关于房地产中介服务收费的通知》等规定。房地产中介服务收费必须实行明码标价制度。

目前我国的中介服务性收费主要有以下几种：

（一）房地产咨询费

房地产咨询收费按服务形式分为两种：

（1）口头咨询费，按咨询服务所需时间结合提供咨询者的专业技术等级，由双方协商议定收费标准。

（2）书面咨询费，按咨询报告的技术难度、工作繁简结合标的额大小计收。普通咨询报告每件收费 300～1 000 元；技术难度大、情况复杂、耗用人员和时间较多的咨询报告，可适当提高收费标准，收费标准一般不超过咨询标的额的 0.5%。以上收费标准属于指导性参考价，实际成交的收费标准，由委托方与中介服务机构协商议定。

（二）房地产经纪费

房地产经纪费是房地产专业经纪人接受委托，进行居间代理所收取的佣金。房地产经纪费根据代理项目的不同实行不同的收费标准。

（1）房屋买卖代理收费，按成交价格总额的0.5%～2.5%计收；

（2）房屋租赁代理的收费，以半个月至一个月的成交租金额为标准，由双方协商议定一次性计收；

（3）实行独家代理的，收费标准由委托方与房地产中介机构协商，可以适当提高，但最高不超过成交价的3%。

房地产经纪费由房地产经纪机构向委托人收取。

（三）房地产价格评估费

房地产价格评估费是房地产估价机构接受委托进行土地和房屋财产的价格评估而收取的报酬。

（1）土地价格评估的收费标准，按《关于土地价格评估收费的通知》的有关规定执行。

（2）以房产为主的房地产价格评估费，区别不同情况，按照房地产的价格总额采取差额定率分档累进计收。具体收费标准见表12.1。

表12.1　房地产价格评估费收费标准

档　次	房地产价格总额/万元	累进计费率/%
1	100以下（含100）	5
2	101以上至1 000	2.5
3	1 001以上至2 000	1.5
4	2 001以上至5 000	0.8
5	5 001以上至8 000	0.4
6	8 001以上至10 000	0.2
7	10 000以上	0.1

房地产价格评估收费，由具备房地估价资格并经房地产行政主管部门、物价主管部门确认的机构按规定的收费标准计收。

（四）其他中介服务性收费

办理预售许可证或外销许可证费、交易管理费、公证费、律师费等。

三 房地产交易费

房地产交易费是指在房地产交易过程中发生的收费项目，是房地产行政管理机关或其授权机构在房地产交易过程中对房地产业或房地产市场行使管理权所收取的费用。在房地产交易过程中，交易双方需要交以下几种费：

（一）登记费

登记费分为房屋登记费和房地产权登记费。凡办理房地产买卖、租赁登记，买卖、租赁双方要分别按件数交登记费。同时，因买卖、赠与、继承、交换等发生房屋产权转移的，由房地产权利的承受人交付登记费。

（二）手续费

国家发展计划委员会、建设部于2002年1月31日发布，2002年3月1日起执行的《关于规范住房交易手续费有关问题的通知》规定了经批准依法成立的房地产交易中心办理交易手续时收取住房交易手续费的标准：

（1）住房转让手续费，按住房建筑面积收取；新建商品住房转让手续费由转让方承担，每平方米3元，经济适用房减半计收；存量住房转让手续费由转让双方各承担50%，每平方米6元。

（2）住房租赁手续费，按套收取，由出租人承担，每套100元。

该通知还规定，住房以外的其他房地产交易手续费收费标准由各省、自治区、直辖市价格主管部门会同建设（房地产）行政主管部门参照本通知规定制定。

（三）权证费

在房地产交易中，领取房屋所有权证的，房屋所有权人应按件交权证费，领取房屋共有权证的也要按件交权证费。

四 我国房地产费制的完善

房地产费制的完善，关键在于房地产行政性收费方面，土地使用费和房地产事业性收费，则主要由市场调节，按照商品价值规律确定。而目前我国的房地产行政性收费，存在以下几方面的问题：

(1) 收费项目多，种类繁杂，缺乏规范性。这无疑大大加重了房地产开发人、经营人、销售人的负担，进而加重了房地产买受人的负担，许多地方的商品房价格居高不下，普通职工只能望房兴叹。

(2) 行政性收费机关繁多，主体不一。不仅有关的行政机关向房地产开发经营交易人收费，而且某些非行政机关，也巧立名目，以行政机关的名义收费，造成房地产行政性收费的极大混乱，且许多机关收费以后据为己有，不向上级主管机关汇报，造成国家收益的极大流失。

鉴于目前我国房地产行政性收费的状况，当务之急是加大执法力度，对没有法律、法规作为依据的乱收费、乱摊派的机关，不仅应责令其向当事人退回所收款项，而且对于情节严重的直接责任人员给予行政处分，构成犯罪的，移交司法机关严惩不贷。

同时应借鉴国外房地产收费的成功经验，简化收费项目，将房地产行政性收费限制在法律、法规作出明确规定的项目。西方发达国家的房地产收费主要有以下四项：

(1) 最主要的房地产收费制度是不动产转移手续费和登记费，主要按照不动产移转金额的一定比例或一定数额收取。

(2) 受益损或工程受益费。主要是指政府进行一次性土地投资，对因土地投资而使自身价值提高的周围土地实行土地所有者征收受益损和工程受益费。由于我国实行土地公有制度，这项收费对我国没有多大的参考价值，但可考虑对集体所有的土地征收，或将此项收费列入土地使用费。

(3) 差饷。此乃我国香港地区特有的收费，主要向物业使用人收取，具体征收办法是按照评定的应课差饷租值征收的一个百分率，全年分四期缴付，应课差饷租值是某物业向市场上公开出租时，预期全年应得的合理租值。

(4) 登记公证费。这是国际多数国家和地区在不动产转移时普遍征收的一项费用。如我国台湾地区规定：不动产遇有买卖、承典、交换、赠与、分割或占有而取得权利者，以乡镇区公所为鉴证，抽取1%的鉴证费，列入预算，充该乡镇区公所经费。而我国收费制度，加重了房地产所有人、使用人或交易人的负担，不符合国际惯例，某些不合理的方面应予以摈弃。

本章小结

房地产税收法律制度是国家税法的重要组成部分，完善的房地产税收法律制度是房地产业和房地产市场健康发展的保障。房地产税有广义和狭义两种理解，广义的房地产税是指房地产开发经营中涉及的所有税；狭义的房地产税是指以房地产为课税依据或主要以房地产经营流转行为为计税依据的税，包括土地税和房产税，本章仅对狭义的房地产税进行分析。土地税主要包括耕地占用税、城镇土地使用税、土地增值税等。房产税主要包括房产税、契税、印花税和营业税等。本章介绍了我国现行土地税和房产税中包括的几个主要税种的具体内容及其征收管理规定，指出了我国现行房地产税制存在的问题及其完善措施。

房地产费是指在房地产的开发、经营活动中发生的税以外的其他收费项目的总称，主要包括房地产开发活动中的收费、房地产中介服务费与房地产交易费。我国在房地产开发活动中发生的收费项目主要有市政公用设施建设费、四源费与其他费用项目。目前我国的房地产中介服务性收费主要有房地产咨询费、房地产经纪费、房地产价格评估费与办理预售许可证或外销许可证费、交易管理费、公证费、律师费等其他中介服务性收费。在房地产交易过程中，交易双方还需要支付登记费、手续费与权证费等有关的房地产交易费。本章介绍了我国目前在房地产开发经营活动中涉及到的几种收费项目，并指出了我国现行房地产收费制度存在的问题及其完善措施。

通过本章的学习，要了解房地产税收的概念，掌握几种具体的房地产税收的主要内容和房地产收费有关规定，了解我国现行房地产税制与费制分别存在的问题及其完善措施。

思考题

1. 房地产业的主要税种有哪些？
2. 耕地占用税的概念与免税范围如何？
3. 土地增值税的概念、纳税义务人的概念与计税方法是什么？
4. 什么是契税？其纳税义务人是谁？
5. 房地产交易中的行政性收费有哪些？
6. 我国现行房地产税制存在的问题及其完善措施有哪些？

参考文献

1. 邓力平：《经济全球化、WTO现代税收发展》，中国税务出版社，2000年版。
2. 邓力平、陈涛：《当代西方国际税收竞争理论评述》，《亚太经济》，2001年第7期。

第十三章　涉外房地产法

内容提要

通过本章学习，了解涉外房地产的概念、形式及应遵循的原则；掌握涉外房地产开发经营、涉外房地产交易、外商投资开发经营成片土地等法律制度；了解涉外房地产买卖的条件、程序；掌握涉外房地产买卖纠纷处理的原则。

本章学习重点与难点：

涉外房地产关系的法律适用；涉外房地产开发经营企业的设立及形式；涉外房地产经营中的法律问题；涉外房地产买卖与登记的法律问题；外商投资开发经营成片土地的法律问题。

第一节　涉外房地产概述

一　涉外房地产的概念及形式

涉外房地产，简单地说，就是具有涉外因素的房地产，是指外商投资企业在依据中国的法律取得国有土地使用权的土地上进行基础设施、房屋建设形成的房地产。这一概念在具体使用时又有广义和狭义之分。广义的涉外房地产是指在房地产法律关系要素中含有一个或一个以上涉外因素的房地产，包括主体涉外的房地产、内容涉外的房地产以及客体涉外的房地产等。主体涉外指的是房地产的开发经营主体或财产权益主体具有涉外因素，如外国投资者和中国投资者共同投资设立房地产开发企业开发、经营房地产，就属于主体涉外。此外，外国人或港、澳、台同胞继承祖国内地房地产，也比照涉外房地产对待。内容涉外指的是导致房地产法律关系产生、变更或消灭的法律事实发生在境外，如某中国公民在境外病故，由其继承人继承其位于境内的房地产，这是内容涉外。客体涉外指的是房地产法律关系的客体即房地产，就属于客体涉外。狭义的涉外房地产是指房地产法律关系客体位于我国境内而主体具有涉外因素的房地产。例如，外商投资企业或外国企业在依据中国法律取得国有土地使用权的土地上进行基础设施、房屋建设所形成的房地产法律关系，其客体位于中国境内，其主体由于有境外投资者的参与而具有涉外因素，从而构成涉外房地产问题。本章所论及的涉外房地产是狭义的涉外房地产。

在我国，涉外房地产的主要形式有：

(1) 外商投资企业开发、经营、使用、管理或所有之房地产。外商投资企业是指依照中国法律在中国登记成立，并受中国法律调整的外国人以私人直接投资方式独立设立或参与设立的各类企业的总称，包括中外合资经营企业、中外合作经营企业和外商独资企业。根据 1998 年《国务院关于鼓励台湾同胞投资的规定》和 1990 年《国务院关于鼓励华侨和香港澳门同胞投资的规定》，华侨、中国香港、澳门、台湾地区的投资者在境内投资举办拥有全部资本的合资经营企业、合作经营企业，除分别适用上述国务院规定外，参照执行国家有关涉外经济法律、法规的规定，享受相应的外商投资企业待遇。

(2) 外国公司、企业、其他组织或个人开发、利用、经营、管理或所有之房地产。其中，外国公司、企业和其他组织是指依照外国法律在中国境外登记成立的公司、企业和其他组织，外国个人是指具有外国国籍的自然人。

不论是外商投资企业，还是外国公司、企业、其他组织或个人，在我国境内从事房地产开发、经营、管理、交易，都应当遵守我国有关房地产的法律法规。

二 涉外房地产关系的法律适用

涉外房地产，不仅关系本国的国家主权和利益，关系维护本国法人和公民的利益，也关系保护外国国家、外国法人和公民的合法权益。因此，世界上任何一个国家，在调整涉外领域的经济关系时，不仅本国法律要加以调整和保护，与之相联系的外国法律亦要加以调整和保护，如此便不可避免地产生国际上的法律冲突和应当适用何国法作为准据法来调整涉外房地产关系的问题。涉外房地产关系的法律，即所谓的准据法，并且特指现行实体法，不包括冲突规范和程序法。

长期以来，国际社会上就盛行按照“依不动产所在地法”原则来解决法律冲突，并且这一原则已成为公认的国际私法规则，可见，我国的涉外房地产关系均应适应房地产所在地法，即我国国内法。也就是说，不论是外商投资企业，还是外国公司、企业、其他组织或个人，在我国境内从事房地产开发、经营、管理、交易，都应当遵守我国有关房地产的法律法规，具体而言，我国直接调整涉外房地产关系的法律法规主要有：

1979年制定并于1990年、2001年修订的《中华人民共和国中外合资经营企业法》（以下简称《中外合资经营企业法》）和1983年制定并于1986年、1987年和2001年修订的《中华人民共和国中外合资经营企业法实施条例》。《中外合资经营企业法》是我国最早的、亦是最重要的对外开放的法律之一，反映了我国城镇国有土地使用制度的最早变革，其第一次以法律形式允许中方合营者以土地使用权作为出资，并规定如果土地使用权未作为中方合营者投资的一部分，合营企业应向中国政府缴纳场地使用费。这应当可以说是我国城镇国有土地使用制度的最早变革。

1983年制定并于2000年修订的《中华人民共和国外资企业法》（以下简称《外资企业法》）。《外资企业法》对外国投资者向我国境内投资设立全部资本归其所有的企业作了规定，但并未涉及外资企业建设用地的内容。而在实践中，外资企业用地比照合资企业的规定，即由外国投资者向我国政府支付场地使用费。

1988年制定并于2000年修订的《中华人民共和国中外合作经营企业法》。该法规定中方合作者可以以土地使用权作为合作条件或者作为出资投入合作企业。

1986年制定的《关于鼓励外商投资的规定》对产品出口的外商投资企业和先进技术的外商投资企业的建设用地作了优惠性规定。

1986年制定并于1988年、1998年修订的《中华人民共和国土地管理法》。该法在附则中规定，中外合资经营企业、中外合作经营企业、外资企业使用土地的，适用该法，法律另有规定的，从其规定。从而明确了《土地管理法》对外商投资企业用地的效力。

1990年制定的《外资投资开发经营成片土地暂行的若干规定》。该规定引导外商把资金主要投向与我国鼓励引进的项目相配套的房地产开发项目。

1984年制定的《关于外国人私有房屋管理的若干规定》。目的是加强对外国人在中国境内私有房屋的管理，保护房屋所有人的合法权益，明确规定外国人在中国境内私有房屋的管理，保护房屋所有人的合法权益，明确规定外国人在中国境内的个人所有、数人共有的自用、出租的住宅和非住宅用房，应当遵守《城市私有房屋管理条例》的规定。

为了进一步扩大对外开放，规范对外商投资建筑管理，2002年底及2003年颁布的《外商投资建筑业企业管理规定》、《外商投资建设工程设计企业管理规定》、《外商投资城市规划服务企业管理规定》以及相应的补充规定，对外商投资建筑工程企业的经济行为进行具体的规范、限制和保护。

三 发展涉外房地产业应遵循的原则

发展涉外房地产业所应遵循的原则是涉外房地产企业、个人在我国从事房地产的开发、经营、管理、交易所应遵守的基本准则，对涉外房地产业的各个方面和全部过程均有普遍的指导意义，反映了涉外房地产业的本质特征。具体包括下列原则：

1. 维护国家主权原则

主权是国家独立自主地处理自己对内、对外事务的最高权力，对内具有最高性，对外具有独立性。维护国家主权原则是国际法的基本原则，是国家对外经济交往的基本原则，同时也是发展涉外房地产业的基本原则。在处理涉外房地产问题时，要把国家主权放在首位，使国家能够完全地、全面地、独立自主地、不受任何限制和干涉地行使主权，在处理国与国关系以及国家与他国国民、企业的关系时，不得损害国家的主权和利益，任何涉外房地产企业和个人在我国发展涉外房地产业都必须遵守我国的法律法规。

2. 维护土地所有权原则

我国《宪法》规定，社会主义中国实行土地公有，即国家所有和集体所有。由此可见，涉外房地产企业、个人在我国进行房地产开发经营，只是取得土地使用权，并未取得土地所有权，我国涉外房地产关系的实质是土地使用关系和房屋所有关系。土地是最重要的不动产，是一国物权制度的基础。因此，在涉外土地关系中，必须坚持我国土地所有权不受侵犯的原则，坚持国家和集体对土地的所有权，涉外房地产企业、个人只能拥有房屋所有权以及房屋占用范围内土地之使用权，中外合营企业的中方只能以土地使用权作价入股，而不能以土地作为出资，以维护社会主义土地所有权原则。

3. 土地有偿使用原则

社会主义市场经济要求土地的商品化经营，土地商品化经营要求以市场机制来配置土地资源，因此，土地应该有偿使用，涉外房地产企业、个人取得土地使用权须与国家签订土地使用权出让合同，交纳土地使用权出让金，取得土地使用权。《土地管理法》和《城市房地产管理法》均确立了土地有偿使用原则，明确规定国有土地使用权以出让方式为主，土地使用者须交纳土地使用权出让金。

4. 互惠互利原则

经济活动的本质是追求利益的最大化。涉外房地产业中，要坚持双方当事人法律地位平等，能够平等协商订立协议、合同和章程，使中外双方当事人能够从房地产业中获得其应有的经济利益，从而达到双方进行国际经贸合作的目的。涉外房地产投资领域，应注意使双方当事人平等互利，避免显失公平，更不允许一方只享有权利，另一方只承担义务。

5. 统一管理原则

涉外房地产的开发建设，要有一套具体而明确的管理制度。就城镇土地而言，由各级人民政府统一管理，任何单位和个人使用土地，都必须经过当地人民政府的审查批准，由人民政府对土地使用权统一进行有偿出让，并遵守已经确立的建设总体规划。

第二节　涉外房地产开发经营

涉外房地产的开发经营，是指涉外房地产开发经营企业依法取得国有土地使用权后，依照合同规定和国家建设规划开发土地、建设公用基础设施或房屋，从事房地产转让、抵押、房屋租赁等经营活动。

一　涉外房地产开发经营企业的设立

涉外房地产开发经营企业，是指依照我国外商投资企业法和有关房地产法律的规定，在我国境内设立的，由中国投资者和外国投资者共同投资或者仅由外国投资者投资的，从事房地产开发、经营、管理和服务等业务的独立的营利性经济组织。其主体具有涉外性，即有外国投资者的参与，在法律地位上是依照中国法律设立和进行活动的中国法人，在业务上则专门从事房地产开发经营活动，这是涉外房地产开发经营企业区别于一般房地产开发企业和一般外商投资企业的主要特征。

根据我国外商投资企业法，涉外房地产开发经营企业有以下三种形式：

(1) 中外合资房地产开发经营企业，即外国公司、企业、其他经济组织或个人同中国的公司、企业或其他经济组织依照中国法律，经中国政府批准，在中国境内共同投资、共同经营、并按投资比例分享利润、分担风险和亏损，专门从事房地产开发经营的企业法人组织。中外合资房地产开发经营企业属于股权式合营企业，其组织形式为有限责任公司，并采取董事会管理体制，是我国利用外资进行房地产开发的一种重要形式。

(2) 中外合作房地产开发经营企业，即外国公司、企业、其他经济组织或个人同中国的公司、企业或者其他经济组织依照中国法律在中国境内共同举办的，以合同约定合作双方权利义务，专门从事房地产开发经营的企业组织。中外合作房地产开发经营企业属于契约式合营企业，由中外双方在合同中约定出资或者合作条件，约定分配收益和回收投资以及分担风险和亏损的比例，在组织形式上既可以是具有法人资格的有限责任公司，也可以是不具有法人资格的合作企业，前者往往采取董事会管理体制，后者则一般设立联合管理委员会来决定企业的重大问题。

(3) 外资房地产开发经营企业，即依照中国法律在中国境内设立的全部资本由外国投资者投资，专门从事房地产开发经营活动的企业组织，不包括外国企业和其他经济组织在中国境内设立的分支机构。这种形式的企业，全部资本归外国投资者所有，并由外国投资者进行经营。

依照《中外合资经营企业法》、《中外合作经营企业法》、《外资企业法》、《城市房地产管理法》和《城市房地产开发经营管理条例》的规定，设立涉外房地产开发经营企业应具备以下条件：①有符合登记条件的名称和组织机构；②有固定的适合房地产开发业务需要的经营场所；③有人民币 100 万元以上的注册资本；④有 4 名以上持有资格证书的房地产专业、建筑工程专业的专职技术人员，2 名以上持有资格证书的专职会计人员；⑤法律、行政法规规定的其他条件。并且，省、自治区、直辖市人民政府可以根据本地方的实际情况，对设立房地产开发经营企业的注册资本和专业技术人员的条件作出更高的规定。

➢案例 13.1

东方实业公司于 1991 年 4 月成立了全资子公司天津市东方房产公司（以下简称东方房产公司）。而后，经天津市政府批准，东方房产公司与香港隆顺行于 1991 年 12 月共同投资组建了中外合资企业“东方房地产开发有限公司”。

1995 年 9 月，东方实业公司与东方房地产开发有限公司签订了《关于从东方开发有限公司撤出并进行清算的议定书》（以下简称《议定书》），约定东方房产公司从东方房地产开发有限公司撤出，东方房地产开发有限公司交香港隆顺行（东方房地产开发有限公司的外方合资人）独资由东方实业公司全权代理与香港隆顺行进行。在此基础上，东方实业公司的法定代表人代表东方房产公司，东方房地产开发有限公司法定代表人代表香港隆顺行，双方于 1996 年 2 月共同签订了《协议书》，约定了如下内容：东方房产公司和香港隆顺行同意终止合资，对外保留合资公司（即东方房地产开发有限公司）的名义；由东方实业公司委托会计师事务所对财务进行检查、审计、验证，东方房地产开发有限公司全部交给港方经营管理；双方清算后，东方房地产开发有限公司应付给东方实业公司的利润、费用、资本金等款项需在1996年3月底前全部付清。

1996年4月，东方实业公司的代表和香港隆顺行的代表（东方房地产开发有限公司的法定代表人）签订了《东方实业公司与东方房地产开发有限公司往来清算清单及附件》（以下简称《清单及附件》），列出东方房地产开发有限公司应向东方实业公司返还包括往来欠款、资本金在内的五笔款项共计4 875 401.42元。其中，往来欠款系东方房地产开发有限公司的中外双方股东之间债务相互抵消后，外方股东欠中方股东（东方房产公司）的款项，资本金是设立东方房地产开发有限公司时中方股东东方房产公司的出资款。之后，东方房地产开发有限公司向东方实业公司支付了100万元的还款，尚欠3 875 401.42元。

2000年4月，东方实业公司与东方房产公司签订了《关于东方房产公司转制前几个遗留问题的协议》（以下简称《协议》），约定，东方房产公司转制后，涉及对东方房地产开发有限公司的一切权利和义务由东方实业公司履行，全部善后工作由东方实业公司全权处理。因东方房地产开发有限公司尚欠实业公司部分款项未付，故东方实业公司起诉至一审法院。

一审法院认为，《协议书》、《清单以及附件》符合法律规定，应认定有效，双方当事人应认真履行合同。东方房地产开发有限公司未按约定向东方实业公司支付全部欠款存在过错，故支持东方实业公司的诉讼请求，判决东方实业公司胜诉，东方房地产开发有限公司应当偿还东方实业公司欠款3 875 401.42元。

东方房地产开发有限公司对一审判决不服，提出上诉，请求撤销原审法院的判决。其上诉理由为：

（1）东方实业公司不具备原告的主体资格，因为中外合资的东方房地产开发有限公司中唯一的中方股东是东方房产公司而非东方实业公司。

（2）《协议书》、《清单及附件》均属无效。因为：第一，该《协议书》和《清单及附件》所规定中方股东退出中外合资企业东方房地产开发有限公司未经合资企业的主管机构批准。第二，《协议书》和《清单及附件》规定以清算形式让中方股东直接收回投资和收益属于抽逃出资，其内容也是无效的。第三，《协议书》和《清单及附件》是由东方实业公司与东方房地产开发有限公司法定代表人以外方股东名义签订的，前者不是中方股东自己，后者也无外方股东香港隆顺行的合法授权。因此，双方签约行为均属无效。

二审法院根据《公司法》、《中外合资经营企业法》及其他相关法律法规，判决撤销原判，驳回东方实业公司的诉讼请求。

➢ **法理评析**

本案当事人签订的《协议书》和《清算及附件》，主要目的在于收回东方房产公司在东方房地产开发有限公司的投资，并了结东方房产公司与东方房地产开发有限公司的另一股东之间的债权债务关系。而本案是应该支持原告东方实业公司的诉讼请求，还是应该支持上诉人东方房地产开发有限公司的上诉理由，关键是对这两份合同的效力的确认。

一审法院的判决的根据是东方实业公司与香港隆顺行签订的《协议书》以及东方实业公司与东方房地产开发有限公司签订的《清算及附件》，该两份文件都是有效的合同。所以，东方房地产开发有限公司应当认真履行合同，偿还东方实业公司的欠款。而二审法院在进一步查清案件事实的基础上，结合《公司法》、《中外合资经营企业法》的有关规定，首先认定东方房地产开发有限公司是依法成立的合资企业，但《协议书》中约定东方房地产开发有限公司全部交由外方经营管理，对内终止合资，对外保留合资公司的名义，实质上是对中外合资企业东方房地产开发有限公司终止合资的约定。而该《协议书》未经原批准机关批准，未向工商行政管理主管部门登记，违反了《中华人民共和国中外合资经营企业法》第 14 条的规定，“合营企业如发生严重亏损、一方不履行合同和章程规定的义务、不可抗力等，经合营各方协商同意，报请审查批准机关批准，并向国家工商行政管理主管部门登记，可终止合同。如果因违反合同而造成损失的，应由违反合同的一方承担经济责任”。因此，《协议书》无效。另外，二审法院还认为，该《协议书》确定的东方房地产开发有限公司应偿还东方实业公司的欠款金额所依据的《清算及附件》，包括两部分款项：一部分是设立东方房地产开发有限公司时中方的投资，如由东方房地产开发有限公司来偿还这些欠款，实际上是变相地抽回中方投资，违反了《中华人民共和国中外合资经营企业法实施条例》第 19 条的规定，“合营企业在合营期内不得减少其注册资本。因投资总额和生产经营规模等发生变化，确需减少的，须经审批机构批准”；另一部分是东方房地产开发有限公司中外两个股东之间的往来欠款相互抵消后，外方股东欠中方股东的款项，东方房地产开发有限公司不是负有还款义务的当事人，因此，《清算及附件》也是无效的。既然《协议书》和《清算及附件》均属于无效合同，当然不能支持被上诉人东方实业公司要求东方房地产开发有限公司偿还“欠款”的诉讼请求。所以，二审法院撤销一审法院的判决是正确的。

二 涉外房地产的开发

涉外房地产开发包括一般涉外房地产开发和成片开发两种形式。

（一）一般涉外房地产开发

涉外房地产开发是指涉外房地产开发经营企业在依法取得土地使用权后进行一般性的土地开发，建设公用基础设施或房屋，并从事房地产转让、出租、抵押等经营活动。涉外房地产企业的开发建设项目，由省、自治区、直辖市计委会同建委、房地产管理部门实行专项计划管理，在城市规划区内开发建设的项目，须符合城市规划，服从规划管理；其建筑施工须纳入建筑市场统一管理，实行公开招标，按照统一规定方法评估和定标，工程质量应由工程质量监督部门实行监督，工程竣工后，须验收合格后方可出售、出租。

（二）成片开发

外商投资成片开发，是指外商依法组建开发企业（包括中外合资经营企业、中外合作经营企业、外资企业），在取得国有土地使用权后，依照规划对土地进行综合性的开发建设，平整场地，建设供排水、供电、供热、道路交通、通信等公用设施，形成工业用地和其他建设用地条件，然后进行转让土地使用权，经营公用事业；或者进而建设通用工业厂房以及相配套的生产和生活服务设施等地面建筑物，并对这些地面建筑物从事转让或出租的经营活动。

三　涉外房地产开发企业的权利和义务

涉外房地产开发企业在开发区域内依法从事开发经营，享有经营管理权，但不享有行政管理权，其与开发区域内的其他企业的关系是商务关系，而非行政管理关系；开发企业在开发区域内要接受我国政府的行政管理、司法管理、口岸管理和海关管理。具体而言，开发企业具有如下权利和义务。

（一）开发企业的权利

（1）开发企业对获得土地使用权的土地享有开发经营的权利。

（2）开发企业可以吸引投资者到开发区域投资，受让国有土地使用权，举办外商投资企业。在开发区域内举办外商投资企业应是先进技术型企业和产品出口型企业。

（3）开发企业实施成片开发规划，达到国有土地使用权出让合同规定的条件，可以转让国有土地使用权。

(4) 开发企业可以参加开发区域内邮电通信事业的建设。开发区域的邮电通信事业，由邮电部门统一规划、建设和经营，也可以经省、自治区、直辖市邮电主管部门批准，由开发企业投资建设，或者开发企业与邮电部门合资建设通信设施，建成后移交邮电部门经营，并根据双方签订的合同，对开发企业给予经济补偿。

(5) 开发企业有权进行公用事业的建设和经营。开发企业投资建设区域内自备电站、热力站、水厂与生产性公用设施的，可以经营开发区域内的供电、供水、供热等业务，也可以交地方公用事业企业经营。公用设施能力有富余，需要供应区域外，或者需要与区域外设施联网运行的，开发企业应与地方公用事业企业按国家有关规定签订合同，按合同规定的条件经营。但开发区域接引区域外水、电等资源的，应由地方公用事业企业经营。

(6) 开发企业有权进行港区和码头的建设和经营。开发区域地块范围涉及海岸港湾或者江河建港区段的，岸线由国家统一规划和管理，开发企业可以按照国家交通主管部门的统一规划建设和经营专用港区和码头。

（二）开发企业的义务

外商投资开发企业在成片开发中必须履行如下义务：

(1) 开发企业的基本义务是信守国有土地使用权出让合同，支付土地使用权出让金并依照合同规定综合开发国家出让的土地。

(2) 开发区域如果位于城市规划区范围内，开发企业从事各项开发建设必须符合城市规划要求，服从规划管理。开发区域和各项建设必须符合国家环境保护的法律、行政法规和标准。

(3) 开发企业未按照出让国有土地使用权规定的条件和成片开发规划的要求投资开发土地的，不得转让国有土地使用权。一般要求开发企业完成开发总投资的 25%的资金投入，同时要求转让的土地是已开发成具有建设条件的“熟地”，方可转让土地使用权；开发企业和其他企业转让国有土地使用权，或者抵押国有土地使用权，以及国有土地使用权终止，应依照国家土地管理的法律和行政法规办理。

(4) 开发企业不得在开发区域内从事我国法律和行政法规所禁止的经营活动和社会活动。开发区域的行政管理、司法管理、口岸管理、海关管理等，分别由国家有关主管部门、所在地地方人民政府和有管辖权的司法机关组织实施，开发企业应服从管理。

四　涉外房地产经营

（一）涉外房地产经营的一般原则

（1）涉外房地产企业应以出让方式取得国有土地使用权，方可按出让合同规定转让、出租或抵押开发建设的房地产；以划拨方式取得国有土地使用权开发建设的房地产，须按规定办理国有土地使用权出让手续，补交土地使用权出让金。

（2）土地使用权和房屋产权同时移转。我国实行房屋所有权和土地使用权一致原则，房屋所有权移转时，其占用范围内土地的使用权亦发生移转；土地使用权移转时，其土地上房屋的所有权亦同时移转。

（3）房屋产权移转时，土地使用权出让合同中所规定的权利、义务和责任亦一起移转。

（4）预售、出售或出租房屋的期限与土地使用权出让合同规定的土地使用权期限一致。

（二）涉外房地产销售

房地产销售包括内销和外销。所谓内销，是指向境内的企业、其他组织和公民个人销售，其价格一般较低；所谓外销，是指向境外（包括国外和港澳台）的企业、其他组织和个人销售，其价格一般较高。根据我国法律规定，涉外房地产企业开发建设的商品房应以外销为主，其比例不得低于可供销售总量的70%，并收取外汇；向境外销售的商品房，购买者的身份应当符合有关规定；向境内销售的商品房屋，其购买、租赁对象应主要为中外合资经营企业、中外合作经营企业和外资企业；境内居民个人可以人民币或境外汇入的外汇购买或租赁住宅；境内的国家机关、团体、事业单位和国有、集体企业，不得购买、租赁上述商品房作住宅、办公之用。房地产出售可在境内进行，也可在境外进行，但没有与我国建立外交关系或没有在我国设立商务代表处的国家或地区除外。

涉外房地产企业开发经营的商品房要进行销售，必须符合下列条件：①经建设工程质量监督机构验收，并取得其签发的验收合格证；②向房屋土地管理部门办理房地产登记，其中未申请预售的房地产项目，出售前应先经房屋土地管理部门批准；③凡分层、分套出售的商品房，应明确各层、各套的建筑面积、相应的土地使用权比例以及公用部位的分摊面积；④分层、分套出售商品房的，应在房屋出售前制定《房屋使用、管理、维修公约》，并报房屋土地管理部门核准。

具体销售商品房时，房屋买卖双方应订立房屋销售合同（亦称房屋买卖合同），合同应包括以下内容：①房屋买卖双方的姓名、国籍、地址和身份；②房屋的位置、编号、建筑面积及平面图纸；③随之移转的土地使用权的比例或范围；④房屋价金；⑤房屋价金支付方式；⑥房屋的使用性质、权属转移的内容；⑦房屋产权人必须遵守《房屋使用、管理、维修公约》的约定；⑧违约责任；⑨双方约定的其他内容。房屋销售合同必须明确界定双方当事人的权利和义务。

房屋出售价格由房屋买卖双方协商确定。如出售价格明显低于房屋所在地商品房成本价的，当地市、县人民政府房地产管理部门有优先购买权。房屋出售人应将成交价向当地县级以上地方人民政府规定的部门如实申报，不得瞒报或作不实之申报。另外，房屋买卖双方应在房屋买卖合同签订之日起 30 日内，按规定办理房屋所有权、土地使用权过户登记，领取房屋所有权证和土地使用证。出售房屋的涉外房地产企业不得将已出售的房屋重复出售。

第三节　涉外房地产买卖与登记

涉外房地产买卖，主要是指房地产买卖主体具有涉外因素，如外国人、无国籍人、外国法人、组织或港澳台同胞购买国内房地产情况。对于涉外房地产买卖，我国主要是通过一些行政法规、部门规章、司法解释、地方法规规章等加以规定的。如《关于外国人私有房屋管理的若干规定》以及 2006 年 7 月 11 日我国六部委（建设部、商务部、国家发展和改革委员会、中国人民银行、国家工商行政管理局、外汇管理局）颁布的《关于规范房地产市场外资准入和管理的意见》（以下简称《意见》），对涉外房地产买卖进行规范。

一　涉外房地产买卖的条件

（一）涉外房地产买卖的对象限制

2001 年之前，我国各地普遍实行商品房内外销之区别。即外籍人士只能购买外销房，而不得购买内销房，购买内外销房的手续与房价是不同的。但 2001 年 8 月 1 日开始，上海市取消了关于商品房内外销的区分，实行内外销并轨；北京市也规定从 2002 年 9 月 1 日取消关于商品房销售的内外销之分的规定。到 2002 年底，各地逐步取消了关于内外销商品房的限制规定。也就是说，外籍人士包括港澳台同胞只要符合其他条件就可以购买中国内地商品房。

2006年7月11日我国六部委颁布的《意见》，对境外机构或私人购房的条件又进行了限制性规定。

(1) 境外机构在境内设立的分支、代表机构（经批准从事经营房地产业的企业除外）和在境内工作、学习时间超过1年的境外个人可以购买符合实际需要的自用、自住商品房，不得购买非自用、非自住商品房。在境内没有设立分支、代表机构的境外机构和在境内工作、学习时间1年以下的境外个人，不得购买商品房。中国香港、澳门、台湾地区居民和华侨因生活需要，可在境内限购一定面积的自住商品房。

考虑到中国香港、澳门、台湾地区居民和华侨与内地联系密切，其中很多人虽然没有在内地学习、工作，但在内地长期生活，允许其在境内购买自住的商品房是有必要的，因此《意见》规定可在境内限购一定面积的自住商品房。

(2) 符合规定的境外机构和个人购买自用、自住商品房必须采取实名制，并持有效证明（境外机构应持我国政府有关部门批准设立驻境内机构的证明，境外个人应持其来境内工作、学习，经我方批准的证明，下同）到土地和房地产主管部门办理相应的土地使用权及房屋产权登记手续。房地产产权登记部门必须严格按照自用、自住原则办理境外机构和个人的产权登记，对不符合条件的不予登记。

（二）台湾同胞特殊待遇

虽然建设部、商务部等六部委2006年7月发布的《意见》，其中规定包括台资企业和台商在内的境外机构和个人只能限购一定面积的自住商品房。但是，根据《台湾同胞投资保护法》规定：台湾同胞与内地居民在购房方面享受同等待遇。因此，当前各地作出相应规定，如北京市新出台的《关于规范境外机构和境外个人购买商品房的通知》明确规定：境外个人在本市购买自住商品房的，一人只能购买一套住宅，法律法规另有规定的，从其规定。也就是说，因为有《台湾同胞投资保护法》，这就解除了台胞在京购买商品房的限制。台胞在内地购房可享受与内地居民同等待遇，不受购一套房的限制。

（三）关于涉外房屋买卖的资金限制

国家外汇管理局、建设部公布相关规定强化房地产市场外汇管理，规范境外机构和个人购买境内商品房。

外汇管理部门审核外商投资企业、境外机构和个人购房的资金汇入和结汇，符合条件的允许汇入并结汇；相关房地产转让所得人民币资金经审核并确认符合规定条件，才予以办理纳税等手续，之后方允许购买款汇出。也就是说，外国人、外籍人士在中国境内购买商品房，其买卖房地产的资金必须以外汇形式，不得以人民币形式流转。在具体操作中还必须到外汇指定银行进行“审核”，即境外机构和个人从境外汇入购房款或从其境内外汇账户支付购房款的，应当经外汇指定银行审核确认相关材料后，将购房外汇资金结汇后划入房地产开发企业的人民币账户，不能将外汇资金直接划入房地产开发企业的外汇账户。因故不能完成商品房交易，需将人民币购房款购汇出的，经原结汇的外汇指定银行进行真实性审核确认后，可将人民币购房款购汇划回境外机构或个人外汇账户。

无论是境外机构、境外个人还是港澳台同胞与华侨，在符合购房要求的条件之后，有关外汇结汇的流程则按以下规定办理：①从境外汇入购房款的，应持相关文件向外汇指定银行申请，外汇指定银行进行真实性审核确认后，将购房外汇资金结汇后直接划入房地产开发企业的人民币账户。②从境内外汇账户支付购房款的，外汇指定银行同样将购房结汇资金直接划入房地产开发企业人民币账户。境内代表机构经常项目账户资金不得结汇购买境内商品房。房地产开发企业的经常项目外汇账户不得保留境内分支、代表机构、境外个人、港澳台同胞和华侨直接由境外汇入的购房款。但是对涉外房屋买卖的资金的限制与购房条件的限制有所不同，外汇流转环节的控制是实现调控目标的重要手段，其规范的主要目的不在限制，而在监管。

二 涉外房地产登记及涉外证明程序

涉外房地产登记可直接在房地产所在地的房地产登记机构办理。对外籍人士私有的房地产，应根据《关于外国人私有房屋管理的若干规定》办理登记。即房地产所有权人应到房地产所在地城市人民政府房地产管理部门办理所有权登记手续，经审查核实后，领取房屋所有权证；房屋所有权转移变更或所有人国籍变更时，需到房屋所在地房地产行政主管部门办理所有权转移变更登记手续。外国人私有房屋所有人不能亲自办理登记手续的，可以委托代理人或中国律师代为办理，委托办理应由本人出具委托书。办理涉外房地产登记除了需提交国籍、职业、身份等证明及其他与国内人相同的有关文件外，尚需要提交对这些证件经过公证、认证的涉外证明。

➢案例 13. 2

华侨张某，新中国成立前去台湾地区，20 世纪 80 年代后又去了美国定居。去台湾地区时，留下了老母亲和在南京夫子庙地段的 5 间房屋。60 年代，因生活所迫，张母将其中 4 间房屋出租以维持生计。60 年代末，张母去世。此房屋一直由张某亲戚和原承租人使用。1999 年，该房屋所在地区遇拆迁。张某获知，但因年迈无法回国办理拆迁事宜。于是通过朋友请了当地金律师代理拆迁安置补偿事宜。张某提供其委托代理书及相关文件的涉外公证与认证书。包括美国加利福尼亚州公证人的公证书，以及中国驻旧金山领事馆的认证书给拆迁人，由金律师全权代理张某拆迁补偿事宜。律师的提醒与介入，节省了涉外委托手续时间，也使得拆迁事宜得到了妥善解决。

房地产登记需要的涉外证明，是指经过公证、认证或国家认可的国外机构、组织出示的证明文件。公证就是由国家设立的公证机构或者国家批准的公证人，依照本国法律的规定，确认当事人要求的证明事项的真实性与合法性。认证就是指国家外交机关或国家驻外使领馆对证明文件的印章审查后，证明印章属实。国家公证机关及国家批准的公证人，其公证印章在该国外交机关均有印鉴备案，而使领馆亦有驻在国外交机关的印鉴备案。认证一般是先通过国家外交部或外交部授权的机关证明公证机构或人员出具的公证文书印章属实，然后由驻该国使领馆证明其驻在国外交机关认证所加盖的印章属实。因此，值得注意的是，经我国驻外使领馆认证后的公证文书，只是证明其程序有效的公证文书，即印章属实，至于经认证的公证文书其内容是否符合我国法律规定，则认证机关是不予认证的。因此，我国的房地产行政主管部门对当事人提交的经认证的公证文书还应履行其行政管理与审查的权限。只有内容符合我国法律规定的公证文书才能予以接受，并据此作为房地产登记的依据。如果内容违反我国法律规定或社会公共利益的，则不予确认。例如，产权人根据住在国法律，请求确认其在我国国内购买的房产的宅基地所有权的，对这种虽经公证、认证的文书，我国则不予确认。此外，办理产权登记手续和委托手续所提交的各种证件、证书必须是正本。如果证件、证书是用外国文字书写的，需同时附具经公证和认证的中文译本。

由于当事人的国籍和住所地不同，办理房地产登记的涉外证明程序要求也有所不同。主要有以下几种：

（1）居住在与我国有外交关系国家的华侨、外籍华人，可以直接到我国驻该国的使（领）馆办理公证证明，该证明无需再经认证，只要其内容符合我国法律规定，房地产管理机关应予采证。但如果当事人到住所地的公证人处办理的公证文件，则须经该国外交部或其授权的机构和中国驻该国使（领）馆的认证。

（2）居住在与我国有外交关系国家的外国人，应当到当地公证人处办理公证文书，然后经该国外交部或其委托机构认证，再经我国驻该国使（领）馆认证后，公证文书才有效。

（3）华侨、外籍华人以及外国人居住在与我国无外交关系的国家，其办理的公证文书，原则上需经该国外交部及该国和我国均有外交关系的第三国驻该国使

（领）馆认证。具体为：①在住所地国家办理公证；②经住所地国家外交部认证；③再到与我国和住所地国家均有外交关系的第三国驻该国使领馆认证；④再经第三国外交部认证；⑤最后经我国驻第三国使领馆认证。华侨、外籍华人办理此项认证手续确有困难的，可以请求房产所在地的县以上的侨务部门根据本部门掌握的情况，出具确认是该国公证人出具的公证文书的证明，如果该公证文书的内容不违反我国法律和政策的规定，房地产管理机关可以视该项房产的具体情况予以采证。

（4）港澳同胞办理国内房产登记事项的，需提交经我国司法部委托的律师办理的公证文书。目前，被我国司法部委托的香港律师共有 26 位。他们是：陈子钧、张永贤、何耀棣、廖瑶珠（女）、阮北耀、胡百熙、练松柏、翁家灼、毛云龙、王泽长、余平仲、李业广、林汉武、梁乃鹏、梁爱诗、唐天燊、高汉钊、张子源、张恩纯、黄乾亨、黄颂显、杨少初、邓尔邦、黎锦文、戴锁涛、肖弘毅。司法部要求这 26 位律师出具的证明文书必须由其本人亲笔签名、盖章，并要求将公证文书的附本一份寄到房地产所在地的房地产管理机关，以便查核。如发现有伪造律师公证文书的嫌疑，可将原件送各省、自治区、直辖市司法厅（局）公证管理处辨认。

（5）澳门南光公司、澳门南光（集团）有限公司、中国银行澳门分行及澳门工会联合总会、澳门中华教育会、澳门中华总商会、澳门街坊会联合总会等机构、社团为本机构、社团工作人员和会员出具的证明文书，房地产管理机关应予以采证。

（6）台湾同胞在台湾公证机关办理的公证文书，房地产管理机关可作参考，视该房地产的具体情况予以采证。

（7）华侨、港澳同胞、台湾同胞、外籍华人以及外国人继承在我国国内的房产，适用我国的法律规定。当事人除了按上述要求办理涉外证明外，还需向国内房屋所在地公证机关提供其住所在地公证人出具的亲属关系、出生、死亡、婚姻状况等公证证明。再由房地产所在地公证机关出具继承权公证书。房地产管理机关依据继承权公证书办理房产登记事项。涉外房产继承之所以必须经国内公证手续，其主要原因是各国财产继承的法律、政策差异较大，因此对于国外当事人的房产继承要求，特别是法定继承，则不能简单地依照国外公证的情况去办理，必须全面审查。按照《中华人民共和国继承法》的规定，不动产继承适用不动产所在地国家的法律。因而，国内房产的继承必须适用我国法律，并由国内公证机关核查全部继承人的情况，以便提出有关人员继承权的法律意见。这样，既维护了国家主权原则，保证了我国法律的实施，又可减少涉外房地产纠纷。

三　涉外房屋买卖纠纷处理的原则

（一）涉外房地产纠纷诉讼应遵循特殊的原则

1. 适用《中华人民共和国民事诉讼法》（以下简称《民事诉讼法》）原则

我国《民事诉讼法》第 4 条规定："凡在中华人民共和国领域内进行的诉讼必须遵守本法。"第 237 条也作出了相似的规定。因此，人民法院审理和执行涉外民事案件，应当适用中华人民共和国的法律。

2. 国家主权原则

凡是属于我国法院专属管辖的案件，外国法院无权管辖，当事人也不能协议选择外国法院管辖。我国《民事诉讼法》第 34 条第 1 项规定："因不动产纠纷提起的诉讼，由不动产所在地人民法院管辖。"而房屋纠纷属不动产纠纷，当事人只能向我国人民法院提起诉讼，并且只能由涉外房屋所在地法院管辖。不允许当事人协议选择其他法院或外国法院管辖；当事人进行诉讼时，必须使用中国的语言、文字；凡委托律师代理出庭诉讼的，必须委托中华人民共和国的律师。

其他的还应遵守司法豁免原则以及适用我国缔结或参加的国际条约的原则等。

（二）关于诉讼期间的特殊规定

涉外房屋诉讼中，有一些特殊的期间规定，但是注意这些期间仅适用于在我国领域内没有住所的外国人、外国企业、组织以及住在外国的中国人（港澳台同胞比照外国人的规定进行）。关于诉讼的期限，我国《民事诉讼法》第 248 条的规定："被告在中国领域内没有住所的，人民法院应当将起诉状副本送达被告，并通知被告在 30 日内提出答辩状。"第 249 条规定，不服一审判决的，其上诉期限为判决书、裁判书送达之日起 30 日内。最高人民法院的司法解释也作了类似规定，并且强调只有双方当事人的上诉期均满，一审法院的判决、裁定才发生法律效力。在我国领域内没有住所的当事人的答辩期、上诉期均为 30 日。涉外房屋纠纷在提起诉讼前或提起诉讼的同时及诉讼过程中申请财产保全。在诉讼前提出财产保全的，申请人应在 30 日内提起诉讼。逾期不起诉的，人民法院应解除财产保全。如给对方当事人造成损失的，应赔偿损失。之所以作出不同于国内

15 日的规定是由于涉外诉讼较之国内民事诉讼复杂，当事人进行诉讼的时间也较长。

（三）涉外房产诉讼文书送达的规定

对在我国没有住所的当事人送达诉讼文书可按以下方式送达：①按照受送达人所在国与我国缔结或共同参加的国际条约规定的方式送达；②通过外交途径送达；③对具有我国国籍的受送达人，委托我国驻受送达人所在国的使领馆送达；④向有权代其接受送达的诉讼代理人送达；⑤向受送达人在我国领域内设立的代表机构或有权接受送达的分支机构、业务代办人送达；⑥受送达人所在国的法律允许邮寄送达的，可以邮寄送达；⑦不能用以上方式送达的公告送达，自公告之日起满 6 个月，即视为送达。

本章小结

本章阐述涉外房地产法律制度，包括四部分内容：涉外房地产关系的法律适用及其基本原则；涉外房地产开发经营的法律规制；涉外房屋买卖与登记的法律规制；外商投资开发经营成片土地的法律规制。我国涉外房地产关系均应按照“依不动产所在地法”原则适用我国房地产法律法规，应遵循维护国家主权原则、维护土地所有权原则、土地有偿使用原则、互惠互利原则、统一管理原则。涉外房地产开发经营企业的设立应遵循三资企业法及我国关于外商投资房地产企业的市场准入规定，涉外房地产开发、销售、预售、租赁、抵押均应依法运作。外商投资开发经营成片土地与一般房地产开发不同，国家对此作了专门规定，应依法审批，依法监管，依法开发。涉外房地产开发经营企业的法律规制是学习本章需要认真思考的重要问题，加入 WTO 后外商投资企业法律制度的修改完善也应引起我们的关注。

思考题

1. 涉外房地产企业应遵循的基本原则是什么？
2. 涉外房地产开发企业的权利与义务有哪些？
3. 涉外房地产买卖的条件和程序是什么？

参考文献

1. 符启林：《城市房地产开发用地法律制度研究》，法律出版社，2000 年版。
2. 程信和、刘国臻：《房地产法学》，北京大学出版社，2001 年版。
3. 楼建波：《房地产法前沿》，中国法制出版社，2007 年版。
4. 高凛、任丹红等：《国际经济法热点问题研究》，中国民主法制出版社，2007 年版。

第十四章　房地产纠纷的解决

内容提要

通过本章学习，了解我国房地产纠纷的种类和解决房地产纠纷的主要方法；掌握我国法律对房地产仲裁和诉讼程序的规定。

本章重点与难点：

房地产纠纷的概念；房地产纠纷的种类；房地产民事纠纷与行政纠纷的区别；房地产民事诉讼的管辖与受案范围；房地产纠纷的解决方法；房地产纠纷的仲裁；房地产纠纷的诉讼等。

第一节　房地产纠纷概述

一　房地产纠纷的概念

房地产纠纷是当事人间就有关房地产的权利和义务发生的争议的总称。既包括自然人、法人和其他组织等平等民事主体之间就房地产民事权益产生的争议，也包括各级人民政府、房地产主管部门或其他行政机关在房地产管理的过程中与行政相对人之间产生的争议。

房地产是人类社会最为基本的生产和生活资料。随着我国房地产制度的改革和房地产物权体系的确立，房地产交易日趋频繁，房地产法律关系已经涉及社会生活的各个层面。与此同时，房地产纠纷也呈现不断增多的趋势。

二　房地产纠纷的主要种类

实践中，房地产纠纷涉及面广，法律关系十分复杂，呈现出种类繁多的特点。不同种类的房地产纠纷具有不同的特点，在处理时应注意加以区分。依据不同的标准可以作以下分类：

（一）依据纠纷法律性质不同划分

1. 房地产行政纠纷

房地产行政纠纷，是指依法享有房地产管理职能的行政机关在实施行政行为的过程中与行政相对人之间产生的争议。主要包括：

（1）行政确权引发的纠纷，即行政相对人对行政机关作出的确认房地产所有权或者使用权等合法权益的决定不服而产生的争议。

（2）行政处罚引发的纠纷，即行政机关在房地产管理过程中，对行政相对人实施行政处罚，相对人不服而产生的争议。

（3）行政不作为引发的纠纷。享有房地产管理权的行政机关不为或迟延依法应当实施的行政行为而引发的争议，如房地产管理部门拒绝发给房地产权属证书、拒绝房地产产权登记、对用地申请在法定期限内不予答复而与当事人产生的争议。

（4）行政侵权引发的纠纷。当事人认为行政机关的具体行政行为侵犯其既有房地产所有权或使用权等合法权益而产生的争议。

（5）其他行政行为引起的纠纷。

2. 房地产民事纠纷

房地产民事纠纷，是指作为平等民事主体的自然人、法人和其他组织之间有关房地产权利和义务的争议。实践中，房地产民事纠纷主要包括：

（1）房地产产权权属纠纷；

（2）房地产开发经营纠纷；

（3）房屋拆迁中拆迁人与被拆迁人间的纠纷；

（4）房地产产权变动纠纷，所谓房地产产权变动包括土地使用权转让、房屋买卖、赠与、析产和继承等；

（5）房地产租赁纠纷；

（6）房地产抵押、出典纠纷；

（7）房地产相邻关系纠纷；

（8）其他房地产民事纠纷。

此外，根据民事主体之间关系的性质，还可以将房地产民事纠纷分为普通民事主体之间的房地产纠纷、企业之间的房地产纠纷和房地产经营者与消费者之间的纠纷。后两类纠纷属于房地产民事纠纷的特殊类型，在法律适用上具有特殊性。

企业之间的房地产纠纷，在民商分立的国家属于商事纠纷，适用商事立法。对此类纠纷应注意我国立法中的特别规定，例如企业之间的留置权与普通民事主体间留置权的区别。

房地产经营者与消费者之间的纠纷主要发生在住宅商品房买卖、商品房质量和售后服务、物业管理、房屋装修以及经营性房地产租赁等房地产消费关系中。对于此类纠纷的处理应注意对消费者利益的保护。

实践中，房地产纠纷可能同时具有民事和行政的双重性质，在处理时应注意加以区分。例如，在拆迁法律关系中，被拆迁人与同为平等民事主体的拆迁人之间发生民事纠纷，同时又与拆迁管理机关产生行政争议。

区分两者的意义在于：民事纠纷可以通过仲裁或民事诉讼程序处理。行政纠纷可通过行政程序或行政诉讼程序处理，不可仲裁，还有一些性质特殊的行政纠纷依法只能由行政机关作出最终裁决，不能再行通过法院的诉讼程序加以处理。

（二）依据纠纷标的不同划分

1. 土地纠纷

土地纠纷是指当事人之间基于土地的权益而产生的争议。这类纠纷按其内容又可分为：①土地权属纠纷，因特定范围的土地所有权或使用权的归属而产生的争议。②土地交易纠纷，主要是指土地使用权出让和转让以及国有土地或土地使用权租赁引起的争议。③土地侵权纠纷，是指因侵害国家、集体的土地或侵害他人享有的土地使用权而引发的争议。④其他土地纠纷。

2. 房屋纠纷

房屋纠纷则是指当事人基于房屋权益而产生的纠纷。主要包括：①房屋权属纠纷，对房屋所有权的归属而发生的争议。②房屋交易纠纷，主要是指商品房、二手房屋买卖、租赁过程中产生的争议。③房屋侵权纠纷，是指因侵害他人所有的房屋而引发的争议。④其他房屋纠纷。

实践中，土地纠纷和房屋纠纷具有十分密切的联系。解决土地纠纷的过程中，一般也会涉及土地上的房屋问题。解决房屋纠纷的同时，一般也需要对房屋使用范围内的土地权益做出认定。

但两者也存在重要的区别。由于我国采取土地公有制，国家以土地所有人的身份，对于土地的权属和流转更多地采用政策和行政手段加以干预。这就导致土地纠纷的处理具有更强的政策性，并且更注重行政决定。例如，我国《行政复议法》第 30 条规定，对于土地等自然资源确权的纠纷，行政复议为最终裁决。对于房屋所有权的确认则无此规定。

（三）根据纠纷是否具有涉外因素划分

1. 内国房地产纠纷

所谓内国房地产纠纷，是指发生纠纷的法律关系不具有涉外因素的争议。此类纠纷的处理由我国国内仲裁机构或人民法院管辖，并应适用我国法律。

2. 涉外房地产纠纷

涉外房地产纠纷是指发生纠纷的法律关系的主体、客体和内容等要素中至少有一个具有涉外性质的纠纷。在我国涉及香港、澳门两个特别行政区和台湾地区的纠纷，也被视为涉外房地产纠纷。我国法律和司法解释对涉外房地产纠纷的司法管辖和法律适用问题作有专门规定。

(1) 民事诉讼管辖权。房地产属于不动产。根据我国《民事诉讼法》第 34 条的规定，不动产纠纷引起的诉讼属于专属管辖。因此，涉外房地产纠纷中，房地产位于我国境内的，应由我国人民法院管辖。

(2) 法律适用。我国《民法通则》规定不动产的所有权，适用不动产所在地法。最高人民法院《关于贯彻执行〈中华人民共和国民法通则〉若干问题的意见(试行)》中扩大解释为："不动产的所有权、买卖、租赁、抵押、使用等民事关系，均适用不动产所在地法。"该意见还明确了房地产属于《民法通则》中不动产的范围。此外，最高人民法院《关于审理涉外民事或商事合同纠纷案件法律适用若干问题的规定》第 5 条规定，在当事人没有选择适用法律的情况下，依最密切联系原则，不动产买卖、租赁或者抵押合同适用不动产所在地法。可见，我国人民法院审理涉外房地产纠纷时一般适用房地产所在地法。

（四）几类特殊的房地产纠纷

此外，在实践中还须特别注意以下几类房地产纠纷的特殊性质，这些纠纷虽然数量较少，但处理难度较大：

(1) 历史遗留的落实政策性质的房地产纠纷。许多房地产纠纷是我国近现代史上不同阶段遗留的产物，包括土地改革遗留的房地产纠纷、公私合营入股遗留的房地产纠纷、私房改造遗留的房地产纠纷、“文化大革命”遗留的房地产纠纷等。这些房地产纠纷主要产生在20世纪70～80年代落实房地产政策前后。此类纠纷的事实和争议年代久远，调查取证十分困难，并且带有极强的政策性。实践中，通常由行政主管机关依有关政策规定调处，而不宜通过仲裁或诉讼的方式解决。

（2）涉及军队的房地产纠纷，又称为军产纠纷，涉及我国国防和人民军队的管理制度，处理中具有特殊性。

（3）涉及宗教的房地产纠纷，又称为庙产纠纷，涉及国家宗教政策，其处理上也具有一定的特殊性。

（4）涉及驻我国外国使领馆的房地产纠纷，处理中应注意国际法上外交特权与豁免的规定。

（5）涉及文物古迹的房地产纠纷，处理中应注意有关文物保护的法律法规。

三 房地产纠纷的解决方法

房地产纠纷的解决方法可以分为行政方法、司法和准司法方法以及替代性解决方法。

（一）行政方法

所谓行政方法是指由房地产主管行政机关在职权范围内，对房地产纠纷进行调解或作出处理决定，并对纠纷中当事人的违法行为依法进行行政处罚。主要包括行政调解程序、行政处理程序和行政处罚程序。对行政处理决定和处罚决定不服的，还可以申请行政复议。

我国采取房地产行政管理制度，主管机关对房地产的权属确定、房地产开发经营和交易等事项依法享有管理权，处理房地产纠纷也是其职能之一。例如，《土地管理法》第16条规定，土地所有权和使用权的争议，由当事人协商解决；协商不成的由人民政府处理。

实践中需要注意区分以下不同情况：其一，请求行政机关处理只是当事人解决房地产纠纷的方式之一，当事人可以依法选择仲裁或诉讼等其他方式解决争议。其二，某些房地产纠纷必须由行政机关先行作出决定，对决定不服的才可以采取其他处理方式，即所谓行政裁决前置原则。如房地产拆迁补偿纠纷中，当事人未达成补偿协议的，应先申请行政裁决，对裁决不服的可以提起诉讼。其三，还有一些房地产纠纷依法应由行政机关作出终局裁决。如土地所有权、使用权确权的争议，根据《行政复议法》第30条的规定，行政复议的处理结果为最终裁决。

（二）司法和准司法方法

诉讼和仲裁是解决房地产纠纷最为主要的方法。

（三）替代性解决方法

替代性的纠纷解决方法，是指纠纷当事人通过友好协商或谈判，或者由双方同意的第三人进行调解和仲裁解决纠纷的方法。替代性解决方法的特点是纠纷的解决有赖于争议各方自动执行他们之间通过协商或第三人调解、仲裁而达成的解决争议的方案。解决方案不可以强制执行，使得其区别于仲裁或诉讼中的调解。

替代性解决方法主要包括：①协商，这是纠纷双方自行解决相互间争议的最为常见的方法，是指房地产纠纷的当事人在没有第三者介入的情况下，通过友好磋商，自行和解。②调解，也是一种传统的纠纷解决方法。其特点是与双方无利害关系的第三者参与争议的解决。第三者的作用在于帮助双方就事实的分歧和纠纷的解决方案达成一致。但无论是双方自行达成的和解协议，还是第三方提出的解决纠纷的方案对双方均无法律上的约束力。当事人可以拒绝接受并寻求其他解决纠纷的方法。③其他解决方法。

通过协商和调解等替代性解决方法解决纠纷，是我国数千年来的优秀传统。其优点在于可以使当事人在友好的气氛中商讨争议的解决，从而避免了双方关系的彻底破裂。房地产纠纷中，纠纷双方常常具有密切的社会关系，如继承、析产案件常发生在家庭成员内部，相邻关系和很大一部分房地产权属争议和侵权纠纷往往发生在邻里之间，物业管理纠纷和房地产租赁纠纷中，双方也都依据合同形成长期的继续性关系。替代性解决方法，在降低解决纠纷的经济成本，缩短解决纠纷的时间的同时，有利于维护当事人间和谐的社会关系。

第二节　房地产纠纷的仲裁

一　房地产仲裁制度的概念和基本特征

房地产仲裁是指通过仲裁解决房地产纠纷的制度。所谓仲裁是指纠纷当事人自愿将相互之间的争议提交给无利害关系的第三人或特定机构裁决的纠纷解决方式。一方面，区别于诉讼，仲裁以自愿为前提。另一方面区别于上述替代性解决方法，仲裁的裁决依法可以申请法院强制执行，对当事人具有法律约束力。因此，仲裁被认为是一种准司法性质的纠纷解决方法。

房地产仲裁主要具有以下几个方面的基本特征：

（1）房地产仲裁是一种自愿解决争议的方法。当事人采用仲裁方式解决房地产纠纷，应当由双方自愿达成仲裁协议，没有仲裁协议或仲裁协议无效的，一方申请仲裁的，仲裁组织不予受理。

（2）双方选择仲裁后不得再行提起诉讼。当事人之间发生的争议只能在仲裁或者诉讼中选择其一加以采用，有效的仲裁协议可排除法院的管辖权，只有在没有仲裁协议或者仲裁协议无效的情况下，法院才可以行使管辖权。

（3）通过仲裁解决房地产争议具有较大的灵活性。在选择仲裁机构时，不受诉讼中地域管辖、级别管辖或专属管辖的限制。仲裁员由当事人自行选定或者委托仲裁组织主任指定。当事人可以自行和解，达成和解协议后，可以请求仲裁庭根据和解协议作出仲裁裁决书；当事人也可以撤回仲裁申请。在适用法律时，法律有明文规定的，按照法律的规定；无明文规定的，可以则按照法律的基本精神和公平合理原则灵活处理。

（4）通过仲裁解决房地产争议可以节约诉讼费用和时间。《中华人民共和国仲裁法》（以下简称《仲裁法》）明确规定：仲裁实行一裁终局制度，即仲裁庭作出的仲裁裁决即为终局裁决，裁决作出后，当事人就同一纠纷再申请仲裁或者向人民法院起诉，仲裁委员会或者人民法院不予受理。

（5）仲裁裁决具有与法院判决相同的法律效力。当事人应当自动履行裁决，一方当事人不履行的，另一方当事人可向法院申请执行。

二 房地产仲裁的范围

《仲裁法》第 2 条规定，平等主体的公民、法人和其他组织之间发生的合同纠纷和其他财产权益纠纷，可以仲裁。根据该项规定，实践中，我国房地产仲裁的范围包括：

（1）房地产开发经营纠纷；

（2）房地产转让纠纷；

（3）房地产租赁纠纷；

（4）房地产抵押、出典纠纷；

（5）相邻关系纠纷；

（6）侵害房地产权益纠纷；

（7）房屋拆迁安置协议履行中的纠纷；

（8）其他可仲裁的房地产纠纷。

《仲裁法》第 3 条规定了不可仲裁的事项：一是婚姻、收养、监护、扶养、继承纠纷；二是依法应当由行政机关处理的行政争议。此外，人民法院已经受理、或者审理办结或依法不予受理的房地产案件，也属不可仲裁的范围。综合上述规定，下列房地产纠纷在实践中不可仲裁：

（1）涉及离婚、收养、监护、扶养或继承的房地产纠纷；

（2）依法应当由行政机关处理的房地产行政争议；

（3）人民法院已经受理或办结的案件；

（4）涉及落实政策问题的房地产纠纷；

（5）机关、团体、企业、事业单位内部分房的房屋纠纷；

（6）驻军内部的房地产纠纷；

（7）因行政指令而调整划拨、机构撤并分合等引起的房地产纠纷；

（8）其他不可仲裁的房地产纠纷。

三　房地产仲裁的仲裁机构

我国房地产仲裁机构主要是各直辖市和省、自治区人民政府所在地的市或其他设区的市设立的仲裁委员会。

仲裁委员会由人民政府组织有关部门和商会统一组建。设立仲裁委员会，应当经省、自治区、直辖市的司法行政部门登记。仲裁委员会独立于行政机关，与行政机关没有隶属关系；仲裁委员会之间也无隶属关系。仲裁委员会由主任 1 人、副主任 2～4 人和委员 7～11 人组成。仲裁委员会按照不同专业设仲裁员名册。

此外，中国国际商会设立的中国国际经济贸易仲裁委员会，专门受理涉外房地产民商事纠纷的仲裁。

四　房地产纠纷的仲裁程序

（一）申请和受理

当事人申请仲裁应当符合一定的条件：①有仲裁协议；②有具体的仲裁请求和事实、理由；③属于仲裁委员会的受理范围。当事人申请仲裁，应当向仲裁委员会递交仲裁协议、仲裁申请书及副本。

仲裁委员会收到仲裁申请书之日起 5 日内，认为符合受理条件的，应当受理，并通知当事人；认为不符合受理条件的，应当书面通知当事人不予受理，并说明理由。仲裁委员会受理仲裁申请后，应当在仲裁规则规定的期限内将仲裁规则和仲裁员名册送达申请人，并将仲裁申请书副本和仲裁规则、仲裁员名册送达被申请人。被申请人收到仲裁申请书副本后，应当在仲裁规则规定的期限内向仲裁委员会提交答辩书。仲裁委员会收到答辩书后，应当在仲裁规则规定的期限内将答辩书副本送达申请人。被申请人未提交答辩书的，不影响仲裁程序的进行。

（二）仲裁庭的组成

仲裁庭可以由 3 名仲裁员或者 1 名仲裁员组成。由 3 名仲裁员组成的，设首席仲裁员。当事人约定由 3 名仲裁员组成仲裁庭的，应当各自选定或者各自委托仲裁委员会主任指定 1 名仲裁员，第 3 名仲裁员由当事人共同选定或者共同委托仲裁委员会主任指定。

当事人约定由 1 名仲裁员成立仲裁庭的，应当由当事人共同选定或者共同委托仲裁委员会主任指定仲裁员。当事人没有在仲裁规则规定的期限内约定仲裁庭的组成方式或者选定仲裁员的，由仲裁委员会主任指定。仲裁庭组成后，仲裁委员会应当将仲裁庭的组成情况书面通知当事人。

（三）开庭审理

仲裁应当开庭进行。当事人协议不开庭的，仲裁庭可以根据仲裁申请书、答辩书以及其他材料作出裁决，仲裁不公开进行。当事人协议公开的，可以公开进行，但涉及国家秘密的除外。

（四）调解程序

仲裁庭在作出裁决前，可以先行调解。当事人自愿调解的，仲裁庭应当调解。调解不成的，应当及时作出裁决。调解达成协议的，仲裁庭应当制作调解书或者根据协议的结果制作裁决书。调解书与裁决书具有同等法律效力。

（五）仲裁裁决的效力

仲裁采用一裁终裁制，裁决书自作出之日起生效。仲裁裁决与法院判决一样具有法律约束力。当事人应当履行裁决。一方当事人不履行的，另一方当事人可以依照民事诉讼法的有关规定向人民法院申请执行。受申请的人民法院应当执行。

但当事人提出证据证明裁决有下列情形之一的，可以自收到裁决书起6个月内向仲裁委员会所在地的中级人民法院申请撤销裁决：

（1）没有仲裁协议的；

（2）裁决的事项不属于仲裁协议的范围或者仲裁委员会无权仲裁的；

（3）仲裁庭的组成或者仲裁的程序违反法定程序的；

（4）裁决所根据的证据是伪造的；

（5）对方当事人隐瞒了足以影响公正裁决的证据的；

（6）仲裁员在仲裁该案时有索贿受贿、徇私舞弊、枉法裁决行为的。

人民法院应当在受理申请之日起2个月内作出裁决。经审查核实裁决有上述规定情形之一的，应当裁定撤销。此外，人民法院认定裁决违背社会公共利益的，也应当裁定撤销。

第三节　房地产纠纷的诉讼

一　房地产诉讼的概念和基本特征

房地产诉讼是指房地产纠纷的当事人按照诉讼法的规定，向人民法院起诉，通过人民法院审理和判决解决相互之间的纠纷。房地产诉讼根据案件的不同性质可以分为民事诉讼和行政诉讼两大类。

房地产民事诉讼是指公民之间、法人之间、其他组织之间以及他们相互之间因与房地产有关的财产关系和人身关系而提起的诉讼。

房地产行政诉讼是指公民、法人或者其他组织对具有国家行政职权的机关和组织及其工作人员在实施房地产管理过程中作出的行政行为不服而提起的诉讼。

诉讼和其他纠纷解决方法相比具有明显的特点：

1. 诉讼的法定性

人民法院对房地产案件的管辖是以其依法享有的审判权为依据的。法院审理房地产案件必须根据法律规定的程序进行。

2. 诉讼的强制性

人民法院作出的生效判决书、裁定书以及其他法律文书，人民法院可以依法强制执行。而在行政方法和仲裁方法中，作出生效裁决的行政机关或仲裁机构无权强制执行。当事人一方不履行的，另一方当事人应向人民法院申请强制执行。

3. 诉讼的终局性

诉讼是一种最终的解决纠纷的方法，人民法院作出的二审判决和裁定具有终局效力。在行政程序中，房地产主管机关可以依法对房地产纠纷作出行政决定或裁决，但除法律明确规定的少数情况外，当事人不服的，仍可以依法请求人民法院审理。在仲裁程序中，对于仲裁裁决的撤销，依法也应由人民法院组成合议庭进行审查。

二 房地产民事诉讼

（一）房地产民事诉讼的管辖

1. 专属管辖

由不动产纠纷引起的诉讼，由不动产所在地人民法院管辖。房地产属于不动产，因此房地产案件一般应由房地产所在地人民法院管辖。

2. 级别管辖

房地产第一审民事案件一般由基层人民法院管辖，但涉外房地产纠纷以及在本辖区有重大影响的案件或最高法院确定由中级人民法院管辖的应由中级人民法院管辖。此外，房地产纠纷的标的数额一般较大，如果超过一定标准的，应认定为有重要影响，由上一级人民法院管辖。

3. 移送管辖和指定管辖

人民法院发现受理的案件不属于本院管辖的，应当移送有管辖权的人民法院。有管辖权的人民法院由于特殊原因，不能行使管辖权的，由上级人民法院指定管辖。

（二）房地产纠纷民事诉讼的受理范围

公民之间、法人之间、其他组织之间以及他们相互之间因与房地产有关的财产关系和人身关系而提起的诉讼属于人民法院受理范围。具体包括：

（1）房地产侵权纠纷；

（2）房地产开发经营纠纷；

(3) 房屋拆迁中拆迁人与被拆迁人间的纠纷；

(4) 房地产产权变动纠纷，所谓房地产产权变动包括土地使用权转让、房屋买卖、赠与、析产和继承等；

(5) 房地产租赁纠纷；

(6) 房地产抵押、出典纠纷；

(7) 房地产相邻关系纠纷；

(8) 其他房地产民事纠纷。

此外，根据相关法律的规定和最高人民法院的司法解释，下列房地产纠纷不属于民事诉讼的受理范围：

(1) 属于历史遗留的落实政策性质的房地产纠纷；

(2) 因行政指令而调整划拨、机构撤并分合等引起的房地产纠纷；

(3) 因单位内部建房、分房等引起的占房、腾房等房地产纠纷；

(4) 军队与军队离退休干部之间因腾退军产房发生的纠纷以及军地单位互转引起的单位与军队房屋纠纷；

(5) 拆迁当事人未达成拆迁补偿安置争议，就补偿安置争议发生的纠纷；

(6) 其他不属于民事诉讼受案范围的纠纷。

➢ 案例 14.1

某甲和某乙系某单位职工，单位分配给某甲一套住房，住房改革后，某甲依法办理了房屋的产权证，某乙趁某甲出国期间侵占了该套住房，某甲回国后向人民法院提起民事诉讼要求某乙返还住房，法院能否受理？

➢ 法理评析

人民法院应当受理，最高人民法院 1992 年《关于房地产案件受理问题的通知》中规定因单位内部建房、分房等引起的占房、腾房等房地产纠纷法院不予受理，其理由是单位内部建房分房属于行政内部管理关系，不属于民事诉讼和行政诉讼的范围。但本案中争议房地产的产权归属已经明确，单位对住房分配的行政管理权已经丧失，实际为平等主体之间的侵权纠纷，属于法院民事诉讼的法定受理范围。

三　房地产行政诉讼

(一) 房地产行政诉讼的管辖

1. 专属管辖

《中华人民共和国行政诉讼法》(以下简称《行政诉讼法》) 第 19 条规定，

因不动产提起的行政诉讼，由不动产所在地人民法院管辖。因此，房地产行政诉讼应由房地产所在地的人民法院管辖。

2. 级别管辖

一般房地产第一审行政案件由基层人民法院管辖，但对国务院各部门或者省、自治区、直辖市人民政府所作的具体行政行为提起诉讼的房地产案件以及辖区内重大、复杂的房地产案件由中级人民法院管辖。高级人民法院和最高人民法院分别管辖其辖区内重大、复杂的第一审案件。

行政管辖同样适用移送管辖和指定管辖的规定。

（二）受案范围

公民、法人或者其他组织对具有国家行政职权的机关和组织及其工作人员实施房地产管理的行政行为不服，依法提起诉讼的，属于人民法院行政诉讼的受案范围。主要包括：

（1）对房地产违法行为遭到的行政处罚不服的；

（2）对房地产的查封等行政强制措施不服的；

（3）认为行政机关侵犯法律规定的房地产经营自主权的；

（4）认为符合法定条件申请行政机关颁发房地产权属证书，行政机关拒绝颁发或者不予答复的；

（5）申请行政机关履行确认、保护房地产权益的法定职责，行政机关拒绝履行或者不予答复的；

（6）认为行政机关侵犯其他房地产权益的；

（7）对行政机关已经颁发的房地产权属证书有异议的；

（8）对行政机关有关土地使用权纠纷、拆迁补偿安置协议作出的裁决不服的；

（9）法律、法规规定可以提起诉讼的其他房地产行政案件。

根据《行政诉讼法》的规定，下列事项不属于行政诉讼的受案范围：

（1）有关房地产问题的行政法规、规章或者行政机关制定、发布的具有普遍约束力的决定、命令；

（2）法律规定由行政机关最终裁决的具体行政行为，如《中华人民共和国行政复议法》第 30 条规定，确认土地所有权和土地使用权的行政复议为终局裁决，不可再行起诉。

此外，根据有关司法解释，凡不符合民事诉讼法、行政诉讼法有关起诉条件的属于历史遗留的落实政策性质的房地产纠纷，因行政指令而调整划拨、机构撤并分合等引起的房地产纠纷，因单位内部建房、分房等引起的占房、腾房等房地产纠纷，均不属于人民法院主管工作范围，当事人为此而起诉的，人民法院因依法不予受理或驳回起诉，可告知其找有关部门申请解决。

本章小结

房地产纠纷是当事人间就有关房地产的权利和义务发生的争议的总称。既包括自然人、法人和其他组织等平等民事主体之间就房地产民事权益产生的争议，也包括各级人民政府、房地产主管部门或其他行政机关在房地产管理的过程中与行政相对人之间产生的争议。

房地产纠纷依据纠纷法律性质的不同可以分为房地产行政纠纷和房地产民事纠纷；根据民事主体之间关系的性质，可以分为普通民事主体之间的房地产纠纷、企业之间的房地产纠纷和房地产经营者与消费者之间的纠纷；依据纠纷标的不同，可以分为土地纠纷和房屋纠纷；根据纠纷是否具有涉外因素，可以区分内国房地产纠纷和涉外房地产纠纷；此外，在实践中还存在一些特殊的房地产纠纷。

房地产纠纷的解决方法可以分为行政方法、司法和准司法方法以及替代性解决方法。

房地产仲裁是指通过仲裁解决房地产纠纷的制度。所谓仲裁是指纠纷当事人自愿将相互之间的争议提交给无利害关系的第三人或特定机构裁决的纠纷解决方式。一方面，区别于诉讼，仲裁以自愿为前提；另一方面，区别于上述替代性解决方法，仲裁的裁决依法可以申请法院强制执行，对当事人具有法律约束力。因此，仲裁被认为是一种准司法性质的纠纷解决方法。

房地产诉讼是指房地产纠纷的当事人按照诉讼法的规定，向人民法院起诉，通过人民法院审理和判决解决相互之间的纠纷。房地产诉讼根据案件的不同性质可以分为民事诉讼和行政诉讼两大类。

房地产民事诉讼是指公民之间、法人之间、其他组织之间以及他们相互之间因与房地产有关的财产关系和人身关系而提起的诉讼。

房地产行政诉讼是指公民、法人或者其他组织对具有国家行政职权的机关和组织及其工作人员在实施房地产管理过程中作出的行政行为不服而提起的诉讼。

思考题

1. 我国房地产纠纷的种类主要有哪些？
2. 替代性争议解决方法解决房地产纠纷的优点和局限有哪些？

3. 哪些房地产纠纷可以申请仲裁？
4. 房地产民事诉讼和行政诉讼受案范围如何？

参考文献

金俭：《房地产法研究》，科学出版社，2004年版。